习惯法论丛

高其才 著

当代中国习惯法的承继和变迁
——以浙东蒋村为对象

中国政法大学出版社

2022·北京

图书在版编目（ＣＩＰ）数据

当代中国习惯法的承继和变迁:以浙东蒋村为对象/高其才著. —北京:中国政法大学出版社, 2022.11
ISBN 978-7-5764-0733-4

Ⅰ.①当… Ⅱ.①高… Ⅲ.①习惯法－法制史－研究－中国－现代 Ⅳ.①D929.7

中国版本图书馆 CIP 数据核字(2022)第 223046 号

出 版 者	中国政法大学出版社
地　　址	北京市海淀区西土城路 25 号
邮寄地址	北京 100088 信箱 8034 分箱　邮编 100088
网　　址	http://www.cuplpress.com（网络实名：中国政法大学出版社）
电　　话	010-58908586（编辑部）58908334（邮购部）
编辑邮箱	zhengfadch@126.com
承　　印	固安华明印业有限公司
开　　本	650mm×980mm　1/16
印　　张	34.75
字　　数	560 千字
版　　次	2022 年 11 月第 1 版
印　　次	2022 年 11 月第 1 次印刷
定　　价	119.00 元

总 序

高其才

习惯法是人类长期社会生活中自然形成的一种行为规范，它源于各民族生存发展的需要，对于人类法制文明意义甚大。哲人亚里士多德说过，积习所成的不成文法比成文法实际上还更有权威，所涉及的事情也更为重要。毋庸多言，在传统人类社会，习惯法内容涵盖甚广，各民族都缔造了灿烂的习惯法文化。而制定法的出现只是一种渐进的成就，道德与法律的分离更是后起。

在古希腊文中，"ethos"（习俗）和"nomos"（风俗律法）均有风俗之义。"nomos"乃诸神所定，且是"ethos"的准绳，不可随意更改。"ethos"（习俗）本来含义是"居留""住所"，"ethos"（习俗）就是人行为的某种"居留"和人在其中活动的"场景"（秩序），这种风俗习惯的沿袭产生伦理德行，"ethos"（习俗）也就演化为"ethikee"（伦理）。"nomos"本来仅指习俗，雅典民主政制兴起，"nomos"含义才扩及人定的法律。而自然（physis）与习俗（nomos）的比较，则是西方法哲学的永恒主题。

法律不是、起码不主要是国家制定法。直到中世纪的西方思想家仍然认为，法律本质上是传统和习惯，而不是不断进行的立法创新，而国家制定法实在是对习惯法的扰动，不可轻易为之。

习惯法会成为问题，源于人类社会的现代性转折以及法律现代性的相应兴起。这个历史进程肇始于西方，法脱离了古典自然法界定良善政治秩序的作用，成为保障市民社会财产权与维持市场经济均衡运转的实证法（positive law），而国家仅等同于市民社会之伦理环节。尤其是因为现代民族国家的兴起，它需要并且创生出了国家法（制定法）、固守主权者命令的实证法学、现代教育体制、学科分类体系及科层制分工等这一整套架构来维系民族国家的运转。而这都表明现代社会的运转必须依赖法实证主义。

目光转移到中国，在古代汉语中，习惯是指在长时期里逐渐养成的、一时不容易改变的行为、倾向或社会风尚。习惯为逐渐养成而不易改变的行为和积久养成的生活方式，现在泛指一地的风俗、社会习俗、道德传统等。中国语境中的习惯含有"长期""习俗"等语意。习惯法以习惯为核心，以风尚为基础，与伦理密切相关。

传统的礼乐文明就是乡土中国的风习自发演进而来，进而由切实的情理生发出高蹈的义理。在中国法律传统的天理-国法-人情架构中，人情风习有其应有的位置。天理、国法与人情的圆融无碍是传统中国历代法典的正当性所在，也是传统中国社会普通民众信奉的法意识。如何在具体问题中，妥帖地调适情理法、礼与俗，正是中国法传统思索与实践的核心问题。

而传统法律在近代的大变动引发了社会的大断裂、大冲突。百年来中国法律现代化动作多、成效少，法律始终没有完全契合中国人民的生活。中国法律文明花果飘零，失却了制度和理论支撑的传统中国文明作为一种习俗残留下来。为了让人们信奉这套舶来的法制，服从至上的国家（阶级）意志，民主、法治、人权之类的言说驳斥这种习俗，新生活运动、普法运动之类的全民运动力图改造这种习俗。只是时至今日，依然逃脱不了"法律自法律，社会自社会"（瞿同祖语）的尴尬。因为法律不是自动运行的机器，作为一套社会控制的行为规则体系，它需要相应的制度支撑。

现实的逻辑是，作为生活之子的习惯法的生命力异常旺盛。在当今中国社会时空条件下的法律实践当中，习惯法作为独立于国家制定法之外，依靠某种社会权威的、具有一定程度强制性和习惯性的行为规范，实际上成了解决当代现实问题的鲜活创造，显示了它与法律移植背景下国家制定法不同的命运。因为当代中国习惯法作为一种活的法律秩序，显示了与其所处社会的相互契合，有其独立的存在意义和独特的功能价值。

因此无论我们对中国的法治现代化持何种立场，都必须认真对待习惯法。习惯法为国家制定法之母，一方面要充分认识到习惯法在秩序建构、纠纷解决、社会共识达成过程中的积极意义，充分发挥其作用；另一方面，在国家制定法中心的前提下，必须妥善处理与现行制定法有冲突的习惯法中的非良性因素，促使习惯法与制定法在现代化互动进程中逐渐融合，解决不同地区、不同民族之间的习惯法冲突问题，并使国家制定法更具有效力基础。这是国家法中心主义的习惯法研究必须解决的重要问题之一。

从更广泛的角度认识，习惯法是中国固有法文化的重要内容，体现了中华民族的内在精神。习惯法是一种社会现象、一种社会规范，更是一种社会文化，是中国人的意识形态所创造的精神财富。作为中国文化的一个组成部分，习惯法是中国人生活的反映、实践的记录、历史的积淀、现实的表达，是中国人对生存方式、法生活的需要和愿望的表达，是中国人认识自然、思考自己、理解社会的结晶。习惯法是民族特质的体现，也是传统传承的主要方式。

我们认为，习惯法研究应以现代中国法治建设为中心，习惯法的描述与解释并重，域内习惯法与域外习惯法研究并举，当代习惯法研究与习惯法的历史研究共存，处理好乡土习惯法与城市习惯法、传统习惯法与现代习惯法、地方习惯法与全球习惯法之间的关系。以中国社会现代发展和法律现代性为主轴，一切以揭示习惯法背后特有族群的法律文化、法律意识为鹄的，进而阐发习惯法的内生性及其当代适应性。

本习惯法论丛以当代中国习惯法为研究对象，重点探讨 1949 年以来尤其是现实有效的当代中国社会的习惯法，旨在全面总结我国学界学者和实务专家的当代中国习惯法调查和研究成果，交流当代中国习惯法研究的心得，思考当代中国习惯法研究的推进，进一步提高当代中国习惯法研究的学术水准。

当代中国习惯法研究需要重视学术积累，进行长期调查，持续专门研究，不断拓宽研究领域。只有具有寂静的心态、宽广的视野、专注的立场、踏实的学风，当代中国习惯法的研究成果才可能越来越有学术影响力，在中国社会的理性发展中发挥积极的功能。

高其才

2010 年 7 月 2 日

蒋村一角（2021 年 4 月 4 日摄）

蒋村文化礼堂（2022 年 1 月 21 日摄）

蒋村老年活动室（2022年1月21日摄）

村规民约公布栏（2021年1月11日摄）

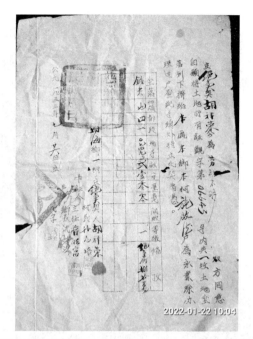

1953 年的绝卖契（王岳云提供，2022 年 1 月 22 日摄）

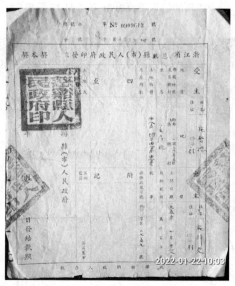

1953 年的土地受让契（王岳云提供，2022 年 1 月 22 日摄）

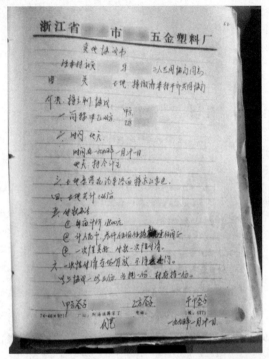

1995 年的协议书（2021 年 1 月 12 日摄）

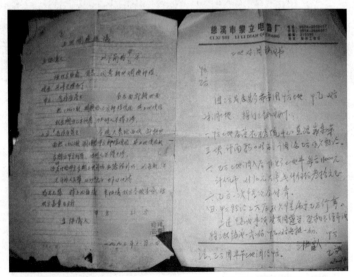

1993 年与 2001 年的土地对调协议书（2008 年 12 月 29 日摄）

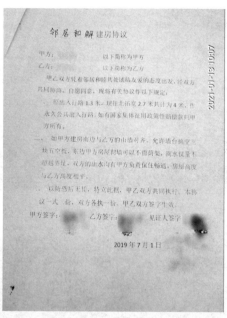

2019 年的建房协议（2021 年 1 月 13 日摄）

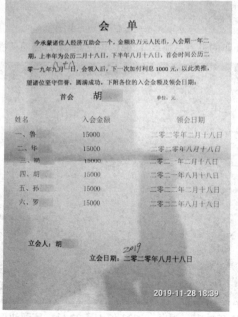

2019 年的会单（2019 年 11 月 28 日摄）

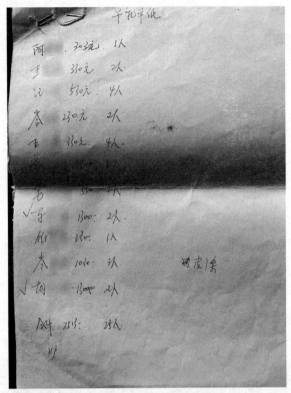

2021 年的丧事吊礼单（2021 年 12 月 21 日高丽萍提供）

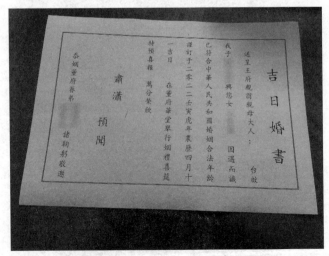

2022 年的吉日婚书（2022 年 4 月 22 日，董国冲提供）

待搬的嫁妆（2009 年 11 月 14 日摄）

除夕祭祖（2020 年 1 月 24 日摄）

祭车神（2015 年 2 月 17 日摄）

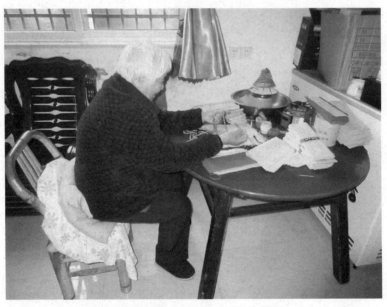

老年妇女念佛（2022 年 1 月 23 日摄）

CONTENTS

目 录

INTRODUCTION
导 言

一

我的习惯法调查、研究有一个从历史到现实、从边缘到中心、从少数民族到汉族、从宏观到微观、从静态到动态、从乡村到城市的过程。

本书即为我从发展、变化的视角对经济社会较为发达的我国东部地区一个自然村的当今习惯法的探讨。

本书探讨的习惯法为一个自然村的习惯法、微观区域的习惯法、当代时段的习惯法、汉族地区的习惯法、东部地区的习惯法、经济较发达地区的习惯法、承继中变迁的习惯法、动态的习惯法。

本书的主题为当代中国习惯法的承继和变迁，探讨习惯法的全面性承继、扩展性变迁，从保障村民生活秩序的角度理解习惯法。

需要指出的是，对习惯法可从国家法意义上的习惯法和非国家法意义上的习惯法两个角度进行理解。本书所指的习惯法为非国家法意义上的习惯法，是指独立于国家制定法之外，依据某种社会权威和社会组织，具有一定的强制性的行为规范的总和。[1]

---

〔1〕 高其才：《中国习惯法论》（第3版），社会科学文献出版社2018年版，第3页。

二

专以我国村寨为单位的习惯法研究并不多见，有一些研究涉及村寨习惯法特别是少数民族村寨习惯法。如云南大学在 21 世纪初组织的云南民族村寨调查、中国民族村寨调查中就涉及习惯法的内容，如马京主编的《云南民族村寨调查：彝族——峨山双江镇高平村》（云南大学出版社 2001 年）的第六章为"习惯法"，内容包括禁忌、事务的处理、村规民约等；张锡盛主编的《云南民族村寨调查：基诺族——景洪基诺山基诺乡》（云南大学出版社 2001 年版）第七章"法律"第一、二部分的内容为"1950 年以前的传统习惯法""1950年以来习惯法的发展演变"；刘锋、龙耀宏主编的《中国民族村寨调查：侗族——贵州黎平县九龙村调查》（云南大学出版社 2004 年版）第七章为"习惯法"，内容包括侗族、族规、寨老等，在第五章、第八章风俗习惯等部分也涉及习惯法的内容；张跃、周大鸣主编的《中国民族村寨调查丛书：黎族——海南五指山福关村调查》（云南大学出版社 2004 年版）第七章为"法律"，内容包括禁忌、习惯法（习惯法及其特点、习惯法的内容、习惯法的形成、习惯法的执行）、村规民约、纠纷与纠纷的解决，在第六章"婚姻家庭、第十章"风俗习惯"等部分也涉及习惯法的内容。

在专门著作方面，值得注意的是尚海涛的《当代中国乡村社会中的习惯法——基于 H 村的调研》（厦门大学出版社 2014 年版）一书。该书主要探讨了当代乡村社会中的非物质文化遗产、传统知识和习惯法、当代乡村房屋买卖习惯法及其民间惩罚机制、当代乡村雇佣习惯法及其关系笼络机制、当代乡村习惯法的历史变迁及其变迁机制，从而考察当代中国乡村社会中习惯法的具体样态。作者认为当代乡村社会中的习惯法并没有消亡或被弃置不用，而是仍在乡村社会中起着规范乡民行为，维护社会秩序和调解矛盾纠纷的作用；不是所有的乡村都要城市化，也并非所有的乡村都要迈向城市的法治模式，乡村社会的法治有其自己的生存逻辑、发展道路和良好愿景。由此，变迁的习惯法将持续存在于变迁的乡村社会之中。该书对乡村社会中习惯法的讨论不够全面。

关于习惯法承继和变迁的调查、研究有不少成果，如董向芸的《边境少数民族纠纷调解中习惯法适用逻辑变迁——以中缅边境佤族YH村的纠纷调解过程为例》（《湖北民族学院学报（哲学社会科学版）》2019年第5期、余浩然的《向外而生：土家族习惯法的当代变迁和转型——基于建始县白云村的调查》（《中国农村研究》2018年第2期）、陈光斌等人的《新时代依法治国背景下的民族习惯法功能增效研究——以贵州锦屏县华寨村为样本》（《湖北第二师范学院学报》2018年第3期）、冯海涛的《毛南族习惯法及其变迁——以贵州惠水县高镇镇交椅村为例》（《贵州民族研究》2017年第8期）、周相卿等《洛香村侗族习惯法田野调查民族志》（《甘肃政法学院学报》2016年第2期）、文永辉的《水族习惯法及其变迁——以贵州省三都水族自治县塘党寨为例》（《民族研究》2006年第4期）、鄂崇荣的《关于土族习惯法及其变迁的调查与分析——以互助县大庄村为例》（《《青海民族大学学报（社会科学版）》2005年第1期）等。这些文章描述了村寨中习惯法的现状、变迁，探讨了变迁的原因。然而专门以一个村寨为对象全面进行习惯法的当代承继和变迁调查和研究的著作我尚没有发现。

三

本书以蒋村为田野调查对象。选择蒋村进行当代习惯法调查和研究主要考虑蒋村的特点和调查的方便性。

蒋村地处浙东，所在的县级市为全国百强县。蒋村村民的收入主要来自于非农产业。蒋村习惯法具有我国经济社会较发达的汉族地区习惯法的特质。

蒋村2001年前为一个独立的生产大队、村民委员会，之后与邻村合为一个村民委员会。[1]现有10个村民小组，近400户，户籍人

〔1〕 蒋村所在的乡1991年时全乡面积为10.51平方公里，耕地9338亩、8个行政村、14个自然村、3540户，11 379人；工业总产值2776万元，农业总产值573万元；收益分配总计913万元，人均821元。参见慈溪市地方志编纂委员会编：《慈溪县志》，浙江人民出版社1992年版，第62~63页。

口 1000 来人，流动人口近千人。蒋村现有耕地面积 630 亩左右。全村集中聚居在近 0.6 平方公里的区域内。

蒋村地处平原，地势平坦，南部地势略高于北部。蒋村所在的镇为家电之镇、花卉之乡。蒋村农业形成了以花卉、丝瓜络、蔬菜为主，以多种经济作物和水产养殖为辅的农业生产结构；工业形成了家用电器、金属制品、电子仪表三大支柱产业。蒋村的民营经济比较发达，村民普遍有较高的收入。

蒋村清朝时属鸣峰乡，1912 年属永义（yì）乡；1935 年建乡后，蒋村与附近的两村为溪湾乡五保；1947 年与附近的两村为溪燕乡五保；1950 年与附近的两村为溪湾乡一村；1956 年为山海乡海雁一社；1958 年为胜利人民公社二营七连；1959 年为溪湾管理区蒋村大队；1962 年为溪湾公社蒋村大队；1969 年为溪湾公社红卫大队；1983 年为溪湾乡蒋村；1989 年为溪湾镇蒋村；2001 年与邻村合为海村。[1]

因之，蒋村当今的习惯法既有与农耕生活相适应的固有习惯法，也有与工业、商业活动相关的新兴习惯法规范；既有乡村习惯法的内容，也有城乡一体化发展中形成的习惯法。蒋村习惯法也受到了市场经济下流动因素的某种影响。

以蒋村为对象，可以管中窥豹，了解我国经济社会较为发达的东部地区农村习惯法的现实状况和发展变化，理解城乡一体化发展过程中乡村习惯法的变迁状况，探讨习惯法的生活形塑和生活保障方面的意义，思考当代中国习惯法的未来功能和社会价值。

本书探讨的蒋村习惯法为 1949 年中华人民共和国成立以后蒋村区域范围内的习惯法，[2]讨论对象为蒋村区域范围内具体规制蒋村户籍人口和流动人口的行为规范。

---

〔1〕 2020 年 3 月，海村被浙江省乡村振兴领导小组办公室认定为 2019 年度浙江省善治示范村。2021 年 9 月，溪湾镇入选"2021 年全国千强镇"。

〔2〕 1949 年 5 月 24 日，蒋村所在的县解放。参见慈溪市地方志编纂委员会编：《慈溪市志（1988—2011）》（上册），浙江人民出版社 2015 年版，第 2 页。

四

　　我比较熟悉蒋村。我关注蒋村的习惯法已有 20 多年了。从 2008年开始，我有意识地对蒋村习惯法进行专门调查，每年进行若干次时间不等的田野观察和访问。我主要运用事件观察法，并辅以日常性观察、无主题访谈等方法，突出事件意义，注重实例搜集，理解生活样貌，探析社会依法运转。

　　以调查材料为基础，我先后就订婚习惯法、婚姻成立习惯法、捐会（纠会）习惯法、义务夜巡队规约等撰写了有关蒋村习惯法的文章，对蒋村习惯法的当代承继、变迁中的蒋村习惯法进行了初步思考。

　　我对蒋村习惯法的调查和思考，主要想回答东部经济社会较发达地区有没有习惯法和固有习惯法在当代的全面性承继和扩张性变迁这两个问题，思考当代习惯法与民众生活秩序的关系，进一步拓展我在习惯法领域的调查和思考，为当代中国的法治建设提供事实材料和客观探析。

　　在许多人的观念中，习惯法仅仅存在于我国偏远的少数民族地区，当今的东部乡村地区没有什么习惯法的存在。事实告诉我们，蒋村不仅有固有的习惯法，也有适应时代特点而内生的、扩展的习惯法；在国家法制不太健全的时代，蒋村存在习惯法，在当今建设有中国特色的社会主义法治的新时代，蒋村全面承继的习惯法仍在发挥积极功能。习惯法始终为蒋村村民生活的有机组成部分，是蒋村社会秩序的主要规范来源。

　　改革开放以来，我国的农村发生了较大的变化，村民的生产方式、生活方式和思维方式有了不同程度的改变，乡村的治理规范和治理秩序也随之有所变化。理解蒋村习惯法，掌握习惯法的样态，关注习惯法的变迁，这对于分析当代中国习惯法的变迁规律、理解我国乡村法治的发展、思考我国乡村的社会治理是非常关键的。

五

根据我的观察，在日常的生产、生活中，蒋村村民的行为除了受到国家法律、政策规范之外，还有地方习惯法进行调整。习惯法包括国家法意义上的习惯法和非国家法意义上的习惯法，本书所指的"习惯法"为非国家法意义上的习惯法。在社会实践中，蒋村逐渐形成了公共事务习惯法、民事习惯法、违法行为处罚习惯法、纠纷解决习惯法等，具体调整村民的村内外、家庭内外等方面的人与人关系，保障村民正常的人际往来，维护乡村社会秩序。这些习惯法在当今所全面承继，维持村民的日常生活，满足基本需要。

当今蒋村的习惯法既有村民委员会这一村民自治组织制订的村民自治章程、村规民约，也有村商会、和谐促进会、义务夜防队等社会组织的规约；既有土地习惯法、相邻关系习惯法、起屋习惯法等民事物权习惯法，也有捐会习惯法、债权债务习惯法等民事债权习惯法，还有商事习惯法；婚姻方面既有订婚习惯法，也有结婚习惯法，还有同居习惯法；家庭方面既有分家习惯法，也有赡养习惯法；社会往来方面有互助习惯法、人情往来习惯法；有丧葬习惯法，有祭祀习惯法，有"问仙"规范；生活保障方面，有社会治安习惯法，也有损害赔偿习惯法，还有纠纷解决习惯法、调解习惯法。

地处浙东，蒋村从总体上具有"雅而好礼"的地域品格，[1]村民普遍敬鬼神而远之，重交往尚礼仪，讲人情厚关系，好客气讲面子，因之习惯法的内生形成、承继清晰、内容丰富、规范明确、效

---

〔1〕 周时奋：《宁波老俗》，宁波出版社 2008 年版，第 8 页。清代光绪《慈溪县志》称："风俗淳朴，贤士辈出，敦尚礼义，羞于浮邪，朋友以诚信相孚，乡党之间蔼然和气，其士子往往以德业淬厉，底于成才，重于利人而轻利己。"转引自慈溪市地方志编纂委员会编：《慈溪县志》，浙江人民出版社 1992 年版，第 948 页。光绪《余姚县志》也称："其民，庞浑朴茂，敦尚行实，谨祭祀，畏刑辟，力本重农，好学笃志，尊师择友，弦诵之声相闻。"参见徐泉华点校，余姚市史志办公室编：《光绪余姚县志》（简明点校本），线装书局 2019 年版，第 69 页。

力严格。[1]

蒋村成村较晚，历史不长，村民均为移民而来，[2]没有巨族豪户，因此村风民风具有多样性、开放性、包容性的特点。这使蒋村习惯法具有多样性、发展性的特点，随着时代和社会的变化而不断发生演变，在全面承继的基础上通过扩张性变迁满足村民的生活需要。

由于村落内宗族团体、信仰组织、公益社团较为缺乏，蒋村习惯法主要围绕家庭的生活、生产事务展开，习惯法的基本单位为家、户，家、户等承担习惯法责任，习惯法的主体主要为团体，蒋村的个人也是习惯法的主体但是居于次要地位。

六

《周易·乾·文言》曰"与时偕行"。发展、变化是社会的主旋

---

〔1〕　蒋村习惯法为村民在生活、生产中自然形成，所谓"一乡之俗天下之积也"。参见（明）姚宗文纂，慈溪市地方志办公室整理：《天启慈溪县志》（影印本），浙江古籍出版社 2017 年版，卷一"风俗"，第 10 页。

〔2〕　蒋村所在的区域特色文化以围垦文化、移民文化、青瓷文化、慈孝文化为代表。参见慈溪市地方志编纂委员会编：《慈溪市志（1988-2011）》（上册），浙江人民出版社 2015 年版，第 9 页。

蒋村地处杭州湾南岸海涂淤涨成陆区。距今约 2500 年，蒋村所在的地区全境已形成南丘北海、中部为滨海平原的地貌格局；这一地区的滩涂属于淤涨型滩涂，自宋代以来已修建 11 道海塘，中华人民共和国成立前海岸线平均每年向外推移 25 米，之后则达到 50 米~100 米。参见冯利华、鲍毅新："慈溪市海岸变迁与滩涂围垦"，载《地理与地理信息科学》2006 年第 6 期。

1952 年~1987 年，慈溪筑横塘长 92.94 千米，直塘长 47.83 千米，围涂 10 833 公顷。1988 年后，累计新筑横、直标准海塘长 104.71 千米，围涂 17 294 公顷，实际可利用土地 13 222 公顷。参见慈溪市农业志编纂委员会编：《慈溪市农业志（1988—2008）》，上海辞书出版社 2014 年版，第 29 页。

蒋村所在的地区海涂围垦的历史较久。中华人民共和国成立后持续围垦的三大原因为人口的急剧增加、经济发展的迫切需要以及自然灾害的频繁发生，充分利用现有面积广阔的海涂资源，持续进行海涂围垦成为发展的必然选择。在海塘的修复与兴建过程中，党的领导、广大群众的支持参与、围垦技术的提高等因素都促使围垦区逐步扩大。围垦的主要效益包括经济效益、社会效益、生态效益等。在海涂围垦中逐渐形成"艰苦奋斗、吃苦耐劳，兼容并蓄，勇于开拓，精工细作、能商善贾"的精神品质，是推动这一地区社会经济发展的精神动力。参见王丁国："建国后慈溪海涂围垦研究"，宁波大学 2009 年硕士学位论文。

律，没有绝对静止不变的时代，也不存在没有变化的习惯法。就蒋村的实践观察，习惯法是一直处在变迁中的。蒋村的习惯法就在这样不断变化与不断稳定的动态平衡之中发展。

习惯法变迁的表现形态是多种多样的、呈现非常多元的样态。有的习惯法规范被扬弃、消解而自然消亡；有的习惯法规范的内容有改变、程序有简化；有的习惯法规范得到承继，在新的时代仍然发挥其独特功能；有的习惯法规范适应新的需要而被新创，出现了全新的内容。

习惯法变迁的方式有全部消解、部分消解、部分改变、全部改变、部分传承、全部传承、完全新生等。这种变迁主要为调整对象的扩大、规范内容的增多、具体效力的强化、个别规定的无效。习惯法的变迁既涉及实体内容，也包含程序内容。

就习惯法变迁的原因而言，既有习惯法本身的因素所致，也有国家法治建设推进的影响，更有社会的经济、政治、文化等方面变化所致。[1]习惯法由于不能满足村民的需要而被扬弃，国家法律替代习惯法规范民众的行为，生活方式的变化促使新的习惯法规范的产生。这既可能是基于村民的意愿，也可能由于外来力量的加入和强化，还与社会条件的变化有关。推进习惯法变迁的力量是复杂的、混合的。

当今蒋村习惯法的变迁总体上为一种扩张性的变迁，即在全面承继的基础上，适应社会新的变化，针对村民生产、生活的需要，而内生性地新生、转变和消解。

---

〔1〕 沿海发达地区的农村在改革开放后较迅速地富裕起来。社会的急剧变迁，使当地农民的各类价值观发生了深刻的变化，传统的价值观和现代价值观交织并存，呈现出多元化的发展趋势。有学者以蒋村所在的市为例，通过问卷调查、实地访谈、文献查阅等方法，对当地农民的生产观、政治观、教育观和消费观进行了调查分析。调查表明，生产观念上，市场意识占据主导，但传统思想依然束缚农民的行为；政治观念上，民主意识开始觉醒，但是呈现出不完整性和不完善性；教育观念上，对子女教育重视度提高，但对教育价值的认识存在误区；消费观念上，健康、时尚消费成为趋势，但落后、甚至畸形的消费观念依然存在。参见邵佳："沿海发达县域农民价值观现状调研——以浙江省慈溪市为例"，载《中共宁波市委党校学报》2010年第2期。

七

通过田野调查，我认为当代蒋村习惯法呈现全面性承继和扩展性变迁的特质，目的仍在保障村民生活需要、维持村落社群秩序。

当代蒋村习惯法的全面性承继体现为对固有习惯法的整体性继受、对传统习惯法的齐全性吸纳、对以往习惯法的完整性弘扬。当代蒋村的习惯法基本上脱胎于传统规范，与固有习惯法一脉相承，表现在基本精神承自固有习惯法，主要原则源自固有习惯法，具体规范来自固有习惯法，实施保障出自固有习惯法。当代蒋村的习惯法虽然扬弃了固有习惯法的某些内容，固有习惯法的某些内容也由于时代的变化而失去调整对象，但总体上为固有习惯法的现代形态，从生成机制、作用原理到规范要求都承袭固有习惯法。

当代蒋村习惯法的扩展性变迁体现在习惯法的新生和延展。扩展性变迁是针对乡村实践出现的新的社会行为、社会关系而有新的习惯法的出现。扩展性变迁主要为调整对象的扩大、调整范围的增加、调整方式的丰富。相比消解，当代蒋村习惯法更多表现为增长。扩展性变迁为一种内生性变迁，是一种适应性变迁、增长性变迁。扩展性变迁非为根本性变化，仅为表面性变化；扩展性变迁非为整体性变化，仅为部分性变化；扩展性变迁非为结构性变化，仅为散杂性变化。

习惯法的全面性承继和扩展性变迁，使当代蒋村的习惯法呈现旧与新的叠加、固有与新生的混合、传统与现代的交融、历史与现实的联结，表现出丰富的、复杂的形态。

当代蒋村习惯法仍以保障村民的生活秩序为目的。生活秩序为社会秩序、国家秩序、地方秩序的一个组成部分，是村民物质生活、精神生活等的正常性、有序性、连续性、前后一致性。习惯法保障的生活秩序是以村民日常生存、生活、发展为核心的惯常状态，是一种具体的具有在地性特征的乡村民间秩序。习惯法保障的生活秩序是以家庭为核心、调整家庭内外关系而型构的秩序。习惯法保障的村民生活秩序是有烟火味、人间气的社群秩序。[1]

八

2020年12月中共中央印发的《法治社会建设实施纲要（2020-2025年）》强调法治社会是构筑法治国家的基础，法治社会建设是实现国家治理体系和治理能力现代化的重要组成部分。《法治社会建设实施纲要（2020-2025年）》的第三部分为"健全社会领域制度规范"，其中"（九）促进社会规范建设"明确提出："充分发挥社会规范在协调社会关系、约束社会行为、维护社会秩序等方面的积极作用。加强居民公约、村规民约、行业规章、社会组织章程等社会规范建设，推动社会成员自我约束、自我管理、自我规范。深化行风建设，规范行业行为。加强对社会规范制订和实施情况的监督，制订自律性社会规范的示范文本，使社会规范制订和实施符合法治原则和精神。"

在法治国家、法治政府、法治社会一体建设的当代中国，秉承历史传统的蒋村习惯法应能顺应社会发展的趋势，合上乡村社会前行的节拍，适应城市化发展的趋势，[2]在国家强化依法治理的环境中发挥其独特的功能，满足村民对规范和秩序的需要，达至安全、富裕、幸福的生活状态。

具有自生性、内生性、开放性、柔展性特点的蒋村习惯法，可以服务法治国家建设的需要，推进蒋村地区法治社会的形成。习惯

---

〔1〕 习惯法为乡村记忆的一部分。乡村记忆是村落历史变迁的见证，是延续乡土文化的中介，具有构筑乡土社会、展现乡村文化的重要价值，与"记住乡愁、留住乡情"密切相关。参见洪泽文等："乡村记忆工程建设的问题与对策——以浙江省慈溪市乡村记忆工程为例"，载《浙江档案》2017年第11期。

〔2〕 蒋村所在的县级市正经历城市化的发展进程，呈现城乡一体化的样态。地方政府治理调整是影响城市化发展的重要因素，而城市化进程也是影响地方政府治理变迁不可或缺的条件。以蒋村所在的市为对象的一项研究表明，城市化进程中的地方政府治理转型受制于一系列现实因素，具体表现为四大类别，即资源禀赋结构、产业结构与资本有机构成、地理地貌等现实因素；地方经济社会发展趋势及其定位等未来发展趋势因素；全球化、国家层面的政策安排、跨区域制度可衔接性等宏观条件；社会异质性程度、公众作为市场主体与利益主体地位的确立，作为参与治理的社会主体地位的确立等微观要素。参见冯涛："城市化进程中的地方政府治理转型"，浙江大学2011年博士学位论文。

法在协调蒋村社会关系、约束蒋村村民行为、维护蒋村社会秩序方面的作用更将长期延续。蒋村习惯法在健全乡村治理体系、推进乡村全面振兴和城乡一体化发展、实现共同富裕方面具有积极意义。

<h1 style="text-align:center">九</h1>

当代的蒋村习惯法为一种活法，是一种实际发生效力的社会规范，本书试图努力描述出这一现实场景和具体样貌。为此，本书有对某一领域习惯法如土地习惯法、相邻关系习惯法、债权债务习惯法、商事习惯法、丧葬习惯法、治安习惯法、纠纷解决习惯法等较为全面的总结；有对某一专项习惯法如村规民约、起屋习惯法、捐会习惯法、同居习惯法、分家习惯法、赡养习惯法、人情往来习惯法、损害赔偿习惯法等较为具体的描述；有对某一事件如义务夜防队、一起宅基地转让事件、一起民间借贷纠纷、一起订婚事例、一起结婚事例、一起绝户财产处理、一起相邻纠纷的解决等所涉习惯法的较为深入的展现；有对某一现象如和谐促进会、商会、集体性活动、邹达康家的协议、阿翔的"弟兄家"、婚姻现象、日常生活中的迷信、"问仙"、赌博、谩骂等相关习惯法的较为细致的探讨。本书既有整体性的讨论，也有个案性的探讨。我想通过本书揭示蒋村村民生活中习惯法的整体图景。

本书关注习惯法与蒋村村民生活的具体关系，试图理解习惯法在蒋村村民生活中的真实意义。除了村规民约、和谐促进会规约、商会规约等少数规范与蒋村村民的生活关联不大外，本书探讨的习惯法与蒋村村民日常的生老病死、衣食住行、吃喝玩乐有着十分紧密的关系。这些习惯法调整村民的财产所有、金钱往来，规范村民的起屋盖房、相邻关系，关涉村民的订婚结婚、分家养老，处理村民的丧葬祭祀、崇拜迷信，协调村民的互帮互助、人情往来，解决村民的矛盾纠纷、损害赔偿，保障村民的生产秩序、日常生活。当今的蒋村习惯法以蒋村村民的家产、生计、生存、交往、发展为核心，面向村民的具体欲望和生活需要，实际规范着村民的日常行为，调整着村民之间的社会关系，影响着村民的相互交往，促进了村民的富足生活，维护了蒋村的和谐秩序。蒋村习惯法遵循常理、适应常性、符合常情、体现常识。本书描述的当代蒋村习惯法为蒋村村民身边的法，因而极富烟火性，饱含人情味，嵌有亲切性，内蕴社群性。

十

由于蒋村是我熟悉的地方，较为理解蒋村的社会状况和风土人情，因而我进入蒋村进行田野调查较为方便。蒋村的方言属吴语区太湖片明州（甬江）小片，我听、说都没有问题，与蒋村村民可以直接交流，不需要借助转译，语言方面没有障碍。蒋村的许多朋友都给予了我大力的支持，提供了各方面的帮助。不过，由于受报道人和各种社会关系的影响，我的调查多少受到一些限制，这在一定程度上影响了资料的客观性。

受制于具体条件，我没有在蒋村进行长时间的观察、调查，这在一定程度上影响到本书资料的完整性和丰富性，对理解和把握当今的蒋村习惯法有某种阻碍。

作为一个个例，蒋村的代表性、典型性也是可以进一步讨论的；由蒋村而得出的一些判断、观点是否具有普遍性、有多大的普遍性，这也是一个需要更深入思考的论题。

略感遗憾的是，本书对蒋村区域范围内流动人口有关蒋村习惯法的遵循及其转换性接受和规避问题没有进行全面的讨论。在蒋村，有不少来自广西、贵州、江西、安徽等浙江省外和丽水等浙江省内的流动人口，时间长的已有十几二十年。他们在蒋村做工谋生、成家立业、结婚生子，成为蒋村的新村民、新蒋村人。他们对变迁中的蒋村习惯法应该有自己的感受，也或多或少对蒋村习惯法的承继和变迁发挥着作用，这一领域今后需要重点关注。

需要说明的是，按照学术惯例，为尊重田野调查对象，本书中的主要地名、绝大部分人名进行了化名处理。

第一章

变迁中的蒋村习惯法

一、引言

当代中国处于一个全面变迁的时期，习惯法也随着依法治国的深入进行而发生着明显的变化。蒋村习惯法的变化或许可以从一个方面认识现代法治建设中的习惯法。

在社会发展中，蒋村逐渐形成了公共生活习惯法、民事习惯法、处罚与纠纷解决习惯法等内容全面的习惯法，调整村民之间的相互关系。随着经济、政治、文化、道德、法制等的发展变化，蒋村习惯法出现了诸多的变化，对蒋村村民的生活秩序产生了一定的影响。

在田野调查的基础上，本章分析蒋村习惯法变迁的表现，探讨蒋村习惯法变迁的原因及趋势，以引起学界对习惯法当代变迁的进一步重视，思考习惯法在我国现代法治国家、法治社会建设过程中的地位与功能。

二、蒋村习惯法变迁的表现

蒋村习惯法的变迁为一种扩展性的变迁。根据调查所知，蒋村习惯法变迁的具体体现，可以用"增""少""变""简""繁""弱"等来进行概括，在规范类型、权利义务、程序规范、责任规范等方面都有诸多变化。

（一）"增"

在增加方面，蒋村一方面出现了许多新的习惯法规范，以调整新的社会关系；另一方面，固有习惯法也增加了不少新的内容。

蒋村习惯法有关工业品生产、经营、销售方面的规范明显增多，逐渐形成了许多新的规范，出现了新类型的交易习惯法、经营习惯法。同时，围绕家庭作坊的用工需求也形成了许多新的习惯法规范，如由于外来务工人员需要居住，因而租房方面出现了不少习惯法规范。

同时，固有习惯法规范增加了不少内容。如在祭祀习惯法方面，蒋村传统信仰佛教的家庭每年有多次祭祀活动，尤以过年期间的祭祀为最重要。以往过年期间祭祀时，先祭菩萨再祭祖宗，之后才可以吃年夜饭。现在，祭祀的对象扩大了，有小汽车、摩托车的家还要祭车神，将供品摆在车前的桌子上进行祭祀。办企业的家庭还要祭机床、设备，仅仅是供品略为简单一些而已。

（二）"少"

由于时过境迁，蒋村习惯法的许多规范由于调整对象的不存在而逐渐减少规范范围甚至消解了。

由于家庭联产承包责任制的实施以及生产大队、生产队的消失，与之相连的公共生活习惯法就因失去了调整对象而消灭。

在婚姻成立习惯法方面，固有的程序基本保留，但是传统通过水路用船接新娘的形式由于公路交通的发达而改由小汽车迎新娘，这样原来的摇晃船戏新娘环节、程序等就不可能继续存在了。"掉胞亲"已经基本绝迹，"进舍郎"不再受到歧视。

（三）"变"

在蒋村，社会变化也会导致习惯法的变化、变通。如订婚时由送日子帖、舅帖变化为送日子帖、舅帖和岳父帖，增加了岳父帖；形式也由手写件变为打印件。在互助习惯法方面，以往丧家对邀请而来帮忙的村民表示感谢是送毛巾、水瓶、火柴等物品，2017 年则已有丧家改变原来的规范而直接送钱，一天 120 元不等。这固然有每次都送物品致使经常帮忙的村民家有许多同类物品而用处不大的原因，更重要的是在市场经济环境下，请村民来帮忙三天已越来越困难。由于人工价格的提高，连续帮忙三天对村邻而言在经济上会产生不小的损失，直接送钱能够提高来帮忙者的积极性，但是习惯法的这一变化可能也改变了帮忙、互助的性质。

（四）"简"

由于社会的变化，特别是时间、效率观念的变化，适应村民的市场、经营情况，蒋村习惯法中的许多程序规范也发生了变化。如在婚姻习惯法方面，以前"回门"环节和"满月"环节分别在结婚后的一定时间进行，现在为方便和节约时间，多于结婚后的次日举行"回门"和"满月"，"结婚""回门"和"满月"连续进行，中间没有间隔，在程序方面进行了改变。

（五）"繁"

新旧交替、传统与现代并存，蒋村习惯法受我国社会的这一特点影响而表现出繁复的一面。如人情往来习惯法方面，调整的对象日益广泛，不仅规范传统的春节等年节的人情往来行为，还调整高考升学、生病看望、等方面的人情往来行为，范围越来越广，义务越来越重，呈现越来越复杂的状况。

在丧葬习惯法方面，既保留了传统的以土葬为主要葬式的习惯规范，又形成了与国家法律要求的火葬相适应的习惯法规范，新旧同存，繁复叠加。

（六）"弱"

在蒋村，习惯法主要由社会舆论等保障实施，习惯法的效力来自个人认同、自尊、社会评价等。村民对习惯法的认同与自尊、他人尊重等因素密切相关。由于社会环境等的影响，蒋村的一些村民逐渐不顾及村邻感受、不理会他人看法，置习惯法规范于不顾。如在借贷方面，有的蒋村村民已经不要面子了，不遵循"有借有还、再借不难"的规范、不遵循"农历大年三十结账还钱"的习惯法，不理会债权人的上门要债、还钱，我行我素。习惯法于他们已成具文，不发生效力了。

三、蒋村习惯法变迁的原因

人类社会的三种基本活动方式为生产方式、生活方式和思维方式。当代中国社会的发展使蒋村地区的生产方式、生活方式和思维方式发生了一定的变化，从而直接影响了固有习惯法，在新的社会条件下蒋村习惯法随之发生了变迁。

（一）生产方式因素

生产方式是人们取得物质资料的方式，生产方式的物质内容是生产力，其社会形式是生产关系。从生产的条件方面来看，生产方式包括两个具体含义或内容：一是生产的技术条件，指劳动者的生产技能与熟练程度，生产资料的规模和效能以及生产工艺状况等；二是生产的社会条件即生产过程的分工、协作发展程度，以及相应的生产组织形式等。从生产形式方面看，生产方式也包括两个具体含义或内容，一是社会的生产形式即生产类型，人们劳动的交换形式和生产要素的配置方式；二是生产的社会形式即生产的社会性质，或劳动者与生产资料结合的特殊方式。

随着农村改革特别是家庭联产承包责任制的实行，蒋村的生产方式在生产类型、生产组织形式、生产地点、劳动技能等方面出现了变化，从而直接、间接地影响了习惯法，使习惯法产生变化。

（1）农业与工业。在蒋村，农业的地位明显下降，工业成为主要的产业形态，工业成为大部分村民收入的主要来源，从事工业、服务业的时间、人员不断增多。因此，有关工业品生产、销售方面的习惯法随之产生。

商品经济有了一定发展，蒋村农产品的商品化率有了一定的提高。在农产品中，经济作物的产量和品种不断增加。围绕农产品的销售也形成了许多新的习惯法规范。

经济改革、市场经济为蒋村的发展提供了机会。蒋村村民需要资金开办企业，进行生产经营，而有的村民余钱增加，故借贷习惯法的内容不断丰富。

蒋村村民收入的增加为婚姻习惯法、丧葬习惯法等的延续和变化创造了经济条件。村民讲排场、比档次的观念更使固有习惯法出现新的内容。

因此，这一变化对建立在农业、自然经济基础上的蒋村固有习惯法产生了一定的影响。

（2）群体与个体。蒋村实行家庭承包责任制以后，生产资料除了土地以外属于家庭所有，生产组织形式也发生了变化即生产分散化，工业、农业生产主要以家庭、个体形式进行，劳动时间较为自由，多由自己决定。因此，生产的规模比较小，生产过程的分工、协作发展程度较低，而村民的自由时间则明显增加了。这对蒋村习惯法产生了一定的影响。

蒋村一直存在的集体经济组织和村民自治组织的作用发生了变化，官方性组织的权威性、影响力下降，可依靠度、凝聚力减弱。

在这样的社会背景下，蒋村就需要新的群体生活，通过社会关联，寻求新的社会联合，满足自己对集体、群体的依赖心理。因此公共生活习惯法等就出现了一定的变化。"弟兄家"等初级组织、小群体就较为活跃。义务夜防队等互助性组织也应运而生。

（3）本地与外地。随着生产的多样化，劳动、生产、经营地点出现了明显变化，不再局限于原有的蒋村附近，本地仅仅为劳动地点之一，外地也成为越来越重要的劳动、经营地点，因而社会成员流动性明显增强；农地也不再是生产的唯一场所。生产地点的这一变化状况导致蒋村习惯法效力的某种减弱。

而外地流动人员的大量进入蒋村求职使蒋村习惯法不仅调整传统的蒋村内部人员关系，也根据需要拓展了调整范围，将蒋村村民与外地来蒋村人员之间的雇工、租赁等关系纳入习惯法调整范围。特别是，蒋村村民与外地来蒋村人员之间发生的治安关系在某些年成为习惯法的重要内容。在这种流动社会下，蒋村习惯法出现一定的变化自为正常现象。

（4）经验与知识。蒋村经济由以自然经济为主向以商品经济为主转变，劳动对象也增加了，土地不再是唯一的劳动对象，因此对劳动者的生产技能提出了新的要求。传统的农业等经济形态基本具有重复性的特点，因此劳动者的生产技能主要来源于日积月累的经验，年龄成为生产熟练程度的基本条件。而市场经济下劳动者的生产技能则来源多样，知识成为劳动者最重要的生产技能。劳动资料越来越多地以智能性工具为主，知识的占有和使用对于生产的质量、效益越来越重要。在这方面，年轻人由于受学校教育多、接受新知识快而表现出优势。

这一变化对蒋村传统习惯法的年长者权威提出了挑战，对蒋村习惯法的实施与保障机制产生了一定的影响。

(二) 生活方式因素

韦伯在《阶级、地位与权力》的论文中,在谈论"阶级""地位"与"权力"这三个概念的内涵时引入"生活方式"概念。[1]生活方式是依据一定文化模式为满足自身生活需要而使用、运用和消费各种物质和精神文化资源的活动方式。广义的生活方式指的是在一定社会客观条件的制约下,社会中的个人、群体或全体成员为一定价值观念所指导的、满足自身生存发展需要的全部生活活动的稳定形式和行为特征。[2]狭义的生活方式理论在 20 世纪 60 年代开始出现。这种意见认为,生活方式不应包括生产方式,对此,又有两种看法:一种看法认为,狭义的生活方式指除了生产以外的人们的生活活动形式的总和;另一种看法认为,狭义生活方式的范围应更窄一些,它仅仅包括人们的物质消费活动和由他人支配的闲暇时间活动的方式。[3]生活方式概念倾向于强调特定生活资料和社会条件的象征表现的特殊形式,强调的是"辨别性的""特定的""特殊的""显著的",强调的是"标志""特征"或"差异"。生活方式是一种群体现象,一个人的生活方式受到他所在的社会群体以及跟其他人之间的关系的影响。[4]

现代生活方式注重自主性、开放性、科学性、合理性、多样性、学习性。[5]由于社会的现代化发展,蒋村的衣、食、住、行、休息娱乐、社会交往、待人接物等方面出现了诸多变化,对习惯法也产生了明显影响。

---

〔1〕 参见高丙中主编:《现代化与民族生活方式的变迁》,天津人民出版社 1997 年版,第 4~5 页。

〔2〕 王彦斌、钱宁:"现代化过程中西部贫困地区少数民族的生活方式——对云南几个少数民族村寨的调查分析",载《云南行政学院学报》2004 年第 2 期。

〔3〕 徐杰舜、杨清媚:"民族生活方式论",载《广西大学学报(哲学社会科学版)》2005 年第 3 期。

〔4〕 AaronAhuvia、阳翼:"'生活方式'研究综述:一个消费者行为学的视角",载《商业经济与管理》2005 年第 8 期。

〔5〕 胡梅叶:"略论现代生产方式、生活方式和思维方式",载《安徽教育学院学报》2005 年第 4 期。

（1）单一与多元。由于交通、通讯、广播电视等的发展，蒋村信息来源改变了以往人与人直接传播为主的状况，明显呈现多元化倾向。微信等自媒体的发展，使蒋村村民的信息来源更为快捷和混杂。

信息来源渠道的多样增加了蒋村对国家政策、法律的了解和熟悉，国家政策和法律的重要性明显提高，蒋村村民对习惯法的期望和依赖有所下降。

（2）官方与民间。在日常生活中，国家力量日益深入蒋村，对蒋村村民的生活方式有明显影响，民间的传统影响力显著下降：政府加强了对村民自治组织的指导，弱化了蒋村老人的权威；地方政府的影响力更为直接，政府充当主要的计划者和推动者，如推广各种生产技术、新农村建设等；国家通过法律进行社会控制，如实行计划生育、进行治安管理、金钱环境管治等。

交通、通讯、电力条件的改善，为政府力量和国家法律的深入创造了条件，这不太利于蒋村习惯法的继续生长；但是，农村改革后集体组织的虚化则又为蒋村习惯法的存在提供了社会需要。

（3）长者与能者。在蒋村，经验丰富、阅历复杂的长者现在还受到一定的尊重，长者的经验为其在日常生活中确立了非同寻常的社会地位，但是这种尊重相比以前有明显下降。头脑活、交往广、赚钱多的能者越来越成为蒋村的引领者，影响力越来越大，往往成为社会生活、闲暇聊天的中心人物、年轻人乐意信任、听从之人。

因此，义务夜防队规范等习惯法的发展，既与长者的态度有关，更与能者的认识和支持有密切关系。企业老板特别是热心肠的企业老板在蒋村村民的生活秩序维持中发挥着越来越大的作用。

（三）思维方式因素

思维方式是由主体的知识、观念和方法有机构成的反映客体的相对稳定的样式。其中，知识要素是思维方式所依存的基础，观念要素在思维方式中起着决定性的作用，方法要素是思维方式中的最高层次即功能层次。这三个要素的有机结构，经过无数次重复，形成了一种定型化的、相对固定的思维方式。[1]思维方式虽具有稳定

---

〔1〕　陶富源：《哲学的当代沉思》，南京大学出版社 1999 年版，第 299~304 页。

性，但它是随着社会实践活动中思维对象、思维主体的变化而变化的，也是随着社会的发展而发展的。

由于生产、生活知识的变化，蒋村村民的观念随着经济、社会、法制的发展而有变化，这使习惯法发生了一定的变化。

（1）团体与个人。农村改革以后，蒋村的生产活动以家庭为单位进行，生产、交换都是以家庭、个人名义开展，村落等集体、团体对蒋村日常的生产、生活关系不大，重要性降低，个人尤其是成年男性的能力、观念对整个家庭的经济收入、社会地位居于首要位置，因而蒋村村民的集体、团体意识逐渐淡漠，家庭、个人观念日益突出。

社会本位观念的变化，一方面有利于集体性的习惯法活动的举行，以满足蒋村的团体生活需要；另一方面，也可能增加习惯法实践、活动的联络、召集难度，影响蒋村习惯法的效力。

（2）互助与自助。由于社会的变化，蒋村的亲情友善、团结协作、互帮互利的互助观念有了变化，自助意识增强。如起屋盖房已经不完全依靠村民的无偿互助，而主要通过支付劳务费用、由外请的泥瓦匠承包建造；互助在房屋建造中已不起主要作用，村民仅仅在自己方便、有时间的某些时候前来帮助，非全体村民集中式的帮助，而变为零散、个别式的互助。

这一变化在一定程度上影响了蒋村固有的纯朴人际关系，因而在许多习惯法活动中，不少村民主要从功利角度考虑，更加注重个体利益，使蒋村习惯法的存在基础受到一定影响。

不过，20世纪80年代以后，蒋村的生产单位"家庭化"，加速了家庭经济的私有化，以家庭为单位的自助生产劳动，又给蒋村提出了加强团结的社会需求和心理需求。通过习惯法活动，人们加强联系、增加交流，似乎又回到了同一地缘的圈子里，使蒋村村民获得集体认同感、文化认同感的满足。

（3）科学与迷信。生活实践、信息传播和学校教育使蒋村村民的科学意识、理性观念不断增强，眼界不断开阔，但不少蒋村村民尤其是老年人的自然崇拜观念和鬼神崇拜观念还比较浓厚，迷信观念还较深，遇有生病、婚丧等事时往往请先生算命、看风水、求签卜卦等，认为幸福并不仅仅来源于自己的努力，还有赖于菩萨、神灵、祖宗的护佑，精神生活中神灵有一定的位置。

同时，一些蒋村村民开始信仰基督教、天主教，蒋村村民的信仰形态呈现多元化态势。这一方面使蒋村习惯法的内容得到扩大，另一方面不同信仰的村民之间不时出现矛盾需要通过习惯法进行规范。

（4）复杂与直观。在现代化的发展中，社会呈现复杂、多元态势，蒋村村民的思维能力有了一定发展。但直观、具体、简单、狭窄的传统思维方式依然存在，村民较为相信身边事物、考虑眼前利益，强调可感知性、可直接控制。

在国家制定法与习惯法方面，蒋村有的村民比较了解国家法律，有的国家法律观念较为模糊，了解不多；而不少村民较为信任习惯法，希冀通过直接而现实、及时地处理解决问题，体现习惯法的效力，保障自身利益。在成本、效率方面，蒋村习惯法具有天然的优势。

四、蒋村习惯法变迁的未来

在依法治国、建设法治国家进程中，蒋村习惯法变迁的趋势与现代化进程、国家力量和国家法、习惯法本身、村民观念等因素紧密相关，需要全面的观察和分析。

（一）现代化进程

现代化涉及动力、目标、方式等内容，关键是如何处理传统与现代的关系。学界对现代化的方略和进程的认识并不一致。布莱克在其1966年出版的《现代化的动力：比较历史的研究》一书中，曾经把现代化理论研究，归列到政治学、经济学、社会学、人文科学和制度学等五个研究方向。以阿尔蒙德为代表的政治学家认为，目前世界上的所有国家，不外乎是已经实现现代化的现代社会和尚未实现现代化的传统社会两种。以英美等发达国家为首先期实现了现代化，传统国家也一定会紧随其后。传统国家实现现代化将是一个摈弃本国本民族文化传统，逐步引进和采纳现代化的全部价值标准的痛苦过程。而以古斯菲尔德等人为代表的现代化理论则认为，传统与现代化并非绝然对立和此消彼长的，它们之间的关系是十分错综复杂的。传统性是不会轻易退出历史舞台的，它会吸收某些现代成分，使一些传统更富生命力。

蒋村地区现代化是我国现代化的组成部分，为外源型现代化，政府通过国家机关强制性地、自上而下地推行，以发展经济为核心，表现出表面化、普遍化、标准化、趋同化的特点。目前蒋村地区的现代化主要依赖国家、社会的外力，依靠国家政策、法律，以发展经济为核心，具有单面化的倾向，从传统中发展出现代化因素则关注不够。

与我国其他农村地区一样，蒋村地区选择激进的还是缓和的、单一的还是多元的现代化发展方略，对蒋村习惯法的未来直接相关。现代化是否绝对排斥特殊化、地方化，如何避免简单化、大跃进式的现代化，根据传统的特点、社会经济文化的状况，发展适宜于本地文化与社会特点的现代性因素，体现地方性和文化多样性，这需要认真思考。现代法治建设是否需要吸纳固有习惯法的良善内容，如何弘扬传统习惯法的现代价值，这需要慎重地对待和科学的实践。

（二）国家力量和国家法

随着我国经济的不断发展、国家力量的不断强盛、社会治理水平的提高，国家力量和国家法正全面进入蒋村地区，国家力量和国家法在蒋村地区的生长对蒋村习惯法的未来发展具有直接的制约作用。

我国现处于树立国家权威、培养国家法信仰时期。现代法治强调法制统一，排斥法律多元，不允许其他社会组织、社会权威挑战国家权威、分散国家权威。国家通过健全而日渐有力的国家机构实施国家法，保障国家法的效力。因此，国家试图用国家法全面替代蒋村的习惯法，从总体上是否定蒋村习惯法的，严格限制习惯法的生存空间；国家法较少吸纳蒋村习惯法的内容。

但是国家的力量不是无限的，国家法律有其固有的弱点，国家法律也不是万能的，有其局限性。明代的王夫之早就指出："法之立也有限，而人之犯也无方。以有限之法，尽无方之慝，是诚有所不能也。"〔1〕国家法律的调整范围有限；国家法律具有概括性，它不能在一切问题上都做到天衣无缝、缜密周延，也不能处处做到个别正义；国家法律具有稳定性、普遍性，而社会生活却是具体的、多变的。"当我们把特殊情况纳入一般规则时，任何东西都不能消除这种确定性核心和非确定性边缘的两重性。这样所有的规则都伴有含糊或'空缺结构'的阴影，而且这如同影响特定规则一样，也可能影响在确认法律时使用的确定最终标准的承认规则。"〔2〕此外，国家法律作为"服务于有益目的的制度的运用可能超越其职责的法定范围，所以在某些历史条件下可能会出现管理转化为强制、控制转化为压制的现象"。〔3〕由此观之，无论国家承认与否，蒋村习惯法在现代社会同样可以弥补国家法律的不足和空缺。

我们应当清醒地认识到，"人类的一切行为在为他带来收益的同时，也使他付出代价"。〔4〕"人类的一切制度必是有得有失的，企图实践一种无代价的制度，必将付出更大的代价。"〔5〕"法治在西方也并未被始终看作解决人类社会问题的良策。"〔6〕因此，我们需要反思现代法治，理性处理国家法律与蒋村习惯法的关系，避免绝对化的发展策略。

（三）习惯法的命运与其具体内容、实际作用以及调适机制有关

由于交通、通讯的改善，国家法治建设的加强，国家对蒋村地区的控制越来越全面，国家法律的规范作用日益突出，蒋村习惯法仅仅成为国家法的补充。蒋村习惯法的内容如与国家法的规定相抵触，就会受到国家法的否定性评价，而失去存在空间。蒋村习惯法

---

〔1〕（明）王夫之：《读通鉴论》卷四。

〔2〕［英］哈特：《法律的概念》，张文显等译，中国大百科全书出版社1996年版，第123页。

〔3〕［美］E. 博登海默：《法理学：法律哲学与法律方法》，邓正来译，中国政法大学出版社1999年版，第404页。

〔4〕郑也夫：《代价论——一个社会学的新视角》，生活·读书·新知三联书店1995年版，第15页。

〔5〕郑也夫：《代价论——一个社会学的新视角》，生活·读书·新知三联书店1995年版，第149页。

〔6〕［美］高道蕴："中国早期的法治思想"，高鸿钧译，载［美］高道蕴等编：《美国学者论中国法律传统》，中国政法大学出版社1994年版，第247页。

的实际作用须有利于国家力量进入蒋村地区，有助于社会的一体化。蒋村习惯法唯有与国家法律相辅相成，唯有与国家法律不矛盾，同国家法律的精神、价值相一致，与现代法治相契合，才有可能在现代社会中生长。

在这一意义上，有些蒋村习惯法在现代社会是有其存在基础、生长空间的，乃至可能为国家法律认可、为国家法所吸纳，具有国家法律的性质和效力，而有现代合法性，呈现蓬勃的发展前景；而其他一些蒋村习惯法则可能因内容与国家法律相冲突、作用与国家法律相抵牾而逐渐消亡。

同时，蒋村习惯法的自我创新机制、现代转化能力，与蒋村习惯法的现代命运也密切关联。蒋村习惯法通过乡规民约、村规民约形式出现，既体现了国家的要求，也反映了地方文化，使蒋村习惯法适应新的社会条件的需要。蒋村习惯法有利于现代化的因素，表明蒋村习惯法在现代化发展中仍有活力。蒋村习惯法的这一自我调适机制颇值得注意和重视。

蒋村习惯法有其形成、发展的社会文化环境，体现了地方特点，在维持地方共同体的发展和延续过程中具有重要的作用，具有深厚的基础。因此，蒋村习惯法表现出连续性、持续性而不易消失，在处于现代法治建设进程中的蒋村地区并不可能立刻失去影响，以保持法制的延续性、文化的连续性。

（四）村民观念

在法治国家建设的进程中，蒋村习惯法面临的最明显、最关键的问题为主体问题特别是村民的观念问题，这是决定蒋村习惯法变化前景的最主要因素。

在蒋村，由于外出人员的增多和外出的频繁，知识来源的多元化，经验在村民生活、生产中的地位大大下降，村民对老人的态度有了较大的变化，老人所获得的尊重也越来越少，年长者的权威受到较大挑战。因此，蒋村习惯法的未来发展存在一定的障碍。

蒋村的年轻人文化程度普遍高一些，接受信息的渠道多一些，科学知识较为丰富，各地走得也多一些，较老年人更见多识广，他们更关心个人、家庭的现实利益，对村落集体利益、共同利益和村邻团结之类不很热心，因而蒋村年轻人对固有习惯法规范的了解越来越少，对习惯法的具体内涵不太关注。同时，由于现代教育体制因素，儿童极少能够参加习惯法活动。这样，儿童就失去了耳濡目染蒋村习惯法的亲身实践，缺乏了解蒋村习惯法的机会，长此以往自然不利于蒋村习惯法的传承。

受到社会风气的一定影响，许多蒋村村民对社会舆论的态度、对村邻情面和自身脸面的重视程度明显下降，习惯法的现实效力受到明显影响。

可见，蒋村习惯法变迁的命运与蒋村村民这一习惯法主体息息相关。蒋村村民的习惯法意识、利益追求等直接影响习惯法的未来。同时，在许多村民的观念中，蒋村习惯法包含了地方文化的内在要素，能够强化群体认同和识别，表明与区域外群体的"不同"，突出自身的地位。这一意识虽有功利性的成分，但于蒋村习惯法的发展亦有积极意义。

通过对蒋村习惯法变化、发展前景的综合分析、全面考量，现代法治建设虽可能影响蒋村习惯法的自然、正常发展，有诸多可能致使其衰落、消亡的因素，也客观存在不少推动其生长的内在基础和外在力量；蒋村习惯法产生于蒋村社会生活的沃土，有其特定的经济基础和社会基础，维持村落共同体发展和延续的民族个性。因此，我对蒋村习惯法变化的发展趋势表示谨慎的乐观。

五、结语

习惯法的变迁问题极为复杂，需要持久的调查、全面的思考。本章对蒋村习惯法的变迁的思考，也只是反映了我个人的现时认识，自不敢言准确地把握了当代中国习惯法发展的历史命运。

习惯法的客观存在是无法回避的事实，习惯法的变迁是客观的历史过程。我们需要从微观、宏观方面关注现代法治建设中习惯法的变迁，理性认识变迁中习惯法，弘扬习惯法的优秀元素，使习惯法能够有机地融入现代法治建设的发展大潮之中，使习惯法与国家法律能够共治并合，在乡村社会治理、村民权利保障中发挥积极作用，在现代法治国家、法治社会建设中发挥应有价值。

第二章
村民自治的制度安排
——以2005年海村第七届村民委员会为对象[1]

一、引言

2001 年，蒋村与宇村合并为新的村级组织即海村。2004 年度，蒋村所在的海村村民委员会有 32 个村民小组、1179 户、3035 人，其中劳动力数 2133 人；土地总面积 2156.48 亩；有个、私企业 129 家，2003 年实现工业总产值 3.18 亿元，利润总额 1908 万元。[2]

2005 年 6 月 14 日，海村村民选举产生了第七届村民委员会。[3] 根据《村民委员会组织法》[4]和市、镇政府的要求，第七届村民委员会重视村民自治的基本制度建设，进行了建章立制工作，修改或制订了《溪湾镇海村村民自治章程》《溪湾镇海村村规民约》《溪湾

---

〔1〕 本章中的具体制度均来自海村档案（目录号5·案卷号6）。

蒋村所在的海村还有经济合作社。2010 年 11 月 14 日上午，我在海村三楼会议室旁听了经济合作社三年一届的换届大会，应到 70 多人，实到 60 多人，每位代表发误工补助 25 元。大会由镇领导讲话、做经济合作社工作报告、修改和通过经济合作社章程等议程。海村经济合作社于 2009 年 12 月改制为海村股份经济合作社。海村经济合作社代表村民对外进行经济事务的往来，如海村经济合作社于 2009 年 11 月就振建路工程进行公开招标、2014 年 3 月就海村及新城菜场环境卫生保洁项目进行公开招标、2020 年 10 月就海村文化礼堂设计施工一体化工程进行公开招标、2020 年 10 月公示田间道路硬化工程中标候选人等。

〔2〕 海村档案：目录号5，案卷号6。

〔3〕 2004 年 10 月 10 日选举产生了新一届海村党总支委员会。

〔4〕 为表述方便，本书涉及我国的法律法规，直接使用简称，省去"中华人民共和国"字样，全书下同，后不赘述。

镇海村村民代表会议制度》《溪湾镇海村村务公开制度》《溪湾镇海村民主听证制度》《溪湾镇海村第七届村民委员会任期目标》等，为村民的自我教育、自我管理、自我服务、自我约束提供了基本的制度安排，为村民进行民主决策、民主管理、民主监督提供了制度保障。[1]

　　本章主要围绕海村第七届村民委员会的建章立制工作，介绍这些村民自治的基本制度，对蒋村所在海村的村民自治制度的具体规范做一初步探讨，以整体了解村民自治的基本规范和制度逻辑。

二、村民自治章程

　　村民自治章程是村民会议根据国家法律、法规和政策，结合本村的实际情况，制定通过的实行村民自治的综合性规范，也可以说是村民自治中层次最高、结构最完整的一种村规民约。我国《村民委员会组织法》第 27 条规定，村民会议可以制定和修改村民自治章程、村规民约，并报乡、民族乡、镇的人民政府备案。同时，村民自治章程、村规民约以及村民会议或者村民代表讨论决定的事项不得与宪法、法律、法规和国家的政策相抵触，不得有侵犯村民的人身权利、民主权利和合法财产权利的内容。

　　村民自治章程为村民自治制度的基本规范。为了保障海村村民依法自治，确保海村各项村务工作的顺利开展，促进海村“三个文明”建设，[2]根据《村民委员会组织法》《浙江省实施〈中华人民共和国村民委员会组织法〉办法》和有关政策的规定，2005 年 6 月 14 日海村村民代表会议结合本村实际制定并通过了《溪湾镇海村村民自治章程》。这一村民自治章程共 8 章 45 条，内容为总则、民主议事和民主决策、村干部管理、公共事务公益事业管理、计划生育

---

　　〔1〕　有研究认为，蒋村所在的地区村民自治有效实现的路径为大力发展民间社会组织；提出要破解当前我国村民自治面临的困境，探索村民自治有效实现的路径机制，必须从合理配置村级内部权力，优化乡村权力结构，大力培育发展民间社会组织等三个方面同时取得实质性进展。参见邓超：“国家与社会关系视角下村民自治有效实现的路径探究——基于三个案例的分析”，西华师范大学 2015 年硕士学位论文。
　　〔2〕　“三个”文明是指物质文明、政治文明、精神文明。

管理、土地管理、社会治安管理、附则等。

第一章"总则"部分，强调村民自治章程既是村委会实施村务管理工作的规程，也是全体村民的行为规范，全村干部、群众都应该自觉遵守；规定村民委员会在村党总支的领导下，在国家法律、法规和政策范围内，坚持民主决策、民主管理和民主监督的原则，组织全村村民实行自我管理、自我教育、自我服务。同时，积极协助镇政府做好各项工作，完成镇政府布置的各项任务。

第二章"民主议事和民主决策"部分，规定村务管理实行民主决策、民主管理和民主监督，村"三委会"在讨论研究村内各项重大事务时应坚持民主议事和民主决策原则；村民代表会议由村民代表组成村民代表会议经授权行使村民会议的部分权力，村民代表会议形成的各项决议、决定，由村党总支或村委会组织实施。还规定了村民代表会议的职权、村民代表的权利和义务、村民代表会议的召开、民主决策的程序等。

第三章"村干部管理"部分，要求全体村干部都必须对村民负责，接受镇、村党组织的领导和镇政府的指导，服从村委会的管理，恪尽职守，努力做好分工的各项工作。要牢固树立全心全意为村民服务的思想，带头履行村民义务，不做特殊村民，不侵占村民利益，不利用职权为自己及亲属谋取私利，不贪图享受，不违法乱纪。建立村委会向村民代表会议报告工作制度，实行干部分工负责制，建立干部任期目标考核制度，建立健全村民评议干部制度。

第四章"公共事务公益事业管理"部分，规定实行合作医疗，开展大病医疗统筹；组织村民参加养老保险，保险费缴纳以个人为主，集体补助为辅；搞好五保户统筹供养，生活水平不低于最低生活保障标准。村委会办理本村公共事务和公益事业所需费用，经村民代表会议决定，可以采取多渠道方式筹集。

第五章"计划生育管理"部分，规定计划生育工作由村党总支书记和村委会主任负总责，实行"三套班子"干部分片包干；设立计划生育专职管理员承担日常事务；符合婚姻法律和人口与计划生育法律、法规的，并持有一胎《生殖健康服务证》的夫妻允许生育第一胎。生育一胎的育龄妇女产后应及时采取节育措施；按规定生育二胎的，必须申领《再生证》，并在产后一个月内，落实各项避孕节育措施。

第六章"土地管理"部分规定，为加强村镇建设的规划和管理，需新建、扩建、改建的任何建筑物，铺设道路和管线都必须向村委会提出申请，并呈报镇有关部门批准，严格服从有关部门的规划和管理。村民私人建房应该遵守如下规定：①村民使用宅基地，应符合村庄建设规划和镇土地利用总体规划，尽量使用原有的宅基地和村内空闲地；②村民若要建房，由本人向村民委员会提出申请，经村民委员会集体讨论同意后，按规定程序报上级主管部门批准；③建房获批准后，建房户应在开工前向村民委员会提出开工申请，由村干部会同镇规划、土管人员到现场勘察，并按批准的四址位置及面积进行打桩放样，方可施工；④对占用耕地建房的建房户，原老屋的宅基地由村民委员会无偿收回，并作统一安排；⑤对未批先建、少批多建、非法买卖土地等违法行为，一经发现，报上级主管部门严肃查处。

第七章"社会治安管理"部分规定，为了维护本村社会秩序的稳定，创造一个良好的生产生活环境，村委会设立治保调解委员会，负责本村社会治安综合治理和人民调解工作，成立社区保安队和暂住人口管理登记站，做好治安联防和暂住人口教育管理服务工作。大力开展普法教育，利用各种宣传工具和各种形式进行法制宣传，教育村民遵纪守法，遵守社会公德。开展社会治安"群防群治"，加强安全防范，大胆检举揭发各种违法犯罪行为，同一切违法行为作斗争。协助政法机关做好易燃、易爆、剧毒、枪支、管制刀具等危险物品的管理。严禁赌博，发现为赌博提供场所条件的，应予以批评教育，不听劝阻的报司法机关处理，对利用封建迷信招摇撞骗者，应予说服、教育、劝阻或报司法机关处理。

第八章"附则"部分规定，为了增加村务管理工作的透明度，广泛听取村民意见和建议，村建立村务财务制度，设立村务公开栏和村民意见箱。村务公开栏公开的内容应包括本章程贯彻执行中有关问题，村民代表会议的决议、决定及执行情况，财务情况及审计结果，以及村民关心的其他事项。本章程执行情况由村委会按年度作出总结，向村民代表会议报告。重要情况应随时报告。村委会可以根据本章程有关规定，制定单项的工作细则和工作制度，但不得与本章程的规定相抵触。

这一村民自治章程内容全面，是蒋村所在的海村进行村民自治的基本规范，对保障村民依法自治、确保各项村务工作的顺利开展具有重要意义。

三、村规民约

村规民约是乡村民众为了办理公共事务和公益事业、维护社会治安、调解民间纠纷、保障村民利益、实现村民自治，民主议定和修改并共同遵守的社会规范。[1]一直以来，村规民约都被视为农村自治的重要表现形式，也是乡村基层民主政治发展的重要成果。特别是 1987 年《村民委员会组织法（试行）》规定村民自治制度以来，我国农村地区普遍制定了村规民约并且取得了积极的成效，[2]在乡村社会治理中发挥了非常重要的作用。

《村民委员会组织法》第 27 条第 1 款规定村民会议可以制定和修改村民自治章程、村规民约，并报乡、民族乡、镇的人民政府备案。2005 年 6 月海村第七届村民代表会议修改、制订了《溪湾镇海村村规民约》，共 23 条，全文如下。

---

〔1〕 高其才：《通过村规民约的乡村社会治理——当代锦屏苗侗地区村规民约功能研究》，湘潭大学出版社 2018 年版，第 1 页。

〔2〕 如浙江省于 2015 年 3 月起启动开展制定修订"村规民约社区公约"活动。目前，全省 27 901 个村、3461 个社区都已经完成村社"两约"，覆盖率达 100%，成为全国率先覆盖建设村社"两约"的省份。参见卢芳霞："基层法治建设的经验、瓶颈与展望——以法治浙江建设十年为视角"，载《法治研究》2016 年第 6 期，第 110 页。村社"两约"存在形式覆盖现象，没有很好得到执行。根据对浙江省杭州、绍兴、台州和舟山共 15 个县（市、区）的 214 个乡镇（街道）分管综治工作的领导干部开展调查，只有29.4%的人认为村社"两约""有很好作用"，有 53.7%的人认为"只有一般作用"，有16.9%的人认为"基本没有作用"。参见卢芳霞："基层法治建设的经验、瓶颈与展望——以法治浙江建设十年为视角"，载《法治研究》2016 年第 6 期，第 112~113 页。

溪湾镇海村村规民约

(二〇〇五年六月十四日村民代表会议通过)

为提高村民自我教育、自我管理、自我服务、自我约束的能力，形成良好的村风、民风，促进我村的安定团结和三个文明建设，根据法律、法规和有关政策，结合本村实际，特制定本村规民约。

第一条　村民要热爱祖国、热爱中国共产党、热爱社会主义、热爱集体，自觉遵守法律、法规和社会公德、职业道德、家庭美德，服从镇村党组织、村委会的领导，努力做有理想、有道德、有文化、有纪律的新型村民。

第二条　村民有保护土地资源的义务，任何组织和个人使用土地都应遵守相关法律法规，服从村里的统一规划，不侵占、买卖或以其他形式非法转让土地。因农业开发建设和村镇建设规划需要使用土地，所涉村民必须服从。依法被征用的土地，按上级规定补偿。

第三条　村民建房要严格服从村镇规划，并按规定程序履行有关申报审批手续。

第四条　村民要自觉遵守计划生育的法律、法规和政策，不超生、不非法收养。结婚时，依法办理结婚登记手续。不非法同居。提倡晚婚晚育，少生、优生和优育。

第五条　对从事二、三产业的村民，村以用电量为依据收取一定的公益事业资金。

第六条　保障学龄儿童和青少年依法接受教育的权利，法定监护人要保证被监护人接受九年制义务教育。

第七条　本村任何组织和个人不准招用不满十六周岁的未成年人务工，违者责令限期辞退，情节严重的报有关部门依法处理。不拖欠务工人员工资。

第八条　自觉履行服兵役义务，适龄青年要积极主动参加兵役登记、体检和应征。对逃避服兵役的村民，报有关部门依法追究责任。

第九条　积极做好优抚工作，尽力帮助优抚对象解决生产生活中的困难。

第十条 尊老爱幼，保护老年人、妇女、未成年人在社会和家庭生活中的合法权益，禁止虐待、遗弃、伤害和家庭暴力行为，不重男轻女、弃婴溺婴。对弱势群体有同情关爱之心，力所能及地给予帮扶和支持。

第十一条 父母（继父母、养父母）对未成年的子女（继子女、养子女）必须依法履行抚养义务。成年子女（继子女、养子女）及其配偶，对基本丧失能力或无生活来源的父母（继父母、养父母），必须依法履行赡养义务。

第十二条 村民发生赡养纠纷时，由村调解委员会进行调解。调解未成功的，村委会应支持被赡养人请求镇政府有关部门调处或依法向人民法院提起诉讼，对符合法律援助条件的被赡养人可向市有关部门寻求法律援助。

第十三条 爱护公共财物。禁止侵吞国家、集体和他人财物。禁止擅自在河道、泥塘、沟壑砌坎。不在公路、水域上设置障碍，不损坏水、电、路、路灯、水泥杆、绿化等公共设施和广电、邮电等通讯设施，不乱砍滥伐树木。

第十四条 保护环境资源。积极参加环境整治和庭园绿化活动，全村动手，美化环境。全村实行江河清理、道路保洁、垃圾袋（桶）装化管生产垃圾和建筑垃圾由业主自行负责清除。禁止在道路和公共场所乱倒乱堆垃圾和杂物，违者承担一定的经济责任。若因乱堆乱倒导致他人伤亡，相关责任由违者承担。暂住人口卫生费按规定收取。

第十五条 加强犬类管理。村民养的狗要按时打防疫针，并进行登记挂牌实行圈养。

第十六条 村民出租房屋时，要及时到村暂住人口管理站提出书面申请并登记造册，同时与当地的公安派出所签订治安责任保证书，协助有关部门做好暂住人口的教育管理服务工作，及时交纳有关规费。不得向无暂住户口登记证的外来人员出租房屋。承租人有违法犯罪行为的，要及时向村及有关部门汇报。

第十七条 任何组织和个人不得以各种借口煽动群众到政府机

关、学校、企业、医疗单位、村民委员会办公地、他人住宅起哄捣乱、制造事端，不得寻衅滋事，扰乱社会治安秩序。

第十八条　邻里之间发生纠纷不得采用威胁、要挟的方法，殴打他人造成损害的，应赔偿医疗费、误工费和法律规定的其他费用，情节严重的，提请司法机关依法处理。

第十九条　村民要自觉维护社会治安，积极参加群防群治，落实治安防范措施，大力提倡见义勇为精神，对见义勇为者给予200元的奖励。

第二十条　违反本村规民约，除触犯法律由有关部门依法处理外，村民委员会可作如下处理：

（一）予以批评教育；

（二）责令写检讨悔改书；

（三）责令其恢复原状或进行经济赔偿；

（四）取消其本人或父母享受村老年社员补助费的福利待遇；

（五）建议取消文明户、五好家庭户等荣誉称号。

第二十一条　居住在本村的暂住人员，参照本村规民约执行。

第二十二条　本村规民约如果同国家有关法律法规及有关部门管理办法相抵触，则以国家有关法律法规及有关部门管理办法为准。

第二十三条　本村规民约由村民委员会负责解释，由村民代表会议通过之日起施行。

这一村规民约涉及保护土地、建房、计划生育、保护儿童、尊老爱幼、赡养、爱护公共财物、保护环境资源、犬类管理、出租房屋、纠纷解决、违约处理等内容，有利于村庄社会治安的维护、社会秩序的维持。

四、村民代表会议制度

村民会议为全体村民参加的会议，是村民参与度最广、规模最大的会议，实为全村具有决策性、决定性的最高权力组织，是本村全体村民自治权力的最高体现，是"通过群众自治实行基层直接民主"的主要形式，[1]在乡村治理中具有最重要的地位。《村民委员会组织法》第 21 条规定村民会议由本村 18 周岁以上的村民组成，第 24 条规定了村民委员会必须提请村民会议讨论决定的涉及村民利益的事项。

不过，由于村民会议召开难度较大，因而《村民委员会组织法》第 21 条规定："人数较多或者居住分散的村，可以设立村民代表会议，讨论决定村民会议授权的事项。……村民代表由村民按每五户至十五户推选一人，或者由各村民小组推选若干人。……"为此，海村第七届村民代表会议制订了《溪湾镇海村村民代表会议制度》，共 16 条，全文如下。

溪湾镇海村村民代表会议制度

(二○○五年六月十四日村民代表会议通过)

第一条 为进一步规范、完善村民代表会议制度，发展基层民主，实行村民自治，根据《中华人民共和国村民委员会组织法》《浙江省实施〈中华人民共和国村民委员会组织法〉办法》等规定，结合本村实际，制定本制度。

第二条 村民代表由各村民小组按核定的名额推选产生，接受本村民小组村民的监督，任期与村民委员会任期相同，可以连选连任。村民代表中应有适当数量的妇女。村民代表在任期内违反国家法律、法规和政策受到追究的，应当撤换，并从原村民小组中补选。

第三条 村民代表会议是村民委员会民主决策、民主管理、民主监督的一种有效途径。它向村民会议负责，在村民会议闭会期间，由村民委员会召集村民代表会议，讨论决定村民会议授权的事项。

第四条 村民代表会议的主体是村民推选产生的村民代表。不是村民代表的村"三委会"成员和在本村的各级人大代表、政协委员可以列席村民代表会议，但对会议所形成的决定、决议没有投票

---

[1] 参见彭真："通过群众自治实行基层直接民主"，载《乡镇论坛》1990 年第 6 期，第 3~5 页。

权和表决权。

第五条　村民代表会议经村民会议授权行使下列职权：

（一）听取、审议决定本村建设规划、经济社会发展规划、年度计划和村委会年度工作报告、财务收支情况报告、村务财务公开方案；

（二）本村享受误工补贴的人数及补贴标准；

（三）村集体经济所得收益的使用，村大额资金管理及使用，村集体资金重大投资方案，村民福利待遇；

（四）村公益事业的经费筹集方案；

（五）村级经济项目的立项，承包方案及村公益事业的建设、承包方案；

（六）村民的承包经管方案；

（七）计划生育政策的落实方案；

（八）宅基地的使用方案；

（九）征用土地各项补偿费的使用方案；

（十）村民会议认为可以由村民代表会议决定的涉及村民利益的其他事项。

第六条　村民代表有提出议题、监督评议、表决、调查、反映意见和建议的权利。

第七条　村民代表应该履行联系选民，按时参加会议，模范遵守国家法律法规和政策，带头执行村民会议和村民代表会议决定、决议、协助村民委员会工作的义务。

第八条　村民代表会议每年至少召开两次，必要时可随时召开。有十分之一以上村民或三分之一以上村民代表提议，应再召开村民代表会议。

第九条　村民代表会议议题由党总支或村民委员会提出，也可以由村民或村民代表单独或联名提出，村民或村民代表提出的议案需填写议题表，报村民委员会同意后列入议题。十分之一以上村民或三分之一以上村民代表联名提出的议题，应当列入会议议题。

第十条　召开村民代表会议要认真做好会前准备工作，提前把会议内容告诉村民代表或张榜公布，以便村民代表征求和听取村民的意见。

第十一条 村民代表会议讨论和决策的议题必须符合国家法律、法规和党的政策，遵循少数服从多数、局部服从全局的原则。参加会议代表不得少于全体代表的三分之二，所作决定和决议必须经全体代表过半数通过方为有效。

第十二条 村民代表会议要有会议记录，会议议题、村班子提出的具体意见建议、讨论情况、表决结果和通过的决定、决议等要整理立卷存档。

第十三条 村民代表会议所作出的决定和决议要向村民公布和公开，村民代表应当及时主动地把会议的决定、决议传达到联系户。

第十四条 村民代表会议决定的事项，在不违背国家法律法规和政策的情况下，村级各类组织和全村村民必须贯彻执行和自觉遵守。

第十五条 村民委员会在执行村民代表会议决定中要明确责任，分工负责，保证决定、决议的有效实施。在执行中遇到的问题，一般情况下由村党组织、村民委员会集体研究决定，确需作重大变更和修订的，应提交下一次村民代表会议决定。

第十六条 本制度由村民委员会负责解释，自村民代表会议通过之日起实施。

这一村民代表会议制度就村民代表的产生、村民代表会议的职权、村民代表会议的召开、村民代表会议的决定等进行了规定。实践中，蒋村所在的海村通过村民的授权，基本上由村民代表会议行使村民会议的职责，这解决了实际操作的难题，有助于村民自治的具体运行。具体做法为村民选举委员会通过发布公告的形式，将"村民会议向村民代表会议授权书"公告给村民，村民3日内无异议即视同同意授权，如有异议，用书面形式向本村村民选举委员会提出。一般情况下，村民均无异议，即同意授权。

五、村务公开制度

村务公开是指村民委员会把处理本村涉及国家的、集体的和村民群众利益的事务的相关情况，通过一定形式和程序告知全体村民，并由村民参与管理、实施监督的一种行为。《村民委员会组织法》第30条第1款明确规定"村民委员会实行村务公开制度"。2005年6月14日海村选举产生的第七届村民代表会议依法制订了《溪湾镇海村村务公开制度》，共8条，全文如下。

溪湾镇海村村务公开制度

（二〇〇五年六月十四日村民代表会议通过）

第一条　为进一步规范村务公开工作，充分保障村民的知情权、监督权，根据《中华人民共和国村民委员会组织法》《浙江省实施〈中华人民共和国村民委员会组织法〉办法》和上级有关文件规定结合本村实际，制订本制度。

第二条　村委会实行村务公开制度。国家法律法规和政策明确规定的公开事项、群众普遍关心的事项都应如实公开：

（一）村民代表会议讨论决定事项的实施情况；

（二）本村的年度工作计划、目标及执行情况；

（三）村干部报酬；

（四）计划生育政策执行落实情况；

（五）宅基地安排审批使用情况；

（六）土地征用各项补偿表分配使用情况；

（七）土保、医保、低保、扶贫助残、助医、助学、优抚、救灾救济款物发放等社会保障及福利情况；

（八）村集体经济所得收益使用情况；

（九）村集体资产发包、租赁、拍卖情况；

（十）村级财务收支和村集体债权债务情况；

（十一）重大建设项目的统筹、招投标和实施情况；

（十二）村民承担费用和劳务情况；

（十三）涉及村民利益和村民普遍关心的其他事项。

第三条　村务公开形式以在固定的村务公开栏上公开为主要形式。同时，也可通过村民代表会议、民主听证会、村广播对村务公开进行必要补充。

第四条 村务公开的时间。一般村务事项至少每季度公开一次，1月20日、4月20日、7月20日、10月20日为固定的公开日。重大建设项目、重大财务收支、大额集体资产处置情况要随时专项公开。

第五条 村务公开应遵循以下程序：

（一）村"三委会"提出公开的具体方案；

（二）村务公开监督小组和村民民主理财小组对方案进行审查、补充、完善，并出具意见后，提交村"三套班子"联席会议讨论确定；

（三）通过村务公开栏等形式定期公布；

（四）建立村务公开档案备查。

第六条 村务公开的监督

（一）设立村务公开监督小组和村民民主理财小组负责监督村务财务公开制度的落实，村务公开监督小组成员由村民代表会议在村民代表中推选产生，村民民主理财小组成员由村民代表会议在村务公开监督小组成员中推选产生。

（二）村务公开监督小组和民主理财小组成员应当热爱集体，公道正派，有一定的议事能力。村民民主理财小组中应有具备财会知识的成员。

（三）村务公开监督小组和村民民主理财小组要认真审查村务财务公开各项内容是否全面、真实，公开时间是否及时，公开形式是否科学，公开程序是否规范，并定期向村民代表会议报告监督情况，对不履行职责的成员，村民代表会议有权罢免其资格。

（四）在公开日，要指定村干部到公开现场值班，接受和听取村民群众对村务公开的投诉和意见，解释和解答村民反映的问题。对一时难以解答的问题要及时进行调查核实，由村委会在10日内作出答复。

第七条 对在村务公开中存在的问题，村委会要及时整改，并加以落实。必要时，要进行重新公开。

第八条 本制度由村民委员会负责解释，自村民代表会议通过之日起实施。

这一村务公开制度规定了村务公开的三类事项、村务公开的形式、村务公开的时间、村务公开的程序、村务公开的监督，尊重和保证了村民的知情权、参与权、决策权、监督权，有助于村民自治制度的具体实行。

六、民主听证制度

海村村民自治要求实行民主听证制度，以推进村务工作的民主化，保障海村村民的知情权、参与权、决策权、监督权，方便村民参与村务决策、管理、监督，为此海村第七届村民代表会议制定了《溪湾镇海村民主听证制度》，共9条，全文如下。

溪湾镇海村民主听证制度

（二〇〇五年六月十四日村民代表会议通过）

第一条　为扩大基层民主，丰富民主形式，推进村务工作的民主化，保障村民知情权、参与权、决策权、监督权，方便村民参与村务决策、管理、监督，根据有关法律法规和政策，结合本村实际，制定本制度。

第二条　出台与村民利益密切相关的政策措施，处理村民普遍关心的热点问题，实施重大村级建设工程项目，处置大额集体资产，村集体经济进行大额投资等村级重大事项，在作出决策前，应进行民主听证。

第三条　民主听证一般以民主听证会形式进行。

民主听证会是在村党总支、村委会、合作社主持下，召集相关人员就有关村级重大事项通报情况，民情恳谈，提案质询，双向交流，释疑论证，统一思想，提出方案办法的沟通会议。

第四条　民主听证会是听取、征求村民意见的形式，不同于村民代表会议。民主听证会不能代替村民代表会议行使权力，不能代替村民代表会议作出决定决议。

第五条　民主听证会包括以下内容：

（一）通报情况。村级组织建设情况，阶段性工作开展情况；村务公开情况。

（二）民情恳谈。村民对村务工作和村班子干部的意见建议，村民对本村经济社会发展的想法，村民在生产生活中碰到的困难和问题。

（三）提案质询。就村民关注的村内热点、疑点、难点问题的提案和民情恳谈中提出的问题，接受质询并解答，提出处理意见。

（四）民主论证。就村级决策的制定，规划建设、工程项目、公共事务、公益事业、涉及村民利益的重大事项，征询意见建议，形成共识，为决策作出参考。

第六条 民主听证会参加对象为部分村民代表、老党员老干部代表、提案人、涉及利益群体的当事人代表，也可邀请驻村联村干部、群团组织负责人，政府相关部门人员参加。

第七条 有下列情形之一的，应召开民主听证会：

（一）村党总支、村委会根据工作需要；

（二）五分之一以上村民代表提议；

（三）十分之一以上村民提议；

（四）三分之一以上涉及利益群体人员提议。

第八条 召开民主听证会应遵循下列程序：

（一）做好会前准备，提出或确定会议议题；

（二）公布会议召开时间、地点、参加对象和议题；

（三）准备好会场及会议材料；

（四）清点参会人员并签到；

（五）介绍会议议题及有关情况和方案；

（六）听取、记录并解答参会人员的发言内容和意见；

（七）梳理归纳会议意见；

（八）整理会议记录并归档备案。

第九条 本制度由村民委员会负责解答，自村民代表会议通过之日起实施。

这一村民主听证制度就民主听证会的事项、民主听证会的形式、民主听证会的内容、民主听证会的参加对象、民主听证会的程序等进行了具体规定，对发挥民主听证会的作用、强化村民自治的民主决策民主管理民主监督，从而实现村民自治具有积极意义。

七、村委会任期目标制度

村委会任期目标制度是村民自治制度的一个组成部分。任期目标为村民委员会任期内所必须完成的目标任务，以促进任期内的认真履职并便于监督、检查、考核。海村第七届村民委员会成立以后，根据村民自治制度的精神和镇政府的要求，制订了任期目标，全文如下。

溪湾镇海村第七届村民委员会任期目标

为依法开展村民自治，实现村民自我管理，自我教育、自我服务，进一步发展本村经济和社会各项事业，促进本村"三个文明"建设，特制订本届村委会三年任期目标。

一、三年内的目标：

1. 社会总产值：2005 年 4.5 亿元；2006 年 5.00 亿元；2007 年 5.5 亿元。

2. 村级可用资金：2005 年 130 万元；2006 年 150 万元；2007 年 160 万元。

3. 农民人均收入：2005 年 8800 元；2006 年 9000 元；2007 年 9200 元。

4. 搞好计划生育工作，杜绝计划外生育，继续提倡晚婚晚育，优生优育。

5. 保证完成征兵任务，做好拥军优属工作，完成民兵训练任务。

6. 加强社会治安和调解力度，巩固夜巡制度，开展群防群治，及时调解民间纠纷，化解矛盾，安定人心。

7. 严格用地审批制度，严禁乱搭建。

二、努力发展经济，全面提升村民生活质量

支持配合村经济合作社工作，做好生产服务和协调管理，引导村民发展多种经济。三年力争工农业总产值达到 15 亿元，村级可用资金收入 460 万元；农民人均收入 9200 元，村民的思想道德水平显著提高，法治观念明显增强，村庄环境卫生进一步改善，文化教育事业不断发展。

三、加大投入力度，加快基础设施建设

1. 抓紧实施祁坊路康庄工程以及海中路北延工程。

2. 对村庄内部分未硬化道路全部实行硬化。

3. 健全长效保洁机制，巩固庭院整治创建成果。

4. 实施机耕路每年进行维修。

5. 配合镇政府做好观溪公路贯通工程以及北工业小园区的开发工作。

四、加强精神文明建设，营造良好社会环境。

1. 组织村民开展多种形式的文化娱乐活动，丰富文化生活。

2. 开展公民道德建设教育活动，弘扬家庭美德、社会公德、职业道德，积极开展争创文明户和星级家庭活动。

以上是新一届村委会三年任期目标，我们希望全体干部、党员和村民在党总支的正确领导下，团结一致，同心同德，为建设更加美好和谐的海村而奋斗。

二〇〇五年六月十四日

这一任期目标既包括社会总产值、村级可用资金、农民人均收入等十分具体的指标，也有加快基础设施建设、营造良好社会环境、全面提升村民生活质量等较为柔性的任务，为村民委员会和海村的发展提出了努力方向。[1]

八、结语

蒋村所在的海村第七届村民代表会议根据《村民委员会组织法》和市、镇政府的要求进行村民自治的制度建设，较为全面地修改完

---

〔1〕 2010 年时，海村最大的问题是 2003 年征地遇到的遗留问题，其中最主要的为分年支付所造成的支付问题、土保所涉及的期限和待遇问题。参见陈迪：《杭州湾畔的唐涂宋地——百村调查日记》，江苏人民出版社 2011 年版，第 113~114 页。

善或者制订了村民自治章程、村规民约、村民代表会议制度、村务公开制度、民主听证制度、第七届村民委员会任期目标等,〔1〕为村民委员会依法进行农村基层自治提供了制度保障。〔2〕

村民自治的这些制度对于保障农村村民实行自治,由村民群众依法办理自己的事情,发展农村基层民主具有积极作用,有助于村民委员会办理本村的公共事务和公益事业,调解民间纠纷,协助维护社会治安,向各级人民政府反映村民的意见、要求和提出建议,使蒋村社会得到更好的发展。

---

〔1〕 2005 年 6 月 14 日选举产生的第七届村民委员会还没有要求建立村务监督制度。2010 年《村民委员会组织法》修订中增加了"村务监督机构"的相关内容。《村民委员会组织法》第 32 条规定:"村应当建立村务监督委员会或者其他形式的村务监督机构,负责村民民主理财,监督村务公开等制度的落实,其成员由村民会议或者村民代表会议在村民中推选产生,其中应有具备财会、管理知识的人员。村民委员会成员及其近亲属不得担任村务监督机构成员。村务监督机构成员向村民会议和村民代表会议负责,可以列席村民委员会会议。"中共中央办公厅、国务院办公厅于 2019 年 6 月印发的《关于加强和改进乡村治理的指导意见》提出:"村务监督委员会要发挥在村务决策和公开、财产管理、工程项目建设、惠农政策措施落实等事项上的监督作用。"有关研究成果可参见姬超:"中国村务监督机制运行评价及其制度优化路径——基于 21 个省 846 个村 4625 名村民的调查研究",载《农业经济问题》2017 年第 1 期;马华、马池春:"农村基层村务监督机制完善研究——基于对山西 391 个村 2062 个农户的调查与研究",载《山西农业大学学报(社会科学版)》2016 年第 6 期等。

〔2〕 为更好地实行村民自治制度,2017 年蒋村所在的慈溪市全面推行"村民说事"制度。海村村委会办公楼二楼有一房间的墙壁上挂着一张表,左边为"村民说事"工作流程示意图,右边为"村民说事"制度"村民说事"制度主要包括集中议事、及时办事、定期评事、督促查事。"村民说事",每月 10 日为村民集中说事日,由值班领导和村委成员在村民说事接待室接待群众说事。结合两网融合平台由网格长采集"说事信息",一级事件由网格长现场解决,电子存档。二级及以上事件,需商议的则填写"村民说事"(两网融合)登记流转表。"集中议事":对群众说事的内容进行分类,根据事件类型确定召开何种形式议事会议,一般由村书记和网格长确定参加人员和议事的时间、地点,需要五议两公开的重大事项,按五议两公开程序实施办理完毕后,对办理情况进行登记"及时办事":对能办的事,明确责任人立即着手办理,对比较复杂的事件召开议事会议,商议确定事项办理结果,并将办理情况填入"村民说事"(两网融合)登记流转表。"定期评事":每季度末的说事日统一定为评事日,对办理结果进行评议和测评、归档,对五议两公开的重大事项,在年终统一组织评价并归档。"督促查事":定期和不定期对"村民说事"工作进展情况进行勘察。报载立足本地实际,说出慈溪特色,实现"村民说事"与"圆桌夜谈"有机结合、相互借鉴,形成"村民说事"制度镇镇有特色、村村有亮点。创新说事方式和说事理念是慈溪市推进"村民说事"制度的一大特色。参见陈章升、邵滢"慈溪全面推进'村民说事'落地生根",载《宁波日报》2017 年 11 月 21 日。

不过，村民自治的这些制度多是镇政府等组织提供文本草案，存在形式化、外在化的特点，修订和制定过程中针对蒋村实际情况不够紧密，村民的民主参与也流于形式，因而在运行过程中实际发挥的作用较为有限，需要进一步地总结和完善，以进一步推进蒋村的经济社会和法治发展。

第三章

因时而变的村规民约

一、引言

我国《宪法》第 24 条第 1 款规定："国家通过普及理想教育、道德教育、文化教育、纪律和法制教育，通过在城乡不同范围的群众中制定和执行各种守则、公约，加强社会主义精神文明的建设。"中共中央、国务院《关于加大改革创新力度加快农业现代化建设的若干意见》（中发〔2015〕1 号，2015 年 2 月 1 日发布并实施）指出："农村是法治建设相对薄弱的领域，必须加快完善农业农村法律体系，同步推进城乡法治建设，善于运用法治思维和法治方式做好'三农'工作。同时要从农村实际出发，善于发挥乡规民约的积极作用，把法治建设和道德建设紧密结合起来。"中共中央《关于全面推进依法治国若干重大问题的决定》（2014 年 10 月 23 日中国共产党第十八届中央委员会第四次全体会议通过）提出："深入开展多层次多形式法治创建活动，深化基层组织和部门、行业依法治理，支持各类社会主体自我约束、自我管理。发挥市民公约、乡规民约、行业规章、团体章程等社会规范在社会治理中的积极作用。"中共中央办公厅、国务院办公厅印发《关于深入推进农村社区建设试点工作的指导意见》（2015 年 5 月 31 日发布并实施）也提出："坚持和发展农村社会治理有效方式，发挥农村居民首创精神，积极推进农村基层社会治理的理论创新、实践创新和制度创新。深化农村基层组织依法治理，发挥村规民约积极作用，推进农村社区治理法治化、规范化。"中共中央办公厅、国务院办公厅《关于加强社会治安防控体系建设的意见》（2015 年 4 月 13 日发布并实施）还指出："推进体现社会主义核心价值观要求的行业规范、社会组织章程、村规民约、社区公约建设，充分发挥社会规范在调整成员关系、约束成员行为、保障成员利益等方面的作用，通过自律、他律、互律使公民、法人和其他组织的行为符合社会共同行为准则。"2016 年 3 月 16 日第十二届全国人民代表大会第四次会议批准的《中华人民共和国国民经济和社会发展第十三个五年规划纲要》提出："加强行业规范、社会组织章程、村规民约、社区公约等社会规范建设，充分发挥社会规范在协调社会关系、约束社会行为等方面的积极作用。"在 2017 年 10 月 18 日中国共产党第十九次全国代表大会开幕会上，习近平总书记代表第十八届中央委员会作报告时提出实施乡村振兴战略，强调"加强农村基层基础工作，健全自治、法治、德治相结合的乡村治理体系"，打造共建共治共享的社会治理格局，实现政府治理和社会调节、居民自治良性互动。中共中央、国务院于 2018 年 1 月 2 日发布的《关于实施乡村振兴战略的意见》要求深化村民自治实践，发挥自治章程、村规民约的积极作用。2020 年 10 月 29 日中国共产党第十九届中央委员会第五次全体会议通过的《中共中央关于制定国民经济和社会发展第十四个五年规划和二〇三五年远景目标的建议》提出完善社会治理体系，健全党组织领导的自治、法治、德治相结合的城乡基层治理体系，完善基层民主协商制度，实现政府治理同社会调节、居民自治良性互动，建设人人有责、人人尽责、人人享有的社会治理共同体。2020 年 12 月 7 日中共中央印发的《法治社会建设实施纲要（2020-2025 年）》指出："加强居民公约、村规民约、行业规章、社会组织章程等社会规范建设，推动社会成员自我约束、自我管理、自我规范。"因此，村规民约在我国的乡村社会治理中具有重要的地位，发挥着积极的功能。

作为非国家法意义上的习惯法的一种，村规民约是村民进行民主决策、民主管理、民主监督的重要体现，是农村基层民主的重要方式。《村民委员会组织法》第 27 条第 1 款规定："村民会议可以制定和修改村民自治章程、村规民约，并报乡、民族乡、镇的人民政

府备案。"〔1〕村规民约、乡规民约是社会治权的体现。〔2〕

蒋村在 1983 年由人民公社制的红卫大队改为基层群众性自治组织的村民委员会制，2001 年与邻村合为海村。1983 年以来，蒋村积极议定村规民约，〔3〕认真实施村规民约，通过村规民约保障村民实行自治，由村民依法办理自己的事情，发展农村基层民主，维护村民的合法权益。村规民约在办理本村的公共事务和公益事业、调解民间纠纷、维护社会治安等方面发挥了一定的作用。

近 40 年来，蒋村（海村）在村民委员会的主持下由村民代表大会议定了多部村规民约。〔4〕随着我国社会经济、文化、法制的日新月异，蒋村村规民约也随之在发生了一定的变化。本章谨以我们调查搜集到的蒋村所在的海村 2004 年 2 月 14 日版村规民约、2005 年 6 月 14 日版村规民约、2007 年 5 月 10 日版村规民约、2011 年 4 月 15 日版村规民约、2015 年 7 月 30 日版村规民约、2017 年 5 月 18 日版村规民约为对象，立足于实施乡村振兴战略，在分析村规民约文本的基础上，对村规民约在议定、内容、实施等方面的变化进行探讨，思考村规民约与时俱进的发展和完善，讨论村规民约基本精神的延续和弘扬，以求教于大方之家。

二、村规民约议定的变化

村规民约议定涉及议定的主体、程序与村规民约的结构、目的、宗旨等方面。随着我国乡村社会的发展变化，蒋村（海村）村规民约的议定也有一定的变化。

---

〔1〕 卞利认为，乡规民约是指在某一特定乡村地域范围内，按照当地的风土民情和社会经济与文化习惯，由一定组织、一定人群共同商议制定的某一共同地域组织或人群在一定时间内共同遵守的自我管理、自我服务、自我约束的共同规则或约定。参见卞利："明清徽州村规民约和国家法之间的冲突与整合"，载《华中师范大学学报（人文社会科学版）》2006 年第 1 期。

〔2〕 张静："乡规民约体现的村庄治权"，载《北大法律评论》1999 年第 1 期。

〔3〕 不过，我在蒋村档案中没有发现蒋村议订的村规民约，询问当时的村干部，他们的回答是"当时不重视"。因此本书讨论的村规民约，实为海村的村规民约。

〔4〕 蒋村、海村自 1983 年以来总共议订了多少部村规民约，由于档案保管缺失等种种原因，我们现在无法得出具体的数字，有待进一步的调查。2013 年 12 月 23 日版的村规民约还没有获得全文。

在海村，村规民约的起草、修订通常是在村民委员会换届完成、新的一届村民委员会上任以后进行的。不过，这也非绝对，如海村2004年2月14日版村规民约与2005年6月14日版村规民约仅一年多一点时间，2015年7月30日版村规民约与2013年12月23日版村规民约仅仅相隔两年，2017年5月18日版村规民约与2015年7月30日版村规民约也仅相隔两年，均没有达到一个村民委员会任期的时间，这是根据乡镇政府统一要求而进行的修订。

海村的村规民约一般由村党支部、村民委员会的有关人员进行起草或者提出修订意见，在听取镇有关领导和相关部门意见、征求全体村民或者部分有代表性村民意见的基础上，经村民代表大会表决通过。如2015年6月3日，海村党总支、村委会和经济合作社等三套班子召开会议商议村规民约修订草案；[1]6月29日，村三套班子开会继续商议村规民约修订草案；[2]7月28日，村三套班子召开座谈会，就村规民约修订稿等征求意见；[3]7月28日，海村召开村民代表、党员代表座谈会，实到20人，就村规民约修订稿等征求意见；[4]7月30日，海村召开村民代表会议，应到村民代表66名，实到村民代表46名，村委会干部宣读村规民约修订稿，与会代表充分酝酿、讨论后举手表决，同意46人、反对0人、弃权0人，通过了修订后的村规民约。[5]

在制定、修订依据方面，2004年2月14日版村规民约序文规定"根据《中华人民共和国村民委员会组织法》规定"，2005年6月14日版村规民约和2011年4月15日版村规民约序文表明"根据法律、法规和有关政策"，而2017年5月18日版村规民约第1条明确表明"根据《中华人民共和国宪法》《中华人民共和国村民委员会组织法》和慈溪市《关于开展制订修订村规民约社会公约工作的通知》等有关法律、法规"，对2013年12月23日制订实施的《海村村规

---

〔1〕 海村村务工作会议记录2015年。
〔2〕 海村村务工作会议记录2015年。
〔3〕 海村村务工作会议记录2015年。
〔4〕 海村村务工作会议记录2015年。
〔5〕 海村村务工作会议记录2015年。

民约》进行修订。[1]

海村的村规民约主要为综合性的村规民约，单项性、专门性的村规民约比较少见，仅为《溪湾镇海村私房出租自治管理规定》（2004年2月14日经村民代表会议通过）、《海村计划生育村民自治章程》（2004年6月21日经村民代表会议讨论通过）等。村规民约的类型较为单一。

就结构而言，海村综合性的村规民约都包括序言和正文，但正文的结构不一，存在一定的变化。早期的村规民约内容不多，不分章，如2004年2月14日版村规民约、2005年6月14日版村规民约、2007年5月10日版村规民约、2011年4月15日版村规民约的结构均直接以条、款形式进行表达。而2015年7月30日版村规民约由"第一章总则""第二章婚姻家庭""第三章邻里关系""第四章美丽家园""第五章平安建设""第六章民主参与""第七章奖惩措施"等构成，2017年5月18日版村规民约的结构则承继2015年7月30日版村规民约。这反映出村规民约的内容在不断增加，议定技术也在不断完善。如2004年2月14日版村规民约仅为15条、2005年6月14日版村规民约仅为23条、2007年5月10日版村规民约仅为24条、2011年4月15日版村规民约为25条，[2]而2015年7月30日版村规民约、2017年5月18日版村规民约则分别增加至36条、39条，涉及的面更为广泛。

在议定目的、宗旨方面，考察海村的村规民约，可以发现在序言和正文总则部分所体现的议定、修订村规民约的目的、任务有所不同，反映了不同时代的特点。如2004年2月14日版村规民约议定目的为"强化村民的法治观念和文明意识，进一步加强村民自我管理、自我教育、自我服务，促进农业农村现代化建设"，2007年5

---

[1] 2015年5月20日，中共溪湾镇委员会发布了《关于开展修订村规民约工作的通知》，要求在2015年6月底前完成修订村规民约的工作。这一通知要求以创新、完善自治、法治、德治相结合的基层社会治理机制为抓手，坚持从实际出发进行修订；按照合法性、广泛性、针对性、操作性原则修订村规民约；村规民约修订时突出规范条款内容，严格制订程序，强化实施执行。海村档案，目录号15，案卷号4。
[2] 标有26条，但不知何故第25条为空白，实际为25条。

月 10 日版村规民约的议定目的为"形成良好的村风、民风，促进我村的安定团结和三个文明建设"，2011 年 4 月 15 日版村规民约的议定目的为"提高村民自我教育、自我管理、自我服务、自我约束的能力，形成良好的村风、民风，促进我村的安定团结和三个文明建设"，而 2015 年 7 月 30 日版村规民约、2017 年 5 月 18 日版村规民约的第 1 条均规定修订目的为"为全面深化基层民主法治建设，解决农村基层治理中的实际问题，保障村民群众安居乐业"。这表明2007 年与 2015 年议定、修订村规民约目的方面有所侧重，应该主要在于"形成良好的村风、民风"，另外更强调村规民约解决农村基层治理中的实际问题，保障村民群众安居乐业。

三、村规民约内容的变化

按照《村民委员会组织法》第 2 条第 2 款的规定，村民委员会办理本村的公共事务和公益事业，调解民间纠纷，协助维护社会治安，向人民政府反映村民的意见、要求和提出建议。《浙江省实施〈中华人民共和国村民委员会组织法〉办法》第 38 条还规定村民委员会应当根据完善基本公共服务、加强基层社会管理、发展农村社区居民自治的需要，推动农村社区建设。根据这些法律法规的规定，海村的村规民约的具体内容从民主决策、民主管理、民主监督出发，围绕自我管理、自我教育、自我服务，突出农村社区建设。

如 2004 年 2 月 14 日版村规民约共 15 条，内容包括爱国爱党服从集体领导、土地承包、建房、计划生育、移风易俗、遵守公德严禁违纪违法、读书读报、服兵役、社会治安、公共财物、环境整治、义务教育、违约处理、与国家法律政策一致、监督实施和生效时间等。其中第 5 条强调"移风易俗，婚事新办，丧事简办，遗体一律推行火化，不能在村庄附近及承包土地中乱建坟墓"。

2007 年 5 月 10 日版村规民约共 24 条，各条的内容涉及爱国爱集体守法、土地使用、建房审批、计划生育、收取公益事业资金、受教育权、务工、服兵役、优抚、尊老爱幼保护弱者、父母子女抚养赡养义务、赡养纠纷处理、爱护公共财物、保护公共设施、环境管理、犬类管理、出租房屋管理、不扰乱社会治安秩序、邻里纠纷处理、奖励见义勇为者、违约处理、居住在本村的暂住人员参照执行、与国家法律政策一致、解释与实施时间等。其中第 5 条规定："对从事二三产业的农民村以用电量为依据收取一定的公益事业资金。花木销售户按花木销售额的千分之五收取。"

2011 年 4 月 15 日版村规民约共有 25 条，内容主要为爱国爱集体守法、保护土地资源、不荒废耕地、土地调整、建房、计划生育、殡葬改革、受教育、不招童工、服兵役、优抚、尊老爱幼、抚养赡养、赡养纠纷解决、爱护公物公共设施、保护环境、犬类管理、出租房管理、不闹事、邻里纠纷、社会治安、违约处理、违约集体讨论处理、居住在本村的暂住人员参照执行、解释与实施时间等。

而 2015 年 7 月 30 日版村规民约的具体内容有所变化、更为细化，第一章"总则"共有 3 条，第 1 条为立约依据、宗旨、矛盾，第 2 条为价值观，第 3 条为守法。第二章"婚姻家庭"共有 5 条，第 4 条为基本原则，第 5 条为夫妻关系，第 6 条为计划生育，第 7 条为父母子女关系，第 8 条为家风。第三章"邻里关系"共有 4 条，第 9 条为一般准则，第 10 条为邻里守望，第 11 条为友善关心，第 12 条为孩子冲突的解决。第四章"美丽家园"共有 7 条，第 13 条为配合参与"五水共治""三改一拆""合用场所整治"等，第 14 条为村庄规划，第 15 条为村庄整洁，第 16 条为农药化肥使用，第 17 条为保护农田、水源等资源，第 18 条为卫生，第 19 条为流动人口缴纳环境卫生及公共服务费、村民集资公共设施建设。第五章"平安建设"共有 7 条，第 20 条为一般要求，第 21 条为参与"网格化管理、组团式服务"，第 22 条为流动人口管理，第 23 条为矛盾纠纷解决，第 24 条为平安提醒、监督，第 25 条为特殊人员帮扶，第 26 条为用火安全。第六章"民主参与"共有 3 条，第 27 条为参与村级民主管理，第 28 条为村级组织换届，第 29 条为村干部。第七章"奖惩措施"共有 5 条，第 30 条为先进评比，第 31 条为优秀学生奖励，第 32 条为见义勇为行为奖励，第 33 条为新城菜场管理，第 34 条为违约处理。此外，第 35 条为村规民约解释，第 36 条为通过之日起施行。2015 年的这一村规民约的内容涉及总体规定、婚姻家庭、邻里关系、美丽家园、平安建设、民主参与、奖惩措施等，相比十一年前的 2004 年 2 月 14 日版村规民约、八年前的 2007 年 5 月 10 日版村规民约更为系统、详细，体现出更新的立约理念和更高的立约技术。

同时，相比 2015 年 7 月 30 日版村规民约，2017 年 5 月 18 日的村规民约增加了 3 条，内容涉及环境卫生、老年补贴等。如按照政府垃圾分类处理的总体要求，2017 年 5 月 18 日版的村规民约第 20 条规定："垃圾要分类处理，主动将可回收利用的塑料瓶、啤酒瓶、鸡鸭毛等废旧物品积攒送到符合要求的收购点处理，及时将不可回收生活垃圾分类，倒入定点的倾倒地点或垃圾箱内；建筑垃圾要运到镇集中的回收站。"第 21 条规定："对公厕要求督查人员每月的公厕检查（每星期二、星期四）以上，保持厕所内无蜘网、无尘迹、无粪迹、无尿斑、无乱张贴，保持倒粪口清洁，公厕不满溢，及时清运粪便，保持厕所内外及四周的环境卫生清洁。维护好公共卫生设施，发现公厕、垃圾桶有破坏及时做到维修和一年一次地刷白。"又如随着集体经济收益的增加，2017 年 5 月 18 日村规民约就具体规定了长者补贴，第 35 条明确规定："对具有本村户籍的村民女年满60 虚岁、男年满 65 虚岁，每月分别发放 35 元和 40 元。"

由于经济的发展，蒋村（海村）吸引了许多外来人员务工和居住，因而村规民约中这方面的内容也在不断地完善。如 2004 年 2 月14 日版村规民约有"外来人口卫生公益事业费按每人每月 5 元收取"的规定（第 11 条），2005 年 6 月 14 日版村规民约有"不拖欠务工人员工资"（第 7 条）、"不得向无暂住户口登记证的外来人员出租房屋"的规定（第 16 条），2007 年 5 月 10 日版村规民约有"居住在本村的暂住人员参照本村规民约执行"的内容（第 22 条），也有有关村民出租房屋的条款（第 17 条）。而 2015 年 7 月 30 日版村规民约、2017 年 5 月 18 日版村规民约则在第一章"总则"中规定"居住在本村的流动人员参照遵守本村规民约"，进一步予以突出。在第三章"邻里关系"中，新增要求"与流动人员和谐相处，不欺生、不排外"，强调外来人员对蒋村的贡献，应当尊重外来人员的正当权益。同时，在第五章"平安建设"部分，在要求私房出租户要配合有关部门做好流动人口的管理工作的基础上（第 21 条），提出切实抓好流动人口的管理，出租房严禁租给无身份证、无流动人口婚育证明等有效证件的流动人员；每个外来流动人员需及时办理暂住证。这就从尊重外来人员、暂住人口管理、出租房屋管理等方面全面地规范了蒋村的外来人员，为他们在蒋村的安居乐业提供规范依据。

由 2004 年、2005 年、2007 年、2011 年、2015 年、2017 年这六版村规民约可以发现，海村村规民约的具体内容既有随着时代的变化而逐渐退出历史舞台的方面，也有按照新的发展而增加的内容，如坚持法治、德治、自治相结合，培育和践行"慈孝、包容、勤奋、诚信"的慈溪人共同价值观；"五水共治""三改一拆""合用场所整治"等美丽家园建设，有鲜明的时代特点。

四、村规民约保障的变化

为保障村规民约的实施，使村规民约具有约束力，海村的村规民约规定了奖惩措施即肯定式后果和否定式后果。村规民约作为一种规范，其后果包括肯定式后果和否定式后果，[1]海村的村规民约既规定了肯定式后果，也规定了否定式后果，不过否定式后果更为突出。随着乡村情况的变化，村规民约规定的这些奖惩措施、违约后果也出现了一定的变化。

为激发村民遵守村规民约的积极性，使村规民约的规范得以实现，海村也规定了有关奖励性的规范。如 2005 年 6 月 14 日版村规民约第 19 条规定："村民要自觉维护社会治安，积极参加群防群治，落实治安防范措施，大力提倡见义勇为精神，对见义勇为者给予 200元的奖励。"2007 年 5 月 10 日版村规民约第 20 条规定了"村民要自觉维护社会治安，积极参加群防群治，落实治安防范措施，大力提

---

〔1〕　关于肯定式后果与否定式后果，可参见高其才：《法理学》（第 4 版），清华大学出版社 2021 年版，第 59 页。从村规民约角度认识，肯定式后果，又称合约后果，是村规民约中规定人们按照行为模式的要求行为而在法上予以肯定的后果，它表现为村规民约对人们行为的保护、许可或奖励。否定式后果，又称违约后果，是村规民约中规定人们不按照行为模式的要求行为而在法上予以否定的后果，它表现为村规民约对人们行为的制裁、不予保护、撤销、停止，或要求恢复、补偿等。

倡见义勇为精神，对见义勇为者给予 200 元的奖励。"之后，2015 年 7 月 30 日版村规民约则用一章专门规定"奖惩措施"，奖励的范围有了明显的扩大，既有概括性的奖励："村民委员会每年进行先进评比，经村三套班子会议商议后，由村民委员会表彰奖励模范遵守村规民约的家庭和个人"（第 30 条）；也有专门性的奖励，如奖励学习优秀的本村户籍学生："对本村户籍学生实行'优秀人才'奖励，其中：考入并就读慈溪中学、镇海中学的一次性奖励 1800 元；[1] 考入并就读清华大学、北京大学全日制本科的奖励 28 000 元；考入并就读除清华、北大以外'985''211'高校全日制本科的奖励 8000 元；考入并就读'985''211'高校的全日制研究生奖励 8000 元"（第 31 条）；还保留了 2007 年村规民约原有的对见义勇为行为的奖励："倡导助人为乐、奖励见义勇为行为，被市级以上部门表彰的'见义勇为'行为，一次性奖励 6000 元"（第 32 条）。而 2017 年 5 月 18 日版村规民约在保留了 2015 年 7 月 30 日版村规民约上述奖励措施的同时，还增加了有关发放年长村民补贴的规定，"对具有本村户籍的村民女年满 60 虚岁、男年满 65 虚岁，每月分别发放 35 元和 40 元"（第 35 条），这可谓一种特殊的奖励，表达了对年长村民的关爱。相比 2007 年 5 月 10 日版村规民约，2015 年 7 月 30 日版村规民约、2017 年 5 月 18 日版村规民约关于奖励的规范种类更全、措施更实。

为保障村规民约的效力和权威，海村的村规民约重视对否定性后果的规定，具体列明了对违约行为的处罚方式。如 2004 年 2 月 14 日版村规民约第 13 条规定："对违反上述任何条款的人和事，给予批评教育和全村通报，责令其作出书面检讨，同时参照上级有关条款进行处罚，对情节较严重的取消享受村的部分或全部福利待遇，如触犯法律的，移交司法机关处理。"2005 年 6 月 14 日版村规民约第 20 条规定："违反本村规民约，除触犯法律由有关部门依法处理外，村民委员会可做如下处理：①予以批评教育；②责令写检讨悔

---

[1] 如 2016 年 8 月 17 日，海村按照村规民约的规定奖励考上慈溪中学的两位学生吴志国、孙博文各 1800 元，共计 3600 元。海村档案：目录号 11，案卷号 2。

改书；③责令其恢复原状和进行经济赔偿；④取消其本人和父母享受老年社员补助费的福利待遇；⑤建议取消文明户、五好家庭户等荣誉称号。"2011年4月15日版村规民约第22条的规定与此相同。而2015年7月30日版村规民约的第34条与此略有不同："凡违反本村规民约的，经村三套班子会议商议后，由村民委员会对行为人酌情作出批评教育、公示通报、责成赔礼道歉、赔偿损失、停止享受村民福利待遇等相应处理决定。"相比2007年5月10日版村规民约，2015年7月30日版村规民约增加了公示通报、责成赔礼道歉等处罚方式，但减少了责令写检讨悔改书、责令其恢复原状、建议取消文明户五好家庭户等荣誉称号等处罚方式。

同时，为保障市场管理秩序，海村2015年7月30日版村规民约专门授权规定由村举办、管理的新城菜场管理委员会对违反菜场管理各类规章制度的行为作出相应的处罚。该村规民约第33条规定："遵守新城菜场管理的各类规章制度，不得扰乱市场管理秩序，如违反，市管委有权作出相应的处罚。"这就增加了一种专门的处罚方式，为菜场管理委员会的处罚行为提供了村规民约的依据。

由于仅事隔两年，2017年5月18日版村规民约在处罚方式方面完全承继了2015年7月30日版村规民约的规定，没有什么明显的变化，保持了连续性和稳定性。

海村村规民约关于保障方面条款的变化，使村规民约关于后果的规范更加全面，鼓励与禁止并重能更好地体现了村规民约的价值，有利于海村村规民约的具体实施。

五、结语

随着社会的逐步变化，蒋村所在海村的村规民约也因时而变，随之发生一定的变化，内容更为丰富，结构更为严谨，表达更为科学。

村规民约的这种变化主要是适应蒋村社会经济、政治、社会、文化、法制的变化，不断全面深化基层民主法治建设，推动蒋村村民的自我约束、自我管理、自我规范，进一步解决蒋村基层治理中的实际问题。如为体现时代要求，新近的蒋村所在海村的村规民约加入了"法治、德治、自治相结合"的内容，增加了"培育和践行'慈孝、包容、勤奋、诚信'的慈溪人共同价值观"的内容，强调了美丽家园、绿色家庭建设，将"五水共治""三改一拆"、垃圾分类、定点倾倒等列入村规民约。

需要注意的是，在与时俱进、适应新的乡村社会需要而变化、发展的同时，蒋村所在的海村的村规民约也表现出遵循自治精神、前后保持一致的特点，从议定程序、主要内容到基本精神呈现出村规民约的共同特性，反映了村规民约的连续性、同一性。[1]

就未来发展看，蒋村所在海村的村规民约需要真正体现村民自治精神，更加尊重村民的民主意愿，使村规民约"活"起来，更加务实管用，真正成为村民的行为规范和村组公共事务的处理规范，切实发挥村民在村规民约议定和实施中的主体作用，引导村民依法依约参与本村事务处理、参与村民自治，推进乡村治理体系和治理能力的现代化。

---

[1] 高其才："乡村治理视角下村规民约的变与常——以贵州省锦屏县平秋镇魁胆村为考察对象"，载《学术交流》2019年第4期。

第四章
社会快速发展中出现的和谐促进会

一、引言

蒋村所在的市现有流动人口 90 万人，接近本地户籍人口总数。限于资源、财政的承受力，他们在新的城市居住、工作，所享受的公共服务与户籍人口存在差距；语言、风俗和观念的不同，又常引发新老市民间的矛盾冲突，对村、社区等基层治理构成了一定的冲击。[1]地处浙东经济发达地区，蒋村吸引了不少外来人口务工就业、居住、生活，外来人口的数量甚至超过了蒋村的户籍人口。这些外来人口极大地推进了蒋村的经济发展，增进了蒋村社会的活跃。同时，蒋村村民与外来人员、外来人员之间的矛盾也随之增多。

面对这一快速发展带来的问题，为实现本地人口与外来人口的和谐共处，按照市、镇的部署和安排，蒋村所在的海村成立村和谐促进会这一民间性组织，[2]组织和团结外来人口，推进新老居民共

---

[1] 项一嵚等："从'外地人'到'新市民'慈溪和谐促进会'摸着石头'走过十年"，载《宁波日报》2016 年 7 月 11 日。

[2] 关于蒋村所在市的和谐促进会，曾有学者进行了专门探讨。如蔡旭昶等认为，流动人口管理与服务已成为社会建设与社会管理的重要议题。各地在流动人口管理实践方面进行了诸多探索，但大多以外来人口与户籍人口分治为基本框架提出思路和对策，较少触及新老市民的社会融合问题。浙江省慈溪市以社会融合为目标，通过建设"和谐促进会"，发挥社会组织在基层社会管理中的作用，寓服务于管理之中，并且广泛吸收外来人口参加社会管理，从而大大增进了新老市民之间的利益协调和认同建构，促进了社会协同管理和自主治理。这一经验为加强和完善流动人口管理与服务提供了有益启示。参见蔡旭

同参与社会治理。[1]

本章就蒋村和谐促进会的成立背景、和谐促进会的基本制度、和谐促进会的作用等做一初步探讨，以全面理解蒋村本地人口与外来人口关系的处理，思考民间性社会组织的发展，进一步推进乡村社会治理。

二、矛盾突出促使成立和谐促进会

关于和谐促进会的成立，与当时蒋村偷盗行为多发、社会治安恶化的状况息息相关，[2]这些偷盗行为者大多为外来人口。[3]对此，

───────────

（接上页）昶等："社会组织在流动人口管理服务中的作用——基于浙江省慈溪市和谐促进会的研究"，载《经济社会体制比较》2011年第5期。任泽涛等认为"和谐促进会"代表了协同治理发轫及生长的上下互动路径，与德清县"民间设奖"的自下而上路径、"桐庐百姓日"的自上而下路径分别代表了协同治理发轫及生长的三种路径。参见任泽涛等："协同治理的社会基础及其实现机制——一项多案例研究"，载《上海行政学院学报》2013年第14期。蔡峰认为慈溪市和谐促进会的实践证明，社会融合组织在外来人口管理中通过重构政府、社会组织、公民之间的互动关系，实现了党委领导、政府负责、社会协同、公民参与的社会管理格局，完善了外来人口的管理机制。参见蔡峰："社会融合组织在外来人口管理中的作用研究——以浙江省慈溪市为例"，载《唯实》2012年第7期。

〔1〕有人以浙东R村为个案，尝试性地将村庄公共空间这一分析视角应用到对和谐促进会这个流动人口民间组织的研究上，揭示了基于和谐促进会的治理性公共空间的产生机制，以及地方政府、当地居民、外来人口等多元主体如何营造这一特定空间，全方位地展示基于"和谐促进会"的治理性公共空间的培育过程、产生机制、整体特征、运作模式，以及由此形成的治理效应。与以往仅具有某一特定功能的公共空间不同，基于和谐促进会产生的公共空间，它由于囊括人群广泛、内容表达丰富、维持机制健全，在实际运行的过程中，发挥着更具有综合性、系统性的治理效应，因此，它在本质上是一种治理性公共空间。其所形塑的以精英群体为主导的"中间人"运作模式，很好地勾连起当地村民、企业、政府与流动人口，从中调适土客冲突，化解劳资矛盾，维护干群信任，同时也为流动人口内部的互助提供多重支持。参见余旭娇："治理性公共空间的培育与村庄秩序的重构——基于浙东R村的个案研究"，华东理工大学2015年硕士学位论文。

〔2〕2005年前后，当地社会经济进入快速发展期，本村村民之间、村民与外来人员、外来人员之间，一度频发劳务、邻里、债务及交通事故等纠纷，全市每年多达五六百起。

蒋村义务夜防队主要发起人周正武介绍当时发生的几起事件：①2005年5月左右，贼连续三天偷了蒋村姚少武、王明春等三家。②有一外地人骑脚踏车，蒋村村民施北田没有碰到他，他自己倒下损坏了车篮，却要施北田赔他300元。外地人多，施北田没有办法只好被"敲竹杠"。周正武访谈录，2016年5月23日。

村民岑如达告诉我："当时社会治安太乱了，人走弗出去，小偷小摸太多哉，坏人太多哉。自行车什么的，只要一碰着就'敲竹杠'，太嚣张了。那时几乎每家都被偷，受害

蒋村部分村民为维护村庄的治安秩序、保护村民的财产权益而自发建立了民间的义务夜防队，以防止偷盗、维护秩序。

而在政府层面，针对这种快速发展所带来的本地村民与外来人员之间劳务、邻里、债务及交通事故等纠纷频发的状况，2006年11月17日蒋村所在的中共溪湾镇委员会根据市委、市政府的意见，下发了《关于加快推进村级和谐促进会建设的实施意见》（湾委〔2006〕65号），提出为进一步加强和改进外来建设者服务管理工作，营造外来建设者与本地镇民和谐共处的良好氛围，加快推进"平安溪湾镇"建设，决定在各行政村加快推进村级和谐促进会建设；并提出了具体的日程表，要求在12月1~4日召开村和谐促进会成立大会。[1]

为此，蒋村所在的海村也迅速行动起来了。在钟海蒙等五位村民为申请人于2006年11月19日蒋村所在的海村村民委员会提出的"关于成立海村和谐促进会的请示"中，[2]关于成立和谐促进会的具体必要性是这样强调的：

> 近年来大量外来人口涌入我村，为我村经济发展做出了积极贡献，但是由于外来人口和当地村民在经济条件、文化水平、生活习惯

（接上页）的太广泛了。"他介绍了当时的一些案例：①2005年下半年，高芙蓉母亲晚上在二楼睡觉时贼从一楼爬上来偷走了现金3000多元和金首饰。②大概2006年，孙天本在地里抓住了偷吃的东西的贼，一定要他去派出所拘留。拘留一周后贼放出来了，不久孙天本家种的丝瓜被人削掉。③2007年4、5月份，高正磊晚上在屋上厕所正面碰见贼骨头，贼骨头到楼下后抓石头扔高正磊，说你小心点。岑如达访谈录，2015年10月17日。

〔3〕为加强外来人口的管理和服务，按照溪委〔2002〕7号文件，海村成立了村外来人口管理办公室，聘请了专门人员，简称为"外口专管员"。

〔1〕2006年4月，慈溪市在掌起镇陈家村、坎墩街道五塘新村率先成立了"和谐促进会"。会长由村党支部（总支）书记兼任，副会长则由一名优秀外来务工人员担任，同时根据人口居住分布情况划分片区，推选会员中积极分子担任组长，分管矛盾纠纷调解、社会治安排查等工作。从两个村庄起步，慈溪全市347个村（社区）已全部组建"和谐促进会"，参与企业200余家，参与外来人口10万余人，累计化解各类矛盾3万余起，2018年的纠纷事件相比2007年下降70%以上。参见沈晶晶、陈醉、邵滢："慈溪'和谐促进会'吸引10万外来人口参与基层社会治理"，载 http://www.chinanews.com/sh/2019/07-17/8897580.shtml，2020年5月4日最后访问。

〔2〕海村档案：目录号8，案卷号7。

等很多方面存在差异，导致了外来人口和当地村民之间的关系不够协调，甚至发生民间纠纷。为了深入贯彻落实科学发展观的基本原理，坚持以人为本的统筹协调发展原则，切实解决当前我村人口二元结构在生活居住、劳动就业、社会保障等方面存在的突出问题，推进全面建设平安村和构建社会主义和谐社会，需要设计一个外来人口融入本地的新载体，以此为新老村民在广泛的社会活动中搭建交流沟通，互助资质和谐相处的平台位置，特申请成立海村和谐促进会。

由此可见，成立和谐促进会是遵循市、镇要求，基于本地村民与外来务工人员矛盾的突出，目的在于探索一个新老村民和谐相处的融洽机制、促进全村的和谐稳定发展。

三、作为民间性组织的和谐促进会

根据《海村和谐促进会章程》第 2 条的规定，和谐促进会的性质为在镇党委、政府指导下，村党总支、村民委员会领导的，具有民间性、共建性、互助性、服务性特点的群众组织，是联系党和人民群众的桥梁和纽带，是基层组织开展平安建设的有力助手，也是探索社会融洽机制，协调社会集体延伸，社会治安管理，减小二元差别，实现平等互惠，促进社会和谐的协调团体。和谐促进会是依托村、社区、企业等基层组织优势而成立的社会团体，主要为外来人口提供服务，兼顾当地村（居）民，是村（居）民自治组织的重要补充。两者人员有交叉，职能有互补。可以说，和谐促进会的建立进一步完善了乡村基层社会治理结构。[1]

和谐促进会宗旨是：团结和依靠全村广大村民和社会各界热心人士及暂住在本村的外来建设者，协助村党总支、村民委员会落实群防群控、出租私房和暂住人口各项管理政策，寓管理于服务中的方式，在遵守国家宪法、法律、法规和村规民约及社会道德风尚的

---

[1] 王明峰："浙江慈溪首创'和谐促进会'外地人参与社会管理"，载 http://zjnews. zjol. com. cn/05zjnews/system/2011/04/08/017424891. shtml，2020 年 5 月 4 日最后访问。

前提下，进行自我组织、自我教育、自我服务、自我管理，开展平安村建设，全面落实以人为本的科学发展观，全力促进本村的社会和谐稳定。

和谐促进会的职责任务主要有七方面：

（1）协助各级政府贯彻落实国家、省、市有关的法律、法规和有关政策，协助村民委员会落实村规民约及各项工作，发动会员在自我管理、自我教育、自我服务中起好模范带头作用。

（2）履行和谐促进会章程确立的职权，组织会员，动员会员，树立地位平等、相处和谐的理念，不断发展会员壮大队伍，为外来建设者和本村村民参与和谐共建活动搭建沟通平台，提供良好的环境条件。

（3）代表会员，维护会员的合法权益，了解社情民意，掌握社会动态，反映会员的意见、要求和建议，当会员遇到困难，发生矛盾时依靠和谐促进会组织尽一切可能予以帮助解决。

（4）督促会员履行好政府部门规定的出租私房登记、备案、管理，申领暂住证，交验流动人口婚育证明，执行计划生育法规和政策，按照"谁主管，谁负责"的原则，依法保护劳动者合法权益，落实专管协管联管责任，有效控制社会秩序。

（5）组织会员开展丰富多彩的文化娱乐活动，倡导健康、文明、向上的精神文化生活，

（6）组织会员中的党团员保持组织联系，开展组织生活。

（7）带领会员参与社会公益活动，动员会员增强治安防范意识，积极参与群防群治，共同开展平安建设；增强环境保护意识，积极参与绿色村庄建设；增强人际和谐意识，积极参与文化、思想交流。

为此，和谐促进会开展下列活动：①接受捐赠和资助；②开展慈善募捐活动；③调处会员之间发生的纠纷；④开展社会治安管理。

根据《海村和谐促进会章程》，和谐促进会的组织包括会员、会员大会（会员代表大会）、理事会、会长、秘书长等。①会员。凡是遵守国家法律、法规和政策，拥护各级政府的社会治安、综合治理，出租私房、暂住人口、劳动用工、计划生育等方针政策，承认和促

会章程，热心支持社会和谐稳定事业，自愿申请加入和促会并参加和谐促会组织活动的公民、组织和单位，都可以成为和促会会员。②会员大会（会员代表大会）的最高权力机构，其职权为制定和修改章程、选举和罢免理事、审议和通过理事会的工作报告和财务报告、讨论和决定其他重大事项。会员大会（会员代表大会）每届三年。③理事会为会员大会（会员代表大会）的执行机构，其职责为执行会员代表大会的决议、选举和罢免会长副会长和常务副会长、选举和罢免秘书长副秘书长、聘请名誉会长名誉理事、筹备召开会员大会（会员代表大会）、向会员大会（会员代表大会）报告工作和财务状况、决定增补和更换理事、领导本会各项实际工作、决定其他重大事项。④和谐促进会设会长1名、常务副会长1名、副会长13名、秘书长1名、副秘书长6名、理事34名。会长的职责为代表理事会全面领导和谐促进会工作、召集并主持理事会重要会议、检查会员代表大会和理事会决议的落实情况、履行理事会指定的其他职责。常务副会长的职责为受会长委托主持和谐促进会日常性工作、组织实施年度工作计划、协助会长召开理事会等重要会议、履行理事会确定的职责。秘书长的职责为组织开展日常工作、组织实施年度工作计划、协调各分支机构开展日常工作、提名各分支机构主要负责人交理事会决定、在大会闭会期间负责处理本会的各项具体工作和日常事务。和谐促进会还设立监事会。

为开展活动，和谐促进会还设立了专门工作委员会和片区小组。按工作职能，和谐促进会设立了组织宣教工作委员会、维权治调工作委员会、计划生育工作委员会、文化体育工作委员会等。

为及时采集信息、方便工作，以每100人成立片区工作小组。片区工作小组组长由社区保安队员和村民小组长担任，副组长分别由蒋村村民（优秀房东）和优秀外来务工人员担任。

四、和谐促进会创新基层社会治理

按照有关安排，和谐促进会筹备小组于2006年11月成立。之后，筹备小组走访了近百名外来务工者、出租房房东及私营企业主，征求对成立和谐促进会的意见，得到了大家积极的响应和支持。

　　在镇、业务主管部门市政法委员会同意并在市民政局同意备案后，蒋村所在的海村和谐促进会于 2007 年 1 月 17 日成立，成立时团体会员有 23 家、个人会员有 67 名。成立大会选举产生了和谐促进会的会长、常务副会长、13 名副会长、秘书长、6 名副秘书长、34 名理事、5 位监事会成员及监事长，聘请了 4 位名誉会长。海村党总支书记担任和谐促进会的会长，村民委员会主任担任常务副会长，村外来人口管理站站长担任秘书长。在成立大会上，湾镇领导向和谐促进会授牌。

　　在成立大会上，和谐促进会第一次会员代表大会全体代表向全体会员、全体新老村民发出了《倡议书》：

倡 议 书

　　全体会员、全体新老村民：

　　在市、镇、村各级党组织领导的关心支持下，经过全体会员的共同努力，海村和谐促进会今天成立了，这不仅仅是全体和谐促进会会员的一件大事，更是我们海村全体新老村民的一件大事！和促会的成立，必将对新老村民之间相互沟通，增进了解和友谊，携手共创平安和谐社会，共建美好家园，建设社会主义新农村发挥重要作用。值此和促会成立之际，我们参加今天会议的全体代表，向全体村新老村民发出以下倡议：

　　一、积极投身于"平安和谐社会"创建工作。维护社会治安，建设"平安和谐社会"是全体新老村民共同愿望，也是共同的责任。我们要积极参加以"海村是我家，平安和谐为大家"为主题的"邻里守望"义务夜巡等群防群治活动，为建设"平安和谐村"贡献力量。

　　二、积极参加美化环境，建设美好家园活动。讲究清洁卫生，美化居住环境，事关全体村民身心健康，人人有责，从我做起，积极参加"庭院整治"工作，开展"海村是我家，美好环境靠大家"的活动。

三、争当主人翁。居住在海村的 3045 名来自全国各地五湖四海的外来务工者是海村的新村民，要以主人翁的精神积极参加"我为新家献一策"活动，为共同家园的经济社会各项事业发展献计出力。

四、当好主人翁。海村 3045 名新村民要当好主人，组织开展以"手拉手，献爱心"为主题的帮困济贫活动，为新村民在生活工作中遇到的困难排忧解难，组织开展志愿者服务及救助困难户等活动。

五、大力倡导和谐、文明社会新风，营造互信、互爱的良好社会风尚。组织开展"八荣八耻"教育和健康有益的文体活动，倡导科学文明的生活方式。坚决同歪风邪气和违法犯罪现象作斗争，净化社会风气，建立团结、友爱、和睦的人际关系，营造文明和谐的社会新风。

脚踏同一方热土，头顶同一片蓝天，作为海村的一分子，让我们携起手来为把海村建设成一个民主法治、公平正义、诚信友爱、充满活力、和谐稳定、环境优美的社会主义新农村而共同努力。

倡议人：和谐促进会第一次会员代表大会全体代表

2007 年 1 月 17 日

在成立大会以后，和谐促进会围绕治安、环境美化、村务管理、志愿服务等陆续组织开展了一次志愿服务活动（家电车辆维修等），组织开展了一次文体活动（乒乓球棋类等），组织会员及其他村民开展以"海村是我家，平安和谐为大家"为主题的群防群治活动，组织召开了一次出租房东和外来务工者参加的座谈会，以增进新老村民之间了解和友谊，村党总支、村委会组织召开了一次外来务工人员参加的参政议政座谈会，举行了一次"我为海村新家献一策"活动，组织开展"扶贫帮困献爱心"活动，组织外来务工者积极参加"海村是我家，美化环境靠大家"活动。

通过和谐促进会的这些活动，蒋村本地村民与外来务工者的关系得到了一定的融洽，社会治安有了一定的好转。[1]

和谐促进会以外来群体的参与为显著特征，形成了以参与化解冲突、以自治改善治理的机制。让外来人口获得了更多表达、参与、培训和决策的机会，增强了外来人口的自我规范和社区认同感，所以能提升他们情感以及生活方式的融合。[2]

政府有意识地引导大量外来务工人员融入本地社会，使他们能够有组织、有秩序地参与到社会事务管理中，变单向的主动型管理为双向的互动型管理，变"防范控制为主"为"包容服务并重"，有利于和谐社会建设。[3]

五、结语

社会管理既要坚持政府主导，还需依靠社会组织本身的力量。探索通过培育社会组织来达成社会管理的目标，不仅强调本地人口和外来人口的共同参与，强调外来人口这一新主体纳入到管理和服务中来，更强调这个融合组织能够发挥社会自治和社会管理的作用。[4]和谐促进会的成立和运转，对蒋村收集社情民意、调解纠纷、化解矛盾、提供公共服务、参与村庄议事、助力乡村振兴起到了一定的作用，为蒋村的社会稳定、和谐发展发挥了积极功能；在促进新老

---

〔1〕　据统计，2007 年以来，慈溪全市"和促会"先后为 30 万流动人口解决就业、入学、租房等实际困难，及时制止和化解各类不稳定事件 3 万起，募集帮扶资金近 2000 万元，帮扶困难人员 5 万名。参见项一嶸等："从'外地人'到'新市民'慈溪和谐促进会'摸着石头'走过十年"，载《宁波日报》2016 年 7 月 11 日。

〔2〕　王明峰："浙江慈溪首创'和谐促进会'外地人参与社会管理"，载 http：∥zjnews. zjol. com. cn/05zjnews/system/2011/04/08/017424891. shtml，2020 年 5 月 4 日最后访问。

〔3〕　方益波："浙江慈溪建'和谐促进会'外来务工人员当片区干部"，载 http：∥www. gov. cn/jrzg/2007-05/08/content_ 607980. htm，2020 年 5 月 4 日最后访问。

从 2015 年开始，慈溪陆续在全市建立 504 个需求服务站，进一步推动村级"和谐促进会"向社会服务组织转型，开展教育培训、劳动就业、子女入学、信息沟通、组织活动等项目。参见沈晶晶、陈醉、邵滢："慈溪'和谐促进会'吸引 10 万外来人口参与基层社会治理"，载 http：∥www. chinanews. com/sh/2019/07-17/8897580. shtml，2020 年 5 月 4 日最后访问。

〔4〕　王明峰："浙江慈溪首创'和谐促进会'外地人参与社会管理"，载 http：∥zjnews. zjol. com. cn/05zjnews/system/2011/04/08/017424891. shtml，2020 年 5 月 4 日最后访问。

市民的和谐融合方面起到了一定的作用。

不过，就实践观察所知，蒋村所在的海村和谐促进会为市、镇所要求而成立，主要是为了完成上级党委和地方政府的部署，和谐促进会带有行政性色彩，内生性不足，因此形式性特点比较突出，实际作用并不明显。

2010 年以后，由于地方政府的全方位重视和安排，加之社会经济等因素的变化，外来人口问题开始出现了明显变化，外来人口与本地居民的关系趋于缓解和和谐，原来两者十分突出的紧张关系不复存在。因而蒋村所在的海村和谐促进会也鲜有具体活动。[1]

从整体上看，虽然有个别外来人口与本地居民通婚联姻，也有一些外来人口购房安家，但外来人口与本地村民的关系主要仍然为工作雇佣或者生活居住关系，日常往来并不密切，外来人口融入蒋村并非易事。

蒋村外来人口的融入、新蒋村人的权益保障等问题，涉及复杂的户籍、经济、政治等因素，非和谐促进会、非蒋村所能完全解决，需要进行深层次的改革，从根本上解决东西部平衡发展、城乡一体发展问题，消除二元社会体制和二元文化。

---

〔1〕 2016 年全市决定于 4 月到 9 月组织开展以"新老市民促和谐 携手服务 G20"为活动主题的和谐促进会成立十周年系列活动。各地依托和谐促进会"志愿者活动、村企共建、信息沟通、文体活动、思想政治"五大平台，因地制宜制定活动方案，精心设计活动载体，组织广大流动人口开展各类主题鲜明、积极向上的教育培训、志愿服务活动。同时，还注重活动过程及实效，力争让活动成为流动人口提升素质、促进融合的有效载体，成为推进和谐促进会建设的有效载体。参见"我市组织开展和谐会成立十周年系列活动"，载 http://pacx.cxnews.cn/newsinfo.asp? id=447，2016-6-13，2021 年 8 月 20 日最后访问。

第五章

"外路人"

一

　　蒋村人称外地人为"外路人"或"外头人"。"路"，《现代汉语词典》释为"地区""方面"，[1]"外路人"即外乡人、异地之人。因元朝时，蒋村所在地区曾于 1277 年（元朝至元十四年）设立庆元路总管府。当地方言成形于宋末元初人口大流动之后，此后保留了这一称呼，一直流传至今。

二

　　地处浙东沿海地区，蒋村所在的区域商品经济较为发达，民营企业较多，因而吸引许多外路人前来务工。蒋村地处镇区中心，有企业几十家；蒋村北边有溪湾镇的工业园，用工数量不少。大概2010 年前后高峰时，蒋村的外路人约为本地户籍人员的两倍，现今有所减少后在蒋村的外路人的数量与本地户籍人员也基本相当，大概有近千人。按照蒋村村民苏志燮的说法："我们村几乎家家户户都与外路人有关系，办厂的请外路人做生活，不办厂的租房给外路人。"[2]

---

　　[1]　中国社会科学院语言研究所词典编辑室编：《现代汉语词典》（第 5 版），商务印书馆 2005 年版，第 888 页。

　　[2]　"做生活"为蒋村方言，为"做工""干活"之意。苏志燮访谈录，2017 年 11月 9 日。

　　由于蒋村现非为一个独立的村民自治单位且外来务工人员流动性大，蒋村外路人的具体数量较难准确统计，仅有以下几方面数据做参考。如2021年12月20日，蒋村所在的海村暂住人口即外路人为5328人。[1]2006年时，蒋村所在的海村户籍人口为3040人，暂住人口即外路人为3485人。[2]蒋村所在的海村于2007年1月17日成立和谐促进会时，居住在海村的外来人口（即外路人）有3045名。蒋村所在的溪湾镇2011年末时辖区户籍总人口为25 150人，有流动人口（即外路人）39 119人。[3]截至2018年12月底，蒋村所在的慈溪市全市登记在册流动人口即外路人91.69万人，同比2017年（88.51万人）增加3.18万人，增长3.59%，其中外来未成年人13.32万人，同比2017年（12.09万人）增加1.23万人，增长10.17%。流动人口来自全国各个省、自治区、直辖市。其中安徽、贵州、江西、四川、河南五省流入慈溪市的人口达68.99万人，占总数的75.24%。[4]

　　蒋村的外路人主要来自贵州、江西、安徽等地，[5]也有来自省内丽水、衢州等地。主要为农民工，近些年也有一些外

准备开车回四川老家（2022年1月21日摄）

〔1〕　茹优君微信访谈录，2021年12月20日。

〔2〕　http://www. yigecun. com/cityfild/showcun. aspx? id = F9695B910EEE8704，2021年12月14日最后访问。

〔3〕　https://baike. baidu. com/item/%E9%99%84%E6%B5%B7%E9%95%87/2023833? fromtitle =%E6%85%88%E6%BA%AA%E5%8B%82%E9%99%84%E6%B5%B7%E9%95%87&fromid=8914488&fr=aladdin，2021年12月14日最后访问。

〔4〕　慈溪市流动人口服务管理局：《2018年度流动人口服务管理工作总结》，载 http://www. cixi. gov. cn/art/2019/1/24/art_1229042741_403879. html，2021年12月13日最后访问。

〔5〕　还有来自四川等地。如2022年1月21日为农历腊月十九，我在蒋村看到一位50多岁的男性和一位应为其子的30来岁的男性在一辆挂浙B号码的小汽车的车顶上绑行李，不时还有一位应是年轻男性妻子的女性过来。一问才知道他们一家人是四川省宜宾市人，次日准备开车1000来公里回家过年。

地大学毕业生到几家规模企业应聘工作。早些年外路人多为单独一个人，现在夫妻一起在蒋村的不少，许多外路人在蒋村生儿育女，一家人在一起成为蒋村的新村民。

三

外路人主要基于就业机会多而流动到蒋村，他们中的大部分在各类民营企业、家庭作坊式小厂等处上班。现在蒋村普工的工资大约为每月400千元，每天的日工资100多元。而技术性工种的收入就更高，每日大约可达1000多元。如在蒋村村民宋德玺开的纸箱厂做印刷工的五位外路人，每人的年薪在10多万元。[1]其他如油泵师傅等也都为技术工种，年薪也比较可观，在10万元左右。也有一些外路人根据季节需要在蒋村的种养殖业者处做工。

有的外路人在蒋村租房可小超市、小吃店等，为外路人亦为蒋村人提供服务，自己做生意赚钱。如下面事例一中的徐东升。

事例一

由于有许多老乡在慈溪市各村乃至全国开超市，40多岁的本省丽水市人徐东升2011年全家来蒋村开超市。他们夫妻租了蒋村村民白家树家一楼的160平方米房子，租金2011年时为3.6万元一年，到2019年时为4万元。他们夫妻和一儿一女全家四人均在蒋村居住。女儿一直在溪湾中学和慈溪市内中学读书。2019年时，女儿考上大学、儿子要读小学时，他们不开超市了，结束租房，回去老家居住，结束在蒋村8年多的生活。

也有的外路人，如在事例二中的曾林森，在蒋村生活、工作年限长以后，逐渐了解蒋村新企业的运行情况，在这些亲戚和蒋村村民的支持、帮助下，自己开办小企业。

---

〔1〕　宋德玺访谈录，2019年11月28日。

事例二

江西人曾林森到蒋村已有10来年，他的娘姨丈从江西来蒋村已有近20年，主要生产电暖器、定时器等产品，工厂办得不错。曾林森先在他娘姨丈的工厂做工，2017年开始租了蒋村村民汪苏嫱家的1000平方米房屋做厂房开始自己独立办厂，请10来个工人生产饮水机、暖手宝等产品。厂房租金2017年为一年6.5万元，2021年为10万元，2022年将调为15万元。[1]

总体来看，外路人来蒋村后，只要自己肯做，收入还是可以的。如果能够吃苦耐劳、用心钻研，收入则更为可观。

四

在蒋村，外路人的居住主要为租房居住。当地政府没有统一建出租公寓，全部是村民的私房在出租。有几家规模企业，自己有工人宿舍。[2]如事例三中的蒋村村民范德明，这三十多年就一直将自己家的房屋出租给外路人。

事例三

60多岁的蒋村村民范德明有一儿一女，均已成家。他们老两口在家种点地，并在后院盖了15间小房出租给外路人。2019年8月，主要根据儿子的意见，由儿子出资，范德明将原住房全部拆掉，重新盖了三底四层楼的房屋，除了一楼由自家人居住以外，其他几层设计、建造了20间公寓式住房，每间都家具齐全，配有电视机和空

---

〔1〕 汪苏嫱电话访谈录，2021年12月20日。

〔2〕 茹优君微信访谈录，2021年12月13日。慈溪市推进流动人口集中居住点建设。鼓励有条件的企业建设员工宿舍，鼓励村企结对建设集中居住点，鼓励村民合资利用农村空置土地建设居住点，对新建和改建的流动人口集中居住点项目给予适当经费补助，切实破解集中居住点建设难的问题。目前，全市在建流动人口集中居住项目3个，建筑面积3.36万平方米，建成并投入使用的镇、村级集中居住点达41个，企业宿舍570余个，居住流动人口9.6万人，集中居住率10.48%。参见慈溪市流动人口服务管理局：《2018年度流动人口服务管理工作总结》，载http://www.cixi.gov.cn/art/2019/1/24/art_ 1229042741_ 403879.html，2021年12月13日最后访问。

调机，设有独立卫浴间，可用电磁炉做饭菜。每间房每月的租金为800元。房屋建好后很受外路人中没有孩子的小夫妻的欢迎，很快出租一空。

根据我的观察，范德明家出租的公寓式房间设施、条件不错，非常符合当今有赚钱能力外路人的需要。这将是今后蒋村村民住房出租的一个方向。

在蒋村，如有可能，村民就出租房屋给外路人。[1]如62岁的村民周本定老两口有6间小平屋和2间楼房房间出租。蒋村村民出租小平屋的租金以前大概在每月70元、80元一间，现在上涨到200元左右，如是楼房内的房间，可能稍微再高一点。近几年新起的公寓式楼房的租金，通常为每间每月700元、800元。外路人根据自己的工作地点和经济条件选择而租。水电费一般另付。通常外路人与作为房东的蒋村村民之间也不签书面的租房合同，双方口头约定。不过，如租厂房，就需签订书面合同。

外路人租房的时间不定，一两年就换房的较为普遍，视房东关系、工作地点等因素而定。如在蒋村村民陈发强家租房住的一位外路人在这里住了6年多，他在附近十来米的蒋村村民开办的一家家庭作坊式小厂做冲床师傅。[2]

有的外路人赚到钱后，在慈溪市区或其他镇区购买商品房居住。不过，这种情况不太多，在蒋村大概有三四家外路人是这样的。

---

〔1〕 一项调查表明，蒋村所在的市住房仅供自家使用的农户占调查家庭的39.86%，部分出租、全部出租和出售的分别占29.37%、9.09%、21.68%，这表明该地区的农村住房已突破传统意义上的自用范围，具有较强的商业价值。参见高阳："我国农村住房现状及新建住房负债状况研究——以黑龙江木兰县、安徽太湖县、浙江慈溪市为例"，载《企业改革与管理》2014年第23期。

〔2〕 冲床即为一台冲压式压力机。在国民生产中，冲压工艺由于比传统机械加工来说有节约材料和能源、效率高、对操作者技术要求不高及通过各种模具应用可以做出机械加工所无法达到的产品这些优点，因而它的用途越来越广泛。冲压生产主要是针对板材的。通过模具，能做出落料、冲孔、成型、拉深、修整、精冲、整形、铆接及挤压件等等，广泛应用于各个领域。

五

除了劳动雇佣、居住租房之外，外路人与蒋村村民之间的联系并不多，外路人日常生活来往、社交基本是在自己的老乡圈子内进行，外路人与蒋村村民呈现出两个社交圈的情形，相互之间似"井水不犯河水"般不太交集。外路人在工作、生活中有什么困难，通常求助于自己的亲戚、老乡，在外路人内部寻求帮助和支持，通过外路人内部的社会关系得以解决。

不过，稍有例外的方面为通婚。有的外路人在蒋村做工期间，经过一定时间的接触、了解，与蒋村村民之间产生了感情，于是双方结婚成亲。也有的是经介绍外路人而与蒋村村民结婚。蒋村与外路人结婚的大概有十几户，事例四即为其中之一。

事例四

盛志民家有四个兄弟一个女儿，父子主要以务农和内河捕捞鱼虾等为生，家庭经济条件在蒋村属于一般状况。老大盛家宝2021年时已年过60岁。他30岁那年（1990年）经人介绍与广西柳州人覃春莲结婚，当时给介绍人200元介绍费。现在盛家宝与覃春莲的女儿已有30多岁了，外甥女也有10岁了。

覃春莲安家后，又介绍自己同一个地方的老乡覃三妹给盛家宝的弟弟即老二盛兆宝结婚。盛兆宝与覃三妹成家后也和睦相处，现在也成为爷爷奶奶了。

由观察可知，与蒋村村民通婚的外路人，大多为事例四中的覃春莲、覃三妹这样来自广西的女性。有的蒋村男村民，家庭的经济条件一般或者一般以下，找当地姑娘结婚比较困难。而女性外路人，吃苦耐劳，物质方面要求相对不高，因而有的蒋村男村民就与女性外路人结婚。

外路人与蒋村村民结婚以后，基本上就在蒋村安家落户、生儿育女，逢年过节去老家探亲、走动。有的外路人在结婚、安家后，还将自己的兄弟姐妹、老乡等介绍来蒋村做工，有的则介绍姐妹、女老乡与蒋村村民结婚成家。

外路人与蒋村村民结婚后总体上能够适应蒋村的环境，家庭较为和谐。她们努力学习蒋村方言，不断适应蒋村文化，与夫家亲朋和邻居友善相处，为自己家庭发展和蒋村法治做出了自己的贡献。

六

外路人在蒋村做工、居住，对蒋村和蒋村村民的生产、生活带来了明显的影响。这些外路人提供了丰富的劳动力，带动了蒋村二、三产业的发展，促进了全村的经济发展，增加了蒋村村民的收入，同时也给蒋村带来了全国各地的多元文化，增加了蒋村的人气，使蒋村更加充满活力。

在具体生活层面，外路人的到来也或多或少地对蒋村村民有所影响。如蒋村村民传统上吃辣椒只吃不怎么辣的当地俗称灯笼椒的菜辣椒，但大量的吃较辣甚至很辣的辣椒的四川人、广西人等外路人来了以后，蒋村村民逐渐受到影响，也开始吃一些较辣的辣椒了，诸如酸菜鱼等菜也受到不少蒋村村民的喜欢。

七

同时，外路人给蒋村的社会事务管理带来了很多问题，社会治安、环境卫生、公共设施等一些新的社会矛盾也更加突出，蒋村现在的社会事务管理模式与新的形势在许多方面不相适应。

特别是 2003 年至 2006 年间，外路人与蒋村村民之间的关系尤其紧张，个别外路人的偷、摸、盗、抢等违法犯罪行为给外路人群体抹了黑。蒋村村民也对外路人有了一些特别的对待，如 2005 年蒋村村民自发成立了义务联防应急事务队，以维护村庄的社会治安，这实际上是针对外路人的。

之后，党和政府采取多方面措施解决面临的问题，取得了积极的成效。如蒋村所在的海村成立村和谐促进会，促进双方的相互了解、相互尊重，实现蒋村本地人口与外路人的和谐共处。

现今外路人与蒋村村民的关系非常正常、极为和谐。外路人作为新村民，与蒋村村民一起为蒋村的经济社会发展、实现乡村振兴战略和共同富裕而共同努力。

八

外路人在蒋村依法享有人身自由、劳动权、获得报酬权、居住权等，但基本没有蒋村事务的参与权，村里的大小事务他们也基本上插不上话。外路人根本不可能与蒋村村民这些本地人"斗"。

外路人与蒋村、蒋村所在的海村村民委员会发生关系主要在出现工伤事故以后。外路人在蒋村老板的工厂干活时发生工伤，往往就找村里，请村干部处理和解决。村干部往往就询问受伤的外路人的意见，通常为外路人放弃伤残鉴定，蒋村本地老板一次性赔偿，金额高于一般标准。[1]

根据笔者的观察，蒋村村民或多或少、或明或暗存在对外路人的防备、排斥甚至歧视现象。蒋村村民总体观念上没有把外路人当做"自己人"，将其视为与自己一样的人，"我们"与"他们"之间的区分是客观存在的。要消除这一鸿沟非常不容易，还需要极大的努力。

九

蒋村所在的海村通过村规民约对外路人进行管理。[2]如2017年

---

〔1〕 王岳云访谈录，2022年1月22日。

〔2〕 在有关流动人口管理的政府层面，2012年12月24日，慈溪市将原市暂住人口服务管理工作领导小组调整为市流动人口服务管理工作领导小组（简称"市领导小组"），作为市委、市政府加强流动人口服务管理工作的领导机构；将市委市政府暂住人口服务管理局更名为市委市政府流动人口服务管理局（简称"市流动人口局"），挂市村级和谐促进会建设指导办公室牌子；将市暂住人口服务管理工作领导小组办公室更名为市流动人口服务管理工作领导小组办公室（简称"市领导小组办公室"），设在市流动人口局。原各镇（街道）设立的暂住人口服务管理办公室更名为流动人口服务管理办公室，与综治办合署办公。参见慈溪市流动人口服务管理局：《关于调整完善流动人口服务管理

5月18日经海村村民代表大会表决通过的村规民约第五章"平安建设"部分的第24条规定:"切实抓好流动人口的管理,出租房严禁租给无身份证、无流动人口婚育证明等有效证件的流动人员。每个外来流动人员需及时办理暂住证。"同时,第23条要求私房出租户要配合有关部门做好流动人口的管理工作,发现承租人有违法犯罪行为的,要及时报告村委会或公安机关。

不过,实际执行也存在一定的问题。根据海村村委会副主任茹优君的介绍,房东要及时上报暂住人口的动向,配合村收取卫生费等。但具体操作过程中也有难度,因为好多的出租私房,由于房东不居住在此,他们只管收房租,其他就不管了。[1]

作为流动人口的外路人,现在主要由公安派出所指导各村的流动人口管理站进行管理。流动人口一旦入村居住,流动人口管理站就会把他们的名字、身份证号码、工作单位、户籍地及暂住地的详细信息记入工作机,统称"流管通",这些信息浙江省内公安系统的人员(包括流口管理员)都可以查询到。等暂住人口离开暂住地后,他的信息会注销。[2]同时,在全市推广"慈溪市流动人口居住登记自

(接上页)工作体制的通知》,载 http://www.cixi.gov.cn/art/2012/12/28/art_ 1229039850_306799.html,2021 年 12 月 13 日最后访问。

市流动人口服务管理局主要职能为:①贯彻落实市委、市政府有关决定和工作部署,负责流动人口服务管理工作政策性研究;②规划、部署外来务工人员服务管理工作,分解落实外来务工人员服务管理工作任务;③组织实施外来务工人员服务管理工作的考核评价,监督检查各地、各有关部门有关外来务工人员服务管理工作的落实情况;④协调外来务工人员服务管理工作中遇到的重大问题,指导各地、各有关部门加强和完善外来务工人员服务管理工作;⑤了解掌握全市外来务工人员服务管理工作的基本情况,及时发布外来务工人员导入、就业等方面的预警和指导信息;⑥负责村级和谐促进会建设的指导工作;⑦承办市委、市政府交办的其他工作。"2019 年度慈溪市流动人口服务管理局部门预算信息公开",载 http://www.cixi.gov.cn/art/2019/2/2/art_ 1229042743_ 403897.html,2021 年 12 月 13 日最后访问。慈溪市流动人口局 2019 年一般公共预算当年拨款 432.77 万元,比 2018 年执行数减少 106.81 万元,主要原因是外来人口公寓项目补助资金预算压减、减人减资等。慈溪市流动人口局 2019 年一般公共预算基本支出 271.27 万元,其中人员经费248.69 万元、公用经费 22.58 万元。

[1] 茹优君微信访谈录,2021 年 12 月 13 日。

[2] 慈溪市坚持"以房管人"。不断完善以出租房屋管理为抓手的流动人口信息采集责任制,强化每月出租房屋和流动人口的查验、查访工作,着重检查流动人口依法办理居住登记、居住证办理以及治安防范等方面情况,准确地掌握辖区内出租房屋基本信息和人

主申报系统",通过扫描"二维码"及张贴"慈溪市流动人口服务与管理告知书",强化流动人口信息登记、采集、注销、签证工作。

同时,从 2018 年开始,根据《慈溪市人民政府办公室关于推行新型居住证制度的通知》(慈政办发〔2018〕18 号)和市公安局印发的《慈溪市居住证管理暂行规定》,蒋村对外路人实行居住证制度,依照"全员登记、依规领证、凭证服务、量化供给"的要求,引导外路人这些新市民依规领证、凭证享受公共服务。[1]

在对外路人的费用收取方面,以前由各村自定。2021 年开始,海村所在的镇全镇进行了统一,对于 18 至 70 周岁的流动人口每年收取 100 元卫生费用。[2]

十

近些年,蒋村的外路人积极参加蒋村所在的海村、溪湾镇组织的

(接上页)口底数,切实增强出租房屋管理工作的针对性和实效性。

同时,慈溪市加强重点管控。以工业园区、城中村、城乡接合部等流动人口聚集场所和集中居住区域为重点,常态化开展社会治安重点地区整治,加强"灰色就业、灰色经营、灰色居住"现象综合治理。落实对无稳定职业、无固定住所、无稳定收入人员和对社会有现实危害的高危群体管控措施,形成严查严管的高压态势,挤压违法犯罪空间。参见慈溪市流动人口服务管理局:《2018 年度流动人口服务管理工作总结》,载 http://www.cixi.gov.cn/art/2019/1/24/art_ 1229042741_ 403879. html,2021 年 12 月 13 日最后访问。

〔1〕截至 2019 年 5 月底,累计发放新型居住证 24 万余张。参见慈溪市流动人口服务管理局:《对市政协十一届三次会议第 66 号提案的答复》,载 http://www.cixi.gov.cn/art/2019/6/19/art_ 1229154988_ 403882. html,2021 年 12 月 13 日最后访问。

慈溪市教育局印发《关于做好 2018 年义务教育阶段学校流动人口随迁子女招生工作的意见》,明确了居住证在流动人口随迁子女就学中的地位和作用。慈溪市人力社保局、商务局、总工会、公安局、流动人口管理局联合印发《慈溪市各类人才申领新型居住证认定办法》,对"投资创业、引进人才、有特殊技能、有特殊贡献者和居住地经济社会发展急需人才"等各类人员申领新型居住证的职责分工、人员认定、政策享受、办理流程及所需材料等作出了明确规定,切实发挥居住证制度在调节人口增长、优化人口结构等方面的杠杆作用。

〔2〕茹优君微信访谈录,2021 年 12 月 13 日。

各类公益活动,作为新市民的外路人积极参加新市民志愿队伍,[1]积极参与到文明劝导、关爱弱势群体、"五水"共治、[2]环境整治、垃圾分类等志愿服务活动中来。在解决外路人与蒋村村民之间的纠纷时,不少外路人志愿者发挥了重要的作用。[3]蒋村所在的海村、溪湾镇还定期邀请新市民参与村镇重大事务决策的民主协商和监督;建立了镇村联动的志愿服务平台,动员新老市民共同参与志愿服务活动。[4]

　　蒋村所在的海村、溪湾镇还积极组织外路人进行安全知识、文明礼仪、心理咨询、职业道德、法律法规、劳动用工、矛盾调解、计划生育、平安建设等方面的培训,不断提高外路人的能力和素养,

---

　　〔1〕 2018 年 3 月,蒋村所在的溪湾镇成立了全市首个新市民志愿服务站——"善美之星"向玲志愿服务站。向玲志愿服务站以"80 后"苗族小伙子"向玲"命名,自 2018 年 3 月正式在民政部门备案登记,是慈溪市首个新市民(少数民族)志愿服务站,从最初招募的志愿者到现在的新市民踊跃加入服务站,目前已有 112 名志愿者,其中有壮族、布依族、土家族等少数民族群众 16 名。自向玲服务站成立以来,该团队集中开展志愿活动 50 余次,化解矛盾纠纷 17 起,救助帮困新市民 70 余人,并从 2021 年 5 月开始每日坚持上下班交通高峰时段进行文明交通劝导,每晚坚持平安巡。每年台风季,在外来人口集聚的出租房隐患排查中,他们劝说危房群众撤离,动员做好排水排涝,这支新市民志愿队伍发挥了积极作用。向玲志愿服务站也吸引了越来越多的新市民(包括少数民族)参与到文明劝导、关爱弱势群体、五水共治、环境整治、垃圾分类等志愿服务活动中来,有效促进了新老市民的融合,为推进乡村善治起到了积极的作用。浙江新闻客户端、甬派、宁波日报、宁波晚报都相继进行了报道。参见"在慈溪,这群志同道合的新市民志愿者坚持做着这件事",载 https://www.sohu.com/a/279906219_740619,2021 年 12 月 27 日最后访问。
　　〔2〕 "五水"共治是指治污水、防洪水、排涝水、保供水、抓节水这五项。浙江是著名水乡,水是生命之源、生产之要、生态之基。"五水"共治是一举多得的举措,既扩投资又促转型,既优环境更惠民生。
　　〔3〕 如在向玲的带动下,许多新慈溪人加入志愿者大家庭。来自贵州的马红是向玲志愿服务站的骨干成员,曾成功调解多起新老村民间的纠纷。2018 年 5 月,加入志愿服务站不久的他便与本地一位"老娘舅"成功调解了一起民事纠纷。"这起纠纷虽然不大,但是涉及新老村民间交错复杂的租房问题。"马红说,当时他跟着"老娘舅"学做"和事佬",摆事实讲道理,又是打电话,又是当面聊,终于化解了矛盾。参见陈章升等:"慈溪附海新市民投身志愿服务",载《宁波日报》2018 年 12 月 3 日。
　　〔4〕 陈章升等:"慈溪附海新市民投身志愿服务",载《宁波日报》2018 年 12 月 3 日。

着力优化流动人口素质结构。[1]

外路人积极服务"第二故乡",促进了新老市民的融合,为推进蒋村的乡村善治起到了积极的作用。

十一

目前,蒋村的外路人还没有参加村民委员会选举的情况,更没有担任村民委员会成员、村民小组组长、村民代表的情况,参与村务协商的机会也较为有限;子女接受义务教育方面也有一定困难;[2]就医、社会保障方面也存在一些困难。[3]

---

〔1〕 慈溪市着力优化流动人口素质结构。制定印发《关于开展2018年度流动人口基本素质教育培训的通知》(慈流领办〔2018〕3号,围绕"文明城市创建""平安慈溪"建设等市委市政府中心工作,进一步创新培训形式、严格培训要求,依托市流动人口基本素质教育讲师团、乡音讲师团、成人文化学校、企业培训中心,通过市、镇、村(社区)、企业四级联动,组织发动来慈外来务工人员参加教育培训。进一步丰富培训内容,围绕慈溪市情、安全知识、文明礼仪、心理咨询、职业道德、法律法规、劳动用工、矛盾调解、计划生育、四城联创、平安慈溪建设等方面,编印2.5万余册培训教材,分发至培训对象,做到人手一册。截至11月上旬,累计开课250余班次,累计培训外来务工人员2.52余万人,顺利完成全年培训任务。参见慈溪市流动人口服务管理局:《2018年度流动人口服务管理工作总结》,载 http://www.cixi.gov.cn/art/2019/1/24/art_ 1229042741_ 403879.html,2021年12月13日最后访问。

〔2〕 2019年6月,全市有16所流动人口子女学校(含6所纯民办流动人口子女学校)。2018年,全市义务段流动人口随迁子女在公办(包括政府购买学校)学校就读比例为85.56%,流动人口随迁子女就读人数、公办学校就读比例逐年提高。参见慈溪市流动人口服务管理局:《对市政协十一届三次会议第66号提案的答复》,载 http://www.cixi.gov.cn/art/2019/6/19/art_ 1229154988_ 403882.html,2021年12月13日最后访问。

慈溪市全力推进积分入学。市教育局制定出台《慈溪市教育局关于做好2018年义务教育阶段学校流动人口随迁子女招生工作的意见》(慈教〔2018〕24号),于2018年起对该市义务教育段流动人口子女推行与新型居住证和流动人口量化积分相配套的入学政策。2018年秋季,全市义务教育段共接纳流动人口子女新生12 566人,较2017年增长33.48%,其中10 487人依据新型居住证制度和量化积分政策,由公办学校接纳就读。参见慈溪市流动人口服务管理局:《2018年度流动人口服务管理工作总结》,载 http://www.cixi.gov.cn/art/2019/1/24/art_ 1229042741_ 403879.html,2021年12月13日最后访问。

〔3〕 慈溪市努力拓展社会保障覆盖面。通过采取政策宣传、执法检查、基金稽核等多种手段,进一步加强社会保险统一征缴政策的宣传,组织开展社保政策下乡、进村、入企业活动,提高企业和流动人口的责任意识和参与意识,进一步提高社保覆盖面。2018年,慈溪市城镇职工基本养老保险和基本医疗保险已实现全国范围内的无障碍转移,切实

　　随着社会的发展和浙江高质量发展建设共同富裕示范区的实施，[1]蒋村的外路人在经济、政治、文化、社会等方面将逐步受到平等对待，[2]全方位融入蒋村，真正成为蒋村的一员。

（接上页）保障了参保流动人口的合法权益，为新市民在本地就业创业解决了后顾之忧。参见慈溪市流动人口服务管理局：《2018 年度流动人口服务管理工作总结》，载 http://www. cixi. gov. cn/art/2019/1/24/art_ 1229042741_ 403879. html，2021 年 12 月 13 日最后访问。

　　[1] 2021 年 5 月 20 日，中共中央、国务院印发了《关于支持浙江高质量发展建设共同富裕示范区的意见》，7 月 19 日，《浙江高质量发展建设共同富裕示范区实施方案（2021—2025 年）》公布。方案提出，坚持以满足人民日益增长的美好生活需要为根本目的，以改革创新为根本动力，以解决地区差距、城乡差距、收入差距问题为主攻方向，更加注重向农村、基层、相对欠发达地区倾斜，向困难群众倾斜，在高质量发展中扎实推动共同富裕，加快突破发展不平衡不充分问题，率先在推动共同富裕方面实现理论创新、实践创新、制度创新、文化创新，到 2025 年推动高质量发展建设共同富裕示范区取得明显实质性进展，形成阶段性标志性成果。

　　[2] 一项 2006 年的调查表明，由于外来务工人员只是暂住者，不是本地的正式成员，所以在公共服务方面受到某种程度的歧视，与本地居民存在较大的差距。在教育、社会保险、最低生活保障、治安、卫生等几乎所有领域都执行两种不同的政策和标准，本地居民享受的大多数公共服务，外来务工人员几乎都无法享受到。参见张日向："外来务工人员对公共服务需求和供给状况的分析研究——以浙江省慈溪市为样本"，载《浙江社会科学》2007 年第 6 期。

第六章

应时而生的义务夜防队规约

一、引言

2005 年，蒋村村民自发成立了义务联防应急事务队，以维护村庄的社会治安。[1]笔者于 2015 年 10 月 17 日~18 日对义务夜防队规约与社会治安维护进行了专题田野调查。笔者访问了有关当事人，察看了相关文书，询问了一些村民。2016 年 4 月 1 日~5 日、2016年 5 月 23 日、2016 年 6 月 27 日，笔者又到蒋村进行了补充调查。

本章以田野调查材料为基础，对蒋村义务夜防队规约的基本原则、组织规范、活动规范、经费规范等进行总结，对蒋村义务夜防队规约与社会治安维护进行初步探讨，以进一步推进社会组织的规约在社会治理中积极作用的思考和研究。

二、义务夜防队规约的基本原则

蒋村义务夜防队没有具体的成文形式的规约，主要按照不成文的规约而设立和进行日常活动。从具体活动过程分析，蒋村义务夜

---

〔1〕 蒋村村民通常称 "义务联防应急事务队" 为 "义务夜防队" "夜巡队"，本章按照村民的说法以 "义务夜防队" 称之。当时，慈溪各村成立了不少有关治安的组织。如庵东镇振东村组织民兵巡逻队在村内开展夜巡，2005 年近一年未发生一起治安案件；道林镇水云浦村白天护村队连续三年坚持巡逻，基本没有发生白闯案件。参见市政协社会治安防控调研组："关于加强社会治安防控体系建设的对策建议——'构建社会主义和谐社会'调研报告之一"，载 https://cxzx.gov.cn/index.php/home/content? id=362671，2020年 4 月 12 日最后访问。

防队规约的基本原则包括民间、公益、自愿、自治、义务等方面。

　　蒋村的义务夜防队由一些热心村民自发成立并运转，纯为民间性、松散型组织。义务夜防队虽然得到了镇政府的一定支持，蒋村村民委员会和党支部也在义务夜防队的设立、活动过程中进行过一定的支持，但是没有具体的、实际的参与。[1] 义务夜防队是一个民间的草根团体。

　　基于蒋村偷盗行为多发、社会治安恶化的状况，[2] 义务夜防队为维护村庄的治安秩序、保护村民的财产权益而建立，因而这是一个维护社会治安秩序的公益组织，有着特定的目标和专门的任务。村民为公共利益而尽力。随着社会治安状况的好转，蒋村义务夜防队也相应地失去了存在的价值而自然解散，蒋村义务夜防队有着临时性的特点。

　　本着自愿的原则，蒋村义务夜防队按照"有钱出钱有力出力"方针，村民自愿捐款、自愿参与晚间巡逻。蒋村村民可以捐款也可以不捐款，捐款多少也凭自己能力和意愿；可以参加巡逻也可以不

　　〔1〕　海村村委会对义务夜防队一开始没有明确支持，义务夜防队召开成立大会时海村派人参加，表示一定程度的支持。从某种程度上，海村村委会不反对但也不公开支持成立义务夜防队，害怕义务夜防队出事。溪湾镇也担心义务夜防队出事，如打伤人等。之后，在义务夜防队初期活动时，镇政府、镇派出所、村民委员会进行了一定的管理，给予了一定的支持。以后，其他村出事后，镇里就不支持了。镇分管政法的领导对周正武说"谁组织的出事了谁就要负责"，周正武等两人因为压力大、吃不消而在义务夜防队成立一年后退出，由陈发根等人接上。
村民周正武告诉我，义务夜防队准备成立时，他与镇政法书记、镇派出所所长沟通过，他们支持的。周正武访谈录，2016 年 5 月 23 日。
　　〔2〕　蒋村义务夜防队主要发起人周正武介绍当时发生的几起事件：①2005 年 5 月左右，贼连续三天偷了蒋村姚少武、王明春等三家。②有一外地人骑脚踏车，蒋村村民施北田没有碰到他，他自己倒下损坏了车篮，却要施北田赔他 300 元。外地人多，施北田没有办法只好被敲竹杠。周正武访谈录，2016 年 5 月 23 日。村民岑如达告诉我："当时社会治安太乱了，人走弗出去，小偷小摸太多哉，坏人太多哉。自行车什么的，只要一碰着就敲竹杠，太嚣张了。那时几乎每家都被偷，受害的太广泛了。"他介绍了当时的一些案例：①2005 年下半年，高芙蓉母亲晚上在二楼睡觉时贼从一楼爬上来偷走了现金 3000 多元和金首饰。②大概 2006 年，孙天本在地里抓住了偷吃东西的贼，一定要他去派出所拘留。拘留一周后贼放出来了，不久孙天本家种的丝瓜被人削掉。③2007 年 4、5 月份，高正磊晚上在屋里上厕所正面碰见贼骨头，贼骨头到楼下后抓石头扔高正磊，说你小心点。岑如达访谈录，2015 年 10 月 17 日。

参加，没有任何强迫。有少数几户没有参加的，钱也不捐，巡逻也不参加。

蒋村义务夜防队为自治组织，村民自发组织、民主协商、共同讨论、队务公开、活动透明。虽然发起的村民有较多的建议权，但是没有任何村民可以独断专行、自我决定。

蒋村义务夜防队是一个义务团体，除了个别聘请专门值班人员外，所有人员均属义务性质，没有获得一分报酬，也不享有任何补贴。村民基于共同利益而积极参与，本着互相帮助、义务劳动、共同获益的态度而参与。

三、义务夜防队的组织规范

关于蒋村义务夜防队的设立，41 岁的村民岑国光回忆道："这是自己发起的，发根老鼠（一位村民的俗称）他们。别人都有的，我们村也要有的。出气勿过的，别的村有了，我们村也应有的。"[1]岑如达告诉我，当时老百姓忍无可忍，2005 年上半年在玩麻将时陈发根、周正武、岑如达等就开始商量，前后商量了十来次，于 2006 年 2 月正式成立。[2]当时有 20 多人参加成立会议。[3]发起人和主要骨干大部分为办有企业的老板。

按照约定，蒋村义务夜防队由村民自愿参加，[4]发起的村民到年龄在 22 岁至 55 岁的村民家中去动员，不参与无所谓，不硬劝。如一位办厂的村民许明钊就拒绝参加，既不参加巡逻也不出钱。[5]2005 年成立时，大约有 250 人参加了义务夜防队，蒋村成年男性村

---

〔1〕岑国光访谈录，2015 年 10 月 17 日。

〔2〕岑如达访谈录，2015 年 10 月 17 日。当时附近有俗称四大队的村庄已成立夜防队，此村很团结，治安方面较好，这对蒋村村民成立夜防队有极大启发。

〔3〕这次会议在周正武的工厂召开，会后大家就当场纷纷捐款。王元坤访谈录，2016 年 6 月 27 日。

〔4〕当时在俗称的蒋村大队部召开了动员会，蒋村村民参加的超过 100 多人，为历年所罕见。周正武访谈录，2016 年 5 月 23 日。

〔5〕村民施道风说："我门开着，也没有什么好偷的，但是别人参加我不来倒霉的、不好意思的。"岑如达访谈录，2015 年 10 月 17 日。这代表了不少蒋村村民参加义务夜防队的心态。

民大多参加了义务夜防队。2008 年时共有 214 位村民成为义务夜防队成员。

蒋村义务夜防队设领队，负责日常管理，处理与有关方面的关系，如 2008 年时陈发根等三人为领队；明确专管人，负责具体管理监控人员、经费开支，协调有关事务。专管人先为周正武后为岑如达。

蒋村义务夜防队分组进行巡逻。刚成立时 10 人一个组，后来由于蒋村夜防队参与，[1]每组减少为 8 人。2008 年时义务夜防队已经分成 35 组；每组设组长一名，组员为 5 人，其中有 4 个组的组员为 6 人。这样每组巡逻的间隔就长一些，村民的负担也相应地小一些。事实上此时村民已有某种厌烦情绪，参加巡逻的积极性已有一定的下降。

义务夜防队的组长大多由办有企业的村民担任。这些村民比较热心，也有一定的经济条件。按照约定俗成的规矩，义务夜防队每组巡逻时的夜宵往往由组长出钱招待。

蒋村义务夜防队订制了"义务之家"的小牌匾，牌匾上下有"蒋村义务夜防队"小字，挂在每位义务夜防队成员家门口。这既是一个纪念，也是一份荣誉，对村民和其他外来人员也有某种警示性。

义务夜防队每位组员都拿到一份 A4 纸打印的"蒋村义务夜防队值勤人员名单"，上面载有每位组员的联系方式。调查时，我们搜集到的 2008 年 1 月 1 日制作的"蒋村义务夜防队值勤人员名单"还确定了 2008 年每组的具体夜防时间，如第一组为 1 月 10 日、2 月 14 日、3 月 20 日、4 月 24 日、5 月 29 日、7 月 1 日、8 月 7 日、9 月 11 日、10 月 1 日、11 月 20 日、12 月 25 日，共 11 晚。这样每位义务夜防队成员能够清楚知道自己的夜防日期，提前安排好私人事务；其他村民之间也能够相互提醒。

---

〔1〕 蒋村夜防队由蒋村村委会设立，聘请一些人员维护村内社会治安。

蒋村义务夜防队值勤人员名单

	领队						陈发根　施家宇　林国坤						
组别	组长			组　员			组别	组长			组　员		
1	××电话	××电话	××电话	××电话	××电话	××电话	19	××电话	××电话	××电话	××电话	××电话	××电话
2	××电话	××电话	××电话	××电话	××电话	××电话	20	××电话	××电话	××电话	××电话	××电话	××电话
……													
17	××电话	××电话	××电话	××电话	××电话	××电话	35	××电话	××电话	××电话	××电话	××电话	
18	××电话	××电话	××电话	××电话	××电话	××电话							

四、义务夜防队的活动规范

蒋村义务夜防队活动的基本原则为"以防为主、以赶为主",即采正当防卫态度,主要驱赶小偷小摸者,让蒋村村民能有安全感,每天能够睡个好觉。义务夜防队强调在巡逻时以自身安全为主,保护自身利益,尽量避免发生直接冲突。[1]

蒋村义务夜防队的具体活动主要包括小组巡逻和技术监控两方面。小组巡逻方面,按照约定,蒋村义务夜防队每天从晚上9点30分开始巡逻直至第二天凌晨5点30分,以后改为从晚上10点开始巡逻直至第二天天亮。义务夜防队划定了"蒋村义务夜防队巡逻示意图",范围涉及蒋村全境,义务夜防队的各小组按此巡逻。各小组每晚巡逻四到五次,每次在全村巡逻约一到一个半小时。如从监控中发现有可疑人员时,巡逻小组马上出发前去查看。

在技术监控方面,蒋村义务夜防队在村庄的主要路口安装了40多个摄像头,聘请了3人专门负责监控。监控人员实行24小时值班,监察全村主要路口的情况,发现可疑人员及时进行处理,或提醒或报警。

---

〔1〕 按照岑如达的介绍,蒋村义务夜防队私下里相互说如小偷敢来蒋村就打死他,要让小偷害怕。岑如达访谈录,2015年10月17日。

蒋村义务夜防队约定抓住小偷时不能打,报警后将小偷交给派出所处理。蒋村义务夜防队的成立及巡逻行为更多的是向社会传达一种信号,即蒋村不是好欺负的,小偷小摸不要来蒋村,否则就要受到制裁。

在具体夜间巡逻时,有的组员临时有事不能参加或者身体不舒服不能参加,蒋村义务夜防队允许村民之间进行人员替换,请其他村民顶替一下,自己再在其值夜时替换回来。随着义务夜防队的日益松散,后期出现了买工现象,即村民轮到自己巡夜时自己不亲自参加而出钱叫他人代自己参加巡逻的现象。对此现象,岑国光告诉我:"有的自己弗(不)来,铜钿出几块,叫别人顶一下。这样也有的。"[1]基于事实上没有影响巡逻,蒋村义务夜防队也默许这种情况的出现。

义务夜防队每晚巡逻以后,蒋村的社会治安明显有了好转,对小偷小摸者起到了威慑作用,按照村民周家聪的说法"太平是比以前太平了"。[2]

随着时间的推移,社会治安状况发生了一定的好转,不少村民的心态也有了变化,逐渐有村民不按约参加义务夜防的活动了。组长等去叫他们参加巡逻时,这些村民往往以"某人也没来"为由而不参加。蒋村义务夜防队本就为一自愿参加的民间自治组织,缺乏有力的规约,对不参加者除了社会舆论谴责、社会交往排斥等软性的处罚方式之外,没有特别强制的处理手段。因此,蒋村义务夜防队极难解决这一状况,也难以防止这种情况的增多。自然而然的,参加蒋村义务夜防队的村民就越来越少,最终于2009年初解散、停止活动。

蒋村义务夜防队的自然解散,还与监控摄像头的设置有些关系。

---

〔1〕 岑国光访谈录,2015年10月17日。

〔2〕 周家聪访谈录,2015年10月18日。岑如达告诉我们,蒋村义务夜防队成立并开始活动以后,抓住了不少小偷。如2006年下半年的一天晚上9时许,夜防队员从监控中发现有两人形迹可疑便出去盘问,结果这两姐妹将偷来的铜缠绕在腰部。还抓住一个骑自行车偷铜的。有一天后半夜从监控中发现小偷,立刻打电话给主人家,主人马上出去抓,小偷跑掉了,弃下了一辆摩托车,后交给派出所。岑如达访谈录,2015年10月17日。

由于规约由发起人主导，而发起人多为办厂的老板，故监控主要安装在捐款多者的工厂附近，有的需要设置的地方却没有安装，摄像头的设置不太合理，时间久了村民就有意见。同时，专门聘请的负责监控的值班人员的素质也影响了村民的热情。值班人员存在占便宜现象，如拿热水回家等。更令村民不满意的是值班人员利用管理监控的权力刁难村民，不让村民查监控录像。[1]村民反映给义务夜防队的专管人岑如达，岑如达一开始给值班人员讲还有些效果，之后越来越不听了。岑如达生气后就不愿意再管了，[2]又没有其他人接上。逐渐村民就有意见了，觉得没有意思了，不愿参加晚上的巡逻了，蒋村义务夜防队就慢慢"塌掉了"（岑如达语）。[3]

五、义务夜防队的费用规范

蒋村义务夜防队的活动费用没有政府拨款，全部由蒋村村民等自愿捐款筹集，用于相关的购买物资费用等支出。关于费用方面的规范包括费用筹集、收入透明、支出合理、账目公开、开支公议等。

蒋村义务夜防队委托制作了高约 1.2 米宽约 0.5 米"捐献榜"，放在村里的老年活动室，以张榜公布，让村民知悉。

---

〔1〕 如村民孙长君家被偷后去蒋村义务夜防队要查监控以发现线索，值班人员不让查；报警后，派出所来查也不同意，说"我又不是管你一户人家"。孙长君非常生气，告诉周围的村民"不要去夜巡了"。在孙长君看来，义务夜防队的有些骨干素质不高，如说"我的厂有没有巡逻到"。有的村民就反映"我又不是给你看厂的"。孙长君访谈录，2015年4月2日。

〔2〕 值班人员对岑如达说："要你管什么，你有什么权?!"岑如达要求值班人员"走出"即解聘、不干，值班人员说"那你也要走出"。岑如达很生气，于是就不愿意继续管了。岑如达访谈录，2015年10月17日。

〔3〕 2008年下半年时，蒋村义务夜防队的监控室由租用民房拆转到蒋村队部不到一个月，蒋村队部的电线短路，监控设备就坏了，没法起作用了；筹集来的钱也用完了；专管的人也没有了。这些因素集中起来就使蒋村义务夜防队失去了发挥作用的基础。当时岑如达曾经试着去叫一些村民来夜巡，村民们都不买账，最后只好作罢。

捐献榜（2013 年 2 月 14 日摄）

捐 献 榜

　　为搞好蒋村义务夜防队巡逻工作，保护村民的生命财产安全，能有效地做好防盗防窃工作，夜防队安装相应的设备，准备保安用品，必定产生各种费用，广大村民积极响应"有钱出钱有力出力"的号召，现将 2006 年 7 月 15 日至 2008 年 1 月 1 日捐款名单公布于下：

姓　名	捐款金额	姓　名	捐款金额	姓　名	捐款金额	姓　名	捐款金额
×××	30 000 元	×××	2000 元	×××	1000 元	××复印	500 元
……	……	……	……	……	……	……	……
……	……	……	……	……	……	……	……

……　……　……　……　……　××庙　　500元

×××　　2000元　×××　　1000元　×××　　100元

感谢以上村民的慷慨解囊、无私奉献、给予事务队工作的大力支持，我们一定不会辜负村民的期望；我们会努力创造一个和睦、稳定、保证村民安居乐业的良好环境。

以上款项，取之于民，用之于民。

蒋村义务夜防队
2006年7月15日—2008年1月1日

从捐献榜上可知，共有93个家庭、一家工厂、一家复印店、一家庙总计96位捐款、物，除了一人捐燕京啤酒20箱外，其余均捐现金。捐款最多的3万元、最少的100元，其中捐3万元的有1家、2万元的有1家、1万元的有7家、8千元的有1家、6千元的有1家、5千元的有6位、3千元的有12家、2千元的有12家、1千元的有31家、8百元的有1家、5百元的有13位、3百元的有6家、250元的有1人、100元的有2家。据此，义务夜防队共获得捐款25.87万元。捐款事由蒋村义务夜防队的几个骨干去各家各户上门募集，村民自愿捐助的。村民看在社会治安为共同事情和人情、面孔，根据自身经济条件而捐款。不过，在具体募捐时，募集人针对村民家庭情况和个性特点，往往半开玩笑半当真地对村民说"你总要拿多少出来"，提示一个比较明确的数额，而村民大多也比较配合，积极捐款予以支持。

蒋村义务夜防队用筹集所得租屋以作为值班室并安装了两台空调、安装了电话，安装了监控摄像头，购买了对讲机、雨衣、雨鞋、青柴棍、防弹衣等用品。如租两间房每年租金为7千多元。筹集的资金还用于支付有关人员的工资。如支付三位专门负责监控的值班人员工资，每人每月1300元；由于专管人误工较多，付给专管人每月300元补贴。其他支出还包括维修费用、水电费用等。

费用的开支主要由发起人、骨干人员商量和决定。具体账目由岑如达和姚天龙经管。蒋村义务夜防队费用的具体开支没有向村民详细公开，但村民大致了解基本情况，通过各种形式进行监督。总体上支出比较合理，没有乱花的现象出现。唯在聘请何人作为值班人员方面，虽然有考虑村内家庭经济困难者的因素，[1]但是骨干人员也有倾向与自己关系较好者的一面，存在某些私心。

蒋村义务夜防队主要在成立之初进行了一次捐款活动。在筹集资金即将用完之际，义务夜防队的骨干成员曾经考虑过再次集资，但是村民离心的现实情况使他们没有进行实际的行动。

六、总结与思考

蒋村义务夜防队的成立和发挥作用与社会环境、热心村民、政府态度、执法等因素密切相关。当时由于外来人员较多，政府管理存在一定的滞后，且法律制度的效力有限，因而村民意识到需要依靠自身的力量、按照一定规约成立民间自治组织来维护社会治安、保障财产权益、维持村庄秩序，而热心村民的积极张罗使蒋村义务夜防队应运而生。[2]依照规约进行全面的巡防活动，蒋村义务夜防队发挥了积极的作用。[3]通过人防和技防，蒋村义务夜防队对小偷小摸等不法行为形成了强大的震慑力和现实的威慑性，增强了村民的安全感和村庄的向心力，有力地促进了蒋村社会治安状况的好转。[4]

蒋村义务夜防队没有专门议定详细的、系统的类似章程式的规约，规范简单，仅仅形成了主要的几方面内容；义务夜防队规约为

---

〔1〕　当时发起人商量值班人员聘请那些没有什么经济来源、又有一些残疾或者单身的村民，有些同情因素在内，属于照顾性质。

〔2〕　在调查时，岑如达对当时的执法仍有不满："小偷被抓时手上有被偷东西才能抓，手上东西一放掉，你就没证据了。要老百姓讲证据。另外，你打小偷打伤是要赔的。你抓住他（小偷）也没有用的，派出所会放掉，小偷比你出来还快，你还要做笔录。"岑如达访谈录，2015年10月17日。55岁的蒋村村民周家聪也认为，"当时社会风气太坏了，你去抓小偷，小偷摔倒了也要你东家负责，没有这样的。哪有这种道理。"周家聪访谈录，2015年10月18日。

〔3〕　岑如达向我介绍："夜防队成立后改变情况了，贼不敢进（蒋村）来了。我们装监控了，还协助派出所破一特大案件。（那天）夜防队巡逻时发现有人在快餐店吵架，阿宇报110。警察来后发现是通缉犯，是偷电瓶车并销赃。派出所为此得到了奖励。"岑如达访谈录，2015年10月17日。

〔4〕　周正武介绍，蒋村义务夜防队还帮助个别有困难的村民，如帮拿柴草；义务夜防队使村民加强了团结，关系融洽了，矛盾减少了。周正武访谈录，2016年5月23日。

非成文的规范，没有通过文字形式张榜公布；义务夜防队规约主要依靠村民的内心认同、自觉遵行而发挥作用，缺乏具体的效力保障手段。

共同利益凝聚共同意识，蒋村义务夜防队的规约为村民自发约定而成，内容主要由发起的热心村民主导商定，全体村民的共同合意性较为模糊；义务夜防队规约的规范比较简单，规范性、约束力不强；义务夜防队没有明确的责任规约，对不来参加者缺乏具体的处罚办法。蒋村义务夜防队规约的实际执行和具体效力依靠发起人、核心成员和具体聘请人员的能力和素质而体现，人的因素明显影响着规约的有效性。事实表明，在蒋村义务夜防队活动的后期，人的自私自利心态、以权谋私行为等表现得更为明显时，蒋村义务夜防队规约的执行就存在越来越大的问题，蒋村义务夜防队也就出现开展活动的困难的问题。[1]

蒋村义务夜防队规约的这种简单性、粗糙性、不稳定性表明村民自治能力的不足及民主训练的缺乏。由于对共同利益认识的模糊，村民大多缺乏共同体意识，往往从自身利益、具体利益出发考虑问题，而义务付出与利益获得之间的不平衡又使普通村民逐渐感觉到自己成为边缘人、成为客体，失去了自治的主人翁地位。时间一长，越来越多的蒋村村民对义务夜防队规约就产生了排斥和不遵从感。这表明，义务夜防队这样的民间组织需要更多的对话、沟通、妥协、避免松散性，增加凝聚力；需要通过多种形式进行长期的实践。我国社会需要营造民间组织成长的外部环境，为民间组织的生长实践创造良好的条件。义务夜防队规约这类的规约需要增强合意性，增加约束力。

蒋村义务夜防队规约需要得到政府的指导、引导。对于义务夜

---

[1] 蒋村义务夜防队还发生过一起纠纷转化为刑事案件。2006 年 9 月 7 日晚，37 岁的蒋村村民冯再忠答应替人代班参加当晚的义务夜防队。因其没有按时到岗，有人打其电话催促。后冯再忠到村治安岗亭后责怪此事是由 39 岁的蒋村村民郑镕引起的，双方引起争吵。后双方在扭打过程中郑镕一拳打中冯再忠的左眼部，导致冯再忠的左眼球破裂伤，构成轻伤。法院认定郑镕犯故意伤害罪，判处拘役 6 个月，缓刑 1 年，并承担医药费、误工费等 27 596.35 元。参见 [2007] ×刑初字第 327 号。

防队这样自发成立、自我管理的民间组织，政府有关部门应该充分尊重其存在的价值，认真对待，积极沟通，全面指导其规约的议定和实施，关心其健康成长。[1]地方政府应该改变观念，将自发性的民间组织作为法治国家、法治社会建设的重要内容，认识其客观价值，发挥其积极功能，引导其正常发展。[2]

---

〔1〕 周正武认为镇里引导不够，如果镇里引导一下，就可能更规范、做得更好了。由于害怕出事，镇里要求周正武解散义务夜防队、撤掉监控设备。由于无法向蒋村村民交代，周正武不想干了。大概一年后，周正武退出了义务夜防队。周正武访谈录，2016年5月23日。

蒋发根介绍，同镇的南圆村在义务夜防队成立当天就发生义务夜防队与外地人打群架事件，因此镇里要求蒋村解散义务夜防队。蒋发根访谈录，2016年6月27日。

〔2〕 蒋村后来借鉴义务夜防队做法，由村里出资招聘季节性田间巡逻人员。如为切实做好农田保护工作，确保农户的田间作物损失减至到最低，蒋村村委会于2008年5月12日发出招聘启事，决定在全村范围内招聘季节性田间巡逻人员2名，要求工作认真负责、身体健康、年龄55周岁以下，在5月18日至8月18日的每天上午10时至下午1时、下午5时至晚上8时进行巡逻，待遇为基本工资1200元加其他帮助100元共1300元每月。

2008年1月10日，蒋村义务夜防队聘请保安1位，由2位村干部、35位组长和11位村民代表共48人参与从8位报名者中投票决定。

第七章

村企共兴的商会

一、引言

蒋村有许多民营企业，非公有制经济较为发达，工商业在蒋村经济发展中具有重要地位，也是村民收入的主要来源。为联合企业力量，提供企业之间交流平台，蒋村所在的海村在村企共兴议事会的基础上，于2013年5月17日成立了海村商会暨村企结对议事会，[1] 以凝聚企业的力量、推进海村的乡村建设和经济发展。

依据有关文本，本章仅对海村商会做一简单的介绍，以探讨乡村社会中经济性组织的具体规范与运行，思考这类社会组织意义和功能，进一步推进乡村社会组织的发展。

二、从村企共兴议事会到商会

海村商会是从村企共兴议事会的基础上发展而来的。

2011年2月27日，海村在市区的一个酒店内召开了"海村经济发展恳谈暨村企共兴议事会"。[2] 会上，海村党总支书记、村委会主任通报了上一届党总支任期的工作，通报了三年来村务收支及村

---

〔1〕 蒋村所在的地区明清时期有"关圣会""冬至会""孤文会""大王会""兰盆会""敬庆会"等地方民众自我设立的基层民间组织，其运转主要依靠入会成员的捐助。这种捐助除钱物之外，最重要的就是会众捐献的田地。参见王万盈辑校：《清代宁波契约文书辑校》，天津古籍出版社2008年版，第12页。

〔2〕 海村村务工作会议记录2011年。

企结对收取状况；村党总支副书记宣读了村干部任期创业目标。会上，与会的企业代表发言肯定了海村的工作，纷纷表示企业的发展离不开村、村民的支持，不能忘记发展家乡的事业，企业将积极支持海村的发展。如一较大电器厂的董事长表示，企业的发展离不开农业、农民、农村；作为海村的一员，企业 2008—2010 年捐送村善款 30 万元；今后只要村里有需要，我们企业一定鼎力相助。

根据会议上公布的"2012 年海村企结对款收取明细"，[1] 提供海村企结对款的共有海村的 50 家企业，最多的 2 家企业提供了 10 万元，最少的 1 家企业提供了 500 元，提供 1000 元的企业有 11 家，提供 2000 元的企业最多共有 14 家，其他企业分别提供 80 000 元、30 000 元、20 000 元、10 000 元、8000 元、6000 元、5000 元、4000 元、3000 元不等，海村企结对款合计为 494 500 元。

在村企共兴议事会的基础上，为搭建政企沟通桥梁、构筑企业交流平台、共创和谐发展环境、支援家乡新农村建设、促进海村经济腾飞，经过前期大量的走访、座谈、调研，在海村党总支、村委会和合作社"三套班子"商议后成立的筹备小组工作基础上，报请溪湾镇党委镇政府同意，海村于 2013 年 5 月 17 日下午成立了商会暨村企结对议事会。

海村村企共建工作会议暨商会·理事会成立大会的议程包括 2012 年海村企结对款收取情况、进行表彰发放捐资荣誉牌及证书、成立海村商会（村企结对理事会）并通过该会的章程及组成人员、发当选证书及其聘书、新当选的会长作表态发言、企业厂长座谈交流、溪湾镇领导讲话等。[2]

海村商会暨村企结对议事会接受业务主管单位海村村委会和溪湾镇商会的业务指导。海村商会暨村企结对议事会第一届组成人员包括会长（理事长）1 名、副会长（理事长）9 名、秘书长 1 名（村委会干部）、常务理事 5 名、会员 29 名。还聘请了 3 位资深的企业人为名誉会长，聘请了 3 位较有成就的企业人为名誉副会长，聘

---

〔1〕 海村村务工作会议记录 2012 年。
〔2〕 溪湾镇政府给每个成立商会的村补助 10 000 元。

请了溪湾镇国税组组长、溪湾镇国税组组长、质监所所长、农村合作银行支行行长、溪湾镇总工会主席镇商会秘书长为顾问。

商会会员共50家。[1]会员大会通过的《海村商会（村企结对理事会）章程》由第一章总则、第二章业务范围、第三章会员、第四章组织机构、第五章资产管理、第六章章程的修改程序、第七章附则等组成，共7章28条。

在成立大会上，新当选的第一届会长（理事长）表示：①积极参与村级新班子的决策实施。全面支持、配合村级工作，组织会员积极投身到村的经济建设、政治建设、文化建设、社会建设，促进村和商会的联动发展。②积极发挥商会理事会在村工作中的作用。在充分尊重企业和村意愿下，动员企业积极参与新农村建设，组织企业与村结对，共谋发展思路，共兴村级经济，回馈社会、回报家乡。③积极履行商会职责，按章办事。合理使用村结对款，将资金使用专款专用、公开透明、有效监督。

海村商会（村企结对理事会）的成立，表明海村有了一个经济性的社会组织，丰富了海村的社会组织类型，为海村的经济社会发展增加了一种社会力量。

在海村商会暨村企结对理事会的基础上，海村于2022年1

海村商会暨经济发展顾问委员会成立大会
（2022年1月20日，茹优君提供）

月20日召开了村商会暨经济发展顾问委员会成立大会。这既是村商会的一次活动，更重要的是成立了村经济发展顾问委员会，突出了

---

[1] 2022年1月20日时有会员企业90余家。参见村商会会长2022年1月20日讲话稿，茹优君2022年1月27日提供。

村商会对海村经济发展的意义。[1]

三、商会的具体活动

根据海村商会暨村企共建理事会章程第二章"业务范围"的规定，作为村党总支和村委会联系非公有制经济的桥梁，商会暨村企共建理事会的主要任务为：①维护会员合法权益，反映会员意见、要求和建议，在会员与村委会之间发挥桥梁作用，当好村委会管理非公有经济的助手；②帮助会员企业改善经营管理，提高生产技术和产品质量；③为会员提供必要的证明、协调关系，为会员和企业调解经济纠纷；④增进企业间的联系和友谊，促进相互合作与发展，组织各种形式的联谊活动，增强会员与村级组织、镇政府及有关地国税等职能部门的互相联系；⑤办好村委会和有关部门委托的事项；⑥筹建海村老年关爱基金。村企结对款的主要支出用途有老年社员补助费、80岁以上老年社员参加农村合作医疗补助费及其他有关老年关爱等事项。

在2022年1月20日的会议上，村商会会长在讲话中强调村商会"村企共同发展"的战略定位，树立"诚信为本、服务会员、立足本土、回报家乡"为宗旨，为村经济发展和繁荣稳定做好服务。他提出海村商会搭建了商会与村之间的合作桥梁，整合了资源、开启了抱团发展之路；通过商会这个平台，帮助会员排忧解难，协调关系、调解纠纷，促进了社会的发展和谐和稳定；形成了"以商会友、以友促商、互动互利、共同发展、合作共赢"的理念。

就现有材料可知，海村商会（村企结对理事会）成立后，活动相对比较有限，仅在成立后的次年即2014年1月13日在市区的一家酒店举行了"村企共兴暨商会年会"。事隔九年后的2022年1月20日在市区的一家酒店举行了"村商会暨经济发展顾问委员会成立大会"。

在2014年的这次年会上，海村商会（村企结对理事会）会长

---

〔1〕　在2022年1月20日召开的村商会暨经济发展顾问委员会成立大会上，村商会会长在讲话中提到"2022年是海村商会的成立之年、开局之年"应属不准确。

（理事长）报告了 2012 年度村企结对款 49.45 万元的支出情况：①2013 年度及 2014 年度第一季度村老年社员补助 31.062 万元；②商会成立买奖牌、背景、聘书等支出 1.03 万元；③老年室装修、购买空调、水电费等费用支出 6.0287 万元；④2014 年度 80 岁以上社员合作医疗费 2.975 万元；⑤老年社员年货补助款 5.38 万元。以上项目共支出 46.9257 万元，收支相抵还结余 2.5243 万元。[1]

此外，在 2017 年 3 月的"海村履诺工作报告"中提到：近三年来商会企业共捐赠善款共 53.75 万元，支援家乡新农村建设，为海村经济的发展做出了应有的贡献。[2]

在 2020 年 10 月 28 日的"海村届末履诺工作报告"提到：在蒋村片"惠民楼"建设中，商会会员及相关村民共捐赠善款 51.29 万元，为海村的新农村建设做出了应有的贡献。[3]

在 2022 年 1 月 20 日的会议上，海村商会聘请了 3 位名誉会长、2 位名誉副会长、8 位顾问，产生了 1 位会长、8 位副会长、1 位秘书长和 17 位理事。在会上确定海村商会 2022 年重点工作安排包括组织一次经济形势分析会、法律法规讲座、消防及安全生产知识讲座、优秀示范企业参观学习、落实社会帮扶等。

总体来看，海村商会（村企结对理事会）的活动主要为发动会员企业积极捐赠善款、为海村发展建言献策等方面。

四、结语

海村商会（村企结对理事会）在捐赠善款、建言献策、支援海村的新农村建设等方面发挥了一定的作用。

由于海村商会（村企结对理事会）主要由海村党总支、村委会筹备发起成立，参加企业的内在积极性普遍较弱，对企业的助益有限，且与海村主要领导、商会会长个人的重视、投入程度密切相关，因而海村商会（村企结对理事会）的运行并不稳定，社会功能的发

---

〔1〕《海村村企共兴暨商会年会上的讲话》，2014 年 1 月 13 日。海村村务工作会议记录 2014 年。
〔2〕《海村履诺工作报告》，2017 年 3 月。
〔3〕《海村届末履诺工作报告》，2020 年 10 月 28 日。

挥并不理想。

就海村商会（村企结对理事会）观察，乡村经济性社会组织需要解决行政性过强、内生性不足等问题，充分尊重其内在规律，发挥所有成员的积极性，使其真正发挥作用。

2017 年 6 月，《中共中央国务院关于加强和完善城乡社区治理的意见》第二部分"健全完善城乡社区治理体系"指出："大力发展在城乡社区开展纠纷调解、健康养老、教育培训、公益慈善、防灾减灾、文体娱乐、邻里互助、居民融入及农村生产技术服务等活动的社区社会组织和其他社会组织。"2020 年 12 月中共中央印发的《法治社会建设实施纲要（2020-2025 年）》强调充分发挥社会规范在协调社会关系、约束社会行为、维护社会秩序等方面的积极作用；加强居民公约、村规民约、行业规章、社会组织章程等社会规范建设，推动社会成员自我约束、自我管理、自我规范。蒋村需要遵循这些规范性文件的精神，尽可能建立各方面的社会组织，尊重村民的自主性，发挥社会组织在乡村经济社会发展和乡村治理中的作用。

第八章
日渐稀少的集体性活动

一、引言

就历史沿革来看，蒋村 1950 年与附近的两村合为溪湾乡一村；1956 年为山海乡海雁一社；1958 年为胜利人民公社二营七连；1959 年为溪湾管理区蒋村大队；1962 年为溪湾公社蒋村大队；1969 年为溪湾公社红卫大队，下设有五个生产队；1983 年为溪湾乡蒋村。2001 年蒋村与另一村合为海村村民委员会。

因此，蒋村全村的集体性活动可分为 1983 年前的人民公社时期与 1983 年后的后人民公社时期两个阶段进行讨论。

集体性活动为蒋村全村性活动，包括以大队、村民委员会和生产队、村民小组名义组织的各类活动，也包括村民自发组织的较多村众参加的活动。

蒋村的集体性活动各由相关主体规范、程序规范、费用规范等具体规约进行规范，村民依规范承担某种不参与的后果。

二、人民公社时期的集体性活动

在 1983 年前的人民公社时期，蒋村作为一个大队既是一个准行政性组织，也是一个地域性团体，村民之间的人身关系极为紧密，形成了一定的共同体意识。

这一时期蒋村全村的集体性活动比较多。[1]全村的集体性活动有政治性活动、经济性活动、娱乐性活动、公益性活动、宗教性活动等。

（1）政治性活动。人民公社时期，蒋村按照公社、县等的指示、要求和安排，召开全大队社员大会，举行如学习会、批斗会等集体性活动。学习会主要学习中共中央等各级党委、政府的文件、会议的精神和内容，批斗会为批斗"地富反坏右"等五类分子、批斗偷窃集体的棉花或大豆等的个别社员。

（2）经济性活动。在某种意义上，生产队的生产劳动均为集体性的经济性活动，集中劳动，统一分配。不过，人民公社时期，蒋村以大队为单位的经济性活动主要包括参加县、公社组织的修水库、围海塘等出义务工方面的事务。

（3）娱乐性活动。人民公社时期，蒋村如放电影、请演戏、举行篮球赛等文艺、体育性集体活动，丰富社员的生活，增强社员的村落共同体意识。当时，蒋村一年放几场露天电影，这是村民主要的文化活动。蒋村曾经成立了男子篮球队，在春节期间举行篮球友谊赛，代表蒋村参加公社的篮球比赛。

较为特别的是，为庆祝上海江南造船厂制造成"风庆"号万吨货轮，1973年4月蒋村五队组织村民仿做了3多米高、10多米长的木结构纸糊轮船，并抬着在村内外巡游。这可算为一起娱乐性活动。

大约在1967、1968年时，蒋村按照公社的要求组织村民参加行会活动，村民提灯参加。

（4）公益性活动。人民公社时期，蒋村有时有修路、挖河泥等公益性活动，改善道路、河流等公用设施的条件，方便村民的生产、生活。

（5）宗教性活动。人民公社时期，蒋村有时举行放焰口施食饿鬼度化亡灵之法事等以大队村坊为名义的宗教性活动。

这些活动主要由大队来举办，人力、物力、财力等由大队承担。

---

〔1〕　1958年至1960年的蒋村村民吃公共食堂，虽也为集体性活动，但与生产队共同劳动一样，非为本章讨论的内容。

部分如举行放焰口法事等由村民中热心人士自发办理，得到村民的支持。

人民公社时期，蒋村的这些集体性活动遵循党组织和大队领导、社员参加、政治挂帅、集体行动等原则。

需要指出的是，人民公社时期，蒋村村民以生产队为单位进行生产劳动和经济核算，生产队既是生产组织，也是村民的生活共同体。村民的红白喜事基本上以生产队为单位，同一生产队的村民相互帮助，生产队为村民的依靠团体。

三、后人民公社时期的集体性活动

1983 年慈溪市政社分设，由人民公社三级所有、队为基础体制恢复为乡村制。1983 年后，蒋村开始进入后人民公社时期。[1]随着联产承包责任制的实施，[2]生产队便不复存在，生产队这一组织的实体形态如仓库、晒场等有偿转让给了村民，代之而起的村民小组并不与原来的生产队完全对应，因而生产队就成为历史了，其功能也随之消解了。特别是 2001 年蒋村与邻村合为海村后，蒋村就结束了以蒋村名义举行、组织全村性活动的历史。

1983 年之后的后人民公社时期，蒋村极少有集体性活动举行，也甚少见村民小组的集体性活动。蒋村仅有一些少数村民自发举行的如立夏吃立夏饭、母亲节联欢等集体性活动。

---

〔1〕《村民委员会组织法（试行）》于 1987 年 11 月 24 日第六届全国人民代表大会常务委员会第二十三次会议通过，1987 年 11 月 24 日中华人民共和国主席令第五十九号公布，自 1988 年 6 月 1 日起试行。

〔2〕 1983 年中共中央 1 号文件指出：联产承包制采取了统一经营与分散经营相结合的原则，使集体优越性和个人积极性同时得到发挥。这一制度的进一步完善和发展，必将使农业社会主义合作化的具体道路更加符合我国的实际。这是在党的领导下我国农民的伟大创造，是马克思主义农业合作化理论在中国实践中的新发展。1983 年的中共中央 1 号文件标志着家庭联产承包责任制作为农村改革的一项战略决策的正式确立。

蒋村村民到邻村看戏（2016 年 2 月 10 日摄）

（一）立夏吃立夏饭

2021 年 5 月 5 日星期三为农历二十四节气中的立夏。立夏是二十四节气中的第七个节气，也是夏季的第一个节气。立夏预示着季节的转换，表示盛夏时节的正式开始，立夏以后，江南地区气温回升快，降雨量和降雨的天数都会明显增多。在江浙一带有立夏尝新、斗蛋游戏、立夏秤人等风俗。

蒋村也有斗蛋、尝新等风俗。特别是近些年，不少村民于立夏日吃立夏饭，也称吃五样米饭，众人热热闹闹聚在一起，其乐融融。[1]

2021 年的立夏在 5 月 5 日。这天上午村民徐国茂家烧立夏饭，村邻 40 多人来吃。按照蒋村的传统，烧、吃立夏饭有以下这样几方面规范：①烧、吃立夏饭只能在露天进行，不能在屋内烧和吃。因此，需要择一处室外较空旷处用石头新搭建一灶，上置一大铁锅烧立夏饭。吃立夏饭也须在露天吃，村民端饭碗在室外吃，有时搬一张桌子和一些椅子放屋外，大家围着桌子有坐有站着吃。凡是在场的人都可以吃，还邀请路过的人吃。一般请村里年纪最大的老年妇女第一个吃，吃的时候特别地谦让。吃了五样米饭的人，哪怕只吃了一小口，不能立刻回家重吃，得饿上一顿饭，否则会不吉祥。②立

---

〔1〕　立夏前正是青黄不接的时候，过去的蒋村人过着有一顿没一顿的日子。到立夏时庄稼成熟了，有吃的了，大家一起吃立夏饭表示庆祝。

夏饭需要五种食材，通常为竹节笋、白蚕豆、倭豆、芥菜、大米等，也有用糯米、芋艿、蔬菜等。除了大米、糯米为买来的以外，其他食材均需到他人地里去偷来。谁家的豆长得好、笋长得高就去偷谁家的。往往是集体去偷。在摘豆拔菜时如碰见主人，说明后主人一般不会阻止，大部分为兴高采烈。③除了主家需要准备不少物品外，参加者也或带物品或参与弄菜、烧饭，众人共同准备、一起参与，齐心协力烧立夏饭。

吃立夏饭、吃五样米饭，村民共同参与，体现了敬老爱老、和谐共处的民风。[1]

（二）母亲节联欢

在许多国家，5月的第二个星期日为母亲节。2021年5月9日为5月的第二个星期日，蒋村的不少村民在夏兰芳、戴槔两位50多岁女性的组织下在建好不久的海村文化礼堂举行了母亲节联欢活动。

村民自愿参加，男女不限，有许多是夫妻两口子参加；参加者主要为蒋村村民；每位参加者交160元钱。总共办了16桌，12人一桌，有近200位村民参加。

母亲节联欢活动主要包括聚餐和联欢会两方面内容，先聚餐，再联欢。联欢会的节目有村民自愿表演的，也专门请了一些表演队，如表演越剧等。节目有越剧演唱、旗袍秀、流行歌曲演唱、拉丁舞表演等。给参加表演者致送一份礼品。

每位与会的母亲获送一朵玫瑰花。很多老年女村民说从来没有收到过花，这是第一次，心里感到非常高兴。

由于所收的费用不够支出，所缺的几千元钱按照筹备时的商量，由夏兰芳、万建幡、张海年三位平摊。

这次母亲节联欢活动非常成功，参加者都十分开心。大家热热闹闹聚集在一起，聊天娱乐，增进了相互之间的感情。

蒋村的这次母亲节联欢活动为蒋村一二十年来少有的一次较多村民参与的集体性活动。这次活动纯由村民自发筹办，展现了民间

---

〔1〕 宁波市文化广电新闻出版局编：《甬上风物——宁波市非物质文化遗产田野调查（慈溪市·附海镇）》，宁波出版社2011年版，第119页。

的力量，体现了蒋村村民的凝聚力。这次活动在蒋村产生了广泛的影响，也为今后举办类似活动打下了基础。

（三）跳广场舞

随着近些年全民健身理念的普及，蒋村不少村民特别是女村民的锻炼身体观念明显增强，逐渐形成了锻炼身体的习惯，如傍晚的约伴走路、爬山、跳广场舞等。

就跳广场舞而言，大概从 2000 年开始，在蒋村老年活动中心前的空地上，不少村民开始聚集在一起跳广场舞，每天大约 20 来位附近的村民随着音乐起舞，跳一小时左右。

为更好地跳广场舞，有热心村民赞助了电视机、音响等器材；有热心村民负责摆放、收拢和保管。

村民每天傍晚聚集在一起，既锻炼了身体，也交流了信息，这样有利于村民之间情感的增进，有助于村落共同体意识的形成。

（四）老年妇女念佛

在蒋村，信佛教的老年妇女除了独自在家之外，还常常集体念佛。如"三十三天佛"需要 33 个人集中在一起念一天。这种集体念佛或为需要佛的主人家邀请念佛，费用现为每人每天 120 元，上下午各念 4 个来小时，所念佛归主人家所有；或为"佛会"念佛，参加"佛会"的 33 人轮流为各位成员念佛，共需集体念佛 33 天，每天所念佛归一位成员所有。

需要更多人念的佛还有"四十八愿佛"。此为大佛，谢菩萨所用，需要 48 个人一起念佛。

老年妇女念佛为老年妇女之间的一种集体性活动，在共同念佛时互相关心、交流信息，有一定的积极作用。

四、结语

在人民公社时期，蒋村有比较多的集体性活动。受到管理制度、移民成村、村小人口少、没有大房旺族等因素影响，改革开放后蒋村的集体性活动并不丰富。

随着投资近 500 万元的海村文化礼堂于 2021 年的落成，以海村名义举行的集体性活动将会有场地的保障，相信集体性文艺活动将会不断举行。

　　就现有实践观察，蒋村村民的村落共同体意识较为淡薄，没有形成"蒋村"意识、"蒋村"观念。蒋村需要不断培育社会组织，鼓励热心村民自发组织各类集体性活动，以增进村民之间的了解，增加全村的凝聚力，不断增进和形成村落共同体意识。

第九章
基本沿袭传统的土地习惯法

一、引言

　　土地是人类重要的生存资源，与人类生存和繁衍生息息息相关。关于土地，联合国粮农组织1972年在荷兰瓦格宁根召开的农村进行土地评价专家会议对土地下了这样的定义："土地包含地球特定地域表面及以上和以下的大气、土壤及基础地质、水文和植被。它还包含这一地域范围内人类活动的种种结果，以及动物就它们对人类利用土地所施加的重要影响。"联合国于1975年发表的《土地评价纲要》对土地的定义是："一片土地的地理学定义是指地球表面的一个特定地区，其特性包含着此地面以上和以下垂直的生物圈中一切比较稳定或周期循环的要素，如大气、土壤、水文、动植物密度，人类过去和现在活动及相互作用的结果，对人类和将来的土地利用都会产生深远影响。"显然，土地对蒋村村民的生产、生活中的重要性不言而喻。

　　中华人民共和国成立以前，蒋村的土地基本属于私有，主要由习惯法进行调整。中华人民共和国成立以后，蒋村的土地为集体所有。根据我国《宪法》第10条第2款的规定，农村和城市郊区的土地，除由法律规定属于国家所有的以外，属于集体所有；宅基地和自留地、自留山，也属于集体所有。我国的《土地管理法》《农村土地承包法》《农村土地承包经营纠纷调解仲裁法》《浙江省实施〈中华人民共和国土地管理法〉办法》《浙江省实施〈中华人民共和国农村土地承包法〉办法》《浙江省基本农田保护条例》等法律法规对浙江农村的土地进行了规范。蒋村地处杭州湾冲积平原，没有山林，土地主要为承包地、宅基地和自留地，也包括河道。在蒋村，由于生产、生活的需要，一直存在土地和房屋的转让、调换等行为，村民之间除了遵守国家法律以外还按照土地习惯法进行具体的土地转让、调换活动。土地习惯法在蒋村有着较为广泛的遵行和较为严格的效力。这些土地习惯法的主要内容为一直存在的传统规范。

以调查所得实证材料为基础，本章谨对蒋村土地习惯法的原则、规范做一初步的讨论，探讨土地习惯法的具体实施，以对蒋村一直沿袭的土地习惯法进行初步的总结。

二、土地习惯法的原则

蒋村土地习惯法遵循尊重现实、平等自愿、公平等价等原则，调整土地占有、使用、收益、转让、调换、转种等关系，维系正常的生产和生活活动，保障村民的权益，维护正常的土地秩序，促进经济和社会的发展。

在蒋村，村民十分重视土地、珍惜土地，尽力维护自己的土地权益。村民按照传统形成的范围确定土地的界域，尊重现有承包地、宅基地和自留地等各类土地的实际状况。

在土地占有、使用、收益、转让、调换、转种方面，蒋村土地习惯法强调村民之间地位平等、权益受到同样的保护；进行与土地、房屋相关的行为必须自愿进行，任何人不能违背他人意愿进行强迫性行为。

根据蒋村土地习惯法，村民公平进行与土地相关的行为，合理确定各方的权利和义务，平衡各方的利益；在从事民事活动时要按照价值规律的要求进行等价交换的原则，取得一项权利应当向对方履行相应的义务，不得无偿占有、剥夺他方的财产。

三、土地习惯法的内容

蒋村没有形成祭祀土地神的传统，村内也没有土地庙，因此没有这方面的习惯法规范。蒋村的土地习惯法基本为世俗层面的内容。

以往蒋村村民有在土地上葬坟等行为，1997年12月全市实行殡葬改革后，除回族等10个少数民族以外的民众不允许占用耕地进行土葬，因而现今的土地用途比较单一。故蒋村土地习惯法基本没有有关葬坟等土地用途方面的规范，蒋村也不存在绝对不能使用、利用的土地。[1]

（1）在蒋村，土地包括河道等资源没有原始取得的，习惯法规范土地的传来取得。蒋村土地习惯法广泛调整土地所有、占有、使用、收益、转让、调换、转种等社会关系，确认土地、河道、房屋等方面的主体资格、权利义务内容。

中华人民共和国成立后，按照《中国人民政治协商会议共同纲领》的规定，国家要"有步骤地将封建半封建的土地所有制改变为农民的土地所有制"。1950年6月30日，中央人民政府颁布实施的《土地改革法》，成为指导土地改革的基本法律依据。土地改革法规定："废除地主阶级封建剥削的土地所有制，实行农民的土地所有制，借以解放农村生产力，发展农业生产，为新中国的工业化开辟道路。"据此，从1950年冬到1953年春，在新解放区占全国人口一多半的农村，党领导农民完成了土地制度的改革。当时为圩海一村的蒋村也进行了土地改革。

之后，蒋村于1954年11月成立农业生产合作社，简称初级社，由11户农民组成。这一时期，土地属社员个人所有，年终参加分红，按劳动和土地四六分成。1956年成立高级社，称海雁一社。此后土地一律归公，只按劳分配。[2]

因此，1956年前蒋村存在土地买卖，村民主要按照习惯法进行土地买卖，签订契约，并由县人民政府盖章认可其效力。如1953年农历七月廿六，蒋村村民胡祥荣因劳动力不够而将自家位于铲央的

---

〔1〕　我国西南石灰岩地区少数民族对土地有一种自然崇拜，十分重视土地资源和生态保护，形成水土保持习惯法，要求不得随意开发占用土地，严禁开发公山；实行统一休耕、轮歇制度，保证土壤肥力，推行轮种、间种、套种制度，提高土地产出；注重节约土地。参见廖喜生："论西南石灰岩地区少数民族保护土地资源习惯法"，载《贵州民族研究》2016年第9期，第44~46页。

〔2〕　王志国提供，2022年1月18日。

两亩一分地以 80 万元的价格卖给本村的施启德,〔1〕双方订立了绝卖契（见下面文书一），蒋村村长、村主任、乡长等做中证人。〔2〕

文书一

立绝卖契 胡祥荣 今为 劳动不够 双方同意 自愿将土地所有证 觀字 06643 号内共一坵土地坐落列下捺给本区本乡本村施啟德户为永业除办理过户登记手续外特立此契为凭

坐落種類都段	地号	畝	分	厘	毫	间畝 等级	备考
鑲央地	四一〇七四九	式	壹	零	零	一	绝卖价捌拾萬

坿海鄉一村立绝卖契人胡祥荣（手印）

中证人

村长 孙志培（章）

主任 蒋明富（章）

鄉長 沈妙法（章）

（慈豀縣人民政府章）

公元一九五三年七月廿六立

代字（马国长章）

同时，当时的土地买卖还到政府办理过户登记手续，政府发给载有受主和出主姓名、都图地号、土地坐落、土地面积、立契日期

---

〔1〕 1955 年 3 月 1 日起发行的第二套人民币 1 元等于当时第一套人民币 1 万元。

〔2〕 王岳云提供，2022 年 1 月 22 日。

等内容的本契，如下面文书二。[1]

文书二

總號　浙　　　　字 № 0909613　　　號
分號　观　　　　字第　1513　　　　號

公元一九五三年玖月　日發給执照　浙江省慈黺縣（市）人民政府方印	房屋土地收益或	四　至	房屋間數	土地面積	坐落	都圖鄉村號或區	地目	受主
								姓名　施啓德
				零畝肆分零厘零毫	五房统	四區都一鄉圖二四五五村號	地	住址　坺海一村

浙江省慈黺縣（市）人民政府印發交□　契本契

監證鄉區	附記	收件收据字號	應納稅額　稅率	立契日期	出　價	出　主
						姓名　施祥尧
签名蓋章	签名蓋章			一九五三年七月廿六日	萬千百十元	住址　坺海一村

此聯由納稅人存执

（2）在蒋村，1956 年以后的土地属公有，按照习惯法为集体所有。蒋村的集体土地、公共道路、桥梁、河道、公共水井、公共厕

---

〔1〕　王岳云提供，2022 年 1 月 22 日。

所等为村集体所有，是村民共同所有的财产，任何人不得侵占。[1]

蒋村原来有学校（与另外两村合办）、村部、生产队房屋和晒场。不过，实行联产承包责任制以后，生产队就不存在了，生产队的房屋和晒场就出卖给村民个人了；学校由于生源因素停办后，房屋和土地也变卖给个人了。蒋村原有五口公共水井，以后由于户户通自来水逐渐失去作用而被填埋。蒋村没有祠堂等共有的土地和房屋，也没有几户合伙转让或者购买所得的土地和房屋。

土地为村集体所有，但已承包给村民使用。[2]村另外留有部分机动地由村以经济合作社名义支配，通过出租等方式经营。下面文书三即为蒋村村民租用本村机动地的一份"租地协议"：

文书三

租地协议

甲方：海村经济合作社　　　　　　　　（以下简称甲方）

乙方：本村社员：<u>熊森良</u>　　　　　（以下简称乙方）

为了合理利用成闲置的机动地，搞活村级集体经济，现经村三套班子集体商议、社员代表大会通过，决定对村机动地共计 60 余亩统一出租给本村社员。现经甲、乙双方共同商议，特订立本协议。

一、土地座（坐）落

甲方土地座（坐）落于＿＿＿<u>西海涂</u>＿，共计面积＿<u>4.14</u>＿亩，东临＿<u>丁坝路</u>，西临＿<u>跑道</u>，南临＿＿<u>曾承新海涂租赁地</u>＿，北临＿＿<u>许维瑞海涂租赁地</u>＿＿＿，现租赁给乙方保管使用。

---

〔1〕 我国各地的土地习惯法各有特点。如云南临沧南美乡拉祜族土地权利形态在中华人民共和国成立以前是所有权归村寨公有，使用权则归私人家庭的权利模式，这在当前仍不同程度地延续着，在人们的实际生产生活中发挥着约束功能。"号地"这一"先占"的用地习惯一直被村民奉为合理的用地方式而延续着。对水源及水源地、神山、坟山坟地、风景林地等属于全寨共有，禁止任何人破坏或占为己有。参见徐建平："南美乡拉祜族物权习惯法对其社会土地利用的影响"，载《西南边疆民族研究》2012 年第 2 期，第 208~210 页。

〔2〕 蒋村于 1984 年开始进行集体土地承包，15 年后的 1999 年 10 月重新承包，承包期限为 30 年。苏达昌访谈录，2022 年 1 月 22 日。

二、租赁期限

2008 年 1 月 1 日起至 2008 年 12 月 31 日

三、付款方式及租费

1. 乙方支付给甲方的租赁费，每年每亩 100 元，共计金额 414 元，并采取先付款后租赁的原则，每一年支付一次款项，必须在每年的 10 月 15 日前一次性支付给甲方，逾期不交者将收回租赁权。

2. 每年签约时甲方可以根据社员代表大会集体商定，有权调整租赁费。

四、甲、乙双方的权利义务

1. 乙方在土地租赁期间内一律不得转租给其他村社员，一经发现，将收回租赁权，并按租赁费加倍罚款。

2. 在租赁期内，如遇土地被征用，本合同自动终止，甲方应酌情返还乙方当年的租赁款。

五、其他事项

1. 未尽事宜由甲乙双方共同商定。

2. 为防恐后无凭，特立此协议共同存照。本协议一式两份，甲、乙双方各执一份，双方签字后生效。

甲方　（海村经济合作社章）
乙方　熊森良（签名）

2007 年 10 月 15 日[1]

除了道路、桥梁、河道、公共厕所等之外，蒋村现有的集体房屋主要为四间约 100 平方米的老年活动室及其周围场地，这是原来的大队部、村部，2001 年与邻村合为一个村民委员会后就成为蒋村村民的活动场所，属于村民共同所有。

蒋村地处水乡，河道密布。这些属于集体所有的河道除个别能够行船外，主要功能为排水，也没有条件进行养殖。由于发展需要，

[1]　海村档案：目录号 8，案卷号 8。

有的较小的河道已填埋成路。

这些活动室、道路、桥梁、河道、公共厕所，为村集体财产，主要功能为满足全体村民的出行、联谊、娱乐等生产、生活需要。习惯法准许个别村民基于盖房等原因可以暂时性占用一段时间的道路。

（3）根据习惯法，村民对承包地、自留地、宅基地有使用权，可以占有、使用、收益等。这也同时得到了国家法律的保障。

承包地、自留地、宅基地为集体所有，但蒋村村民对自己家庭名下的这些土地具有使用权，可以在自己支配下进行耕种、经营和盖房，进行各种生产、生活活动。[1]

蒋村村民的承包地于1999年10月重新承包后发给"浙江省农村集体土地承包权证"予以确认，由蒋村经济合作社为发包方，载明承包土地地块的名称、面积、坐落（四至）等。蒋村村民每户的承包地不多，三四口之家为二亩左右。这些承包地早些年大多由每户自己耕种，上半年种大豆、小麦，下半年种棉花。现在村民主要种蔬菜、西瓜、丝瓜等经济作物，也有种苗木的。承包地的耕种者主要为年龄大的村民。以下为一户蒋村村民的《浙江省农村集体土地承包权证》的内页。

《浙江省农村集体土地承包权证》内页（2020年6月27日　金玉瑞提供）

---

〔1〕 蒋村1979年分自留地时不包括宅基地，经过几次小的调整后，到1984年时成为包括宅基地在内的每人一分三厘地自留地面积，此后再无变动。岑松岳访谈录，2022年4月3日。

除了自己耕种外，有的蒋村村民将承包地转交其他村民耕种，由实际耕种的村民缴纳农业税等相关税费，有的还依约给承包户一定的费用。2006年1月1日起国家废除农业税以后，承包户就没有农业税的负担了。现今的蒋村，转种村民他人承包地的村民大多已不向承包户支付一定费用，仅给一些所种的时令瓜菜表示友好。

在蒋村，还有村民出租承包地的。如下列文书四这份"土地续租协议"所载，九户村民将数量不等的承包地租给镇花卉协会建造农产品营销场地。

文书四

土地续租协议

甲方：湾镇花卉协会　　　　　　　　　（以下简称甲方）

乙方：常苗苗等9户承包户　　　　　　　（以下简称乙方）

为了搞好农业生产、农民增收，树立农业特色产业形象，甲方要求建造农产品营销场地，现经甲乙双方协商同意，特订立如下协议：

一、甲方出资建造镇农产品营销场地，租赁乙方承包地共计2.365亩，租期4年，（2007年6月1日至2011年5月30日），租金每年每亩400元。

二、乙方的承包地坐落在蒋家桶外横、中兴路东侧，共计面积2.365亩，其中常苗苗0.241亩，常乐乐0.129亩，祝关祥0.264亩，祝关恺0.326亩，祝关书0.25亩，沈文成0.212亩，陈朝森0.235亩，王丰合0.327亩，郭贤0.381亩，同意租赁给甲方使用。

三、甲方如今后不再租赁以上承包地，应确保土地复耕后归还乙方农户。

四、土地租赁费应于每年5月30日前付清。

五、未尽事宜双方协商解决。

六、为防恐后无凭，特立此协议。该协议一式四份，甲乙双方各执一份，报镇农办一份，蒋村村委会备查一份。双方签字生效。

甲方代表　　　　　　乙方代表　常苗苗（签名）

马自力（签名）　　常乐乐（签名）

祝关祥（签名）　　祝关恺（签名）

祝关书（签名）　　沈文成（签名）

陈朝淼（签名）　　王丰合（签名）

郭　贤（签名）

（湾镇花卉协会章）

2008 年 5 月 30 日〔1〕

在人民公社时期，蒋村每家就有二三分的自留地用来种些蔬菜，自用之外还到集市上出售以换取一些零用钱。这些自留地通常在房屋附近。近二十多年，由于外来人口住房的需要，蒋村村民大多在自留地上盖上小房出租。

如遇公共利益需要征用自留地，村民一般是积极支持和配合的。如下面文书五即为建造公共厕所，蒋村村民倪晶庆就征用自留地与村经济合作社签订的协议：

文书五

协　议

溪湾镇海村经济合作社：　　　　　　　　　　　　　甲

　　　　　　　　　　　　　　　以下简称　　方

溪湾镇海村倪晶庆：　　　　　　　　　　　　　　乙

甲方为了响应市委号召，搞好"环境整治"，改善村容村貌，提高村民的生活质量，逐步消灭粪缸，建造公厕，经村三套班子集体讨论选址，甲乙双方协商同意，特订立如下协议：

一、甲方征用乙方自留地建造公共厕所壹座，甲方一次性补助乙方每亩自留地为 30 000 元。

二、乙方自留地座（坐）落位置潘家路边，东邻潘家路，西邻

---

〔1〕　沈文成提供，2017 年 11 月 9 日。

乙方自留地，南邻乙方宅基，北邻郑翔宅基，现丈量南北5.70米，东西7米，约面积0.06亩。

三、甲乙双方自签订协议起，甲方现金付给乙方一次性付清（即0.06×30 000＝1800元），大写人民币壹仟捌佰元整。

四、恐后无凭，特立此协议，双方签字生效，此协议一式二份，甲乙双方各执一份存照。

甲方代表：荣秉珂（签字）　　　乙方代表：倪晶庆（签字）

溪湾镇海村经济合作社（盖章）

2001年3月25日[1]

宅基地用于蒋村村民建房，满足居住需要。宅基地由市规划局发给"私人建房建设用地规划许可证"，载明建造户、建筑规模、用地面积、用地位置等事项。蒋村基本上一户一宅基地，每户的宅基地根据人口按照历史情况多少不等，通常在120平方米左右。

在蒋村，许多村民还在自己宅基地、自留地上盖一些小平房，每间10来平方米，出租给外地来打工的人，既有经济收益，也为外地来蒋村人员解决了住房问题。最多的村民有10多间小屋出租。出租房屋的村民通常需要经过村暂住人口登记站的审核并接受其监管。

（4）承包地、自留地、宅基地可以调换。在蒋村，村民根据需要，通过相互协商，可以将承包地、自留地、宅基地进行调换，以更好地满足生产、生活的需要。

承包地的调换可能是基于农户的土地集中在一起或相近，以更有利于耕种。自留地、宅基地的调换，则主要是考虑盖房面积能够更大，或者在另外地方新盖房等。如下面文书六这一"土地调换协议"所载的调换承包地是蒋村村民庞书贵为了自己家的方便，将自己家房屋旁的他人土地与自己家的承包地进行调换。

---

〔1〕　倪晶庆提供，2019年11月29日。

文书六

土地调换协议

立协议人：庞书贵   以下简称   甲   方

黄元国   乙

经双方协商，自愿同意耕地调换种植、使用，具体处理如下：

甲方：愿将座（坐）落在蒋村钟惠正屋后面计耕地面积 0.3363 亩，调换给乙方种植使用，其土地使用权长期归乙方所有，任何人不得干涉。

乙方：①愿将座（坐）落在蒋村五房桶大寨路西块，计耕地面积 0.3363 亩，调换给乙方种植使用，其土地使用权长期归甲方所有，任何人不得干涉。②乙方支付给甲方长期土地补贴和路程补贴，以每亩 1.10 万元计算人民币 3699.30 元正（整），即日付清。

恐后无凭，特立此协议，本协议双方各执壹份，经双方盖章后生效。

立协议人：甲方   乙方

庞书贵（签字）   黄元国（签字、盖章）

一九九三年十一月一日[1]

这一土地调换是跨乡镇的调换，有利方庞书贵在同样面积调换的基础上补贴了对方一定的金额。在当时，每亩 1.10 万元的价格基本上等同于转让的价格，这表明庞书贵方对于这次土地调换的看重，愿意付出较高的代价。

由于土地的不动产性质，蒋村村民调换承包地、自留地、宅基地时按照习惯法需要订立书面协议；是否需要中间人进行证明则依情况而定，并无定例。如 2001 年 5 月 13 日，蒋村村民孙可根由于发展生产需要使用同村葛红晖的承包地，因而进行了 0.23 亩的土地

---

[1] 庞书贵提供，2019 年 11 月 30 日。

调换，双方在签订书面协议后签字有效，没有第三人的参与和中证。

（5）承包地、自留地、宅基地可以转让。"转让"意为把自己的东西或合法利益或权利让给他人，可以是无偿的，也可以是有偿的。根据蒋村土地习惯法，村民可以将自己家名下的承包地、自留地、宅基地进行转让。

就现实观察，在绝大多数蒋村村民的观念中，承包地、自留地、宅基地名义上为集体所有，但是实际上是每家每户所有，可以完全进行习惯法意义上的处分。因此这种土地转让实际上为土地买卖，[1]如下面文书七这一份1995年的"卖地协议书"所表明的，在场的村干部也没有意识到这是与国家法律相违背的。这反映出蒋村村民的一种较普遍的观念。

文书七

卖地协议书

经本村社员顾晓军与周良洛二人协商同意由周良洛买顾晓军土地。特邀请本村干部协商介（解）决，特立如下协议：

一、简称甲、乙双方，甲方顾晓军，乙方周良洛

二、时间、地点

时间：一九九五年一月二十一日

地点：村会计室

三、土地座（坐）落在汽车路西蒋家江东边

四、土地共计 0.263 亩

五、付款办法

①每亩计价 13 500 元

②计人民币叁仟伍佰伍拾元零伍角整。

③一次性买好，付款一次性付清。

---

〔1〕 旧时蒋村所在的地区，业主或者农民将自己田地买卖时订立卖绝契，书明田地坐落、亩分、价格等卖予置产者，置产者再送县印契过户，即可完粮管业。卖屋亦同。参见千人俊编纂：《民国慈溪县新志稿》，慈溪县地方志编纂委员会办公室、慈溪县档案馆，1987年版，第166页。

六、一次性付清，当场有效，不得违约。

以上协议一式三份，各执一份，村存档一份。

甲方签字　顾晓军（签名）　　乙方签字　周良洛（签名）

　　　　　　　　　　　　　干部签字　陈青云（签名）

　　代笔　施维泰　　　　　　徐复标（签名）

一九九五年一月二十一日〔1〕

承包地、自留地特别是宅基地的转让往往多发生在邻里之间。如蒋村村民张羽中与李雨斌为邻居，在互惠互利的基础上，经双方共同友好协商，于 2007 年 1 月 28 日就坐落于李雨斌住宅东边的一块张羽中的土地转让给李雨斌签订了"土地转让协议书"，李雨斌同意一次性补助张羽中土地转让费及土地上物等共计人民币壹万伍仟元整。协议载明"该土地作永久性转让"。〔2〕

在蒋村，村民之间特别是兄弟等之间时有转让房屋及其宅基地的行为，地面建筑与土地同时转让。下面文书八这一份"房屋转让协议"的双方当事人即为兄弟。

文书八

房屋转让协议

甲方：蒋村村民　甘平挺

乙方：蒋村村民　甘平元　　　　　　　以下简称甲方和乙方

乙方因居住需要，甲方原将宅基屋转让给乙方，现金经甲乙双方协商达成协议如下：

一、甲方愿意将宅基屋座（坐）北朝南三层楼房一间转让给乙方。

二、房屋转让费共计 3 万元整，交房时一次性现金付清。

三、房屋四址：东与甲方拼抢墙，南邻道地，西邻小河，北邻宅基地。

---

〔1〕 蒋村档案：目录号 25，案卷号 1。

〔2〕 李雨斌提供，2010 年 11 月 12 日。

四、恐后无凭，特立此协议一式三份，甲乙双方各自一份，村存档一份。

　　　　卖出人：甘平挺（签名）

　　　　买入人：甘平元（签名）

　　　　　　　　　　　　　　　　　2007 年 8 月 8 日

（村民委员会章）〔1〕

（6）承包地、自留地、宅基地可以继承。蒋村土地习惯法确认承包地、自留地、宅基地可以由有继承权的继承人继承。按照习惯法，通常父母亲的份额由儿子或者儿女继承，没有儿子的就由女儿继承，无儿子无女的就由侄子女或者死者生前指定的人继承。

蒋村土地习惯法的主体资格规范明确，具体权利义务清楚，为村民所了解和知悉。由于承包地、宅基地和自留地以及房屋为不动产，属于稀缺资源和重要财产，因此村民较为重视相关协议的签订，以免子孙后代产生纷争。

四、土地习惯法的施行

与国家法律、政策相配合，蒋村土地习惯法为维护蒋村的土地所有和利用秩序、保障村民的土地权益发挥了积极的功能。

在蒋村，土地习惯法确认的实施单位为"家""户"。"家""户"而非个人作为土地占有、使用、利用的主体，并由家长或者家里的主事者、明白人担任代表具体进行有关土地的活动，以男性为多。

按照蒋村土地习惯法，村民对土地的利用主要通过协议形式进行。蒋村村民重视根据习惯法签订书面契约确认土地权益。〔2〕

不过也要注意到，近几年蒋村土地习惯法的实施出现效力下降

---

〔1〕　海村档案：目录号 8，案卷号 8。

〔2〕　在传统中国社会中，民间习惯中对于土地的利用主要是通过两个途径来实现其多种用途：一是通过契约，二是通过习惯性事实行为。参见谢国伟、解维克："民间习惯中土地利用的实现与我国现行法律规制的思考"，载《江苏社会科学》2010 年第 6 期，第 156 页。

有学者考察了宋代至清代有关土地的成文法和习惯法的发展情况后，指出习惯法的长期存在是由于其能够起到降低契约达成和执行中的交易费用的作用。参见王昉："成文法、习惯法与传统中国社会中的土地流转"，载《法制与社会发展》2004 年第 4 期，第 144 页。

的情况，保障习惯法权威的社会舆论、民众压力逐渐减弱，致使村民侵占公有水面、霸占集体土地的情况不时发生，村民之间因土地问题而发生的纠纷也有所增加。

由于土地有限，近几年蒋村出现了村民侵占道路特别是河道的现象。这些村民利用相邻关系通过砌石河岸等方式多占河道以扩大盖房的面积，也有人在河道上架桥以供家人行走或停车。村民侵占公有水面大多是利用盖房时机，有占得少的，也有占得多的。这影响了水的流动甚至行洪，在一定程度上造成了河水的污染。

个别村民出于一己私利想方设法通过调地等各种方式侵占集体的土地。如2010年11月14日村民舒凡和向茂强签订协议，舒凡的南向北第三间后面地块问题调换为向茂强厂北面地块，而向茂强厂北面花坛为村公有地，这一调换为向茂强占有花坛提供了方便。[1]事实上，过了不久向茂强就在建造厂房时将村的这几厘土地占为己有。

同时，个别村民不遵守国家法律、政策和土地习惯法，想方设法侵占他人承包地、宅基地、自留地的行为也时有发生，相邻关系方面的不少纠纷即由此引起。

此外，由于办厂需要，许多村民往往在私人建房建设用地规划许可的面积之外加盖住房、厂房，普遍存在少批多盖、没批偷盖的现象。其他村民对此通常持默许的态度，除了相互之间关系非常糟糕的，一般也不会向政府有关部门进行举报。

值得注意的是，蒋村有的村民基于需求和经济目的，改变靠近村庄的土地以种植等习惯性利用而用于办厂、居住等非农建设。这逐渐形成了一种习惯性事实。

五、结语

蒋村的土地习惯法调整集体所有的土地和村民的承包地、宅基地、自留地的权利义务关系，保护村民的土地权益，维护乡村的基本土地秩序。

---

〔1〕 舒凡提供，2019年11月29日。

基本沿袭传统规范，蒋村土地习惯法具体规定了集体所有土地和村民的承包地、宅基地、自留地的主体、具体权利、义务等实体规范和流转的程序、协议等程序规范，全面调整与土地相关的各种社会关系。

由于利益、观念等各种因素的影响，当今的蒋村逐渐出现侵占河道等公有土地、河流的情况，习惯法对此的规范较为乏力。在某些方面，蒋村土地习惯法的效力有一定的减弱趋势。

就蒋村土地习惯法的实际状况而言，一些村民实际存在着某种程度的土地私有观念，将集体所有而由自己家庭承包、使用、经营的承包地、宅基地、自留地视为己有，以为具有全部权能，可以进行全面的支配。而如 2029 年 30 年承包期限到期后，如果政府没有继续延续承包若干年的政策，由于转让后有的承包地已经改变用途、有的已经建有房屋，则就可能出现较多的权属纠纷，[1]这是需要进一步观察的。

---

〔1〕 在担任过 10 多年村干部的蒋长华看来，这承包地很难动了，村民都认为是自己的了。蒋长华访谈录，2022 年 1 月 22 日。从 1984 年到 2002 年做了 17 年蒋村会计、现已85 岁的岑松岳也有类似看法："依照国家，这个地是集体的，你只有使用权。老百姓想是我的，也互相买卖，反正国家也不晓得的。地方面很难变化了。"岑松岳访谈录，2022 年4 月 3 日。

第十章

能人促成的一起宅基地转让

一、引言

在蒋村，宅基地、自留地通常称为私有地，承包地则称为公有地。宅基地、自留地、承包地都有出现转让的情况。由于村民认为私有地是属于自己的，权属关系更明确，因而一般私有地的转让价格高于公有地的转让价格。

由于生活需要或者生产急需用钱等原因，在蒋村时有宅基地转让事件发生。这些宅基地转让事件有的系双方直接商量而成，有的则由中间人穿针引线、来回说合而成。2021 年 4 月，蒋村就有一起宅基地转让事件经由双方信任的村里能人即当地俗称的"老娘舅"说合而成。

二、三间还是六间？

60 多岁的杜焕茂、武秀冬夫妇有两个女儿，均已出嫁至蒋村外，家庭经济条件不错。他们除蒋村有房屋外，在镇上还购有一间一底一楼的房子。2020 年 10 月，杜焕茂夫妇在准备翻盖老房屋时，考虑将多余的三间宅基地转让给他人。

消息传出来以后，由于宅基地的稀缺，蒋村不少村民感兴趣。最后，他们在有意向者中选择了堂外甥女陈国娟。40 多岁的冯岐乐、陈国娟夫妇原来与父母亲同住两间楼房，比较挤，想改善一下；特别是有一种说法：冯岐乐住在上浒村，身体不太好，换一个地方住可能会好一些。[1]

因是自己亲戚，杜焕茂夫妇与冯岐乐夫妇就没有通过中间人而是双方自己直接商定：杜焕茂夫妇的总共六间宅基地双方平分各三间，即自己留位以东面的三间宅基地，转让给冯岐乐夫妇西面的三间宅基地；转让价本为36万元，因是亲戚就少1万元面子钱，最后为35万元。冯岐乐夫妇方找人写好协议，双方签好字。为免日后争执，杜焕茂夫妇的两个女儿也在协议上签名同意。[2]之后，冯岐乐夫妇依约将钱付给了杜焕茂夫妇方。

谁知好事多磨。在杜焕茂夫妇拆掉老房子后进行宅基地平分时，双方出现了矛盾。杜焕茂夫妇原来的宅基地并非完全方方正正的，西稍长东稍短略有倾斜。杜焕茂夫妇的意思是从中间一分为二，但稍微让一点面积给他们；而冯岐乐夫妇则强调一定要完全从中间分，不同意让一点。

为了这几平方米的宅基地面积，双方就闹起了意见。加之协议签好后，陈国娟脸就变了，路上碰见武秀冬也不打招呼、理睬她了。令杜焕茂夫妇难过的还有，冯岐乐夫妇跟别人说人家买三间房只要15万元，[3]而我们却要用35万元，意思是买贵了。杜焕茂夫妇就十分生气，就说那就协议作废，不将宅基地转让给冯岐乐夫妇了，退钱给他们。见此情景，冯岐乐夫妇方说话也不好听，就提出要利息，8厘、1分的。杜焕茂夫妇方也答应了这一要求。但是，冯岐乐夫妇又不愿意收钱，不让退钱。这样一来，杜焕茂夫妇就非常着急了。他们拆了房屋，现在新房又没起，进退两难，这样拖着就非常难受。而冯岐乐夫妇则不管不顾，反正他们没有什么损失。杜焕茂夫妇又怕与这样的人家做邻居，就提出将全部宅基地都转让给冯岐乐夫妇，这边冯岐乐夫妇也不答应。杜焕茂夫妇找人来与冯岐乐夫

---

〔1〕　杜焕茂私下还考虑堂外甥女起屋在旁边能照顾自己夫妇。杜焕茂访谈录，2021年5月31日。

〔2〕　在柯本道看来，这份协议存在明显的问题：协议名称为"宅基地买卖协议"是违法的，与法律不一致，这样村里也没法盖章见证。不过，他也承认这实际上就是宅基地买卖，双方当事人都明白这一点。柯本道访谈录，2021年4月3日。

〔3〕　关于这一较为特殊的宅基地转让事件，详可参见第二十五章。

妇商量，冯岐乐夫妇也推三阻四，不予配合。

一直拖着也不是事儿，到 2021 年 4 月 1 日时，冯岐乐夫妇答应收钱，不买这块宅基地了。双方约定到海村村民委员会办理相关手续，杜焕茂夫妇将 35 万元及其利息退给了冯岐乐夫妇。双方的宅基地转让协议就此无效。

不过，冯岐乐方尤其是他的连襟穆全晨实在想要这块宅基地。穆全晨家为杜焕茂家的西邻。穆全晨的妻子陈国丹在听说武秀冬告诉别人北邻施世武也想要这块宅基地时，心里就更着急了。

于是，4 月 2 日下午陈国丹就去找蒋村的柯本道。50 多岁的柯本道为人热心，对蒋村的事情一直比较关心，在村民中有较高的威望。陈国丹请柯本道去找杜焕茂夫妇说明自己家想买这块宅基地。柯本道一开始不太想答应，不想管这个事。他觉得这个事情本来已经黄了，再重新开始就比较难办；另外要考虑杜焕茂妻子武秀冬不太好说话，搞不好自己就触霉头。

穆全晨陈国丹夫妇实在想要杜家的这块宅基地。经不住陈国丹的再三请求，柯本道就答应其试一试。4 月 2 日晚上，柯本道就去杜焕茂住处。

柯本道仔细帮杜焕茂分析：①你的东边是东刚，与全晨关系好，以后你从东边进出，他可以只给你 50 公分，你怎么跑轿车；北边世武也比较难玩弄，以前关系也不对付；西边如岐乐买下来也难相处。②你两个女儿，一个在浒山，一个在掌起，不可能回来蒋村住，你再盖房、装修什么的，花这么多钱，何苦来哉。③现在你名声已经出去了，现在不卖，又是外甥女，以后社会上影响不好；疤痕已经有了。④以后你很难卖掉，外村的不会来，本村的也就四周，你只有一半三间房，很难卖掉的。[1]

杜焕茂夫妇听后觉得情况确实是这样，认为柯本道说得在理。于是就具体谈到价钱问题。按照柯本道的了解，穆全晨陈国丹夫妇买杜焕茂武秀冬夫妇这整块宅基地的心理价位为 90 万元。柯本道问杜焕茂夫妇，他们的开价则是 120 万元。柯本道代表穆全晨夫妇进

---

〔1〕 柯本道访谈录，2021 年 4 月 3 日。

行说和，最后说到了 100.8 万元，即壹佰万元零捌千元。柯本道表示他将此去给穆全晨夫妇说。

4 月 3 日晚，柯本道问过穆全晨夫妇、得到他们的同意后，就去杜焕茂住处。不料，杜焕茂夫妇方提出来转让费要再增加 5 万元，即共为 105.8 万元。柯本道告诉杜焕茂夫妇他们："你增加一万元、二万元，那我可以作主。你这样再叫我去跟全晨讲，那我去问了他，再跑过来给你们讲。这样跑来跑去我不跑的。那像买菜一样的，没有味道的。"杜焕茂夫妇听后也表示认可。最后就敲定宅基地转让费为 102.80 万元。当即柯本道通过银行转账 100 万元（最高限额 100万元）给杜焕茂，另外 2.8 万元通过微信转给杜焕茂。[1]柯本道与杜焕茂商定次日即 4 日写协议。

在柯本道看来，在蒋村这样的农村，还是讲面子、讲话语，大人大话说过就算数，协议是次要的。等到要讲协议时，这协议实际上已是不算数了、没有用场的。在他看来，在村里关键是要讲信用、讲面子。[2]

三、转让还是买卖？

2021 年 4 月 6 日，在前面做工作的基础上，柯本道拟好了下面这一"宅基地转让合同"，并请打印店打印出来。

宅基地转让合同

转让方（甲方）：杜焕茂　　身份证号：……
受让方（乙方）：穆全晨　　身份证号：……
甲方自愿将宅基地一宗永久性有偿转让给乙方作修建住宅之用地，经双方自愿、平等、友好地协商，现达成协议如下：
一、宅基地座（坐）落于湾镇海村蒋村，面积 608 平方米。东

---

〔1〕 柯本道告诉我，这钱是穆全晨出的，他先垫一下，担着一定的责任。他坦言，平时借钱时，200 万元、300 万元也有进出的，几十万元也没有条子，大家相信。柯本道访谈录，2021 年 4 月 3 日。穆全晨在代垫次日即 4 月 4 日将钱转给了柯本道，以支付他4 月 3 日晚代垫的宅基地转让费。

〔2〕 柯本道访谈录，2021 年 4 月 3 日。

邻施东刚，南邻姚丰培、姚丰麟，西邻乙方，北邻施世武、施世文。南北长 24.6 米，东西宽 24.7 米。

二、转让金额

双方议定此宗宅基地为人民币壹佰零贰万捌仟元￥1 028 000 元，包括甲方户籍 2 人的个人建房可批准面积归乙方所有。

三、付款方式

双方在协议签字之日，乙方一次性支付给甲方。

四、产权归属

甲方承诺该宅基地的使用权完全归甲方个人，该宅基地没有任何债权债务纠纷，其转让符合法律规定的条件，如因甲方原因导致乙方损失，甲方愿意承担全部赔偿责任。

协议双方签字付款之日起，该宅基地使用权归乙方，乙方有权在该宅基地上修建房屋，继承权人等无权干涉。

乙方在房屋建成后，甲方必须无条件配合乙方办理土地使用证、房屋产权证等手续。所需费用由乙方承担。

五、违约责任

本协议从双方签字之日起任何一方不得反（翻）悔违约，如甲方反（翻）悔，导致乙方丧失对宅基地的使用权，甲方应对乙方进行地上物及土地升值的赔偿。

六、本合同自双方签字之日起生效，未尽事宜双方协商解决，由此达成的补充协议与本合同有同等效力。

七、本合同一式二份，甲乙双方各执一份，每份具有同等效力，恐后无凭，立此约永远存照。

甲方签字：   乙方签字：

见证人：

见证单位：

签到（字）日期：2021 年 4 月 6 日

后来，在协议第一条最后，杜焕茂又手写加上了"具体按此土地界址全部面积为准"内容。穆全晨也同意。

这一"宅基地转让合同",显然规避了敏感的"买卖"这一不符合国家法律规定的问题,[1]而且内容更全面,双方的权利义务更明确,包括"个人建房可批准面积"转让、无条件配合乙方办理土地使用证和房屋产权证等手续等涉及政府有关部门的事;同时明确"宅基地没有任何债权债务纠纷,其转让符合法律规定的条件",也明文强调转让后甲方的继承权人等无权干涉。显然,这与柯本道具有的处理这方面事务的丰富经验有关。

4月6日晚上,柯本道拿着这一合同分别到杜焕茂和穆全晨家,请他们签字。令他想不到的是,杜焕茂夫妇在真正要签字成交时却有些舍不得了,嫌价钱有些低了。[2]于是,柯本道只得再做工作,最后穆全晨方又加了2.7万元,最终转让费为105 500元,即人民币壹佰零伍万伍仟元。

隔几日,杜焕茂修改协议后重新到打印店将协议打印了两份,新协议将变化了的金额、实际面积进行了确认。

四、守约还是违诺?

本来这一宅基地转让协议在双方签字、见证人柯本道签字后,请海村村民委员会盖章见证后就生效了。

但是,这一宅基地转让行为在穆全晨签字、杜焕茂签字按手印后又节外生枝。

在杜焕茂、武秀冬夫妇收下钱、穆全晨家准备动工弄地基时后,传出穆全晨家可能要将刚从杜焕茂家转让来的宅基地中靠东一间再转让给与杜焕茂家有矛盾的东邻施东刚。按照杜焕茂妻子武秀冬的说法,东邻施东刚当年起屋时他们让了57公分的地给他们,现在却反过来说他们占施家的地。[3]对此,杜焕茂夫妇就十分生气,并向

---

〔1〕 按照柯本道的说法,所谓"宅基地转让"实为"宅基地买卖"。法律规定宅基地为集体所有,个人无权买卖。

〔2〕 柯本道访谈录,2021年4月30日。柯本道还叮嘱杜焕茂这100多万元你要自己放好,用来养老,不能像以前一样这个女儿买房子给20万元,那个女儿买房子又给一些。柯本道访谈录,2021年4月3日。

〔3〕 武秀冬访谈录,2021年5月31日。

穆全晨夫妇提出不准将宅基地转让给施东刚的要求。穆全晨夫妇答应了杜焕茂夫妇的要求。杜焕茂将此内容形成为"乙方今后土地和宅基地不得转让和买卖"手写放入协议的最后，穆全晨也同意了。

武秀冬进一步提出，为了防止穆全晨夫妇转让给施东刚，穆全晨夫妇应该拿出一部分钱作为押金放在他们这里，如有转让行为发生他们就没收这一笔钱。穆全晨的妻子陈国丹听到这一要求后，就提出来并且说了几次，表示那我们就不要地基了，退钱给我们吧，并说算我们违约，社会上、外面我们去说。不过，杜焕茂夫妇并没退钱，按照村民梁风玲的说法是"钞票捏得牢牢的"。[1]对妻子的这一要求，杜焕茂认为这不可能的，人家不可能再拿一笔钱给你，他仍然强调将有关不得转让和买卖的内容写入协议中即可，这也算是对方给自己面子了。[2]60多岁的村民杜庆桥也觉得你不可能限制别人的行为，地成为别人的地了，"你没有权利管那么多，他现在不卖，过几年卖你又能怎么着"。[3]

鉴于穆全晨家已经于5月29日开始动工弄地基、30日晚上穆全晨的儿媳妇来找杜焕茂夫妇要建房的批文，村民杜庆桥31日晚上就劝杜焕茂事已至此，也没有什么办法了，就让双方签好字，并将协议拿去村委会盖章，有始有终，把协议弄好，将这一宅基地的转让行为弄好。杜焕茂也觉得只能这样了。他同时认为，"以后他办房产证没有我的同意也办不成的，我有办法的"。[4]

就笔者了解，蒋村不少村民对这一起宅基地转让行为有不少议论。[5]杜庆桥认为杜焕茂两口子太盲目了，"你堂外甥女想买你的屋基地，你不会跟你的兄、弟商量一下，这样有什么事情他们可以出面沟通一下"。30多岁的村民祝弘觉得杜焕茂夫妇是有些想简单了，"说别人做好套，哪有那么巧的；人家要（地）是一直想要，

〔1〕梁风玲访谈录，2021年6月1日。
〔2〕杜焕茂访谈录，2021年5月31日。
〔3〕杜庆桥访谈录，2021年5月31日。
〔4〕杜焕茂访谈录，2021年5月31日。
〔5〕梁风玲访谈录，2021年6月1日。

但你自己没弄好，怪不得别人"。[1]50 多岁的村民梁凤玲直言蒋村的人都说他们"介寿"（这么愚蠢），又没什么特别的事急用钱，却把地基全部卖掉。"现在又后悔了，这样那样的。你卖都卖掉了，还这么多事，别人就会说你了。"[2]

蒋村的一些村民觉得这么大一块宅基地全部转让掉，非常可惜，本来是有些同情杜焕茂夫妇的；但是后来杜焕茂夫妇又觉得价钱低了，又要了几万块钱，他们又觉得这不太守约定，又议论纷纷，有些看不起他们了。后来人家又说不要地了，要退钱，杜焕茂夫妇又不同意，村民觉得杜焕茂夫妇又不硬气。经过这一宅基地转让行为，杜焕茂夫妇的社会评价有所降低。

五、中立还是偏向？

在杜焕茂夫妇的催促下，穆全晨方于 6 月 3 日叫双方签字后的协议拿去，柯本道自己在"见证人"处签字后，又将这一"宅基地转让合同"拿到海村村民委员会在"见证单位"处盖章。至此，一波三折的这一宅基地转让行为终于在柯本道这位能人的努力下完成了。

杜焕茂夫妇、穆全晨夫妇感谢柯本道的热心帮助，但没有给予任何辛苦费，也没有专门请其吃饭。[3]

不过在内心里，杜焕茂夫妇认为柯本道不是完全中立的，与穆全晨方关系比较好，总是偏向穆全晨方的，协议里面也是对穆全晨方有利的条款。杜焕茂甚至觉得对方是一步一步做好了圈套，自己钻进去了，现在也没办法了。杜焕茂夫妇感觉自己这次做得有些冲动，当时也没与别人商量，现在对主要结果有些后悔，也有些生气，但已无可奈何了。[4]经过反复，杜焕茂夫妇没有得到对方的谢意，村里又有不少不利议论，心里不是非常舒服。

针对这次的宅基地转让，柯本道告诉我："我们做老娘舅是为村

---

〔1〕　祝弘访谈录，2021 年 5 月 31 日。

〔2〕　梁凤玲访谈录，2021 年 6 月 1 日。

〔3〕　柯本道认为感谢什么的这没有必要。柯本道访谈录，2021 年 4 月 30 日。

〔4〕　武秀冬一直强调这个地有九分左右，600 平方米，应该有 140 万元、150 万元，当时开价 120 万元，应该一口咬死不降的。武秀冬访谈录，2021 年 5 月 31 日。

坊做事情，站在中间的。人家认可你，做点好事。"〔1〕确实，尽管不少蒋村村民认为柯本道较为偏向穆全晨陈国丹夫妇，但如果没有他的介入和说合，这起宅基地转让能否最终达成协议恐难以预料。首先，柯本道为蒋村本村人，与杜焕茂、穆全晨双方自小认识，时间均超过50年，可谓知根知底，互相都比较了解，也无特别的交恶过往，因而有信任基础。其次，柯本道凭借其丰富的社会阅历和经验，较准确地把握了双方的基本心态：原本冯岐乐陈国娟夫妇与杜焕茂武秀冬夫妇转让宅基地时，穆全晨陈国丹夫妇也是想要的，地就在自己家旁边，自己开有工厂经济上可以承担；而杜焕茂武秀冬夫妇进退为难，这次不转让掉恐怕以后更麻烦，毕竟外村的极少愿来、蒋村一般人没有条件接受转让。最后，柯本道替双方考虑了各种风险，避免触犯国家法律和政策而致转让无效，也防止各种日后可能引起的争执，使双方能够一次成交、一劳永逸。柯本道的能力与能干使双方少了许多麻烦。

不过，柯本道坦言，杜焕茂的人是不错的，但他的妻子武秀冬比较难弄，以至于后来他有点不愿意管了。当然，这次宅基地转让最后还是弄好了，穆全晨家已经在盖房了，柯本道还是很高兴的。〔2〕

六、结语

在蒋村，像柯本道这样的能人、"老娘舅"还有几位。村民在发生相邻纠纷、工伤事故、交通肇事等事情或者企业资金紧张等时，在生活、生产方面遇到难处时，他们往往主动或者受人之托出面进行处理，力求使事情圆满办好。

在笔者看来，中国社会至今仍为乡土社会。乡村社会有着自身

---

〔1〕 "老娘舅"为吴语词汇。娘舅，原为舅舅的意思。在吴语地区特别是长江三角洲吴语区一带，人们常把那些有威望、讲公道的年长者称作"老娘舅"。现在，蒋村村民往往将热心村务、乐于帮忙、公正解决纠纷者称为"老娘舅"。柯本道访谈录，2021年4月3日。

〔2〕 柯本道访谈录，2021年6月7日。不过，杜焕茂夫妇似乎觉得价钱低了，自己吃亏了，至今仍然向有关部门进行信访。而村民大多数不同情他们，认为现在还到处告对方没有道理。宋之光访谈录，2022年4月4日。

固有的社会规范，其社会秩序维持在相当程度上依赖有公心、有能力的杰出人士。这些人数量不多，作用却巨大，他们的品德、才学、能力为乡人所推崇和敬重，我称这些能人为乡土法杰。

柯本道这样的乡土法杰为传统乡贤的现代形态。他们既继承了传统的价值观、知悉固有的乡土规范、地方习惯法，又紧跟时代潮流、适应社会发展、参与法治建设。乡土法杰大多心态开放、思维活跃、顺势而为。正直、热心、善良、能干、自信是乡土法杰的共同特点。他们非常熟悉习惯法等乡土规范，了解习惯法这些身边的法；他们广泛参与民间各项活动，热心调解社会纠纷。乡土法杰是乡村社会规范的创制者、总结者、传承者，是草根立法者、民众法学家。他们作风正派，办事公道，能力突出，影响深远，口碑良好。这些人是一些有着独特个性、富有担当、充满活力的人。他们给人以温暖，给社区带来温情，让弱者有安全感。[1]

由此，应当充分尊重柯本道这样的民间权威、社会能人在蒋村的存在价值，使他们与村党支部、村民委员会等相互配合，共同在蒋村的纠纷解决、秩序维持、经济发展、社会进步、法治建设、村民幸福中发挥积极作用。

---

〔1〕　高其才：“全面推进依法治国中的乡土法杰”，载高其才等：《乡土法杰研究》，中国政法大学出版社 2015 年版，第 3~4 页。

一、引言

相邻关系是两个以上相互毗邻的不动产所有人或占有、使用人，在行使不动产的占有、使用、收益和处分权时，相互之间应当给予便利或者接受限制而发生的权利义务关系。在相邻近的不动产所有人或占有、使用人之间，虽各自对于自己的不动产可自由地支配、使用，但在行使这种权利时，需要顾及相邻者的利益，不得损害相邻者的财物，以免发生利害冲突。为此我国《民法典》第288条规定："不动产的相邻权利人应当按照有利生产、方便生活、团结互助、公平合理的原则，正确处理相邻关系。"第290条至第296条又对相邻通行、用水、排水等进行了具体规定。在此基础上，由于不动产相邻关系的复杂性，国家法律不可能对所有的相邻关系都作出明确的规定，因此《民法典》第289条又明确规定："法律、法规对处理相邻关系有规定的，依照其规定；法律、法规没有规定的，可以按照当地习惯。"这就为相邻关系习惯法提供了法律上的空间。

蒋村所在的海村于2015年7月30日表决通过的村规民约没有专门就土地、房屋等的相邻关系进行规定，但在"第三章邻里关系"中第9条提到"坚持互尊互爱、互帮互助、互让互谅，共建和谐融洽的邻里关系"，第11条也强调"提倡邻里守望，邻居外出走亲访友应帮助照看，在生产、生活和社会交往中以诚相待，相互支持配合"。这都表明相邻的村民之间应当互让互谅、和谐共处。蒋村有

"亲眷篮对篮，邻舍碗对碗"的谚语，[1]强调邻居在日常生活中的紧密性、重要性，大家需要相互尊重、礼尚往来。

从生活、生产实践看，蒋村存在着通行、通风、采光、截水、排水等方面的相邻关系。在长期的生产、生活实践中，蒋村形成了相邻关系习惯法，对不动产所有人或占有、使用人之间的权利义务关系作了不成文的规定，具体调整因使用不动产所带来的冲突。

就我们田野调查所见，蒋村的相邻关系习惯法主要包括邻地使用规范、越界使用规范、危险防免规范、水的相邻规范、相邻通行规范等内容。本章对此做一初步的总结，以引起学界的进一步探讨。

二、邻地使用规范

蒋村相邻关系习惯法要求不动产所有人或占有、使用人尊重邻地现状，不得以挖、掘、铲等方式侵占邻里土地。按照传统，蒋村的相邻地界通常用石、木等作为界石、界桩，有些则开一条浅沟作为界线。这种界沟有时会发生纠纷，如下面事例一。

事例一

实行联产承包责任制以后，村民罗正茂与张发岭在五房桶（地名）的承包地相邻。1987 年左右的一个冬日，罗正茂发现张发岭常常以清理界沟为名，用铲子等工具将靠罗正茂一边沟沿的土铲向自己一边，这样界沟渐渐移往罗正茂的承包地。通过这种方式，张发岭侵占了罗正茂大概一平方米承包地。罗正茂发现后向张发岭提出严正警告，向村里进行了反映，并向村民广泛告知张发岭的这种侵占行为。在村民议论纷纷的压力下，张发岭爱占小便宜的行为受到了一定的控制。[2]

在蒋村，不动产所有人或占有、使用人在疆界或近旁建造房屋等建筑物时，需要征得邻人的同意，不得侵占使用邻里土地。若有

---

〔1〕　慈溪市地方志编纂委员会编：《慈溪市志（1988-2011）》（上册），浙江人民出版社 2015 年版，第 422 页。

〔2〕　姜师晖访谈录，2019 年 11 月 20 日。

使用的必要，不动产所有人或占有、使用人应向邻里支付一定数额的钱财或者其他实物才能取得使用权。支付什么、支付多少，由双方具体协商。文书一"承诺书"即为建造房屋的村民向受影响的邻居的表态，以此妥善处理好相邻关系。

文书一

承 诺 书

我是海镇湾村蒋村向力行，为了生活和生产需要，并得到同村村民金利娜的大力支持和谅解，在金利娜地基南面造了一栋楼房。因建房时与金利娜相邻的地基已全部用完而出水沟用地也是邻居金利娜的。为了感谢和诚意，特向金利娜承诺，以后金利娜在生活和生产需要时、建房或其他基建时，本人将无条件同意并遵（尊）重其意愿。为此特向金利娜写承诺一份并表示敬意。承诺书由金利娜保存，复印件由向力行保存。

承诺人　向力行（签名）

受承人　金利娜（签名）

2019 年 9 月 22 日〔1〕

按照习惯法，蒋村邻里前后左右房屋的高度需要适当，基本为同一高度，不能影响周围邻居的正常通风、采光。如不遵守就可能产生纠纷。如 2008 年 11 月 18 日村民华力修盖房挡住了村民周发进的采光，交涉无效后双方为此发生了打斗。〔2〕因此，发生纠纷时一般按照习惯法确定具体的距离。如 2008 年的一份调解协议书确认一方村民一楼房屋的高度不得低于 4.2 米，二楼阳台挑出 80 厘米，顶端再挑出 20 厘米，总挑出 1 米。〔3〕

有时经过双方协商，由一方支付给另一方一定的费用。如因村

---

〔1〕 向力行于 2019 年 11 月 29 日提供。由其他村民帮助代为起草。
〔2〕 参见海村档案：目录号 8，案卷号 9。
〔3〕 海村档案：目录号 8，案卷号 9。

民费家清厂房遮住了村民孙承欢的屋前道地，经村调解费家清支付给孙承欢遮荫遮光费 20 008 元（贰万捌元），并约定孙承欢今后如有发展，造房高度不能超过费家清厂房高度。[1]

在实践中，为了避免产生纠纷，蒋村村民往往签订如下文书二这样极为详细的邻里建房协议，按照习惯法约定有关地基、高度、出面、滴水等。

文书二

邻里建房协议书

沈京朝与胡山宣住房相邻，东西山墙相靠，无间隔，现因胡山宣需拆除原二层楼房，在原有宅基地的基础上重新建造三层楼房，为防止今后发生矛盾和纠纷，在村委主持下，经友好协商，达成如下协议：

一、胡因（应）在动工前取得合法的建房审批手续。

二、在动工时，由胡山宣邀请村委会到场进行放样，并调解缓和邻里矛盾。

三、在建房前后要始终遵循该邻里建房协议书。

四、建筑面积要符合政府相关文件的规定。

五、沈与胡的宅基地的标准界址以沈京朝与胡山忠（胡山宣的住房原由胡山忠出售）在一九九四年四月二十日签订的协议书为准，建房时胡西山墙南北按沈的东山墙对直，南端与沈的墙头持平，北可建至界址（胡的南北界址总长度为现有的东山墙长度再加 9.55米），胡的北山墙界址与胡的西三强界址相交成一直角（北山墙离塑配厂围墙距离为 3.67 米，西山墙里离沈西花坛外沿为 1.02 米）。

六、若沈的房屋因胡的建房出现墙体断裂、损毁或地基下陷，则由胡负责赔偿和修复，东山墙沈在（一九）九一年四月建房时与胡的西山墙相靠，沈设有地基和地笼，现胡建房时保持此段地笼不动。

七、因宅基地相连，胡建房时不得在沈的东间住房山墙外挖掘

---

〔1〕　参见海村档案：目录号 8，案卷号 9。

地基，胡可采取在拆除房地基的基础上进行地网加宽，以增加地基的牢固性，胡的原地基（沈的东街住房长度内）以东1米内挖掘深度不得低于胡的原地笼，南端1米内允许挖掘立排柱，北端离沈北山墙1.5米处开始挖掘立排柱。

八、沈允许胡在胡的西山墙的南段（靠东1米左右）、中部（应距沈东间住房北山墙1.5米以上）和北段挖掘立排柱，如在挖掘过程中，对沈的住房有损坏现象，应立即停工整改，以免发生危险。

九、应胡的要求，在挖掘西山墙（中部排柱以北）以及北山墙的地基，铺设地网、地笼时，沈允许胡地网加宽至沈的宅基地。

十、考虑到沈今后有条件重新建房，为避免沈在以后建房挖掘地基时，给胡的住房带来不必要的安全隐患，胡应在自己西山墙中部排柱以北、北山墙加宽地基和地网的铺设，以便给沈铺设好今后建房的地基和地网，若胡铺设加宽的地基和地网不符合沈建房子的建筑要求，沈可自行挖掘铺设地基，胡不得阻拦。

十一、沈允许胡在北山墙的一、二、三层分别开设窗户（不得设置雨棚与山墙墙面持平）以便通风透光，西山墙不得再开窗户，沈今后如重新建房，可塞住所开窗户，胡应无条件服从。

十二、胡在西北山墙外的地网加宽层、保护层的高度应和沈现有水泥地坪保持持平。

十三、建房时，因胡借用沈的宅基地进行施工，会对沈的地坪、沈东间围墙、下水道，沈东北处围墙以及其他建筑和绿化造成损坏和伤害，建房完工后胡应无条件进行修复并进行环境清理。

十四、沈允许胡建房期间借荫架，方便建筑。

十五、胡的西、北山墙外的土地、地基和地网加宽层、墙角保护层均为沈所有。沈在今后建房时可无条件使用。

十六、考虑到双方房屋的美观性和其他因素，胡的房屋最南端墙头应与沈持平，最南端出面、滴水不得超过沈的墙头出面，最北端出面及滴水不得越过沈的宅基地。

十七、沈今后建房时与胡的相连部分，可通过胡的相同办法方法建房，胡不得干涉。

十八、在一九九一年四月二十日，沈京朝与胡山忠签订的协议仍具有效果（力）。

以上各项条款，望双方共同遵守，不得反悔。如有违反，可通过协商解决和司法途径解决，此协议书一式三份，双方各执一份，蒋村村委留党（档）一份。

立协议人：沈京朝（签名）　　立协议人：胡山宣（签名）

日期：二〇〇七年九月八日　日期：二〇〇七年九月八日〔1〕

这份"邻里建房协议书"内容非常具体、详细，这就能够有效避免此后双方发生纠纷，以利双方当事人安心生活，友好相处。

三、越界使用规范

根据蒋村习惯法，相邻一方在自己地界修筑房屋时，应与地界线保持一定的距离，不得越界侵占对方的土地或者屋檐水流向对方界内。如2008年一份调解协议书表明因一位村民建小平房位置已靠近分界线，于是另一位村民与其协商确认另一位村民造房时同样靠近分界线一样的距离。〔2〕再如2009年时，事例二中的蒋村村民冯斯其与曹泓英就因为双方房屋中间的界沿产生纠纷。

事例二

52岁的男性村民冯斯其与42岁的女性村民曹泓英于2009年6月7日因房屋界沿问题发生纠纷，于6月7日到蒋村人民调解委员会要求调解，希望明确界沿。经调解，双方达成协议：1. 甲方与乙方房中间的界沿为搭荫架和排水专用；2. 双方如建房按原墙砌上，相互不得干涉；3. 本协议签字后，本次调解终结。调解协议上强调"按审批建房规定"。双方在人民调解协议书上签名并按手印表示接受。〔3〕

蒋村村民之间常发生这种界沿纠纷。如44岁的村民陈斌与31岁的村民关大江在2008年因界沿发生纠纷，最后经调解确认陈斌与

〔1〕　海村档案：目录号8，案卷号8。

〔2〕　海村档案：目录号8，案卷号9。

〔3〕　海村档案：目录号8，案卷号9。

关大江砌石边留 50 厘米出水沟双方共有，陈斌家屋后到关大江搭建的荫屋墙路面供陈斌家出入；关大江以后盖楼房东边留 1 米，南边留 80 厘米；房屋基高度因时而宜。[1]

同样，竹木根枝叶越界侵入对方土地，如有越界邻人有向竹木所有人请求在适当的时间内剪除、截取的权利，竹木所有人负有剪除、截取之义务；若竹木所有人逾期不予剪除时，令人有自行剪除、截取越界之枝叶的权利。

在蒋村，果实越界，果实自落于邻地时，按习惯法自落的果实，仍旧归果实所有人所有。邻人若取得果实有义务向果实所有人归还果实，果实所有人对以自落邻地的果实享有取得权。

四、危险防免规范

在蒋村，土地所有人或利用人挖掘土地、修建筑物、铺设管线和安装设备时，习惯法要求不得使邻地地基动摇和发生其他危险，不得危及相邻者的房屋等不动产的安全。若有上述情况，所受危害的邻居有要求土地所有人或利用人停止实施行为的权利和要求土地所有人做一定的经济补偿或者赔偿。如前述胡山宣拆除原二层楼房，在原有宅基地的基础上重新建造三层楼房时，与邻居沈京朝于 2007 年 9 月 8 日签订"邻里建房协议书"，约定若沈的房屋因胡的建房出现墙体断裂、损毁或地基下陷，则由胡负责赔偿和修复；因宅基地相连，胡建房时不得在沈的东间住房山墙外挖掘地基，胡可采取在拆除房地基的基础上进行地网加宽，以增加地基的牢固性；考虑到沈今后有条件重新建房，为避免沈在以后建房挖掘地基时，给胡的住房带来不必要的安全隐患，胡应在自己西山墙中部排柱以北、北山墙加宽地基和地网的铺设。

五、水的相邻规范

蒋村农地的灌溉用水为自然流水，水被视为自然的公共品，为村民所共有。按照习惯法，村民的生产用水应尊重其自然形成的流

---

[1] 海村档案：目录号 8，案卷号 9。

向，按照自然流向由高到低、由上到下的顺序依序进行灌溉。任何一方不得为了自身利益而任意改变水路、截阻水流、独占水流。下面事例三的纠纷就由于出水而引发。

事例三

因出水问题，2008 年 12 月 26 日施贵强与张原初发生了纠纷。经村人民调解委员会的调解，双方达成了协议：施贵强的小屋共五间，东边墙起还留 50 厘米，其余张原初要作出水，必须把护卫墙边用水泥填平方可出水。[1]

生活用水方面，蒋村大概在 1990 年通了自来水，饮用水就不再依赖下雨时存在水缸中的水、河里的天然水和水井中的水。早年没有自来水时，蒋村习惯法要求村民有义务保持河水的清洁，尽量不因生产、生活而影响水质。遇有罕见的大旱年景，村民须珍惜事先抽存在某一河中的水，不得浪费、不许污染。

蒋村曾经有五口较大的公用井，因为地靠杭州湾，井水带有咸味，村民一般用来洗杂物，夏天则多到井边用井水洗澡。在使用公用井的井水时，村民遵循先来后到的规范，有序使用，不得你争我抢或独自占用。

在排水方面，蒋村习惯法规定无论是自然排水还是人工排水，高地或里地所有人或使用人有按照传统向低地或外地排水的权利，低地或外地所有人或使用人负有承受高地或者里地排水的义务。同时，高地或里地所有人或使用人在人工排水时，不得损害低地或外地所有人或使用人的房屋等。若有损害，高地或里地所有人或使用人须支付一定的赔偿金。为了避免发生纠纷，蒋村有的村民就按照习惯法签订如下面文书三这样的协议，解决具体的排水、出水问题。

---

〔1〕　海村档案：目录号 8，案卷号 9。

文书三

协　议

甲方：左达群（以下简称甲方）

乙方：程伯利（以下简称乙方）

为了便于甲、乙双方出水需要，现经双方协商，就双方屋墙之间的留用空间达成如下协议：

1. 甲方东墙与乙方西墙之间必须留住 0.40 米，该留用地系乙方所有。若乙方今后建房，该留用地可以做自动调整，而且两墙间的留足地以调整后的距离为准。

2. 双方建房时甲方北墙东侧与乙方南墙东侧必须留住 0.33 米，甲方北墙西侧与乙方南墙西侧必须留住 0.40 米，两墙之间的留用地系双方共同所有。

3. 甲、乙双方两墙间的留足距离是墙面粉刷后的距离，而且都不应有跳檐。

4. 恐后无凭，特立此协议，双方签字生效，该协议一式三份，双方各执一份，村委存档一份。

甲方签字：左达群（签名）

乙方签字：程伯利（签名）

证明人：房明立（蒋村村民委员会章）

2007 年 9 月 4 日 [1]

在蒋村，水域为公共所有，河岸边土地的所有者或者使用者可以使用水域，但按照习惯法以河中线为界，不得越界。

六、相邻通行规范

蒋村地处平原，居住集中，房屋一排排相邻而建，村民按照习

---

〔1〕 海村档案：目录号 8，案卷号 8。

惯法根据传统路线相邻通行。习惯法规定对于一方所有或者使用的建筑物范围内历史形成的必经通道，所有权人或者使用权人不得堵塞，以免妨碍通行。如 2008 年的一份调解协议书确认一方村民门前墙与相邻村民的围墙之间的宽度为 4 米，路面道路不能堆放任何杂物或者固定物。〔1〕

在实行联产承包责任制以后，蒋村各生产队的土地分由村民承包。由于蒋村土地数量不多，村民承包的土地往往为小块。如村民龙棠魁全家 4 口共承包贰亩叁分捌厘土地，分为六块，分别为下三百（地名）0.316 亩、下三百 0.097 亩、中节（地名）0.167 亩、中节 0.14 亩、中节 0.80 亩、五房桶（地名）1.03 亩。而蒋村的土地基本为狭长形，两边为小河，须南北进出。因此除了两头以外，中间承包地的村民就普遍存在相邻通行问题。在往自己承包地去需经过他人承包地时，习惯法要求村民应该尽量注意不要影响庄稼，最小限度地通行。特别是在挑担子行走时，村民应该尽最大的注意义务。事例四的纠纷为村民金水建不遵行习惯法所引发。

事例四

蒋村三组村民彭德清与金水建在中节的承包地相邻，彭德清的承包地在南，金水建的承包地在北。金水建进出自己的承包地需要经过彭德清的承包地。大概在 1992 年，金水建挑棉花担子经过彭德清的承包地时，没有将担子竖着挑而是横着挑，将彭德清地里尚没有采摘的棉花带落不少。次日彭德清发现后非常生气，即到金水建家责骂金水建故意损坏他的财产，要求照价赔偿。金水建否认其是故意为之，坚决拒绝赔偿。两人为此发生了激烈的争吵，引来不少村民围观。在大家的劝说下，彭德清与金水建才停止了吵骂。〔2〕

这种相邻纠纷的产生往往是个别村民不遵守习惯法的规范，自私自利行为所致，为蒋村大多数村民所鄙视。

---

〔1〕 海村档案：目录号 8，案卷号 9。
〔2〕 金凯俊访谈录，2019 年 11 月 20 日。

七、结语

相邻关系为蒋村村民重要的人际关系，村民基本上按照"远亲不如近邻"的古训相处，按照习惯法规范自己的行为。蒋村的相邻关系习惯法规范承包地、自留地、宅基地、房屋、道路、排水等方面的相邻关系，确定双方的权利义务关系。

现今的相邻关系习惯法基本上传承传统，按照固有的规范调整当今的相邻行为。蒋村现今的相邻关系纠纷主要集中在相邻房屋的通行、排水方面，习惯法发挥着重要的规范行为、解决纠纷的作用。按照习惯法，如给相邻方造成妨碍或者损失的，需要停止侵害、排除妨碍、赔偿损失，恢复通常的状态。

就实践观察，相邻关系纠纷主要还是由于村民的道德水准的某种程度的降低、社会舆论的影响力下降造成的，因此需要加强淳厚民风、和美村风建设，形成有力的社会氛围，着力相邻关系习惯法效力的提升，持续发挥相邻关系习惯法的作用。

第十二章
起屋习惯法的变化与不变

一、引言

衣食住行为民众的基本生存内容，房屋在民众的生活中占据着极为重要的地位，为村民的主要财富。作为不动产，房屋状况成为衡量村民经济实力、社会地位的主要标志。

随着经济社会的发展，蒋村村民的住房已经由草房、砖瓦房发展到了第三代混凝土楼房，每户人家基本上都经历了房屋拆旧盖新的过程，有的人家甚至不止一次盖房。盖房不仅是房主而且也是亲邻的一件大事，为村民关注的社会事件。

在蒋村，盖房称为"起屋"，需要经历钱款筹集、地基确定、材料准备、人员邀约、具体施工、新房落成等环节，村民按照国家有关宅基地的法律和政策，遵行地方习惯法起屋兴业。

基于土地资源的紧缺，蒋村起屋涉及的宅基地需要村民提出申请，经村民委员会同意后，镇村镇建设办公室审核审批、镇政府审核审批、市国土局审核审批，最后由市人民政府同意。一般为原拆原建。[1]

---

[1] 根据原国土资源部等《关于进一步加快推进宅基地和集体建设用地使用权确权登记发证工作的通知》和宁波市人民政府办公厅《关于印发宁波市农村宅基地及住房确权登记发证工作实施方案的通知》，宁波各县（市、区）从 2016 年开始陆续开展农房一体不动产确权登记工作。

对于农村建房未办理审批手续、私自占用土地建住宅的属违章建筑。对待这种情况，而起屋所涉及的钱款、材料、人工、建造、落成等方面则主要由习惯法进行规范。起屋习惯法调整起屋主家与四邻、起屋主家与承建方、起屋主家与亲戚朋友等的关系。村民根据习惯法进行相关行为。由于社会的发展变化，蒋村固有的起屋习惯法也发生了极大的变化。

本章依据田野调查材料，就蒋村起屋习惯法做一初步探讨，以进一步思考习惯法在当代乡村的变迁。

二、起屋习惯法之变化

当今蒋村起屋习惯法的变化主要表现在起屋习惯法的适用主体有了分化、起屋习惯法的调整对象有了扩大、起屋习惯法的具体内容有了变化。

在适用主体方面，以往起屋习惯法为所有的蒋村村民所遵行，起屋习惯法的所有规范对全体蒋村人均有约束力。而近十多年来，蒋村有一些家庭信仰基督教、天主教，这样他们就对固有起屋习惯法中的某些与佛教等相关的规范如破土选时辰、上梁择日子规范、上梁祝福祭祀规范进行了舍弃，在起屋时不按照这些习惯法规范请算命先生看日子、进行祭祀。这表明，蒋村起屋习惯法的适用主体发生了分化，一部分家庭不再接受起屋习惯法全部规范的约束，而根

（接上页）政府的不动产登记机构一般首先要查明历史缘由，以及使用情况和现状，对所占宅基地符合村镇规划以及土地利用整体规划（没有占用耕地，没有超出规划范围线），同时也符合该村建房条件（是本村居民，符合"一户一宅"标准），应经本村 2/3 以上村民小组代表同意并公示无异议，依法补办批准手续。

关于宗地权属界线（批准用地范围）与实地范围不一致问题，政府不动产登记机构解决界线不一致的主要思路是"尊重历史，面对现实，一切以老百姓利益最大化为原则"，根据界线规划条件、不同种类以及用地实际情况分类处理。对于邻宗地产权建筑物超占本宗或者本宗建筑物超占邻宗，应分别按照实际用地情况重新测量定界，杜绝"房地不一致"的情况。对于邻宗地无产权房屋、围墙、栅栏等超占该宗地的，在权籍测绘调查过程中将情况如实告知本宗权利人，由本宗地权利人自行协商处理，拆除无产权建筑物或者进行宗地范围界线调整；针对无法协调的，且本宗地权利人不愿主动退让本宗地界线，仍要求按照原界线调查的，由其出具权籍调查部门的书面证明。

参见苏润、全单义："浅谈农房一体不动产确权登记存在问题与对策——以慈溪市为例"，载《浙江国土资源》2021 年第 6 期。

据自身情况选择性地接受固有的起屋习惯法规范。如 48 岁的向力行由于四年前受到岳父母的影响夫妻两人都信了天主教，因此 2019 年起屋时就没有按照传统习惯法规范进行定日子之类的做法了，不再遵行与自己信仰相冲突的一些习惯法规范。

在调整对象方面，当今蒋村起屋习惯法较以往有了扩大。固有起屋习惯法主要围绕村民自己建造住房的相关行为进行规范，调整对象比较明确。而现今蒋村村民的起屋有了极大的变化，不仅仅包括传统的盖住宅，也包括建厂房、在本镇购买农民公寓、在本地和杭州、海南、山东等外地购买商品房等，起屋的含义有了明显的扩大。基于此，蒋村固有起屋习惯法的调整对象的范围就有了扩大，起屋习惯法的效力范围较之过去更为广泛。如 2008 年 12 月 27 日（农历十二月初一），罗水根为了买农民公寓为儿子结婚作准备，就捐了一个金额为 200 000（贰拾万）元的会。在以往，为起屋通过捐会形式筹集资金是蒋村村民遵循习惯法而常用的方式，但现在这已经扩展到了为建厂房、镇购买农民公寓、购买商品房等而捐会筹集建房、购房资金。由此可见，蒋村起屋习惯法的调整对象已随社会形势发展而明显扩张。

在建设方式方面，蒋村以往的起屋比较简单，盖砖瓦房时请一个木匠、一个泥水匠，他们再分别找几个助手就可以了，所需小工由主人家的亲友邻居担任，当时的房屋为平房，结构简单、工序清楚，投入也少，因此在建设方式方面基本上为主家出料、出帮工、请师傅模式，主家基本掌控起屋的全过程，习惯法规范这一民间互助建设方式。但是随着蒋村房屋由砖瓦房向混凝土楼房升级换代，房屋的结构复杂、工序增多、建筑周期加长，设备要求较高，投入也明显增加，于是起屋习惯法有关建设方式的规范就发生了明显的变化。当今起屋习惯法规范的建设方式大都为包工头承包、主人家出料方式，主要由主家聘请的包工头负全责，主家负责人工费用支付、筹集材料和监督，不需要提供帮工。如 2006 年 9 月蒋村村民戴树琏盖 800 平方米的厂房时，就采用包工头承包方式，按照每平方米 290 元承包。蒋村有的人家则采取包工包料形式，仅仅支付房屋建造费用，完全不参与房屋具体的建设过程，虽然房屋建造费用略高但省力省心。蒋村起屋习惯法规范的建设方式已向市场化、专业化、职业化方面发展。

在互助帮工方面，蒋村固有起屋习惯法规定亲戚朋友邻居有帮工的义务，起屋时主家的友好按照习惯法根据自己与主家关系的紧密程度和以往的往来情况自愿进行帮工，主家不支付工钱仅提供三餐饭和下午的一餐点心。帮工为起屋完成的重要条件。这是由村民的经济状况和互助传统所决定的。近十多年来，由于所造房屋已为楼房，加上村民经济收入的提高，也由于族亲友邻空闲时间的有限，蒋村起屋习惯法也随之发生了变化，族亲友邻的帮工义务逐渐消失了，基本上不需要族亲友邻的帮工，由于起屋费用的数额较大而代之以借钱给主家、参加主家为起屋而邀集的捐会等方面的义务。如向力行 2019 年起屋时，采用的是完全包工包料形式，基本不需要族亲友邻来帮工。当今的蒋村，固有起屋习惯法规定的亲戚朋友邻居帮工义务基本消失了。

在起屋协议方面，以往主家按照蒋村固有起屋习惯法与泥水匠、木匠、油漆匠等师傅通常仅就工钱、工期等事项进行简单的口头约定，极少签订书面的合同。由于现今起屋金额大、时间长、工序多、要求高，因而起屋习惯法有关起屋协议的规范就有了明显的变化。除了个别小屋修建以外，起屋习惯法确认起屋需要签订书面协议，主家与包工头较明确地就工钱、工期、付款方式、质量等进行约定，明确双方的权利义务，以免空口无凭并约束双方，保障起屋的顺利完成。如 2006 年 9 月，蒋村村民戴树琏盖厂房时，就与承建的本村村民包廉泉签订了如文书一的"基建合同"。

文书一

基 建 合 同

甲方：戴树琏

乙方：包廉泉

由甲方基建厂房一幢，预计总建筑面积为 800 平方米，按每平方米 290 元承包，即总工程款贰拾参万贰仟元整（￥232 000 元）。

经双方友好协商达成如下协议：

一、本工程为二楼，开工到完工为止，时间为三个月。石头基础，一层楼板，上下二层墙均为空斗墙；楼梯二只；秋梁钢筋为 12# ×4 支柱，16#×6 支，6 地梁，16#×4 支；阳台按每平方米 450 元计算，外墙二次，1：1：6，内墙 1：1：6，底，黄灰面，横条为 12-13，板 1.7。

二、付款方式：进场费付 30%，即付人民币柒万元整，第二次一层完工后付 20%，即付人民币伍万元整，第三次二层完工后付 20%，即付人民币伍万元整，其余完工后一次性付清。

三、本工程必须在安全的前提下进行施工，保险费由甲乙双方各承担 50%；水电费有（由）甲方负担；本合同变化，按实结算。

四、本协议一式二份，望双方共同执行，签字生效。

甲方：戴树琏（签字）　　　　　　　乙方：包廉泉（签字）

2006 年 9 月 12 日 [1]

有的起屋为拆旧建新，涉及事项更复杂，因而协议就约定得更为具体，如下面这份文书二"拆建房屋协议"虽为起公家屋，但协议内容全面、详细，颇有代表性。

文书二

拆建房屋协议

湾镇海村经济合作社　　　　　　　　　以下简称甲方

海村村民　赵克建　　　　　　　　　　以下简称乙方

为丰富村民业余生活，改善老年村民活动场所，经村三套班子集体讨论，征求部份（分）老干部、党员、周围群众，决定对蒋村片原村办公（危房）进行拆建，原地新建四间老年活动室及活动场地。现经双方协商，协议如下：

一、甲方坐落在原蒋村办公房已成办公危房，无法使用，由乙

方拆除、清理，危房旧材料归乙方（抵乙方拆除、清理工资），但乙方拆建时须注意施工人员安全（由乙方办理人身意外保险），如施工发生意外事故，由乙方负责处理，与甲方无涉。

二、新建四间老年活动室，由甲方出资，每间 9000 元，计 36 000 元，乙方承建。

三、建房规格：东西宽每间 3.80 米×4 间+墙=15.45 米，南北外墙边至外墙边深 9.50 米，屋内径保证 9 米，东 2 间通厅，1 间通间，另 1 间分间。三开窗装 7 只，二开窗 1 只，单门 3 栓，双门 1 栓，高度搁人字底 3.40 米，滴水前后反沿，横梁 13 公分（厘米）以上，椽 8 公分（厘米），加油毛毡，盖小青瓦。室内地坪厚 8 公分（厘米），外墙水泥、石灰、泥沙 1∶1∶6 粉刷，内墙沙灰底，石灰面，1.20 米高水泥沙顶。

四、围墙高 2.40 米，每米 120 元，待完工后丈量付款。

五、室外地坪及花坛价格另定。

六、付款方式：自签订协议起先予（预）付给乙方 16 000 元，完工后验收合格，一次性由甲方付给乙方。

七、工程由甲方岑尧水负责。

八、未尽事宜另行解决。

九、此协议一式二份，甲乙双方签字生效，甲乙双方各执一份存照。

甲方（湾镇海村经济合作社章）

乙方　赵克建（签名）

　　　陈　烈（签名）　　沈惠忠（签名）

　　　胡建国（签名）　　岑尧水（签名）

2003 年 8 月 18 日[1]

在上梁贺喜方面，以往亲戚朋友按照起屋习惯法在上梁时向主家致送礼金、礼物以表达祝贺，主家则宴请宾客共庆吉屋落成。现今蒋村这方面的习惯法规范有了变化，主家一般不怎么大办酒席，

---

[1] 海村档案：目录号 3，案卷号 2。

也不怎么收亲戚朋友的贺礼了。如 2020 年 5 月 9 日向力行家上梁时就不收礼，十分要好的亲戚朋友就送些馒头等物品；晚上他家仅办了八桌上梁酒，小范围请了关系紧密的一些亲戚朋友。

由于蒋村不少村民在市区等地购买了商品房，因而上梁和上梁酒也有了新的形态。商品房不存在以往自建房的上梁程序，但村民仍然保留了上梁仪式，感谢菩萨和祖先的赐福和保佑。通常请先生择一个黄道吉日，就请亲戚朋友帮忙，请菩萨办上梁酒。如村民徐国理在市区购买了一套住房装修好后，于 2021 年 5 月 29 日（农历四月十八）办上梁酒。徐国理家没有怎么办，因此没有大规模请亲戚朋友。当天，仅请徐国理的二哥、外甥女婿和两个弟兄家来帮忙，主要为请上梁菩萨、请太平菩萨、做祭日。请上梁菩萨较为复杂，供品较丰富，有四样素菜、四样糕点、六对十二样面粉捏成的龙麒麟万年青等、四样点心、四样水果等，特别要有葱和万年青、五种油如酱油麻油色拉油等（寓意样样有）、五种豆如赤豆等（寓意出人头地）。请太平菩萨的供品比较简单，八仙桌一张，桌缝横摆，三支清香、一对红烛、三茶六酒、两碗饭、五碗（样）素菜、四样糕点、四样水果、两样点心（年糕、汤圆或其他）、礼品太保、佛会。做祭日与平时的做法类似，桌缝直摆请祖宗，感谢祖宗的护佑。之后，徐国理一家和这些帮忙的亲戚朋友一起吃饭，共同祝贺新居入住。徐国理家还为每位来帮忙的亲戚朋友准备了一份礼物以表示感谢。

蒋村起屋习惯法的这些变化，是逐渐展开并慢慢形成的，与起屋规模、村民收入、人际关系、社会分工等的变化密切相关。

三、起屋习惯法之不变

不过，当今蒋村起屋习惯法的基本理念、主要规范没有根本的变化，仍然承继传统观念，严格遵循固有规范，全面调整与起屋相关的社会关系，得益神鬼护佑，取得四邻支持，得到亲友帮助，工匠用心负责，保障起屋的顺利进行。

蒋村起屋习惯法的基本理念为"顺""吉""喜"，突出建新屋的欢喜、祈求建造中的顺利、企盼入住后的幸福。现今的蒋村起屋仍然秉持这些精神和价值，以此为指导全面规范起屋这一蒋村家庭中极为重要的大事。

起屋需要得到神鬼护佑。除了少数如向力行家这样信仰基督教、天主教的家庭外，蒋村村民在起屋时都非常重视得到菩萨、祖宗的保佑和护持，严格遵循习惯法选址看风水、破土选时辰、上梁择日子，十分重视祭祀礼仪。

在蒋村村民看来，起屋为百年大计，遵循规范，行事谨慎，礼仪庄重。在起屋前，蒋村村民一般按照习惯法请先生算一下，确定动工、上梁等的良辰吉日。[1] 如 2006 年戴树琏起屋时，就去附近镇上找了一个算命先生，算命先生了解有关情况后就给了如下一个建议（文书三上梁帖，主要内容由当事人记录下来），戴树琏家基本上照此行为以求吉祥顺利。请素、请荤由当事人自己定。

文书三

上梁帖

四月初五　开工　早上五点补土（四方）

三间中央朝西北请　织米东北过西朝南过东落北

禁鸡　51 岁　63 岁不能补土

五素 米 万年青 点心（一条鱼 一刀肉　二只绿壳鸭蛋）二盘
五碗 饭 茶 筷 酒

四月十五上午十点　圆木

十月二十四上午十点上梁，牛 猪要避 [2]

根据起屋习惯法起屋动工遵仪规。动土前，蒋村村民按照习惯法在屋地中央供三牲、点香烛，祭祀当方土地。房主叩拜，长者祈

---

　　[1]　这大概从清代咸丰年间开始。参见宁波市文化广电新闻出版局编：《甬上风物——宁波市非物质文化遗产田野调查（慈溪市·附海镇）》，宁波出版社 2011 年版，第 95 页。

　　[2]　"织米东北过西朝南过东落北"意为按照东北过西朝南过东落北方向撒米；"禁鸡""牛 猪要避"意为生肖属鸡、牛、猪的人不能参与；"51 岁　63 岁不能补土"意为时年 51 岁、63 岁的人不能动土、撒米；"圆木"意为准备好栋梁木，现今混凝土楼房不需要了；"五素 米 万年青 点心（一条鱼 一刀肉　二只绿壳鸭蛋）二盘　五碗　饭　茶　筷　酒"为动工时祭祀所需物品，"五素"即五种素菜。戴树琏家这次请先生算一下花费了 380 元。现在先生根据起屋面积、楼层进行收费，多的有收 1800 元的。戴树琏电话访谈录，2020 年 6 月 22 日。

祷"四方平稳、万事如意";之后由房主绕东南西北方位掘土,长者紧跟其后撒米粒,念四方词求各方"土地"保佑。这样就算向土地和过往神鬼打过招呼、行过礼,祈祷建房顺顺利利,不发生意外事情,图个吉利。

按照起屋习惯法上梁要祭祀。[1]蒋村村民十分注重上梁祝福祭祀,严格遵行习惯法请菩萨、做祭祀、掼馒头。上梁日为起屋的正日子,主家按照习惯法举行祭祀仪式,请太平菩萨,在供桌(桌缝横)上外侧摆上烛台香炉,从里侧依次摆三茶六酒、两碗满满圆顶白米饭、五碗素菜、四样水果、四样糕食等,再整盘摆上鲤鱼、猪肉、羊肉、虾、蟹、鸡、鸭、年糕、馒头、粽子等。祭祀结束后焚烧佛会礼品,鸣放烟花爆竹。

现在如购买商品房后,进新宅也进行类似的祭祀。

进新宅祭祀(2021 年 5 月 29 日,高丽萍提供)

---

〔1〕 以往蒋村的房屋多为木结构的砖瓦房。上梁为上主房最高的大梁。上梁表示新房即将建成,村民极为讲究。上梁有时辰,一般由风水先生或者算命先生确定。上梁之前须先张贴对联,做忌日请菩萨,焚烧纸钱。上梁时,横梁卧在正中,红布悬挂梁中心,红布上写着"紫阳高照"或其他语词,红色有红火、光芒、鸿运高照、吉利、祥和等意。梁的两头挂上黄色的包,内装佛一类的纸钱和祭品。时辰一到坐在屋顶的泥水匠师傅和木匠师傅将系在横梁两头的绳子往上冉冉拉起,到墙上就位后用橡子定好位。这时,爆竹齐放,在梁上的人开始向下面人甩馒头,气氛活跃,热闹非凡。参见宁波市文化广电新闻出版局编:《甬上风物——宁波市非物质文化遗产田野调查(慈溪市·附海镇)》,宁波出版社 2011 年版,第 97 页。

祭祀之后根据传统规范主家掼（抛）上梁馒头，[1] 通常首抛两只馒头，由房主长辈用被单接纳，余由邻里亲友分抢，共享新房落成之喜。如 2020 年 5 月 9 日早上 7 时，向力行家上梁掼馒头，共掼 1500 只馒头，还有大篮球、小篮球等，几十位邻里共抢，喜庆热闹。

上梁掼（抛）馒头（2020 年 5 月 9 日，高丽萍提供）

在起屋时，当今蒋村村民仍然按照固有习惯法规范事先征请四邻同意。由于土地所限，蒋村村民之间的房屋相邻，一排一排紧密相连。村民如新起房屋则多少会影响占地、通行、采光、通风、排水等。因此，村民起屋须遵循习惯法商请左右前后四邻的同意、得到他们的支持，否则会产生纠纷，影响起屋的顺利进行。[2] 如向力行 2019 年 9 月 22 日起屋前就征求邻居的意见，得到他们的理解；甚至按照一位邻居金利娜的要求写了一份"承诺书"。有的则如下《邻里和解建房协议》约定了公共出入行路。

邻里和解建房协议（2021 年 1 月 13 日摄）

蒋村起屋时的堆放材料、噪音扰民、尘土飞扬等影响是暂时的，屋起好是固定了，其存在和影响是长期的、无法改变的。就起屋主家而言，多想利益最大化，这就容易出现违反固有的房屋一般高、出面一样平、滴水一样齐等习惯法规范的情况。如 2019 年向力行起屋时原计划只准

---

〔1〕 蒋村人认为馒头发过酵，胖乎乎的，意为新屋会发。

〔2〕 蒋村近年来发生的纠纷有不少是由相邻关系所引起的，其中起屋所引发的纠纷占相当大的比重。现在政府审批建房时也要求四邻签字同意。

备盖到三楼，但是 2020 年正在盖的过程中他听说旁边原也计划起三楼的一家邻居说要盖到五楼，另一家也打算同样高盖到五楼，这样他在底下两层基本盖好的情况下就暂时停止施工，看另外两家邻居起屋的情况再决定最终起多高。在他看来，反正要盖一样高，实在不行借钱也要盖。[1]

关于房屋一般高、出面一样平、滴水一样齐规范问题，有时需要专门立协议以遵循习惯法来起屋，如下面文书四这份协议书所示。

文书四

协 议 书

关于施文斌、施文腾、施文泰翻建房屋位址（置）及屋基高低问题，经协商，订立协议如下：

现因施文斌翻建楼房，经协定，屋面按施文泰屋面滴水相齐，屋内地坪不得超过施文泰屋内地坪 20 公分，滴水以外及屋面护墙地坪不得超过施文泰屋内地坪。今后施文腾、施文泰如翻建楼房时，按施文斌屋面、地坪，必须同样。特立此协议一式四份，三方各执一份，留存一份。

立协议人　施文斌（签名）

施文腾（签名）

施文泰（签名）

一九九七年十月二十二日[2]

与上述类似，2011 年 7 月 12 日蒋村村民胡正国与孙温民签订的协议第二项也约定："甲方南边在符合海燕路建房规划的基础上，其南屋面必须与乙方南屋面对齐。"[3]

在实践中，为了避免产生纠纷，蒋村村民往往签订邻里建房协议，按照习惯法约定有关地基、高度、出面、滴水等事项。如前章

---

〔1〕　向力行访谈录，2020 年 1 月 24 日。

〔2〕　蒋村档案：目录号 27，案卷号 1。

〔3〕　海村档案：目录号 11，案卷号 2。

胡山宣拆除原二层楼房，在原有宅基地的基础上重新建造三层楼房时，2007年9月8日与邻居沈京朝签订"邻里建房协议书"，约定建房时胡西山墙南北按沈的东山墙对直，南端与沈的墙头持平。

不过，除了习惯法的房屋一般高、出面一样平、滴水一样齐的规范，蒋村还存在起屋"西头弗能超东头"规范。蒋村民间认为东头、东面、东边为大，西头、西面、西边为小，东头可以稍微高一点、往前一点，而西头不能。[1]

尽管现在社会发生了一定的变化，但是起屋主要的大事仍然需要亲戚朋友从财力、物力的支持和心理、精神上的关心。亲戚朋友的帮助、关心是一种习惯法上的义务，虽然具体方式各有千秋。亲友的关心、支持通常包括：①在经济方面，根据主家的需要与自己家情况，借钱给主家、参加由主家邀集的捐会或者提供有关信息、担任保证人等。[2]如蒋村村民廖润庆得到亲朋的支持，2004年为建房捐了一个3万元的会。他以自己家的积蓄和捐会所得款项起好房屋。之后他们家没有钱导致捐会的钱无法正常付出，2006年他只得卖掉房屋还了部分会钱，后来每年有钱了就还其余捐会的亲朋。[3] ②行动上的关注，如经常去主家了解起屋的筹备情况、去起屋现场察看建造进展，参与动工仪式、上梁祭祀等活动，在出现某些特殊情况时出谋划策等。③根据主家态度赠送礼金或者礼物，参加上梁酒席等。如2020年5月9日早上，向力行家新房上梁。由于他明确告诉亲戚朋友不收礼，几个关系极好的朋友就送些东西，如曹一帆送了500只馒头。[4]

起屋为百年大计，质量第一，建造师傅则起着关键的作用。因此尊重建造师傅为蒋村固有起屋习惯法所重视和确认，并一直延续至今。现今虽然主要为市场化方式的承包制建造（多为主家购买材

---

〔1〕 苏达昌访谈录，2022年1月22日。

〔2〕 一项调查表明，蒋村所在的市农村家庭建房负债超过50%的家庭占8.1%，负债来源方面主要为向亲友借贷和向私人信贷。参见高阳："我国农村住房现状及新建住房负债状况研究——以黑龙江木兰县、安徽太湖县、浙江慈溪市为例"，载《企业改革与管理》2014年第23期。

〔3〕 曹一帆访谈录，2008年11月21日。

〔4〕 馒头2元一只，500只馒头需要1000元。

料，泥工、木工包清工方式），但主家对直接进行房屋建造的师傅仍然是按照习惯法给予十分尊重。这表现在平时主家去起屋现场时向师傅嘘寒问暖、请烟点火，关心师傅的身体情况，叮嘱师傅注意安全施工，并按照惯例给红包。如2019年5月9日向力行家新房上梁时给领头的一位泥水匠和一位木匠各一个200元的红包，并请主要师傅晚上喝上梁酒；在之前浇楼板等不能停工需要连续作业时到快餐店买来快餐请起屋师傅吃。在契约之外另进行一些物质鼓励和精神关怀，体现出主家对师傅的尊重，使师傅心情舒畅地干活，这自然有利于房屋建设的保质保量。

需要指出的是，由于现今蒋村起屋均为二三层甚至更高的楼房，施工周期长，事故发生概率相较以前更大。[1]为此蒋村村民传继起屋习惯法规范强调工伤事故与主家无关，责任由工人自负。如作为甲方的主家祝群胜、任骏与作为承建方的乙方陈銮雄于2007年5月16日签订的"施工协议"第5条即明确强调"工伤事故乙方自理，与甲方无关"。之后，双方强调按要求购买保险并约定责任承担。下面文书五这份"建房施工协议"第4项第1款就有专门条款涉及此规定。

文书五

建房施工协议

甲方：苏岩菊

乙方：泥工：吴强果　　　木工：陈匡怡

一、工程地点

二、建筑面积　　八　　间　　三　　楼（建筑面积以每层滴水面积计算，屋顶按一层总面积的三分之一计算）。

三、包清工价格：泥工　　192元　　／平方米　木工　　93

---

〔1〕　如2020年5月2日，向力行家装修公司的一位装空调的工人从四楼摔到三楼楼梯间，当场死亡。向力行家虽然不负责任，但是影响了他们家人的心情。他家本来确定为5月18日上梁，因为这一意外事件决定提前到5月9日办；本来不准备请上梁酒，因为这事件就稍微办了八桌，喜庆一些。

元____/平方米（注：不包括保护层，不包括化粪池，不包括楼上地平（坪）及尖顶地平（坪），不包括大梁下砌墙，不包括楼梯粉刷，不包括装潢及内磨地平（坪），浇混凝土天泵或地泵费用由甲方承担。

四、付款方法和时间：第一层现浇完成后需付乙方____拾万____元整，第二层现浇完成后需付乙方____拾万____元整，第三层现浇完成后需付乙方____拾万____元整，屋面完成后需付乙方____/____元整，其余工程款必须在乙方完成包清工工作后付清。（注：甲方应按协议及时支付工程款，最迟不得超过一周，逾期造成的停工由甲方自己负责）。

五、其他事项

（1）事故赔偿责任：甲方按建房保足建房施工保险，乙方要确保施工安全，在施工中万一发生工伤事故，由甲方到保险公司进行赔偿；理赔后不足的补偿款由甲方承担百分之八十，乙方承担百分之二十。（注：乙方中泥工与木工的责任各自承担，互不承担对方的责任。）

（2）水电由甲方通建筑工地。

（3）乙方的建筑设备由甲方负责管理，以防止偷窃，若有损失由甲方赔偿。

（4）如在施工中，甲方因没有审批或邻居吵闹产生的停工、返工、误工等需由甲方承担所有的责任。

（5）乙方在完成包清工后，乙方搭设的脚手架因其他工种需要，最长期限不得超过四十天，超过后需由甲方支付乙方相应的租金。

本协议一式三份，甲乙（泥工 木工）各执一份，签字后生效，如有不明之处可协商解决。

甲方（签字）苏岩菊（签字）

乙方（签字）泥工 吴强果（签字）木工 陈匡怡（签字）

2019 年 8 月　　日　〔1〕

为此自 20 世纪 90 年代起，蒋村但凡建房大多高悬红旗，民间

---

〔1〕 苏岩菊提供，2019 年 11 月 29 日。

称为"驱邪恶",以求吉祥、顺利。

四、结语

在新的时代,蒋村起屋习惯法有承继、有弘扬,也发生了明显的变化。起屋习惯法在适用主体、调整对象、建设方式、互助帮工、起屋协议、上梁贺喜等方面发生了极大的变化,但是固有起屋习惯法的基本理念、主要规范等仍然承继和遵行。

起屋习惯法的这种变化源于村民经济收入的提高、乡村市场化程度的提升、房屋建造复杂性的加大、商品房的出现,也与村民空闲时间的减少、人际关系的相对疏离、人情观念的相对淡漠等因素相关。

蒋村起屋习惯法的变化是一个渐进的过程,是基于社会内部因素逐渐演化的过程,具有内生性和自发性,适应了经济、社会的变化、发展,与浙东乡村的城镇化、现代化的转变相一致。

第十三章

基于关系的捐会习惯法

一、引言

在蒋村,"合会"称为"捐会"。[1]捐会是社区内部成员的一种共同储蓄活动,也是成员之间的一种轮番提供信贷的活动,为成员

---

〔1〕 "合会"的英文名称为"Rotating Savings and Credit Association",即"ROSCA",意为"轮转储蓄与信贷协会"。"合会"有"呈会""标会""抬会""摇会""义会""互助会"等各种形式和名称。在蒋村,"捐会"也称"纠会"。"捐会"一般有发起人(头会)、参助者(脚子)(一般为8人)。发起人事前同参会者约定利率(一般有较低的利息)、约定每年付会两次并确定领息日期。计算方法及步骤:①计算出每脚平均金额数(也称中间数或起息数):总会额÷脚子数=每脚金额数。如"捐会"100 000元人民币会一个,参会者8人,则100 000÷8=12500(元)(中间数)②计算出每脚年息。总会额×利率=每脚年息。如年利为8厘(0.008),则100 000×0.008=800(元)。此800元为每脚年息。③算出上下脚会额利息相差数。每脚年息÷次数=上下脚会额利息相差数。如上半年、下半年各领付一次,800÷2=400(元)。如每年付3次,则将年息除以3,依此类推。④计算出第四脚、第五脚会额。第四脚会额:中间数+相差数÷2;第五脚会额:中间数-相差数÷2。第四脚会额:12 500+400÷2=12 700(元);第五脚会额⑤12 500-400÷2=12 300(元)计算出其他各脚的会额。以第四脚会额为依据向上逐脚加400元;以第五脚会额为依据向下逐脚减400元。如第三脚会额:12 500+400=13 100(元);第二脚会额:13 100+400=13 500(元);第一脚会额:13 500+400=13 900(元);第六脚会额:12 300-400=11 900(元);第七脚会额:11 900-400=11 500(元);第八脚会额:11 500-400=11 100(元)。⑥复核。会脚的①与⑧、②与⑦、③与⑥、④与⑤的利息盈亏额必须一一对应;八脚会额总和等于总会额。⑦复核无误以后,把计算好的各脚份额依次排列成文后称会帖,由头会把会帖分发给参会者。⑧头会领付,以后跟定脚子付(简称跟会付)。参见宁波市文化广电新闻出版局编:《甬上风物——宁波市非物质文化遗产田野调查(慈溪市·横河镇)》,宁波出版社2011年版,第195~196页。

之间的资金互助活动。[1]

作为一种在蒋村一直普遍存在的民事活动，捐会由已成为社会共识的习惯法进行调整和规范。捐会遵循一定的习惯法规范：一个自然人（家庭）作为会首，出于某种目的和需要（如孩子结婚、建房等）邀集、组织起有限数量的人员，每人每期（每三月、每半年等）拿出约定数额的会钱，每期有一个人能得到集中在一起的全部当期会钱（包括其他成员支付的利息），并分期支付相应的利息。谁在哪一期收到会钱，由协商等方式来确定。捐会不是一个永久性组织，在所有成员以轮转方式各获得一次集中在一起的会钱之后即告终结。

捐会在蒋村已有相当长的历史，具有广泛的存在基础。在市场经济体制下，作为农村经济互助的重要形式，捐会在当代中国农村社会仍然广泛存在并发挥着积极的作用。2008 年 11 月 20 日~11 月 23 日、2008 年 12 月 25 日~12 月 28 日，我们到蒋村就捐会现象和捐会习惯法进行了专门调查。我们访问了捐会的会首和会众，询问了一些村民，实地观察了捐会活动，搜集了一些会单。

通过调查，我们认为捐会和捐会习惯法与血缘关系、姻缘关系、地缘关系等有着内在的联系。[2]在田野调查材料的基础上，本章以

---

[1]　有关捐会、合会、钱会方面的研究，可参阅郭栋的英文论文《信任、契约与法律：民间标会的规制工具及其优化》（《China Legal Science.》2022 年第 1 期）、余全有的《传统社会中的"会"与会契》（《安阳师范学院学报》2021 年第 1 期））、王玉坤等的《清代民间合会纠纷及应对》（《江西社会科学》2018 年第 8 期）、熊远报的《在互助与储蓄之间——传统徽州"钱会"的社会经济学解释》（《中国经济史研究》2017 年第 6 期）、郑启福的《民国时期钱会习惯法研究》（《西南大学学报（社会科学版）》2013 年第 2 期）、胡中生的《融资与互助：民间钱会功能研究——以徽州为中心》（《中国社会经济史研究》2011 年第 1 期）、麻国庆的《"会"与中国传统村落社会》（《民俗研究》1998 年第 2 期）、徐畅的《"合会"述论》（《近代史研究》1998 第 2 期）、吕雅君的《论我国民间"合会"及其法律规制》（西南政法大学 2013 年硕士学位论文）、潘甜的《论我国合会的法律规制》（西南政法大学 2016 年硕士学位论文）、张文妍的《标会风险防范法律制度研究》（西南政法大学 2016 年硕士学位论文）、韩丽的《清末民国"会"的法律分析——以〈民事习惯调查报告录〉为研究对象》（西北政法大学 2019 年硕士学位论文）等。

[2]　"关"意为"牵连"，"系"意为"联结"。"关系"，《现代汉语词典》释为"人和人之间的某种性质的联系"。参见中国社会科学院语言研究所词典编辑室编：《现代汉语词典》，商务印书馆 2005 年版，第 501 页。本章所指的关系主要为血缘关系、姻缘关系、地缘关系。

蒋村的捐会为考察对象，揭示捐会的成立、内容、形式、履行、变更规范与关系的内在关联，分析捐会习惯法与关系之间的内在联系，对当代中国债权习惯法的效力基础进行探讨，以引起对当代中国民事习惯法的进一步了解、关注和研究。

二、捐会成立规范与关系

观察蒋村捐会的成立，明显可以发现捐会建立在亲情、乡情等血缘、地缘关系基础上，捐会的会首、会众一般存在较为亲近的关系，会首在亲朋好友组织捐会，会众基于与会首和会众的亲友关系而参加捐会，捐会习惯法以此为基础进行规范。

对此，我们可从下面的文书一这份会单中得到证明：

文书一

会　单

因生活所需，承蒙众亲友帮助特设（邀）经济互助会一个，总金额伍万元整，壹年两期；上半年为农历六月初一，下半年为十二月初一。从二〇〇肆年六月初一起到二〇〇八年六月初一止。望各位必守信用，违者自负责任。收会款后多交 500 元作利息。

首会：应水惠		二〇〇四年六月初一（农历）	
1、应宝儿	6250.00	二〇〇四年十二月初一（50 000 元整）	伍万元
2、章艮华	6250.00	二〇〇五年六月初一（50 500 元）	伍万零伍佰元
3、潘军根	6250.00	二〇〇五年十二月初一（51 000 元）	伍万壹仟元
4、施静年	6250.00	二〇〇六年六月初一（51 500 元）	伍万壹仟伍佰元
5、潘志权	6250.00	二〇〇六年十二月初一（52 000 元）	伍万贰仟元
6、周利波	6250.00	二〇〇七年六月初一（52 500 元）	伍万贰仟伍佰元
7、章天华	6250.00	二〇〇七年十二月初一（53 000 元）	伍万叁仟元
8、容利明	6250.00	二〇〇八年六月初一（53 500 元）	伍万叁仟伍佰元

二〇〇四年六月初一〔1〕

在这一捐会中，首会即会首为应水惠，会众中应宝儿这脚原为容利明，容利明为会首应水惠的邻居和亲戚（容利明妻与应水惠妻

---

〔1〕 潘志权提供，2008 年 12 月 25 日。

为表姐妹），应宝儿为容利明的邻居，一直受到容利明的关照、照顾，应宝儿参会是由于容利明的因素；其他会众中，章艮华为会首应水惠的堂妹夫，潘军根为会首应水惠的邻居，施静年为会首应水惠的内弟（妻舅），潘志权为会首应水惠儿子的好友，周利波为会首应水惠的好友，章天华为会首应水惠堂妹夫之兄。从其他会单中也能够发现这一特点。可见，捐会是亲朋之间的行为，一般没有陌生人的参加并成为成员。

在调查中，蒋村的村民一致强调了捐会及其习惯法规范的这一特点。如46岁的孙海龙认为：

捐会由无钱的人发起，向亲戚朋友发出捐会要求："会给我来一脚""会给我来一脚"。向自己的亲戚朋友、熟人提出，不要好的不会参加。（捐会）不是亲戚朋友的一般不搭拢来的，外人不敢来的。所以，一般无外人、不熟的人。参加会多担心思，不是亲戚朋友的不想多事。所以，（捐会）一般无外人、不熟的人。[1]

事实上，捐会需要通过关系与经济利益直接相关。捐会即使有些利息，利息也极低。相比借款，捐会在经济上对会首是非常有利的。就会首而言，能否捐会组织成功，关键是看是否遵守习惯法在亲友、熟人中寻找参加人和会众。亲朋来会、参加捐会是基于双方的感情，为此需要在经济利益方面作出一定牺牲。在调查时，一位54岁的村民周阿树就明确告诉我们：

（捐会）不是亲戚，别人不肯来，怕倒掉、塌会。（捐会）都是看关系面孔，要好的（才参加），勿至交的就不去的。捐会是面孔生活的，只怕倒掉。捐不拢、会脚拉不齐，（因为）至亲少、接触面少。差一脚没人来就捐不拢了，（由于）自己实力少、人缘少。（捐会）总的是讲人情的，不熟的即使来借也不肯的，更不用说捐

---

[1]　孙海龙访谈录，2008年11月21日。

（会）了。[1]

就参加人而言，关系因素同样为捐会成立的核心因素。如一位40来岁的女村民陈映娟介绍了其家先后参加的两次捐会，一次是参加丈夫妹妹的捐会，一次是参加丈夫弟弟的捐会：

我参加过捐会的。参加了两次：一次是阿姑、阿珍，他儿子结婚，2万元钱，2003年，共9脚，我们在第3脚，想儿子要结婚，排得早一点；还有一次是二弟，1990年，起屋，5000块，9脚，第5脚，我自己要起屋，要二年，排得晚点。[2]

可见，这两次会都与关系、感情因素有关。而有的参加人更坦言主要是考虑社会影响、名声、面子，蒋村比较富裕的毛小强就这样认为：

村坊上（我的）外名声还好，就基本上都参加了，别人来喊就基本上参加（捐会），没有拒绝。人家看得起你，另外自己经济上还可以，就参加参加，帮帮村里人，做个好事。大家都是同一个村的，人家相信你，来找你，你不答应面子上不好。大家关系都还可以，就参加，我是这样想的。[3]

需要指出的是，蒋村的捐会是以家庭为参加单位的，夫妻共同享有权利、承担相应的义务。有的《会帖》就明确地表明了这一点，如下列文书二。

---

〔1〕 周阿树访谈录，2008年12月27日访谈记录。"捐会是面孔生活的"，意为捐会看面子、人情。

〔2〕 陈映娟访谈录，2008年12月27日。

〔3〕 毛小强访谈录，2008年12月28日。

文书二[1]

会　帖

　　承蒙各位亲朋好友援助，今由童建芬因经济困难聚会一个计人民币三万元整（30 000元），会期定为一年四期，每期为全额3000元，时间从2013年12月1日开始，领进后每期支付利息200元。望来者按期支付。

首位：童建芬　　　2013年12月1日　　　30 000元
一位：王国嫱　　　2014年3月1日　　　30 000元
二位：孙丰球　　　2014年6月1日　　　30 200元
三位：施立明　　　2014年9月1日　　　30 400元
四位：马小翠　　　2014年12月1日　　　30 600元
五位：马玉茹　　　2015年3月1日　　　30 800元
六位：高仁康　　　2015年6月1日　　　31 000元
七位：姚梓宁　　　2015年9月1日　　　31 200元
八位：姚雪麟　　　2015年12月1日　　　31 400元
九位：戚满望　　　2016年3月1日　　　31 600元
十位：孙海龙　　　2016年6月1日　　　31 800元

　　　　　　　　　　　　　　　　　　　　　2013年12月1日

注：此位（会）有夫妻两人共同承担。

　　2013年的这份《会帖》底下有："注：此位（会）有夫妻两人共同承担。"这就非常清楚地强调了家庭主体。

　　在蒋村，不参加会的家庭很少，没有捐会或者来会者一般是不合群的人，不太与人往来，社会关系不广，且自己又有点钱，经济上比较可以。经济条件好的人和家庭，如办厂的老板，参加捐会是出于帮助亲戚和邻居，发扬互助精神；经济条件差的人和家庭，参加捐会是需要亲友的帮助。

　　从发展趋势看，捐会现在有一定的减少现象，而这与关系、人情因素又有密切关联。村民高美芬是这样解释的：

　　现在银行、邮政储蓄也可以贷一些了。这与捐会少了关系也有一些。捐会要挨近十人的面孔（需要涉及十方面的社会关系）。向银行借点小贷款简单一些，不要太欠人情。现在经济也好一些了，钞

---

〔1〕　孙海龙提供，2017年11月9日。

票比以前多一些了，做事情（孩子结婚等）稍微借一点向亲戚借一点就可以了。不想太欠人情了。[1]

毕竟关系、面子、人情也是有负担的，这种负担包括日常关心、心理牵挂、地位减低、事务往来等，这种负担主要是一种精神上的负担、感情上的负担，但某种程度上这种负担比较重，甚至重于经济负担。事实上，在捐会中，会首、会众的关系值多少钱、面子值多少钱往往有个影子价格存在。

因此，根据习惯法，捐会必须在亲戚朋友等熟人之间进行，关系提高了捐会者之间的信任度，违反这一规范捐会就无法成立。捐会的成立是建立在熟人社会的熟悉、信任基础上的，捐会的互助是有人情因素在其中的，因而捐会成立的范围是有限的、近距离的，习惯法关于会首与会众、参加人的规范明确而具体。彼得·布劳认为，不管是在微观领域还是在宏观领域，交换都需要有一种"共同价值观"作为媒介。这种价值观在社会活动过程中逐步产生，在组织中逐渐形成，并通过社会化过程在社会各成员中逐渐地内在化。[2]由此观之，亲缘关系、地缘关系以及对亲缘和地缘关系的认同就有可能成为彼得·布劳所谓的"共同价值观"的重要内容，并为农村社会成员的交换和组织提供一种习惯法上的基本规范。

三、捐会内容规范与关系

习惯法关于捐会内容的规范主要包括捐会成员、捐会位次、起会日期、捐会金额、会金交付时间、利息等，这些方面的具体内容都受到关系因素的一定影响，在捐会位次等方面体现得更为明显。

在捐会的位次上，一般是按照习惯法根据关系因素而定。关系亲近的人排在后面，关系稍远的人排在前面，关系以及关系的远近直接影响捐会会金领取的先后。捐会内容规范与关系的具体情况，我们可从下面文书三这份会帖的捐会位次中得到印证。

---

〔1〕 高美芬访谈录，2008 年 11 月 21 日。

〔2〕 转引自张继焦："市场化中的非正式制度"，载沙莲香等：《中国社会文化心理》，中国社会科学出版社 1998 年版，第 314~315 页。

文书三

```
                        会　帖

    各位会员协助集会五千元，定于 2008 年农历十二月初一起，每位付现金
625 元，收款后，每次多付 30 元，共付 655 元。每次定于二个月，首位姚
忠华。
    1. 沈建万      2. 励孟英      3. 张国文      4. 张国武
    5. 孙建新      6. 张国双      7. 伍静利      8. 朱丽珍
```

这一捐会中，第一脚沈建万为姚忠华的远房亲戚，在堂姐夫家
厂里做工；第二脚励孟英与姚忠华母亲关系较好，经常一起打麻将；
第三脚张国文为姚忠华妹夫之大哥；第四脚张国武为姚忠华妹夫之
二哥；第五脚孙建新为姚忠华的堂姐夫；第六脚张国双为姚忠华的
妹夫；第七脚伍静利为姚忠华的妹妹；第八脚朱丽珍为姚忠华的母
亲。显然，母亲、妹妹等关系越近的人就越在后面。在蒋村，村民
都知悉这一习惯法规范。在 70 多岁的王康建看来，蒋村的捐会一直
是这样的规矩，即"熟面熟知，亲人排在最后面"：

> 熟面熟知，亲人排在最后面，亲人就排到最后。一直下来，老
> 的一直传下来就是这样的。总是（会钱）拿进放心，不拿进总是有
> 些担心。亲人嘛，自己人，晚点拿，多担点心思，好说得过去。勿
> 要好的就要求排前面些，一般最后的是要好的人、自己人，要好的
> 排在后面。[1]

在捐会位次中，关系亲近的人排在后面体现了关系的某种担保
功能，强化了会众对会首的信任，血缘关系、地缘关系因素既能够
给村民带来方便，从而节省交易成本，也能够给村民带来较高的安
全感和信任度。在蒋村这样的农村社区，人们更重视已经存在的各
种关系，倾向于与自己有某种特殊关系的人们进行经济交往、社会

---

[1]　王康建访谈录，2008 年 12 月 27 日。

交往，而这种交往又会使他们原有的关系得到加强。[1]这种习惯法确认的关系体现了中国特殊的信任文化传统，并作为信用保证了捐会的顺利进行。[2]

四、捐会形式规范与关系

在调查中，就捐会形式方面而言，我们感觉到捐会形式规范受关系的影响，但其内在性有某种弱化的趋势。

我们在蒋村调查时发现，捐会采用书面形式，一般不采用口头形式；多用打印件，即使数额较小的捐会也是如此；没有发现口头形式的捐会；在我们收集到的 21 份会单、会帖中，只有一份手写体的捐会契约。捐会习惯法

会帖（2015 年 4 月 6 日摄）

要求捐会的会首与参加的会众按照约定的形式进行捐会；会单每脚一份，各自保管，按时履行。

而按照通常的认识，在熟人社会中所从事的民事活动，基于熟悉和信任，大多采用口头形式，并不强调要求采用可作为证据的文

---

〔1〕 王晓毅、朱成堡的调查材料可证此点。王晓毅、朱成堡对浙江温州苍南项东村的调查表明，在问及村民建立企业时会与什么样的人合伙时，19 人中 10 人（占 50%以上）以上回答要与兄弟姐妹合作，6 人回答要与朋友合作，3 人回答要与亲戚合作。在回答"谁是你最信任的人"这一问题时，15 人中有 8 人（占 50%以上）认为是兄弟姐妹，有 3 人认为是家族成员，有 4 人认为是朋友和亲戚。在问及"如需要钱会向什么人去借"这一问题时，26 人中，有 5 人回答会向兄弟姐妹借，有 13 人回答会向亲戚借，有 8 人回答会向朋友借。参见王晓毅、朱成堡：《中国乡村的民营企业与家族经济》，山西经济出版社 1996 年版，第 83~83 页。

〔2〕 陈立旭认为，改革开放以来，影响浙江区域经济活动的因素是多方面的，而其中一个重要的因素，就是特殊的信任文化传统模式，即建立在亲缘或亚缘式的个人关系上的、凭借血缘共同体的家族优势和宗族纽带而形成和维续的社会关系网络和特殊信任模式。参见陈立旭："信任模式、关系网络与当代经济行为——基于浙江区域文化传统的研究"，载《浙江社会科学》2007 年第 4 期。

字形式、以纸质为载体的书面合约。关系是最好的形式、最有力的证据。费孝通先生就认为："乡土社会是靠亲密和长期的共同生活来配合各个人的相互行为，社会的联系是长成的，是熟习的，到某种程度使人感觉到是自动的。只有生于斯、死于斯的人群里才能培养出这种亲密的群体，其中各个人有着高度的了解。"〔1〕"在亲密的血缘社会中商业是不能存在的。这并不是说这种社会不发生交易，而是说他们的交易是以人情来维持的，是相互馈赠的方式。"〔2〕

　　不过，在蒋村，习惯法要求的捐会形式历来为书面的文字形式，但这与关系因素强弱没有直接联系，与捐会本身的特点有关。由于捐会涉及的金额比较大，多为5万元、10万元甚至20万元，这样的数额对普通农民而言非为小数目，用书面形式比较不易记错。特别是捐会的时间跨度大，大多前后需要3年、4年甚至5年才能完成轮转结束一会，若采用口头形式不免打了几会以后时间一久就可能逐渐忘记。如果一个家庭同时有几个会的话，每个会开始的时间不同，结束的时间不同，且3月、4月或者6月一期的会期又不一，显然仅仅采用口头形式就非常可能出现记错的情况。而如果没有按时准备好会金，没有按期付会，造成拖欠，就会产生严重的不良后果，对个人和家庭的声誉造成消极影响。从历史上看，蒋村的捐会就一直采用书面形式。蒋村地处浙东地区，深受宁波文化、浙东文化影响，〔3〕在浙东，自古学风鼎盛，人文荟萃，农村中读书的人比较多，识字率比较高。因此，捐会采用书面形式没有什么大的障碍。

〔1〕　费孝通：《乡土中国》，生活·读书·新知三联书店1985年版，第44页。
〔2〕　费孝通：《乡土中国》，生活·读书·新知三联书店1985年版，第76页。
〔3〕　史小华认为，宁波具有深厚的文化底蕴，特别是以王阳明、黄宗羲、朱舜水、万斯同、全祖望等学术大师为代表的明清浙东学术文化，在中国思想文化史上占有十分重要的地位。浙东学术文化及其所具有的原创性思维、经世致用、博纳兼容、开拓创新、与时俱进的品格，是中国传统文化中有代表性的思想成就之一。宁波文化具有了张扬个性的开拓精神、锲而不舍的务实精神、信誉至上的诚信精神和兼容并蓄的开放精神。参见史小华："传承浙东文化　弘扬创业精神——论宁波经济社会发展的文化动因"，载《光明日报》2004年10月19日。徐定宝认为，浙东学术精神中包容着强烈的人文色彩，浙东学术精神中充溢着浓重的实践意识，浙东学术精神中还拥有超越时代的对后世仍产生作用的文化影响力。参见徐定宝："浙东文化的理论基础与当代价值"，载http://culture.zjol.com.cn/05culture/system/2006/11/03/007968591.shtml，2020年6月12日最后访问。

但是，捐会采用书面形式并非可以否定捐会形式规范与关系之间的联系。在蒋村，捐会开始时吃会饭是习惯法规定的捐会成立形式，为捐会的重要程序。捐会的会首召集来会的会众吃会饭，按照习惯法，其规范含义有四：一为捐会的各位成员相互见面和认识；二为会首将会单发给大家；三为大家将会钱拿来给会首以示捐会正式开始；四为会首对大家的支持、帮助表示感谢。关于吃会饭，高美芬这样向我们介绍：

> 第一次领会时，大家都拿钱来时吃饭，会首承担饭。后来一般贴饭钱，二三百元，贴给领进的人。一般 10 万元的，500 元、800 元，实际上是贴息。500 元的为 4 厘。后面的人要说的：利息太少。所以就贴点。还有的是给东西（物品），不吃饭，什么钢精锅啦、碗啦，给些东西。捐会结束后吃饭勿（不）吃的。[1]

确实，根据我的观察，吃会饭为捐会的重要形式和程序。2008 年 12 月 27 日为农历十二月初一，我参加了罗水根作为会首的会饭。为了买农民公寓为儿子结婚作准备，罗水根捐了这一会，捐会的金额为 200 000 元（贰拾万元），除了会首外还有八脚，一年两期。当天晚上 6 点，罗水根夫妇在蒋村邻镇的一酒店订了一个包房请各位会众吃会饭。之所以在邻镇请会饭，据说是为了避免让其他村民知道，以免引起他人议论而对其人和家庭带来负面影响，主要为声誉、关系方面的考虑。如果因捐会而致使村民对捐会人的经济能力发生怀疑，产生"他们没钱了"的疑问和联想，这可能影响其在社区中的关系形象和关系能力。八脚中每脚都有一位或两位出席。参会者中，除了一位为罗水根的舅舅不是蒋村人外，其他的都是本村人，非亲戚即好友，非常熟悉。在饭桌上，大家喝酒、吃饭中，通过与罗水根的舅舅聊天，加深了对他经济实力、信誉和为人方面的了解。在吃饭时，会首罗水根将会帖给每脚，大家简单地看了一下、明白自己排在第几位后就收了起来。有几位要当场将 25 000 元会金给罗

---

[1] 高美芬访谈录，2008 年 11 月 21 日。

水根，罗水根夫妇表示不急，明天给也一样。[1]

按照习惯法，每次交会费、给会金时都应该吃会饭，即"桌上清"，会众吃饭时带钱去，吃完饭给会钱。但是现在有些变化，一般不每次办会饭了，不碰一起，就由会首自己去每位会众家取会钱并交给应领之人，这样简单

吃会饭（2008 年 12 月 27 日拍）

一些了，减少了时间和精力上的支出，也替会首省钱。有些捐会甚至开始时也不吃会饭。对此，孙爱法这样认为："早时，每次都要办会饭或者吃一点点心。现在的人思想好，某人困难一点，就不要办了。有的贴几百元钱也不要。"当然，这是建立在会众对捐会其他参加人的认识和信任的基础上的，否则吃会饭这一形式是不可缺少的。

在吃会饭时，有可能由于关系因素而缺乏信任因而不参加捐会的。周阿树在调查时就向我们提道：

（捐会）大家要协议过，既然来了就不要倒，舒舒服服捐下去。有的吃会饭时，大家看一看、认识一下。有的因为见过人了，就改变主意了，不干了，捐不拢。勿相信这个人了，有担心了，就不来了。看见某人参加了，有时就不去（参加）了。这样的也有，不过少，不多的。[2]

他所谓的"因为见过人了，就改变主意"，实为准备参加捐会的人认为参加者中某人不可靠而产生不信任，以至退出捐会。这虽然为捐会的少数情况，但也说明了吃会饭以认识人、了解人这一捐会

〔1〕 这次会饭会首给吃饭的每位一包硬包装中华牌香烟，菜中有一龙虾，饭菜费用为 1400 元，估计一共花费了 2000 多元，属于中等档次。

〔2〕 周阿树访谈录，2008 年 12 月 27 日。

形式规范的意义。

其实，按照习惯法，捐会进行期间的形式、手续是极为不规范的。孙海龙就这样讲到了捐会时大家对具体签字之类手续、形式的态度：

> 会首每次去每人处拿钱、收来，交给领会的人。一般每次无手续，不用签字的，也不用打条的，反正会单上写着。到每一个具体的时间去拿，大家都承认的，没有人会说我还没有领进。这方面没有问题，大家放心的。[1]

可见，只要参加了捐会，大家就有了基本的信任，在具体形式方面并不非常在乎，也不非常关注。会首和会众主要根据习惯法进行行为，重在实质方面。由此可知，捐会形式规范与关系仍然非常密切。

五、捐会履行规范与关系

在蒋村，习惯法确认的捐会履行规范与关系息息相关，捐会通过关系、以关系为保证而得以顺利履行。捐会时，会首大多根据习惯法在会单、会帖中载明了履行要求和履行规则。如在下面文书四这份"会帖"中，明确写着"具会人必须遵守立会原则"。

文书四

会　帖

承蒙各位好友与会一个，金额人民币叁拾万元，本会不计息，于2008年12月1日各位好友一次性付费叁万元/人，以后具会人每月1日付费叁万元给到期的领会人，领会顺序经抽签确定，具会人必须遵守立会原则。

序号	姓名	领会日期
1	王建国	2009年1月1日

---

[1] 孙海龙访谈录，2008年11月21日。

2	姚忠岳	2009 年 2 月 1 日
3	毛平军	2009 年 3 月 1 日
4	徐静立	2009 年 4 月 1 日
5	岑炳权	2009 年 5 月 1 日
6	岑永明	2009 年 6 月 1 日
7	罗君丰	2009 年 7 月 1 日
8	王国龙	2009 年 8 月 1 日
9	岑田江	2009 年 9 月 1 日
10	林博华	2009 年 10 月 1 日

立会人：王建国（签字）
2008 年 12 月 1 日〔1〕

此会中的"立会原则"较为抽象，而在其他会单、会帖中类似的表述就比较具体、明确，如"会款当面点清，按期付会，不能拖欠，望共同遵守""希各位按时交纳会费""希诸亲友按定日期各付，领取当面交清，不得拖欠""请各位恪守信用，不得拖欠，按时交纳会金""望各位亲友准时守约""望各位到期准时交付，拜托""请各守信用，不得拖欠"。可见，习惯法的捐会履行规范主要为按时交付会金，不得拖欠。而这一习惯法规范是以信用、信任、关系为前提的。捐会时村民均强调"恪守信用"，要求亲自履行、完全履行、及时履行。

在调查中，我们感觉到捐会的顺利履行与否，一方面与会首的信用有关，另一方面也与会众的信用有关。会首对整个捐会负责，如果发生会众由于经济困难无法付会金情况时，会首就要按照习惯法先行填付，保证不倒会，防止影响自己信用、能力、社会评价的事件发生。而会众从自己的信用角度考虑，即使借债也要及时准备好会金按时交付。调查时，村民孙海龙告诉我们：

别人来不来会（参加捐会）是看捐会的人有没有实力、有没有信用、有没有交情。会内有人拿不出时，就由捐会者、首会填（付），这方面倒没有听说过。倒掉的有听说过。会钱付不出是很倒

---

〔1〕 会帖中的日期均为农历。

霉（没有面子）的事情，付不出会钱一个人就算数了（完蛋了，在社会上无法立足），一点不靠硬的，就走不出去了（在社会上无法来往，无人与之交往），勿（不）信任了。所以，大家会钱是一定要准备好的。会倒掉后，以后一般没有可能再捐的，没有人会再来的，因为没信用了，没人相信了。会倒掉，你这人算数（完蛋）了，影响太坏了。所以，会一般是不会倒的。[1]

开了工厂、经济收入较高并经常被邀捐会的毛小强的看法也与此类似：

倒会呢，捐的人困难，导致某一个人打勿（拿不）出，有些领进的人（排在前面已经拿到会钱者）打勿（拿不）出，有的（人）还没领进打勿（拿不）出。（这样）本来由首会付；首会（如果）也付不出，就要倒掉了。按照规矩是由首会负责还掉。[2]

按照习惯法，一旦有会众违约（无论出于何种原因）未按时缴纳会钱，会首必须及时垫付这笔会钱，这样会首与违约成员之间发生债权债务关系，而不是在当期应收会钱会员与违约会员之间。会首对垫付会钱承担无限责任。捐会既然是由于关系、人情因素而成立，其履行显然也离不开关系、人情因素。由于在初级社区中流动的有限性，良好的社会形象对于村民的生活、生产具有重要的意义。在国家力量相对有限的状态下，获得社会资源的能力对村民的生存和发展更显突出。因此，蒋村的村民重视在捐会等活动中积累和拓展社会关系、提升社会形象。事实确也如此，这几十年蒋村很少发生捐会履行不能的情况，没有因之而引起的纠纷。仅仅有个别倒会的事例出现，如下面事例一。

事例一

蒋村岑国庆的捐会倒过。2004 年，他为建房捐好会，会捐好房

---

〔1〕 孙海龙访谈录，2008 年 12 月 27 日。
〔2〕 毛小强访谈录，2008 年 12 月 28 日。

屋建好，会钱领进后会就倒掉。3 万元的会。岑国庆没有钱打不出了，捐会所得的钱已用在盖房上了。2006 年他卖掉房屋还了部分会钱。后来每年有钱了就还捐会排在后面的人。[1]

在事例一中，即使倒会也显出会首岑国庆对信用的重视，对来会者的债一直是承认的，并且努力偿还；当然，如果真正没有钱，排在后面的会众的会钱就没有办法还了。但是，不论还款能力如何，会首或会众的态度必须是鲜明的，必须明确表现出负责的意思并有相应的行为。若不做到这一点，他和他的家庭就会承受极大的社会压力，会因此被孤立、隔离而无法在村中继续居住，社会关系终结。如果被认为存在投机、诈骗等违反习惯法的倾向和行为，会首岑国庆及其全家就更面临习惯法的处罚。毕竟，普通的农村村民的经济状况和流动能力有限，日常生活有赖于亲友、邻人的互助和支持，按照习惯法而形成的关系网络具有重要的社会支持功能。

六、捐会变更规范与关系

捐会的持续时间一般需要二三年甚至更长期限，因此由于客观情况的变化，会首和会众可能发生一定变故。由于倒会的社会后果极为严重，因而一般会竭力避免倒会而进行一定的变更，采用各种方式延续捐会。习惯法承认这种变更，而这种变更规范也与关系有关。下面事例二就说明了这一点：

事例二

2000 年前后，马文明捐了 2 万元钱（会），（会）捐好领进，实际上倒掉了。会众方其军不知道，每次他来收钱都拿出去；等到方其军去领时，说会倒掉了。(这时方其军已经) 打出 1 万多元。后来，马文明父母还（方其军）的，有钱就还一点。马文明与妻子离婚，自己又跑到外头，钱都花掉了。[2]

---

[1]　高美芬访谈录，2008 年 11 月 21 日。
[2]　高美芬访谈录，2008 年 11 月 21 日。

事例二与事例一有一定的类似之处，但是主体进行了变更，捐会主体由马文明变更为马文明父母，马文明父母继受了马文明的会首资格，承担了马文明的付款义务。其他会众按照习惯法接受这一变更。在实际上是马文明父母对马文明不良行为、无信行为的一种无奈补救，以尽量降低恶劣影响，减少对全家名誉的损害。主体变更为关系亲近的人，这符合习惯法的要求，社会支持这样的捐会变更。

这种捐会变更使关系受到一定影响，使来会者、参加会者对捐会的信任问题更加谨慎。在方其军妻子周容的叙述中可以感受到这一点：

他（马文明）家媳妇（妻子）一回一回来拿，我们不知道，实际上早已经倒掉。后来到我们拿了，没见会钱拿来，第二天就去问他们。他们妈说会已经倒掉了，他媳妇自己拿去用掉了。他妈就说：我慢慢会还你们的。一年多快二年，她丝瓜卖掉才还给我。这样的也有，没碰着过，吓也吓煞哉。以后要当心点了。[1]

在蒋村，如果因为出现了生病等意外事件、突发事件，会捐好打不出去了，一般就自己叫人、请人顶上去、抵上去，自己的会脚叫其他人顶上去，免得会倒掉，影响捐会的顺利进行。按照习惯法，这种顶会者须为原来参加会的非常亲近的人，关系必须相当好。如事例三中由弟弟顶哥哥的会。

事例三

朱齐飞 2000 年左右生病，得了脑中风，其妻子就不想担心思了，不想继续捐会了。后来由朱齐飞的弟弟抵朱齐飞的会。捐会是朱齐飞外甥的会，第二、第三脚都是朱齐飞。10 万元的会，很有压力的。会由朱齐飞的弟弟顶，转给朱齐飞的弟弟了。朱齐飞有一脚已经领进，一脚没领进。[2]

---

[1] 周容访谈录，2008 年 12 月 27 日。
[2] 高美芬访谈录，2008 年 11 月 21 日。

由于朱齐飞生大病，家庭经济状况发生了明显的变化，朱齐飞的弟弟就承担了朱齐飞在捐会中的权利和义务，事例三中的这种捐会变更符合习惯法的规定。习惯法的捐会变更规范强调变更主体的关系、变更主体的资格，旨在保障捐会的效力和正常完成。事实上，非为关系亲近的人也不会承担这一责任。其他参加者捐会也信任、接受和认可这种基于关系的变更和转让。

同捐会习惯法的其他方面相一致，这一习惯法规范的特点也是有历史基础和社会基础的。历史地看，我国文化中重视关系的取向不仅体现在观念上，而且体现在社会结构之中，并为社会结构所强化。[1]民众普遍信赖关系、依靠关系满足自身需要。根据黄光国先生的观点，关系可以分为情感性关系、工具性关系和混合性关系。情感性的关系通常都是一种长久而稳定的社会关系。这种关系可以满足个人在关爱、温情、安全感、归属感等情感方面的需要。当然，除了满足情感方面的需要之外，个人也可以用这种关系作为工具，来获取他所需要的物质资源。[2]捐会履行规范确认的关系显然具有这样的特性，为浙东农村社会所普遍认可和接受。

七、结语

从蒋村的调查、考察可以发现，作为民间金融互助活动的捐会由习惯法进行调整和规范。习惯法较为全面地对当今农村地区捐会的成立、内容和形式、效力、履行、变更和解除等予以具体规定。

捐会习惯法与关系有着内在的联系。捐会依靠人情而成立，捐会的内容和形式由信任而决定，捐会通过互信得以履行，捐会习惯法依靠关系而发挥作用、具有效力。广泛的社会关系是捐会顺利进行和捐会习惯法生效的前提和基础。

在乡村社会，捐会习惯法的内容、权威有赖于关系、人情、信任因素，极富民族特色。即使在经济较为发达的当今浙东地区，捐

---

〔1〕　张其仔：《社会资本论：社会资本与经济增长》，社会科学文献出版社1997年版，第59页。

〔2〕　黄光国等：《面子——中国人的权力游戏》，中国人民大学出版社2004年版，第6~11页。

会习惯法也基本承袭了固有规范和保障机制，社会治理方式带有传统的色彩，经济秩序、社会秩序的维持表现了鲜明的中华文化特点。经济的发展、社会的变迁、法治建设的推进对农村地区某些社会关系领域的影响比较大，而在捐会之类的民事债权债务领域的影响却比较小，还没有根本改变这些领域习惯法调整的社会基础和社会心理。[1]

在依法治国、建设社会主义法治国家的过程中，我们需要正视捐会这一现实，总结捐会习惯法这一规范，在国家立法和执法、司法实践中予以某种程度的尊重。

---

〔1〕 捐会这种民间金融互助已得到国家的一定认可如经过了银监部门的审批，如慈溪市龙山镇西门外在全国首创成立了资金互助组织———伏龙农村资金互助社。伏龙农村资金互助社负责资金信贷业务的赖国芬介绍说，资金互助成立于 2011 年 10 月，互助社由村里的 4 家企业和 396 个自然人共同出资 600 万元，为社员提供存款、贷款、结算等业务，目前已累计为 107 位村民发放了 1 亿多元的贷款。其中，40%左右的贷款用途是用于农林牧渔业生产。参见陈爱红："慈溪西门外村：全国首创村级资金互助组织"，载 http://news. eastday. com/eastday/13news/auto/news/csj/u7ai2337113_ K4. html，2020 年 4 月 12 日最后访问。

第十四章
承继中略有变化的债权债务习惯法

一、引言

在蒋村，村民由于生产、生活的需要，需要进行一定的债务往来，基本上每家每户都有债权债务关系，按照固有的债权债务习惯法进行处理。不过，受到不良社会风气的影响，近些年蒋村的债权债务习惯法发生了明显的变化，习惯法规范的效力不断下降，违反债权债务习惯法、不遵守债权债务习惯法的现象有所增多。

承袭传统，蒋村的债包括由于物质活动产生的债和人情关系形成的债；主要以金钱为内容的债，也包括少量的以行为、劳务为内容的债；有即时结清的债，也有延续几年甚至几十年的债；除了少量的为个人债权债务外，基本上以家庭为债权债务单位，全体家庭成员共同承担债权债务。

蒋村的债权债务习惯法主要规范债权债务的发生和形成、债权债务的履行、债权债务的转让、债权债务的消灭、违约的后果等，对债权债务关系进行全面的规范。具体而言，债权债务习惯法包括借债规范、欠债规范、还债规范、讨债规范、赖债后果等内容。

根据田野调查材料，本章对变化了的蒋村债权债务习惯法做一初步的探讨，以全面认识市场经济社会背景下的乡村债权债务习惯法，探讨债权债务习惯法变化的原因，思考乡村债权债务习惯法的未来发展。

二、借债规范

按照蒋村村民的观念，借债的范围比较广泛，包括借钱、捐会等，有比较长时间的借，也有临时应急的借，当地人俗称为"掇（音 duo）"。以往借钱主要为帮助型借钱、发展型借钱，近20年又有投资型借钱，为得到较高利息而出借钱款。借债方面的习惯法规范就包括借钱规范、捐会规范等。[1]借钱规范涉及主体规范、理由规范、对象规范、程序规范、保证规范等。

就帮助型借钱而言，借债规范主要有：

（1）借钱的主体为家庭，具体出面的人通常为户主，即家庭中有决定权者，或者是家庭中能力强者，能够代表该家进行借钱这样重要的民事行为，也能够得到出借方的信任。

（2）借钱的理由主要为大事或者急事，通常为正当事由。蒋村的大事包括建房、购房、装修装潢、订婚、结婚等，急事为突发急病、出车祸、打架受伤之类。开有工厂或者做生意的，进原材料或者进货时，也有借钱的情况。个别从事投资的村民，有时候也借一些钱。当然，有的家庭遇有临时用钱买点东西时，手上钱一下子周转不灵，也有向人借钱的。少数的不正当事由如为还赌债而借钱，在蒋村也有出现。

（3）借钱的对象既为有钱可借者，同时亦为关系亲近者。按照习惯法，借钱为具有极大人情、深厚人情的行为，须双方为关系极好的亲戚或者朋友。关系一般、交情不够是借不到钱的。如果关系不是非常紧密，就可能采取邀约参与捐会的形式。有的则用小额赠与来间接回绝借钱要求。当然，如果是临时急用而又数额不大的"小钱"，以往为图方便而主要找周边的邻居，现在则通过微信、支付宝转账而不受空间的限制。

（4）借钱的程序方面，按照习惯法通常为蒋村村民直接与意向中的出借人联系，上门表达自己的借钱意愿，出借方询问、了解有关情况后可能会就有关数额、期限等提出自己的想法，双方意见一

---

[1] 关于捐会习惯法，详见第十三章。

致后就成立借钱的债权债务关系。有的时候借钱方在一位或者几位双方共同的朋友陪同下向出借方表达借钱的意愿，这位或者这些朋友介绍相关情况，从旁帮助说合。有的是由出借方得知有关情况后主动向需要用钱方提出可以借钱的意思而形成借钱关系。

达成借钱合议后，如果金额比较大，双方往往按照习惯法由借钱方向出借方写一张书面的借条，有的还由一位共同信任的人做中人。借条上载明借钱人、出借方、金额、利息、还款时间、借钱时间等。有无利息、利息多少并不一致，看双方的具体情况。签名者可能与实际写条人并不一致，如妻子写的借条可能借钱人写的是丈夫的名字。如果金额不大，双方就直接交付现金或者转账，没有具体的书面借条，有无见证人并无绝对要求。下面文书一为 2008 年龚文桐向蒋学治借款 20 万元的借条，此为蒋村通常使用的借条。

文书一

借　　条

今借到蒋学治人民币 20 万元整。

大写人民币贰拾万元整。借期为六个月。

利息 1 分。

借款人：龚文桐
2008 年 10 月 15 日

（5）根据习惯法，借钱是依靠双方的信任关系达成的，因而主要由借钱方的信誉做保证，为一种人保形式，借钱方全家的人格、名誉是借钱成功和归还的基础和关键。

而投资型借钱，则为新近 20 年发展起来的一种新型的借钱形式，是由家有存款的村民将数额不等的金钱借给某位村民获得较高利息的借贷活动，借入的该位村民将此借款进行投资经营。由于利息较高，风险比较大，蒋村就出现过如事例一这样的借入方无法还钱的情况，引起比较大的社会风波。

事例一

蒋村村民邢良培腿有点残疾，有残疾证；是个种地的农民；主要是他老婆出面借钱。2015年2月，村民估计他们家将近借有200万元，以小舅子开树行做木材生意为借口；有账目的，一说63户、一说66户，80%债权人为老年人。他老婆信教的，教友处借来30来万元。蒋村有借给他家5万元的、3万元的、2万元的，最多的12万元，一般为一分利。邢良培家盖房可能花了40、50万元，其他的大部分给儿子吃、喝等花掉了。邢良培借他表姐2万元，表姐去世时他钱没有还，吊礼也没有送，结果吃羹饭也去，别人都笑话他。邢良培欠一个人5千元，那人摔了后去讨债，邢良培没有钱还，一直到那人去世都没有还上。债权人去他家闹也没有用，只有两位将邢良培的劳保卡拿回来，隔月轮流取得100多元的养老金。有人去法院告他，官司赢了但是仍然得不到钱。邢良培每天去村老年活动室，一点也不难为情。2020年5月，邢良培去世，但他老婆还活着，他们家的债务问题还没有了结。[1]

借钱人已是70多岁的老人，却牵连了许多家庭，特别是影响了许多老年人的晚年生活。

三、欠债规范

在蒋村，欠债多指在开厂经营、生意往来等生产性活动中所欠的钱，如货款、加工费、原材料款、运输费、辅料款等；也指日常生活中在商店、饮食店等处购买商品、吃饭等行为时的赊账。习惯法对这些欠债行为的主体、条件等进行了具体的规范。

一直以来蒋村生产、经营中的欠债较为普遍。基于长期合作的考虑，村民对生产、经营中的各种款项按照习惯法并不每次即刻结清，每年农历腊月年底结算后通常留有部分款项，至彻底结业或者终止合作时付清全部款项。生产、经营中的欠债通常清前账存后账，总体上一直有部分金额的款项拖欠。这种欠债通常立有书面的凭证，

---

〔1〕 羹饭为丧家招待来客的饭。祝清泉访谈录，2015年2月16日、2020年7月29日。

双方或者欠债方签字确认。下列文书二为孙永炳与长期合作的温方坤出具的欠产品款的欠条，上有欠款结清的时间。

文书二

欠　　条

欠产品款人民币 212 000 元
大写贰拾壹万贰仟元整。

欠款人：孙永炳

2007 年 12 月 30 日止以前结清

不过，由于 2014 年前后民间借贷出现人"跑路"、不还钱赖债等情况，蒋村村民在生产经营中便出现先由合作方转来材料款或者直接将原材料拉来进行加工、生产的变化，这种生产性欠债就减少了。这就极大地避免了恶性逃债出现的经济损失，降低了欠债带来的诸多麻烦，维护了正常的生产经营秩序。

赊账为把买卖的货款记在账上延期收付的行为。按照习惯法，蒋村的赊账发生在相熟的店主与老主顾之间，偶尔一次的消费者由于不熟悉、少有下次往来的可能性就不可能有赊账行为。而有的小本经营的店则强调"概不赊欠"，蒋村有的由外地人经营的商店也表明"概不赊欠"，如一家由浙江台州人在村西经营的超市一开始就向四周邻居表态不赊账。

赊账的发生情况多为出来购买时忘记带钱或者暂时手上缺钱需要日用品，也有嫌麻烦每次记账而按月等方式定时算清。赊账的金额通常不大，多为购买油盐酱醋等日常生活用品时发生。赊账一般没有利息。赊账有助于促进销售，但也存在个别无法收回钱款的风险。

四、还债规范

"有借有还，再借不难。"按照习惯法，蒋村村民通常认真履约，按期归还借款或者欠款。在蒋村，还债规范主要为按照约定时间及时归还、每年在大年三十前清还、以家庭为单位归还、无法还债时事先协商等内容，具体调整还债行为，维护正常的借贷秩序。

债务人及时履行还款义务是本分行为，这既是借入者守信态度的体现，也是对帮助自己解决困难的亲友善意行为的正常回应。在蒋村，能够借钱给他人是基于信任、出于帮助的行为，以双方的交情为基础，包含着对债务人的支持和肯定。因而，通常情况下，债务人珍惜这份情谊，仔细安排好款项事宜，按照约定时间及时归还。有的债务人还根据情况提前归还，以不辜负债权人的信任和帮助。

在还债时，债务人一般按照约定付一定数量的利息。此外，为表示感谢，有的债务人在还债时往往向债权人送一定的礼物或者请吃饭，有的债权人会接受，有的则考虑债务人家庭的实际情况予以谢绝。

按照蒋村习惯法，债权债务通常在大年三十前进行一个农历整年债权事宜的清算和归还，特别是在这个时间点结清一年的日常生意往来货款。结算后如果只能进行部分清付，则就将剩余部分款项立一张字条，载明金额、还款方式、还款日期等。

以往还债时需要到债权人家去上门还现金，并当面表示感谢。现在由于手机银行、电子银行、微信、支付宝等支付方式的普遍使用，蒋村村民较少用现金方式还债了，上门致谢也相对少些了，而代之通过微信表示谢意。

与借钱相同，还债也是以家庭为单位，非仅以实际借款人或者欠款人为还款人，以丈夫名义借的，妻子同样为还款人；"父债子还"的古老规范在蒋村基本仍然有效力，还没有分家的成年子女既享有权利也承担义务，也需要承担还债的责任。不过，也有不遵循这一规范而赖债的，如事例二中的李时弘就以已经离婚了而拒绝还债。

事例二

大约 2015 年时，蒋村村民李时弘借了别人不少钞票，有 20 多万块的，有 10 多万块，有 5 万多块的。他"老人"（妻子）为附近乡镇的，两人离婚离掉。别人去找李时弘还钱时，他说"我们已经离婚了，你不要来找我"。其实，离婚后李时弘与他前妻还一起生活、一起同居，按村民的话算事实婚姻，是有责任还债的。[1]

五、讨债规范

讨债即要债，为债权人向债务人讨还借给人的钱财的行为。欠债还钱，天经地义。在以往，蒋村的借债往往按期清还，极少发生讨债的情况。蒋村有"站（呆音）之放债，跪（巨音）之讨债"的俗语，意为"放债容易讨债难"。[2]大概进入 21 世纪以后，受社会上不良风气的影响，债务人到期不偿还钱财的行为更逐渐增多，于是习惯法的相关规范也不断完善。

按照习惯法，讨债的主体主要为债权人及其相关人。直接出借人及其家人当然有权到对方处讨债。债权人或者债务人的朋友，出于好意可以从旁提醒，但是不能直接催要。如果债权人将债权进行了抵转、转让，则新债权人有权进行讨要。

关于讨债对象，通常向债务人讨要；如果债务人一家实在无钱，也有向债务人的父母、有能力的兄弟姐妹等讨要；也有联系债务人的合作方，看是否有应付给债务人的加工费之类，要求直接付给债务人。在蒋村，有的借钱是通过中间人牵线、介绍即蒋村俗称的"管账"而成的。债务人无法还钱时，债权人就会向中间人施压，要求"管账"者承担担保职责而将"管账"者作为讨债对象，如事例三。

事例三

蒋村村民施雪林替同村村民汪涛管账借了不少钱。至 2017 年时已有两年了，汪涛利息也不付。每次施雪林问时，汪涛就说晚几天就有了。债权人讨得急，施雪林无奈替他向债权人还了两年利息，现在准备不替他还了。汪涛借了一分利的钱去放"高炮"（高利贷），收不回来了。他想赖债，不还钱了。施雪林就说"你不准备还本，

---

〔1〕　苏达昌访谈录，2022 年 1 月 22 日。

〔2〕　慈溪市地方志编纂委员会编：《慈溪市志（1988-2011）》（上册），浙江人民出版社 2015 年版，第 422 页。

你早告诉我，我也不替你垫还利息了"。[1]

蒋村有"欠之小人（银音）债，一日讨到夜"的俗语，意为"被不讲规矩的人反复被人催讨"。[2]这表明讨债需要合乎基本的习惯法规范。在讨债时机方面，习惯法要求在还期没有到之前不能讨要；债权人方突发重病或者出现重大意外事件后，债权人及其家人可以根据具体情况向命运到期的债务人讨要钱财；债务人死亡等重大变化出现时，债权人可以根据习惯法向债务人的家人提出提前清还债务，或者重新订立借债合同，确定新的债务人。

在蒋村，通常腊月三十过年前，债权人可以去讨债，欠债人应该把债还干净，正月初一开始的新年期间就不能讨债了。为此，出于种种考虑，有的欠债人往往在过年前不在家，外出躲债。如果实在不能还清债，债权人就考虑债务人的实际情况，能还多少就还多少，剩余部分按照习惯法要求债务人重新立一张欠条或者借条。不过，近些年随着社会的变化，年前还清债、正月不讨债规范的效力也有所降低。

就讨债的方式而言，有通过电话、微信等讨要的，有直接上门讨要的；有债权人讨要的，也有请朋友讨要的；有间隔讨要的，也有天天甚至上下午连续讨要的；有悄悄讨要的，也有撕破脸皮而大声、公开讨要的，通过形成对债务人全家的社会压力达到讨回钱财的目的。

在讨债结果方面，由于债务人不按期还债已属于理亏，一般情况下讨要后债务人会还清全部欠款或者偿还部分欠款。不能全部还清时，债权人通常要求债务人重新立一张欠条，具体写明还款计划和时间。当然，蒋村也存在承认欠钱但就是不还的情况。针对"老赖"，蒋村有村民去法院起诉要求还钱的，法院也判决支持了但是就是由于被告没有任何财产而导致无法执行。

有时遇到实在没有财物的债务人，考虑种种因素后，债权人如

［1］ 施雪林访谈录，2017年1月16日。
［2］ 慈溪市地方志编纂委员会编：《慈溪市志（1988—2011）》（上册），浙江人民出版社2015年版，第423页。

事例四这样只得主动放弃债权，再也不去讨债。

事例四

附近村有一村民欠蒋村村民施雪林 4 万多元。2016 年其妻头部生癌去世。2017 年 1 月的一天，施雪林趁即将过年之时去他家讨债，见其家楼下又脏又乱，两个小孩挤在电脑前玩，鼻涕又长，人又脏兮兮。问他们爸爸在哪里，说在楼上睡觉。见此情景，施雪林觉得这一家很可怜，决定以后不来他们家讨债了，就当献爱心了。[1]

施雪林的这一放弃讨债，是基于他的债务人完全没有履行能力了，已经无法继续履行还债的义务。如继续讨债，于自己良心不安，于社会影响不好，甚至可能出现恶性事故。

六、赖债后果

近些年来，由于种种原因，蒋村的债务人出现赖债的情况越来越多。[2]按照蒋村债权债务习惯法，债务人赖债的直接后果主要包括"跑路"、被逼离开、上门讨债逼债、受到另眼相看等，间接后果则为社会评价降低，正常的社会交往受到一定的影响，在生产、生活方面可能难以得到旁人相助。

（1）"跑路"。如果无法还债，债务人本人甚至全家往往就选择离开蒋村，跑到一个无人知道的地方隐藏起来，避免被债权人寻找到而不断催要。最多时，蒋村大概有三四户为赖债、躲债而远走他乡。

有的债权人因找不到债务人而在其房屋外墙喷字以发泄愤怒。事例五中的"跑路"者赵博家的房屋即属此类。

---

〔1〕　施雪林访谈录，2017 年 1 月 16 日。

〔2〕　从各地的情况看，赖债的理由五花八门，如浙江省宁波市北仑的吴洪以债权人郑槿在其家中祭祖时带了一干亲朋好友冲进门闹了一通、坏了自家的风水为由，铁了心不打算还钱。参见陈东升等："坏了风水拒不还钱"，载《法制日报》2013 年 4 月 14 日。

而利用中国人过春节的"心理依赖"抓老赖，是"没有办法的办法"。参见方林等："金华金东开通查老赖热线　除夕夜有干警随时出动"，载 http://news.zj.vnet.cn/2014012719834293.html，2014 年 2 月 10 日最后访问。

事例五

赵博40多岁，夫妻俩育有两个孩子，盖有一两底两楼的房子。赵博开有一个小五金加工厂。他货发出去货款又收不回来，下成本又借了高利贷，据说赵博欠有外债100多万元，少一点可能亲戚朋友帮忙还掉了。2009年10月，赵博因无法还债而"跑路"。过了一个多月，赵博的邻居发现赵博家房子正面的外墙、门上被用黑色的油漆喷上了很大的"奠"、用红色的油漆喷上了很大的"赵博还钱"等字，一楼的窗户玻璃也被打烂了。邻居猜测可能是债权人"发泄愤怒"而为。

不过，近些年，除了两户以外的"跑路"者外都回来了，包括村民估计欠债两千多万元的舒大明也回家来了。

从实际情况看，"跑路"者经过一段时间的躲藏，自己和债权人可能认为已经为赖债、躲债行为付出了代价，受到了一定程度的惩罚。因此"跑路"者感觉可以回来蒋村过相对正常的生活了。有的则试图回村重新发展，能够赚钱来还债，因而得到债权人的谅解和理解。有的则持反正一无所有、没钱还的横竖横态度，令债权人无计可施而作罢。

当然，"跑路"者回村还与现今的社会风气有一定的关系。现在蒋村村民对"跑路"者的议论不似2005年前后多，社会舆论的压力小了不少。

（2）被逼离开。在蒋村，债务人欠债、赖债后，主观上其实不想离开蒋村、离开家，但是债权人的压力使债务人被迫离开。如2014年1月蒋村人白泉茂因为意外事故去世后，其妻赖晓彤为应付同村蔡开儒等的讨债而被迫带未成年的小女儿离开蒋村。[1]

被逼离开有短时间的，也有几年的，具体看债权人的压力和态度而定，也与债务人的态度和还款能力有关。

与"跑路"者不同，被逼离开者主观上并不愿意离开，只是由于家被法院查封、债权人天天上门等原因而离开蒋村。被逼离开者

---

〔1〕 详见第十五章一起未了的民间借贷纠纷"。

的心理承受力可能超过"跑路"者，按照有些蒋村人的说法"脸皮更厚"。

（3）上门讨债逼债。按照蒋村习惯法，这是欠债不还、赖债的主要后果。欠债到期后，债权人就会通过各种方式要债，如用微信、电话、短信等方式要求债务人还债。在这些方式无效或者没有结果时，债权人就会到债务人的家上门讨债甚至逼债，以保障自己的权利。

蒋村大概有五六户欠债较多而仍然在家居住的。债权人上门讨债、逼债可能是一个人，也可能是多人前来；可能是悄悄地来讨，也可能大张旗鼓地来闹要；可能是和风细雨式地要，也可能是十分生气、愤怒地讨要；可能是不影响债务人及其家人正常生活地要，也可能不管债务人及其家人的情况，通过严重影响债务人及其家人生活和社会影响的方式来讨要。

生气至极时，有的债权人在上门讨债时可能骂甚至追打债务人，如债权人去蒋村村民姜伟家去讨债时，他说还钱是没有的，但2018年春节前他们一家三口却去美国旅游，这令债权人非常气愤，上门骂他。有的可能毁坏债务人家的某些财产，破坏债务人正常的生活、生产条件。

有时候，债权人可能搬走债务人的某些家用电器等动产，以抵偿欠款，得到某些心理上的平衡。

极个别的债权人通过限制债务人行动的方式来逼迫债务人及其家人还债，如住在债务人家里、寸步不离债务人等，给债务人一家造成行为不自由。

（4）受到另眼相看。欠债还钱毕竟是天经地义的事情，债务人不还钱甚至赖债当然为债权人及其相关人所不容，受到利益关系人的另眼相看，亲戚关系可能中断来往，几十年的朋友关系可能到此为止，生意伙伴从此不再合作。事例六中的范尚杰的行为就为村民所鄙视。

事例六

范尚杰欠他人共有200多万元，他没有办法还。欠人家这么多钱，他只得将自己的两间宅基地以 38 万元卖给他舅舅，当时说是欠他舅舅钞票。这大概是 2016 年的事。后来大家才知道他实际上是没有欠他舅舅钱，而是将这钱直接自己拿了，目的是掩盖，怕债务人知道他有钱后来要债。当时他的妈妈还哭，很伤心，实际上是骗别人的。拆屋的时候旁边的人（邻居）不肯，结果就还了他 2 万块。范尚杰一家现在在蒋村租房子住。现在他舅舅正在盖房子，已经盖了一层了。[1]

按照习惯法，赖债后果包括心理压力、名誉影响、行为受限、财产受损、身体被打等，涉及精神、财产、行为、身体等方面。

七、结语

承继传统，蒋村的债权债务习惯法主要规范借债行为、欠债行为、还债行为、讨债行为，并对赖债后果进行了规定，全面调整债权债务关系，促进正常的生产、生活的开展，保障村民的财产权益。

蒋村债权债务习惯法本着关心、互助、支持的目的，以村民之间的信任关系为基础，主要为亲戚朋友等熟人之间的钱物往来，人情、面子为主要的担保方式。不过，晚近出现的投资型借款主要以利益为纽带，债权人以获得高额利息为目标。

---

[1] 邹箫访谈录，2017 年 4 月 5 日。

第十五章
一起未了的民间借贷纠纷

一、引言

蒋村有"站（音呆）之放债，跪（音巨）之讨债"的谚语，其意为"放债容易讨债难"。[1]2013 年腊月开始，蒋村村民蔡开儒、苏玲夫妇就经历了这一现况，遇到了不遵循有借有还的借债习惯法规范的家庭，并至今没有讨来借款。

50 岁的蒋村人白泉茂 2014 年 1 月 3 日晚上因意外事故去世。在办理完白泉茂的后事以后，蒋村内外的人就纷纷开始拿着借条、欠条向其妻赖晓彤讨要借款、欠款。作为白家的朋友，蔡开儒夫妇与白家既有生意上的往来，也借钱给白家。面对白家主劳力、主心骨的离世，蔡开儒夫妇也十分着急，开始了艰难的讨债过程。

二、借钱

白泉茂家共有 4 人，夫妻俩育有两个女儿，大女儿已经出嫁，小女儿还在读初中。白泉茂家两年前建了一栋三底三楼的楼房，屋后面为自家工厂的厂房。在蒋村村民的印象中，白泉茂家生产正常，生活富足，家庭和美。

为生产需要，白泉茂家分别于 2013 年 1 月 30 日、2013 年 3 月

---

〔1〕 慈溪市地方志编纂委员会编：《慈溪市志（1988—2011）》（上册），浙江人民出版社 2015 年版，第 422 页。

12 日、2013 年 4 月 1 日向蔡开儒家借款 10 万元、10 万元、8 万元，共计 28 万元，约定月利壹分。至白泉茂去世时，本金全部没有归还，利息除付 6000 元外余均没付。

借条由妻子赖晓彤书写，具名为丈夫白泉茂。钱是由妻子赖晓彤来拿的。三次写在同一张纸上。具体见文书一。[1]

文书一

借　　条

今借到苏玲现金拾万元正，月利壹分，六个月付息。

借款人：白泉茂
2013 年 4 月 1 日

借　　条

今借到苏玲现金拾万元正，月利壹分，六个月付息。

借款人：白泉茂
2013 年 3 月 12 日

借　　条

今借到苏玲现金捌万元正，月利壹分，六个月付息。

借款人：白泉茂
2013 年 1 月 30 日

同时，白泉茂家与蔡开儒家有电线业务往来，蔡开儒家向白泉茂家供应电线，尚有 42 064 元电线欠款没有付清。

这样算下来，白泉茂家共需向蔡开儒家还 322 064 元以及利息近 2 万元。

不仅如此，蔡开儒夫妇在白泉茂去世后不断得到白泉茂家欠债

---

〔1〕　最早的 2013 年 1 月 30 日的借条在一张 B5 大小的纸的中间，3 月 12 日、4 月 1 日依次在纸张上部。据苏玲讲，当时为图方便。苏玲访谈录，2014 年 2 月 8 日。

这个利息是朋友面子利息。当时蒋村的利息普遍远高于此。同属浙江的义乌，从事民间借贷的寄售行遍布大街小巷，一个县级市就高达 200 多家；月利息从两三分一路走高攀升至 0.1 元甚至 0.15 元。参见何勇义："浙江义乌民间高利贷月息高达 0.15 元"，载 http://finance.sina.com.cn/china/dfjj/20080719/21235111237.shtml，2014 年 2 月 10 日最后访问。

的消息，如仅就蒋村本村而言，白泉茂家就欠岑家 40 万元、施家 20 万元、项家 20 万元、董家 20 万元、周家 19 万元（有传说已经还了部分），加上蔡家的，加起来大概共有 160 万元。这些债权人还得知白泉茂家欠银行贷款有 150 万元，欠材料款和工资等款大概有 300 万元。这些加起来就远不是一个小数目了。

这令蔡开儒夫妇和其他债权人深感意外。他们万万没有想到白泉茂家居然有那么多债务、那么多亏空。平时虽然大家感觉白泉茂家买菜舍得买，海鲜、水果只要想吃，不管价钱多高，他们家都勇敢买，用钱比较大方。大家也看到大女儿出嫁、生小孩、养小孩都是依赖娘家，基本上所有的开销都是白泉茂家在承担。他们认为白泉茂家支出比较大，但工厂在运行，每天有进账。现在白泉茂一出事，才发现白家窟窿那么大。

面对这样的状况，蔡开儒夫妇和其他债权人在替白泉茂意外去世惋惜的同时，心里想的是赶快向白泉茂妻赖晓彤讨债。

三、讨债

蔡开儒夫妇拿着借条、欠条向赖晓彤讨债时，赖晓彤承认这些借款、欠款的存在，没有赖账的表示。赖晓彤向他们表示说债是一定要还的，说争取先还 30%，最少还 20%。但是一直没有具体动静；蔡开儒夫妇叫赖晓彤换借条（即将借条换成赖晓彤借），赖晓彤也不肯。

面对讨债，赖晓彤采取的是稳住、拖延策略。而基于白泉茂"五七"没过、赖晓彤还比较伤心的情况，从朋友义、常人情的角度，蔡开儒夫妇也没有紧讨，总体上是相信赖晓彤是有担当的，会妥当处理好借款、欠款问题的。

白泉茂去世后，赖晓彤也借此向有关方要货款等应收账。据传，按照人死结账习惯，她要来了几百万钱。对要来的这些钱，蔡开儒夫妇和蒋村的其他债权人的想法是除了付工人的工资以外，先按照比例还本村人的钱，其他得做个计划慢慢还；尤其不要先还银行贷款，那个可以延期、展期。

不过，传来的消息并不于蔡开儒夫妇和蒋村的其他债权人有利。

赖晓彤悄悄地把银行的 150 万元贷款还了，说是因为担保人的要求。这令蔡开儒夫妇和蒋村的其他债权人非常生气，觉得赖晓彤有了赖账的念头。

于是，蔡开儒夫妇和蒋村的其他债权人抓紧了讨债的步伐。

2014 年 1 月 30 日为大年三十，除夕。蒋村民间有老规矩，除夕清算一年的账，欠债的在这一天还清账，讨债的在这一天去要债。按照习惯法，即使无法还清全部，至少尽力还一部分，其他部分双方商量如何还钱另写一张借条。蔡开儒夫妇和蒋村的其他债权人想利用这一规范叫赖晓彤还债，当天上午去她家，不见赖晓彤人影。问白家其他人，说是赖晓彤出去了，不知道什么时候回来。蔡开儒夫妇他们只好等着，一直等到下午四五点钟也没见赖晓彤回来，打电话也一直不接。蔡开儒夫妇他们几个债权人知道事情麻烦了，赖晓彤已经彻底不要面子了，年三十还债的规矩已经完全不顾了。他们在气愤中过了一个极不愉快的年。

2 月 5 日为正月初六，白泉茂死后"五七"的日子。[1]另一家借款白泉茂达 40 万元的 60 多岁岑家两口子在赖晓彤家为死者办"五七"后，准备晚上住到赖晓彤家去，逼她出来、还钱。为怕他们吃亏，蔡开儒、苏玲两口子也去了赖晓彤家。

为施加些压力，蔡开儒与岑家丈夫从蔡开儒处抬了一张双人棕绷去赖晓彤家，以示长期在赖晓彤家居住直至其还钱之意。结果赖晓彤家来了三批二三十人白家亲戚，气势汹汹的，还要动手打人。双方发生了争吵，甚至有身体接触。赖晓彤那边还恶人先告状，报了警，警察来得比较快，制止了赖晓彤那边的人要打人的企图。赖晓彤家人说要去验伤什么的。见此情景，蔡开儒非常气愤地说："这家人恶是太恶了，欠账的人没有这样凶的!"[2]

经此一晚，蔡开儒和蒋村的其他债权人明白，赖晓彤是不要脸

---

[1] 按照蒋村习惯法，从刚死的那天算起，每隔七天做一次祭奠，"五七"是一个很重要的日子，说死了的人会在这一天回家，最后看看他的家人，然后去投胎，或是去阴司居住。也说人死了以后，灵魂眷顾家人子女，不忍离去，要过了"五七"35 天，才肯离开去天堂。因此"五七"成了我国丧葬文化和丧葬习惯法的重要环节而倍加重视。

[2] 蔡开儒访谈录，2014 年 2 月 5 日。

皮了、不要面子了，这债是难讨回来了。

　　鉴于这种情况，生气、愤怒的蔡开儒夫妇觉得没有其他办法可想了，就考虑到法院打官司。2月6日，他们请人起草了一份起诉状草稿。

　　2月7日，蔡开儒在朋友的陪同下去法庭向一位法庭庭长咨询。听了蔡开儒的情况介绍后，庭长认为关键是证据，要赖晓彤承认为夫妻共同债务，通过录音、旁证等来进行证明。他拿出《浙江省高级人民法院关于审理民间借贷纠纷案件若干问题的指导意见》[1]指着第19条给蔡开儒他们看，说浙江省高级人民法院的规定与最高人民法院的不一样。如仅为丈夫一方的债务，他妻子等继承人声明放弃继承就可以了，这样债权就很难实现。如果为夫妻共同债务，也比较麻烦，农村的房屋因为没有房产证，法院不好处理。只有在过年前将赖晓彤拘留15天，逼她还钱；如果脸皮厚的，死不还钱的也没有什么好的办法。他说不要撕破脸皮，否则更没有希望了。他认为打官司慢慢打好了，关键是有证据，否则在法庭上赖晓彤她说"我打电话问了老公，他叫我写我就写了"，她一否认就只好判你败诉，法院是讲法律事实的，你又要承担诉讼费，又更生气。他说他们法庭9个人，去年（2013年）审2500件案子，三分之二是有关债权债务的。最高的告7亿元多判4亿多元。他说慈溪这方面太乱了，办厂的老板厂不办了，去炒房地产，来钱快啊；后来又去放"高炮"（高利贷），来钱更快啊，开投资公司什么的，现在投资公司都倒闭了，留下一大堆纠纷。他建议蔡开儒以后要欠债方出具欠条时，必须由夫妻双方以"共同还款人"的名义共同签名，这样不仅仅家庭工厂的财产可以用来还款，夫妻家庭的财产和个人财产也可以用来还款。蔡开儒感觉今天来一趟收获很大，知道了以后需要注意的问题。

　　回家后，蔡开儒与苏玲商量后觉得算了，到法院打官司也没有什么意思，债也不一定还、钱也不一定要得回来，就看赖晓彤吧，

---

　　[1]《浙江省高级人民法院关于审理民间借贷纠纷案件若干问题的指导意见》（浙高法［2009］297号），2009年9月8日发布。

就当作没有这钱了，想看一点，免得再生气、越来越气。讨债的事实让蔡开儒夫妇经历了一场磨难，他们逐渐接受了欠钱不还、有钱难要的事实。

2014年2月7日下午，蔡开儒给赖晓彤打了一个电话，说了一个来钟头。赖晓彤似乎很激动，说已经到派出所报了案。蔡开儒给她解释当时的情况，说："打是没有的，推是推了一下，说这是我的棕绷，你女婿用力在上下弄它，我就推了他一下，他没有站住摔了一下。"过了大约一个小时，赖晓彤打电话给蔡开儒，要他过去一下。大概一个多小时后蔡开儒才回来。蔡开儒告诉苏玲说没有什么事，好像三堂会审，赖晓彤、她亲家、她女婿、她两个弟弟在家，说蔡开儒那天晚上打了她女婿。苏玲说，赖晓彤说钱是一定要还的。这次非常客气，又是递烟又是倒茶。蔡开儒觉得她们目的是稳住蔡开儒，让赖晓彤和她弟弟还在村里办厂。赖晓彤的目标是对准岑家，甚至还希望派出所来调查要赖晓彤出证明，说赖晓彤是他们岑家叫去的，这被赖晓彤一口拒绝。

2月7日晚上，岑家大女儿和老两口来蔡开儒家，大家对赖晓彤的行为非常气愤，但是也感觉到法院打官司也不一定能赢。岑家大女儿说那天晚上她丈夫去赖晓彤家时，赖晓彤的一位侄子说你们不要吵，说以后拿产品好了。所以她打算以后拿产品抵债。

到正月初十的2月9日，赖晓彤去了与蔡开儒去位于东山头的一个有业务往来的人那里。据说那人欠赖晓彤她们家货款30多万元。去以后，她们双方账还没有结，将这债权转移给蔡开儒现在还做不到。东山头这家女儿生了大病，现在逐渐恢复过程中，需4、5月份时才能结账。况且他愿不愿意转债权人还不知道，一般是不愿意的，除非关系特别好。蔡开儒为1.5万元货款的事，曾经将东山头这家告上法庭。他都不愿意调解，最后是判决了事，费了半天劲才拿到了钱。即使能够转、拿到欠条，也不一定能够拿的到钱。东山头这家厂房是租别人的，为女儿治病花去二三十万，自己家虽是三层楼房但是也不值钱。蔡开儒夫妇觉得这不是要债的方法。

通过在年前年后的讨债过程，蔡开儒感叹：社会真是变了，这以后叫谁再借钱给别人，好人是没法做了。[1]在蔡开儒看来，以后有人需要办厂，或者盖房子、办事情，很难能够借到钱了，大家都怕了。这一影响是立竿见影的，蒋村有一人原来说好了向他人借5万块钱，他人也答应了，结果受这一事件的影响，他人反悔了，不愿意了。蔡开儒不断地强调，赖晓彤她这样做社会影响非常坏，弄得别人以后无法做人了。蒋村社会在"高炮"（高利贷）跑路、走人之后，诚信受到了毁灭性的打击。现在村里又出现这一事情，负面影响太大了。[2]

之后，赖晓彤家的产品被债权人抢着拿完，原材料和机器也被债权人拿走，欠钱不还的赖晓彤想继续在原来家开厂的美梦被彻底击碎。蔡开儒夫妇觉得拿一些东西也没有意思，就没有参与白家这些财产的处理。

再之后，赖晓彤被债权人告了，法院将其房屋查封了，赖晓彤和小女儿只得携款离开蒋村。[3]

不还清债，赖晓彤她们将永远无法回到自己在蒋村的家。

四、结语

近些年来，还钱的事情一直没有进展。蔡开儒夫妇不时听到赖晓彤在外面办厂等消息，但是这些年从来没有收到来自赖晓彤的任何还债的信息。

稍微有点关联的是2021年5月3日晚，同村人霍明理来蔡开儒家玩时提到赖晓彤委托其亲戚白家桐（白泉茂的堂兄弟）来给他说，白家委托霍明理希望将房屋出租，叫霍明理管管账。霍明理表示白家先要算好蒋村总共欠债多少，随后比如一年出租10万元，其中7万元用来还债，3万元你白家拿去。每年按比例还给欠债方，这样一年年地还完。霍明理还说现在在白泉茂的侄子那边还有点产品款卡住，处理掉那个以后就可以开始来考虑还债的事。他表示这个事情

---

[1] 蔡开儒访谈录，2014年2月9日。

[2] 蔡开儒访谈录，2014年2月16日。

[3] 按照蔡开儒的估计，赖晓彤手上至少有超过100万元的钱。蔡开儒访谈录，2014年2月16日。

要开始弄弄好。蔡开儒夫妇讨论以后没有表示出特别的期待，苏玲说赖晓彤她想还早就可以还掉了。[1]不过，至本章完成时，白家还债之事仍无任何动静。

"站（呆音）之放债，跪（巨音）之讨债。"蔡开儒夫妇深切地体会到了这一点。

等待，这是蔡开儒夫妇唯一可以做的事。曾经愤怒、伤心、难以接受的他们，在经历六年多的讨要、交涉、抗争后已渐渐归于平静。

在他们看来，无论是蒋村的习惯法还是国家法律，对赖晓彤这样的老赖、无赖作用都不大。

---

[1] 苏玲访谈录，2021年6月12日。

第十六章
渐行渐变的商事习惯法

一、引言

在蒋村，村民有各种以营利为目的的经营性行为，即商事活动。蒋村的商事行为通常包括以下四种类型：①直接从事商品购销的活动，如批发商、零售商等"中间商"直接从事商品购入和卖出进行谋利。②"辅助商"为"中间商"的商品购销直接服务的商业活动，诸如运输、仓储、加工整理等。③"金融中间人"为商品交易提供间接服务的经济活动，如中介借款等。④"营销服务机构"为商品交易提供劳务性质服务的活动，如餐馆、饭店、旅馆、房屋出租、信息提供等。这些商事行为基本上都受到商事习惯法的调整，村民遵循习惯法进行各类商事活动。当然，广义地理解，开厂经营、拜师学艺也是一种商业活动，也有其自身的习惯法规范。

由于社会的发展、变化，蒋村的商事习惯法也不断发生变化，有些规范由于所规范的商事行为消失因失去调整对象而自然消亡，有的随着新的商事行为的出现而新生新的习惯法。商事习惯法呈现出渐行渐变之势。

在田野调查的基础上，本章对蒋村商事习惯法做一初步的探讨，全面地展示物品买卖规范、辅助买卖的规范、借款规范、企业经营规范、拜师学艺规范，以更全面地认识渐行渐变的蒋村商事习惯法。

二、完备的物品买卖规范

在蒋村，一直存在各种形式的物品买卖，[1]习惯法对此进行全面的规范，调整各类买卖关系，满足村民的需要。

就买卖的物品种类而言，蒋村主要有商品的买卖与自产品的买卖两类。蒋村区域内有五家超市和十来家烟酒副食小商店以及十多家五金等商店。这些商店既有蒋村本地人开设的，也有外地人租房开设的，基本上为一家一户的夫妻店。超市均为新村民所开。这些商店为村民和外来的新村民提供日常所需的各种各样的小商品。按照习惯法，这些商店的商品买卖遵循货真价实、童叟无欺、钱货两清的规范进行商品买卖。这些小店的进货渠道不一，有自己去批发部进来的，也有专门送货上门的，往往按照一定时间进行结算或者每次结清。如出现商品质量问题，通常商店方与顾客双方进行直接的沟通，一般通过换、退、适当补偿或者赔偿等方式解决。不过，村民都说这种情况很少发生。小本经营，一般不赊账购物，除非为极熟的老主顾或者村邻出门匆忙忘带钱或者手机；赊账后大多在下一次来购物时还清。[2]这些商店有时还进行代销活动。如2011年1月，蒋村村民黎大森为他人加工塑料件年底结账时电器厂无现金支付加工费，无奈只得拿来100台脱水机抵加工费。他将其中的一些脱水机请邻居张强的小商店代为销售，小商店在前后半年时间销售了12台脱水机。黎大森想给张强一些辛苦费，张强坚辞不收。后黎大森买了一些水果给张强的方式表示了感谢；还留了一台脱水机给他。

在自产品的买卖方面，包括蒋村村民自己种植的农产品、养殖的畜禽产品、养殖和捕捞的水产品等和村民自己生产的电风扇等工业成品、半成品，也包括上述如黎大森这类抵债来的工业品。工业

---

[1] "蒋村真正做生意的人少，有几个小打小闹的，真正做生意的少。"吴道清访谈录，2022年4月3日。

[2] 旧时蒋村所在地区有交易习惯："零星交易，则为现款，大宗整数交易，乃为过账。"参见千人俊编纂：《民国慈溪县新志稿》，慈溪县地方志编纂委员会办公室、慈溪县档案馆1987年版，第64页。

成品、半成品一般为成批销售，属于经营行为；但是也有一些日常家用的足浴器等工业品个别的、小批量的零卖。如 2010 年 11 月 13 日蒋村的陈鸣龙为前来参加结婚后满月活动的新娘长辈作为回礼的 10 件足浴器即为向同村村民开办的生产厂家直接上门购买的。这种购买有熟人因素，也省略了一些中间环节，因此价格相对便宜一些。对生产的村民而言，扩大了销路，联络了乡邻的感情；对购买的村民而言，减少了麻烦，节约了费用，这是两全其美的买卖。习惯法鼓励这种形式的交易行为，而对舍近求远购买类似产品的行为予以某种方式的否定。

而在蔬菜、瓜果等农产品、水产品方面，蒋村村民根据不同产品按照具体情况进行买卖。花卉苗木、丝瓜络等通常卖给本村或外村的收购商，按质论价，钱货及时两清或者约定时间付清。而少量的农产品等大多到镇上的农贸市场进行销售，也有个别的在家中销售。蒋村村民在农贸市场碰到熟人在卖蔬菜等物时，根据自己的意愿能够照顾的会照顾一下，并不一定非买不可。在适当情况下，熟人之间买卖有一定的优惠，呈现一个面子价。

就买卖的方式而言，蒋村村民的物品买卖大致有固定地点买卖和四处游动买卖等两类。固定地点买卖实为坐商，村民在家中、商店、农贸市场设固定摊位等固定场所进行物品买卖，大多为专门化、职业化的物品买卖，有专人经营，坐等顾客上门。如蒋村村民范达武在蒋村北面的杭州湾海涂张网从事海产品的捕捞，就在镇农贸市场租了一个摊位，由其妻子专门卖这些捕捞来的海产品，每天卖完为止。他们这样买卖已经有 30 多年了。由于连续性经营，固定地点买卖更强调货真价实，突出诚信经营，树立良好口碑，吸引更多的回头客。同时，由于电商经济的兴起，蒋村一些年轻人也在淘宝开店做网商、在微信上做微商，也有个别直播带货的，物品买卖的固定地点有了扩展。

四处游动买卖即为行商、游商，为串村入户推销物品的销售形式。这既有蒋村外面的人开三轮车、挑担子来蒋村销售日用品、蔬菜瓜果的，也有蒋村村民季节性的销售自产或者批发来的物品的。除了个别人以外，蒋村四处游动买卖的村民基本为非职业的，为农产品等生产的延伸环节。如 20 世纪 70 年代时，蒋村有二十多户人家到杭州湾海涂用网牵虾子，并加工腌制为咸虾籽酱。农闲时，村民（多为妇女）挑盛有咸虾籽的担子去慈溪南部山区和余姚农村走村入户销卖。这种四处游动买卖比较灵活，主动性大，成本也相对比较低。但是，也可能存在质次价高等问题，但发现时已找不到卖主。习惯法仅规范这类物品买卖的即时交易。

在蒋村，有一种比较特殊的游动买卖，即"挨面孔"推销。如蒋村村民邹美露的亲戚种了甘蔗，为尽快销售出去，2019 年 11 月他拉了 30 捆甘蔗到邹美露家。受托之后，邹美露便一家一家地到周围邻居处，请他们挨个面孔买一捆。最后她将这些甘蔗都以这种方式销完了。这种利用熟人关系的"挨面孔"推销，价格低廉，送货上门，虽然物品不一定为村民所必需，但还是有一定市场的。有的"挨面孔"推销，是销售蒋村村民自己的产品，为村民某种帮忙形式的购买。

在物品买卖方面，蒋村依习惯法还有一种代购代销的方式。如 2019 年 11 月 29 日，村民徐丽娜打电话托为外镇一家年糕厂提供包装纸箱的本村村民曹玉甫去年糕厂送货时帮带买两厢年糕回来。这方便了徐丽娜，质量也有保证；而曹玉甫虽然多了一个事，但是为年糕厂增加了销路，增进了与年糕厂的关系。这种物品买卖有相互帮忙的特点，在蒋村较为常见。村民提供这种方式互相帮助，满足需要，加强来往，增进情谊。

蒋村的物品买卖秉承和气生财的态度，尽量防范以免出现纠纷。故有谚语"有钿勿买及夹（指有纠纷）餐，有货勿买疙瘩（指精明）钿"。

三、辅助物品买卖的规范

在蒋村，辅助物品买卖的规范主要包括出租房屋规范、送货规范、提供服务规范等，分别由一些基本的习惯法规定。

蒋村的房屋出租主要为出租给新蒋村人居住，许多家庭都将十几平方米一间的平房进行出租，也有个别出租楼房房间的，每间每月 100 元左右，租金年付季付的不一，看双方协商，一般也不立书面协议。如发生纠纷，通常协商解决。蒋村也有因为生产需要而租厂房的，这就通常立有书面协议。如下面文书一"租房协议"：

文书一

租房协议

甲方：梁武

乙方：瞿政国

甲方因业务发展需要租凭（赁）乙方位于蒋村，建筑面积1100平方左右，（1—3层），经双方协商，特定租凭（赁）协议如下：

一、租赁期限2013年2月10日至2014年2月10日止。

二、租金一年7万2千（柒万贰千元整）。

三、乙方提供水源、电源，水电费用甲方负担。

四、货梯由甲方全权负责，与乙方无任何关系。

五、付款方式一次性付清。

六、协议一式两份，双方签字后生效，不得反悔。

甲方：梁武（签名 留手机号）   乙方：瞿政国（签名 留手机号）

2015年2月10日[1]

按照习惯法，文书一这类租房协议有手写的，也有打印的，看双方的意见而定。通常情况下，房屋出租后双方按约履行，总体关系和谐。

不过，因出租厂房而引起的租金交付等纠纷，在蒋村也时有发生。如上述瞿政国租赁梁武的房屋办厂，租金实际上并没有在2015年2月一次性付清，2月10日仅付了52 000元，留下20 000元说是一个月内付，结果一拖再拖，瞿政国找各种借口，说生意不好做、货款回不来等，一直拖到6月份还没有付清。梁武一催再催，打电话瞿政国不接；最后用他人手机才打通，梁武十分生气地告诉瞿政

---

[1] 梁武提供，2016年4月2日。

国"你是无赖",警告他再不给就停水停电锁大门,这样瞿政国才付清剩余的 2 万元租金。

有时出租房内发生事故,作为房东的蒋村村民也按照习惯法给予一定的帮助。如 2017 年 11 月,租梁武家房屋做厂房的施家治的工厂发生人身伤害事故。一位 50 多岁的工人喝醉酒后从货运电梯中跌落下来导致手骨折、头外伤。梁武知悉后,积极督促施家治支付医疗费进行救治,并表示愿意拿出一些钱予以支持。最后虽然因医药费等不算太多没用实际拿出来,但是施家治还是很感动。[1]

由于各类家庭小作坊、企业比较多,蒋村的运输服务比较常见,形成了基本的运输服务规范。大宗的货物运输,通常由相熟的专业公司承运;集装箱装箱、运输一般也由专业公司承担。而在本地的小批量原材料、半成品、成品的运输大多由职业或者

蒋村的一家包装纸箱厂一角
(2021 年 4 月 4 日摄)

半职业的村民承担。这些村民一般购置了机动三轮车用于送货。

在辅助物品买卖的服务方面,蒋村有餐馆、宾馆、棋牌室等,也有一些信息中介等方面的服务。

四、明显变化的借款规范

在蒋村,村民因为生活、生产需要经常进行金钱方面的往来,依习惯法主要为无偿赠送、借钱、捐会等形式。

捐会这一民间金融互助方式已在本书第十三章进行了专门讨论。

无偿赠送主要发生在关系密切的家人、亲戚、朋友之间,如父母给成年子女。如 2014 年 2 月 17 日翁文莉的父亲去世,她有十几个小姐妹、朋友来送吊礼,而且都送一千多元的重礼,这笔吊礼需

---

〔1〕 梁武访谈录,2018 年 2 月 5 日。

由其去还礼，但是吊礼由其兄弟收下。她母亲考虑她负担太重，便私下给翁文莉2万元，没有让其兄弟他们知道。无偿赠送通常有一定的特殊缘由，一方考虑另一方的具体困难、境况，具有帮助性质。

蒋村红白喜事以人情往来形式呈现的无偿赠送在以往比较常见，近些年为减少还礼的麻烦，结婚收礼的逐渐少了；但是老人去世仍按照习惯法送吊礼，如2019年1月，村民黄玉给母亲去世的本村村民柯明成送吊礼1030元。看望病人有送慰问金的，如2018年11月，黄玉丈夫的表兄弟生病住院，她们去看望，送了830元。过年时长辈也一直给晚辈压岁钱，如2020年春节，黄玉家以7岁女儿名义收到大舅妈送的压岁钱2000元、二舅妈送的压岁钱1000元、远房大舅舅送的压岁钱600元、远房小舅舅送的压岁钱600元、平时照看的婆婆送的压岁钱200元。这种以人情往来表现出来的无偿赠送体现了双方相互之间的关心、帮助，具有互惠性。

蒋村金钱往来比较多的为借钱，村民遵循习惯法进行借债和还钱。村民借钱的原因主要为生活方面的订婚、结婚、盖房等和生产方面的办厂、做生意等。借钱通常在关系不错、相互信任的熟人之间进行；如一方急需用钱，也可由熟人"管账"做中间人进行担保向第三方借钱。这种民间借贷一般有利息，通常为一分利不等。通常立有"借条"等书面文书，由借入人出具给借出人，内容包括借款人、借出人、借贷金额、利息等。如下面文书二：

文书二

借　　条

今借到肖晨樨现金拾万元整，月利壹分，六个月付息。

借款人：查乐衡

2013年4月1日[1]

蒋村的民间借贷基于熟人关系因而通常没有什么抵押，也极少

---

[1] 肖晨樨提供，2018年2月19日。

约定不还钱或者还不了钱的责任。这种借钱可谓良心债，如果实在碰到不讲良心、不要脸的借款人，不遵循借款规范，那这借出的钱就可能很难收回来了。蒋村有"讨债咯英雄，独怕欠债咯穷人"的谚语。

2014年、2015年时，蒋村所在地区的民间高利贷呈现问题高发期，无力还债与恶意逃债一起形成"跑路风"，脸面与信任荡然无存，借款习惯法受到挑战。许多村民借给他人拿2分、3分高利的都收不回来本金，引起了极大的社会振荡。蒋村大概有60%的家庭牵连进债务麻烦，借出去的钱收不回来。

因欠债太多，有的借款人则携全家"跑路"，离开老家到异乡躲藏起来，以避开债权人不时的讨债、逼债。蒋村有四五户彻底跑路，其中一户的大门被法院贴上了封条；另一户门窗紧闭，外墙上用红漆、黑漆喷了"奠""欠债还钱"等字。后一家积起钱后办厂，货发出去钱收不回来，下成本又借高利贷，至少100万元；也有一些钱放在本村一放高利贷者处拿不回来。有的"跑路"的欠了他人估计有3000万元。下面事例一中的欠款人蔡稳望也属于这种躲债、赖债的跑路人。

事例一

陈富栋与邻村的蔡稳望有业务往来，2011年5月4日蔡稳望向陈富栋借了1.9万元，约定利息为1分，并立有借条。之后蔡稳望离了婚，又卖别克牌小轿车，又将楼房拆掉改建为高平屋。以后，蔡稳望人跑出去了，找不到了。蔡稳望家是信教的，他妈说："我们是讲道理的，钱一定还。"陈富栋对蔡稳望妈说："叫你儿子到我这里来一趟、说一下：阿伯或者哥哥，这钱我还弗出了。这样我就将借条撕掉，不要了。"陈富栋这样说了，蔡稳望也不来。听说蔡稳望在象山县包地。这个钱就一直没有还。陈富栋没有办法，这几年也没有再去讨债。[1]

---

〔1〕 陈富栋提供，2018年2月20日。

有的蒋村村民虽然欠了不少债，看样子很难还清了，但是没有"跑路"，仍然在家。下面事例二中的赵桦即属此类。

事例二

蒋村赵桦家有三口，除了夫妻外还有一个已成年的儿子。赵桦与其妻佲一起合伙经营，一分利从村民处借来，再高利贷借出。但实际经营情况全由其妻佲掌握，他也不是非常清楚。2017 年 1 月时，高利贷出借的钱已无法收回，影响到归还村民钱。其妻佲打电话告诉赵桦，说宁波有人欠他们钱，好不容易弄到一套房；房产证拍了照。结果人家去看了一下，只有六层，房产证上却为 901，完全是其妻佲骗他。赵桦对外说房子可以卖 370 万元，他能得 200 万元，这样还 200 万元债是可以的。1 月 17 日下午，赵桦打电话给其妻佲，说"那你弄好后再回来"。有一村民桑明强替赵桦管账向人借钱，赵桦付不出利息，桑明强替他垫上。17 日晚上桑明强问赵桦能还钱吗，赵桦放微信语音给他听说今天弄好了明天能还的。这实际上是拖、骗。赵桦在外面说，桑明强垫了两年利息，讨都不来讨。其他债权人暗骂桑明强，对赵桦说那你再向桑明强借一点来还我们的利息吧。桑明强每天问，赵桦天天拖。有朋友对赵桦说："你要考虑你儿子的未来，不能太相信内佲，儿子比内佲重要；你钱不还好，以后人家要找你儿子要的。"

2018 年 2 月，赵桦将自家新装修好的房子在外墙壁上贴"80 万元出卖"。13 日晚上，有村民看见赵桦的儿子拿一只包，像要离家出走的样子。前几天草莓每斤 30 元很贵时，他儿子说反正弄不好了，草莓买几斤来吃吃，赵桦就买了几斤来。赵桦常说的话是："我钞票没有你让我怎么办？你要我去死？"别人上赵桦家去讨债，赵桦说房子卖掉了就有钱了，卖掉后租房子住。但是家里有车厘子等好东西吃，这让债权人很生气。[1]

蒋村村民特别对事实上有意骗钱的借钱人更为痛恨。

---

〔1〕 桑明强等访谈录，2017 年 1 月 17 日、2018 年 2 月 14 日。

现在，基于以往的教训，蒋村村民之间借钱就比较困难了，村民对借钱的事情非常敏感和谨慎，极不轻易答应出借。不管什么情况，村民都不太敢借钱出去了。下面事例三即为这方面的体现。

事例三

2017 年 1 月 16 日上午 10 点许，蒋村女村民朱婷婷的妯娌带一位 30 多岁的妇女来朱婷婷家。这位女性为外村人，给人做小老婆。这次她是先向朱婷婷妯娌借钱，说借 15 万元，借一两天，去银行抵押贷款什么的。朱婷婷妯娌说没有，她有事都找朱婷婷的。于是，这位女性软磨硬缠非要朱婷婷妯娌带她来朱婷婷家。朱婷婷妯娌先进朱婷婷家门，给她使眼色暗示。来客向朱婷婷表达了借钱的意愿，朱婷婷听了以后表示自己手头也紧，表示帮不上忙。三人聊了一会后，朱婷婷妯娌与这位女性离开。朱婷婷认为她可能是年关将近，筹钱实在没有办法了，便死马当活马医、抱着一丝希望试试。

1 月 18 日，这位女性又去朱婷婷妯娌家，由其母亲陪同。其母与朱婷婷妯娌关系十分要好。这次说过年没有办法过了，提出只借 5 万元。朱婷婷妯娌实在却不过情面，准备借给她，但是要求借条上须由其母亲担保。其母还有一大女儿，资产在 2000 万元以上。为此，朱婷婷妯娌打电话给其大女婿。大女婿说不要借给她，她母亲担保最后还是大女儿她们还，她们不想还了；说借给她是加重大女儿她们的负担。这样朱婷婷妯娌最后没有借钱给她。[1]

蒋村的民间借贷是一种社会性直接融资方式，被金融界喻为"草根金融""地下金融"，它对社会融资是一种有效的补充。但是民间借贷也蕴藏着极大的风险，这种以亲情、友情和利益为纽带的融资方式基本是靠信誉作为担保的。在蒋村村民看来，经过前些年高利贷吃亏的情况后，原有的借钱规范受到了极大的冲击。不少村民只要钱进自己口袋，完全不顾面子、廉耻，理直气壮地不还钱、做老赖，一点不顾及社会舆论的压力，习惯法对此的制约较为有限。

---

〔1〕 朱婷婷访谈录，2017 年 1 月 18 日。

这改变了原来村民之间相互帮助、以信任为基础的借钱规范，对蒋村的社会风气有极坏的影响。

更有甚者，蒋村有的村民向人借钱时十分的理直气壮，不借钱给他的人似乎品德上有问题。如2017年春节前，蒋村村民程复凯向其弟弟借钱时说：你赚来的钱都到哪里去了?! 意为为什么不借给我钱。这令其弟很生气。更让其弟生气的是，程复凯说："你赚那么多钱有什么用。意指其弟生了两个女儿，以后财产都是别人的。"这就有些侮辱人了。后来实在没有办法，其弟为程复凯担保了300万元，现在麻烦了，收不回来了。[1] 兄弟之间没有了情分，算计的是钱财，这是许多蒋村村民十分担忧的。不少人感觉这个世道变了，诚实、守信、帮忙等都不讲了，面子、脸孔都不要了，老的习惯法规范都被破坏了。如本来习惯法规定大年三十入夜前可以讨债，正月初一不能讨债；如实在不能全部还钱，就新换一张借条。而现在由于老赖不讲诚信、不要面子，债权人非常生气、十分愤慨，也顾不得这么多规矩了，只要债权人在家就盯牢他、跟住他，也不管是三十还是初一，大家一起过不好年。固有习惯法的效力极大地降低了。

五、个体企业的经营规范

地处浙东，蒋村的民营经济较为发达，村民开办有许多个体企业或家庭作坊，因而关于合伙经营、共同投资、货物进出等方面有许多习惯法规范。

蒋村村民多有合伙开厂、合伙投资、合伙做生意等经营行为，习惯法对合伙对象、资本投入、具体经营、分红得利、退股解散、合伙协议等都有规范。通常，合伙在亲戚、朋友之间进行，各方根据自己的能力投资并按比例分红，共同经营或委托某一合伙人经营或另请他人经营，重大事项共同商量，一般立有书面协议。下面文书三这份协议即体现了这些规范。

---

〔1〕　赵斌访谈录，2017年1月16日。

文书三

协　议

甲方：苏利芒（以下简称甲方）

乙方：符必昌（以下简称乙方）

甲乙双方自 2003 年 6 月 23 日，合伙经营慈溪市溪湾镇兴旺五金塑料厂，自愿入股为原则，现将达成如下协议：

1. 甲方为原有股份溢价入股，评估价为壹拾贰万元整。

2. 乙方出资人民币贰拾肆万元整，用现金方式入股。

3. 双方占股份甲方为 1/3，乙方为 2/3。

4. 利润分配方式为按各自所在股的比例享有，甲方为 1/3，乙方为 2/3 红利。

5. 在合伙期间，实行退股自由，但必须经另一方同意，方可退股、分红。

6. 在合伙期间，甲、乙双方共同享有经营权、占有权，重大事项必须经协商同意后方可实施。

7. 本协议一式三份，甲乙各执一份，证明人一份。双方签字生效，不得反悔，特立此协议。

甲方：苏利芒（签字）　　乙方：符必昌（签字 盖章）

证明人：（溪湾镇海村村民委员会章）

2003 年 6 月 23 日〔1〕

当然，蒋村村民在合伙过程中也有出现不同意见甚至发生纠纷的，通常双方协商解决或者由共同的朋友、村干部从中做工作，好合好散，极个别的完全无视习惯法而闹得天翻地覆，给双方都带来极大的伤害。事例四就体现了这一点。

---

〔1〕　海村档案：目录号 3·案卷号 5。

事例四

2008 年时，蒋村的孙继根、蔡依魁与外村的两位共四家合伙成立了东利公司，各占 25%股份，由蔡依魁做法人代表、总经理。经营过程中蔡依魁比较霸道，也可能有些大手大脚，东利公司亏了 1.8 亿元，这引起其他三人的不满。蔡依魁又准备自己到江西去办厂，更激化了矛盾。孙继根等三人要求蔡依魁离开东利公司，蔡依魁要孙继根等三人退还他的投资款，孙继根等三人也答应了，但要求蔡依魁分担亏损的部分，蔡依魁不愿意。于是起纷争。孙继根等三人罢免了蔡依魁的东利公司总经理职务，并通过了增资决议等，致使双方彻底决裂。之后，2016 年时蔡依魁与孙继根等三人相互到法院起诉，还封了账号。2017 年 1 月 16 日，孙继根的朋友在镇上一饭店请镇领导等人吃饭时在座，蔡依魁恰也在这个饭店吃饭。期间蔡依魁来向镇领导打招呼，突给孙继根一耳光，并说"你报警吧，黑道、白道我都不怕"。此事对双方都影响很大，又花精力又花钱，社会反应极差。[1]

而在企业的日常经营中，原材料、半成品、成品的入厂、进库、发货、交收等业务来往过程基本遵循发货单、结算单规范，开具发货单、结算单作为凭证。下面文书四为一张发货单。

文书四

余姚文合塑料发货单

发货日期：2020-12-31　发货单号：2020000900　销售类型：普通销售
客户名称：东方发达电器厂（苏志燮）　　　　未开票　　业务员

行号	仓库	货物编号	规格型号	颜色	件数	数量	单价	金额
1	成品库	E-30077-S93	M-J	兰（仓库）	20.00	500.00	6.60	3300.00
2	成品库	E-70027-S93	M-J	绿（仓库）	20.00	500.00	6.60	3300.00
3	成品库	E-20034-S93	J=65	黄	33.00	825.00	7.10	5857.50
合计	73.00					1825.00		12 457.50

上期金额：　本次发生：12457.50　本次付款：　累计金额
制单人：黄钢　审核人：黄钢　需方经手人：苏志燮（签字）　送货人：
供方联系电话：625786××　136056849××　传真 625787××

---

[1] 孙继根访谈录，2016 年 2 月 3 日。

这种发货单为打印件，横条，三分之一 A4 纸大小，由发货方开具。发货后，蒋村的经营户通常按照约定的时间进行具体清算，清算后开立如下文书五这样的欠条。

文书五

欠　　条

今刘志强到 2013 年底欠方程军电线货款肆拾捌万元整（￥480 000 元）。

欠款人　刘志强

2014 年 1 月 28 日〔1〕

通常情况下，如继续进行业务往来，就清欠一点再拖欠一点，至最后结束业务往来时一次性算清，并约定款项支付时间。

不过，在经历了 2005 年前后的民间借贷危机后，现在蒋村的习惯法规则已有所改变，变为一手交钱一手交货，现金当即结算，或者是来料加工式，对方购买原材料过来后再进行加工，自己不垫付款项，以免拿不回来相关款项。

六、拜师学艺的基本规范

蒋村先后有木匠、漆匠、石匠、裁缝等民间手艺人，还有道士等从业者，他们有的为自学成才，依靠自身的聪明和琢磨而从业。而大多数则是通过拜师学艺的，遵循习惯法的拜师学艺规范。

在 20 世纪 60、70 年代，拜师学艺须按照固有习惯法由中间人引荐。通常学徒为 20 岁左右的年轻人，心智并不成熟，自控能力也不强，而学徒与师傅之间有的有亲戚关系，有的则素不相识。因此中间人起着介绍、中证、担保等作用。

学徒与师傅可能都是蒋村人，也可能拜蒋村外面的人做师傅，如舒荣于 20 世纪 80 年代是向外镇的舅舅学做漆匠。按照习惯法，确定师傅往往考虑双方关系、家庭条件、学徒意愿、行业等各种

---

〔1〕 方程军提供，2018 年 2 月 18 日。

因素。

师傅同意后，根据习惯法举行拜师仪式。拜师学艺一般摆拜师酒或谢师宴等作为收徒或学艺期满的标志。拜师仪式，一般由师傅约请同辈为证，徒弟备礼呈上，跪拜师傅与长者，有的还写拜师帖，当众宣读。拜师帖的内容，大致为："×××情愿投×××师傅门下学艺，对于师门当知恭敬，虽是师徒，情如父子。身受教诲，没齿不忘，学徒期间，马踩车压，生病死亡，师傅概不负责。三年学徒、×年孝师，中途不学，包赔饭伙，情出本心，绝无反悔。"然后学徒家摆桌设席，宴请师傅及长辈。

关于学徒年限，蒋村有谚语云："师傅徒弟，推板三年""三年徒弟四年半壮"，意为需当三年学徒、四年随师做工，才算学艺完成。按照习惯法，蒋村学徒年限并没有严格的规定，根据不同行业而定。出徒时要接受师傅的考察。出徒时，要宴请师傅的长辈和同辈，由师傅当众宣布准予出徒，赠送工具一套，勉励其好好做人，精研技艺。出徒单干后，每逢年节要看望师傅；如要收徒，需经师傅允许。而孝师年数各行各业也各不相同。

近些年，传统的手工艺行业有了许多的变化，行业要求、内容等都有许多变化，社会的期待更高，如泥水匠包含了许多房屋装修的业务，这使固有的拜师学艺规范有了不少的变化。师徒之间的关系有弱化的趋势，规范也更为简单。

七、结语

蒋村的商事习惯法内容丰富，全面调整工商业经营和手工业中的社会关系，既调整坐商行为，也调整行商行为；既调整实体商业行为，也调整线上电商行为；既调整商业行为，也调整企业经营行为；既调整主商业行为，也调整从商业行为，为蒋村村民的正常经营和蒋村的经济发展提供保障。

当今蒋村的商事习惯法主要承继固有的习惯法，是对传统商事规范的吸纳，同时也随着经济、社会的发展而有新规范的创设，对新型商事行为进行调整，更好地服务企业经营和民营经济发展。

与熟人社会相一致，蒋村的商事习惯法反映了熟人经济的特点，亲戚、邻居、朋友为主要的交易对象。村民的经济活动以互惠为核心，以较近空间为范围，以长时段为时间轴，强调信任，突出交易安全。

受到近些年一些违约、不守信行为的影响，蒋村商事习惯法的效力受到了一定的挑战，村民遵循商事习惯法的意愿有一定程度的降低。需要进一步认识诚信的意义和价值，重新形成熟人之间的信任关系、村民之间的信任关系、陌生人之间的信任关系，为商事习惯法发挥作用奠定心理、伦理和社会基础。

第十七章
邹达康家的协议

一

蒋村村民邹达康，20 世纪 60 年代生人，现家有 4 人，开有一小企业。根据他家提供的协议和从其他处找到的材料，发现邹达康家的协议较为丰富，既有日常生活中签订的借条、会帖、土地转让协议等，也有生产经营中产生的结算单、欠条等，还有交通事故引起的赔偿协议。

邹达康家的协议在蒋村具有一定的典型性，可以反映蒋村村民生活中的契约情况，有助于我们理解当今乡民的契约观念及其相应的契约规范。

二

与其他蒋村村民一样，邹达康家也与亲戚、朋友有金钱往来，相互有借钱关系，借条这样的契约不少，据不完全统计大概有 20 来张。除了个别不立借条以外，通常都有手写借条，借条上载明借的时间、金额、利息等，有的有还款时间。具体如下面文书一。

文书一

借　　条

阮启迪借邹达康人民币 19 000 元

（壹万玖仟元整）

借款人：阮启迪

2011 年 5 月 4 日

邹达康家早些年有为盖房等需要而借入的，这些年借出的多，极少有借入的。钱借出去基本上都归还了，仅有两笔没有归还，估计不太可能收回来了。一笔为 12 000 元，借给邻村一村民，债务人有点老赖味道；另一笔数额比较大，由于债务人家庭出现变故而无力偿还。

邹达康家还有替人管账的借钱。有的亲戚、朋友需要用钱，请邹达康或其妻帮忙，找另一位有闲钱的亲戚、邻居借钱。在这种借钱关系中，邹达康家实际为担保人、保证人的角色。曾经邹达康妻子帮忙管账的一笔借钱，由于债务人实在还不出钱，邹达康家就只好代其还了几年利息给债权人。几年后债务人经济好转了才还钱给债权人，也将他们代还的利息还给了邹达康家。

三

除了借钱这一金钱往来，邹达康家还参加捐会，有七八张会单、会帖。这些会都是村邻、亲戚有事捐会邹达康家参加的，邹达康家自己没有捐过会，做过会首。别人来请他们参加捐会时，也有考虑支付不出来而拒绝。参加捐会时，邹达康家排在第几位都比较好说，有两次是在最后，如下列文书二。

文书二

会　帖

承蒙各位亲朋好友帮助捐互助会一个，金额为人民币 300 000 元（叁十万元整）。自 2016 年 10 月 1 日开始，每半年一次，每次每位打 37 500 元。注：领进后每次多打 4500 元整。望各位遵守，谢谢。

首　位：	房永明	2016 年 10 月 1 日	
第一位	向成勇	2017 年 4 月 1 日	300 000 元
第二位	张　杰	2017 年 10 月 1 日	304 500 元
第三位	张大元	2018 年 4 月 1 日	309 000 元
第四位	苏文清	2018 年 10 月 1 日	313 500 元
第五位	金水岳	2019 年 4 月 1 日	318 000 元
第六位	谢利佳	2019 年 10 月 1 日	322 500 元
第七位	包新贤	2020 年 4 月 1 日	327 000 元
第八位	邹达康	2020 年 10 月 1 日	331 500 元

立会日期 2016 年 10 月 1 日

在邹达康看来，捐会比借钱的面孔要小一些，但也是一种帮助亲朋的做法。如 2017 年时，蒋村的迟福明欠人家钱，邹达康他们几个弟兄家准备帮他，出主意做什么行业，并协助捐一个会。后来一听知道迟福明欠别人有 200 多万元，大家都觉得没有办法了，太多了，帮不好的，遂作罢。

在亲戚、朋友遇有起屋、结婚等大事时，邹达康夫妻往往说你们捐个会吧，我们来一脚，以此表示对对方的支持和帮助。

四

邹达康家的各种协议中，比较重要的为有关土地方面的协议，大概有六七份。其中的一部分为土地调换协议。

为了有更大面积的地方起房、盖屋，邹达康家想方设法与自己家的邻居商量，进行土地调换，将自己家承包的耕地与之间房屋周边的耕地进行调换。文书三即为其中之一。

文书三

土地调换协议

立协议人：余甘栓　邹达康

以下简称甲乙方

经双方协商，自愿同意耕地调换种植、使用，具体处理如下：

甲方：愿将座（坐）落在蒋村邹春龙屋后面计耕地面积 0.3363 亩，调换给乙方种植使用，其土地使用权长期归乙方所有，任何人不得干涉。

乙方：愿将座（坐）落在蒋村万亩畈大寨路西块，计耕地面积 0.3363 亩，调换给乙方种植使用，其土地使用权长期归甲方所有，任何人不得干涉。

乙方支付给甲方长期土地补贴和路程补贴，以每亩 1.10 万元计算共人民币 3699.30 元正，即日付清。

恐后无凭，特立此协议，本协议双方各执壹份，经双立盖章后生效。

主协议人：甲方　　　　　　　乙方

余秀芙（签名）　　　　　　　邹达康（签名）

一九九三年十一月一日

文书三中的邹春龙为邹达康的父亲，甲方签字人余秀芙为余甘栓的妻子。调换后面积不变，但邹达康这样的获益方要支付适当费用，即支付长期土地补贴和路程补贴。

调换之后，耕地实际上成为宅基地，集体土地性质事实上发生了变化，而邹达康家的宅基地和院子的面积扩大了。这也是蒋村村民较为普遍的做法。

五

邹达康家有关土地的协议还有部分为土地转让协议，如文书四。

文书四

土地转让协议书

溪湾镇海村民 曾祥宝（以下简称甲方）（签字）

溪湾镇海村民 邹达康（以下简称乙方）（签字）

甲方现需宅旁周边的土地，在互惠互利的基础上，经甲乙双方共同友好协商，愿意订立如下协议：

一、乙方愿意将坐落于甲方东边的一块土地转让给甲方。土地位置：南至大明路，北至甲方地界，东至兴水路，西至甲方地界。该土地作永久性转让。

二、甲方同意一次性补助乙方土地转让费及土地上物等共计人民币壹万伍仟元整。

三、付款及转让时间：本协议双方签字后成立，现金由甲方当面一次性付给乙方，乙方必须把土地的管理权和使用权交付甲方。

四、该协议签订后土地使用权归甲方所有，乙方今后无权干涉。

五、恐后无凭特立以上协议。本协议一式三份，甲乙双方各执一份，村留档一份，望双方守协。

甲方：

乙方：

二〇〇七年一月二十八日立

曾祥宝为邹达康的邻居。邹达康为满足曾祥宝的需要而将自己的一小块土地转让给他。名义上为转让，实际为买卖，即如该协议书第4条所约："土地使用权归甲方所有。"该协议不符合国家法律的禁止性规定，但为村所默许。

有的协议则以"对调"行"转让""买卖"之实。如根据2001年5月13日的一份"土地对调协议书"，邹达康家将0.23亩的一块承包地，以土地费每亩11 000元的价格"永久转让"给同村村民曹劲松。协议第4款明确载明"甲方转让乙方后永久性属于乙方所有"，这非常清楚地表明了这一行为的性质。

此外，邹达康家有关土地的协议中有些与公益有关。如 2001 年 3 月 25 日邹达康与海村经济合作社签订协议，同意征用自家的自留地约 0.09 亩建造公共厕所壹座（一次性补助乙方每亩自留地为 30 000 元），以搞好"环境整治"，改善村容村貌，提高村民的生活质量。另一份邹达康与荣镇供电所溪湾营业所于 2006 年 4 月 12 日签订的"立杆协议"表明，邹达康同意在屋边地基上立 15 米电杆一基，而供电所、供电营业所同意邹达康原 5-20A 三相电表审批增容至 10-40A，没有经济补助。

六

蒋村村民有钱后喜欢起屋、盖房，有的则因办厂需要盖厂房。邹达康家也不例外，有两份起屋方面的协议。如 2006 年 9 月 12 日邹达康与承建的本村村民邢树民签订了"基建合同"，就房屋总造价、结构、规格、用材、付款方式、安全等进行约定。

这种起屋、盖房方面的协议，总体比较原则，双方本着相互信任的原则进行约定，具体施工时遇到什么情况再相互友好协商解决。

七

除了自己在农村集体所有的宅基地上盖房，邹达康家还像不少蒋村村民一样购买商品房，有商品房买卖合同这一类新型协议。

经过考虑、比较，2018 年 9 月邹达康家在县城用首付款加银行贷款的方式购买了一套三室两厅两卫的 128 平方米的公寓房，与开发商阳光房地产公司订立了格式合同，约定了有关房址、面积、单价、付款方式、交房时间、违约责任等条款。

与此类似，邹达康家还购买了一辆 15 万元的小轿车，与汽车销售公司签订了汽车买卖合同，就车辆的品牌称呼、型号、颜色、数量、金额、产地、质量要求、技术标准、付款方式、交车时间、地点及提车方式、车辆交付及验收方式、售后服务等进行了约定。

八

在蒋村，由于外来流动人口不少，加上不少人家办厂、开店，因而房屋出租较为普遍，也有繁简不一的房屋出租协议。

在 20 世纪 90 年代，邹达康家有十来间七八平方米的小房子出租给外来蒋村做工者。这种房屋出租通常仅为口头约定，没有书面协议。

后来，邹达康家的房屋出租面积比较大，就有四五份租房协议，就有关租赁期限、租金、付款时间等进行约定。下面的文书六为 2022 年 1 月草拟的租房协议，准备春节以后与承租人孙志峰正式签订。

文书六

租房协议

甲方

乙方

甲方因发展需要租赁乙方位于溪湾镇海村蒋村片的建筑面积 500 平方米的楼房（1—2 层）。经双方协商，特订立以下租赁协议：

一、租赁期限 2022 年 3 月 5 日起至 2024 年 3 月 5 日止，租期 3 年，租金每年 8 万元，三年合计 24 万元。

二、乙方提供水源、电源，所有费用由甲方自行承担。房前环境卫生，由甲方负责。

三、简易货梯由甲方全权负责生产安全，与乙方无任何关系。

四、如故意损坏乙方财物，由甲方照价赔偿。

五、协议生效后，第一年付 10 万元，第二年付 8 万元，第三年付 6 万元。

六、协议一式两份，双方签字生效后不得反悔。以此协议为凭。

甲方

乙方

年　月　日〔1〕

---

〔1〕 邹达康提供，2022 年 1 月 21 日。现已签好。

九

邹达康家还有一份分家协议，内容为 2008 年 8 月其四兄弟就父母亲财产的分配及父亲的赡养所做的约定。四兄弟友好协商，这一协议的条文比较简单，基本为财产平分，作为老四的邹达康与老大稍微少分一点；父亲的赡养为共同分担。

十

邹达康家由于开了一个家庭小企业，因而这方面的送货单、结算单、欠条等相关协议颇多。如文书七为 2004 年时的"送货单"，此为阶段性的结算凭证，是生产、经营方面的一种协议。

文书七

货号	名称及规格	单位	数量	单价	金额	备注
送货单　　　　　　　　　NQ 125775						
2004 年 3 月 11 日　　　　收货单位或姓名：龚大岐						
	小线	卷	60	17	1020	
	中线	卷	90	36	3240	
					——	
	领款伍仟元正　王国荣（签名）				4260	
合计金额（大写）	/拾/万肆仟贰佰陆拾/元/角/分　¥4260					
送货经办人：祝诗娥（签名）收货单位盖章　验收人王碧樨（签名）						

上述"送货单"的送货经办人祝诗娥为邹达康的妻子。这种"送货单"上还会有收付款等记载，如这张上就有手写的"领款伍仟元正（整）"，由收货方王国荣签字给予。

有时候邹达康家生产、经营中的协议是单方面的，另一方并没有签字认可，但按照交易习惯以收下作为默示认可，这一协议有效。

如下面的文书八即属于此类。

文书八

产品价格与付款

铜价（万）	价格（24 股）	（28 股）
45~46	0. 225	0. 25
46~47	0. 2275	0. 254
47~48	0. 23	0. 258
48~49	0. 2325	0. 262

以此类推

付款：每季货款结清　及多付每月货款的 20%。

威凯电器：杨威凯

2015 年 6 月 26 日

上述文书八由需货方威凯电器的老板杨威凯手写，仅有他的签字，但是邹达康家收下了，这就意味着他们接受了这一协议，按照习惯法这一约定有效。这种协议较为简便，有利于双方的交易和合作，在蒋村也很常见。

在家庭小企业经营中，过一段时间特别是除夕前，邹达康需要与往来合作伙伴进行资金的对账、结算，并形成文书九这样的"对账函"。[1]

文书九

对 账 函

邹达康

截止 2021 年 12 月 31 日止，贵单位尚欠我公司应收款为人民币 322 601.93 元（大写：叁拾贰万贰千陆百零壹元玖角叁分）。

请予以核对盖章后返回我公司，谢谢支持。

余姚市万里塑料化工有限公司

联系电话：1311234××××　传真：0574-1234××××

_____

兹证明上述结欠款无讹。

（或我户余额为：　　　　　　　　　）

单位公章或者财务章

2022 年 1 月 17 日

---

〔1〕 邹达康提供，2022 年 1 月 21 日。

这一"对账函"是在 2022 年 1 月临近除夕时进行年终结算而形成的，邹达康名、金额和日期为手写，其余为打印件。

十一

此外，邹达康家还有两张调解协议，一张为 2005 年 3 月邹达康与租住之间房子的房客戴克兰的姐姐因洗碗用水引起争执，经过海村调解委员会调解而达成的支付戴克兰医药费等的"调解协议书"；另一张为邹达康妻子祝诗娥因交通事故而由溪湾镇人民调解委员会主持达成的"人民调解协议书"，全文如文书十：

文书十

人民调解协议书

（慈溪市溪湾镇人民调解委员会章）

编号 （2019）东溪人调字第 23 号

当事人 __程豆素__ 性别 __男__ 民族 __汉__ 公民身份证号码 __522124199410×××　×××__ 职业或职务 _____ 联系方式 1875741 ×××× 单位或住址 __贵州省正安县大新镇新发村头排组__

当事人 __祝诗娥__ 性别 __女__ 民族 __汉__ 公民身份证号码 __330221197012×××　×××__ 职业或职务 _____ 联系方式 1396820 ×××× 单位或住址 __浙江省慈溪市溪湾镇海村蒋村__

双方当事人因发生 __交通事故__ 纠纷，于 __2019__ 年 __6__ 月 __5__ 日申请我调委会予以调解。我调委会于 __2019__ 年 6 月 __5__ 日开始对纠纷进行受理。经了解，各方当事人认同纠纷的主要事实，争议事项如下：祝诗娥系浙 B16×× 小型轿车的驾驶员，程豆素系二轮电瓶车车主，2019 年 5 月 24 日早上 8 时许，祝诗娥驾驶轿车在盛开村历山路由北向南行驶时不慎与驾驶电瓶车的程豆素发生碰撞，导致程豆素受伤以及双方车辆损坏，后程豆素被送至慈溪市人民医院进行治疗，经医院医生诊断程豆素为右手腕受伤。目前程豆素已基本康复。

经调解，双方当事人自愿达成协议：

一、祝诗娥一次性赔偿给程豆素误工费、后续医疗费、电瓶车修理费等一切费用2300元；

二、所有费用当场一次付款，以后概无责任。

本协议履行的方式为：　　现金当场付清

本协议履行的地点为：　　村调解室

本协议履行的期限为：　　2019年6月5日

本协议具有民事合同性质，受法律保护。各方当事人应当按照协议自觉和及时履行自己的义务，不得擅自变更或者解除本协议，否则将承担法律责任。本协议生效后可能引起的民事诉讼将由签订地人民法院管辖，法律另有规定的按照规定。

调解中有关证据、调解笔录等材料共　　　　份　　　页，原件保存于本次调解案卷中。

本协议正本共　3　份，双方当事人各一份，本人民调解委员会存档一份。

当事人签名　程豆素（签名）

当事人签名　祝诗娥（签名）

其他见证人　　（签名）　　　　（签名）

主持人民调解员签名　郭少峰（签名）人民调解员签名王心凌（签名）签名

慈溪市溪湾镇人民调解委员会（章）

2019年6月5日

调解结束、收到钱后，程豆素还打了一张收条给邹达康妻子，即文书十一。

文书十一

收　条

今收到祝诗娥一次性赔偿给程豆素的误工费、后续医疗费、电瓶车修理费等其他一切费用共计人民币2300元（贰仟叁佰元整）。

收款人：程豆素（签名）

2019 年 6 月 5 日

邹达康家的这类协议数量不多，为生活中的意外情况所形成的，属于非常态的协议。

十 二

邹达康家的协议包括借条、会贴、土地调换协议、土地转让协议、基建合同、商品房买卖合同、租房协议、分家协议、送货单、调解协议等，涉及金钱借贷、土地转让、房屋买卖、房屋租赁、分家赡养、生意往来、损害赔偿等。这些协议为邹达康家这样的蒋村普通百姓生活最真实、最具体的实物载体。[1]

邹达康家的协议有手写的，也有打印的，还有铅印的；有格式的，更多的是专门的约定；纸张大小不一，材质有异。

除了及时结清、交割的钱物往来采用口头协议方式以外，邹达康家多采用书面协议。除了少数协议，邹达康家的协议大部分是与亲戚、朋友签订的，是熟人之间的契约，范围相对有限。不过，由于近些年邹达康家吃熟人不履约的亏不少，现在在签订钱物往来方面的协议时非常谨慎。

从邹达康家的协议看，协议的主体为家庭，无论是丈夫邹达康还是妻子祝诗娥单个人出面或者签名的协议，其后果均由邹达康全家承担，由邹达康和妻子共同负责，绝非单方个人的行为。

邹达康家十分重视这些协议的保管和保存，重视协议所载明义务的履行，重信用守承诺，遵守契约意识浓厚。这是在蒋村生存和交往的需要，为维持正常生活和生产所必需，是获得良好社会评价的基本行为。

随着社会的发展、国家法治建设的推进，特别是近些年个别村

---

〔1〕 章均立编：《慈溪契约文书》，宁波出版社2018年版，第4页。

民的不诚信行为所带来的麻烦和痛苦，邹达康家与蒋村的绝大部分村民一样，契约观念越来越强，越来越重视协议的签订，注意协议条款的具体表述，以避免吃亏、上当。

第十八章
订婚习惯法的传承与发展
——以2010年农历十月初八王张订婚为对象

一、引言

在蒋村，订婚通常称为"过书"，为婚姻成立的必要程序，村民较为严格地遵守这一历史上一直有效并传承至今的习惯法。

在婚姻习惯法方面，我们曾于 2010 年 10 月 20 日~22 日就订婚习惯法访问了蒋村的村民。2011 年 11 月 13 日系农历十月十八，蒋村王家 22 岁女儿王美霏与邻镇十段村 26 岁男孩张国强"过书"即订婚。为了解订婚习惯法的当今状况和基本内容，我们于 2011 年 11 月 12 日~13 日对王张订婚进行了专题田野调查。我们实地观察了王张订婚的主要过程，访问了有关当事人，察看了相关文书，询问了一些村民。2011 年 5 月 7 日，我们又到蒋村对"过书"即订婚习惯法进行了补充调查。

本章以田野调查材料为基础，以蒋村王张订婚为对象，对当代经济较为发达地区的订婚习惯法的基本原则、主要规范作一描述和探讨，分析订婚习惯法的特点和发展趋势，以进一步推进当代中国习惯法承继和变迁的调查和研究。

二、订婚的基本原则

在蒋村，传统上婚姻成立包括看人、"吃茶"即定情、"过书"即订婚、"好日"即结婚、回门等环节。由于时代的变迁，现今习惯法要求的婚姻成立仅包括订婚和结婚两方面程序。

就订婚而言，除了蒋村习惯法确认订婚的基本原则为自愿原则、必要原则、协商原则。

蒋村的习惯法确认自愿原则为订婚的基本原则。订婚为自愿的民事活动，双方当事人自愿订婚，双方家庭乃至家族也自愿订婚，基本不存在强迫、包办的情况。在现今的蒋村，青年男女自主择偶，自己或者由他人介绍后自我认可而确定订婚对象。

按照习惯法，蒋村的订婚为婚姻成立的必要程序，是婚姻有效的前提。在历史上，蒋村就一直存在订婚，有着内容丰富的订婚规范。在当今蒋村，村民继续沿袭了这一传统，仍然十分重视订婚，较为严格地遵守订婚习惯法的有关规范，将订婚视为婚姻合法、有效的必要环节，没有经过订婚程序的婚姻为瑕疵婚姻，往往受到社会成员的普遍否定，婚姻当事人及其家人就会被村民另眼相看。

在蒋村，协商为订婚的主要原则。按照习惯法，订婚双方互相尊重，相互理解。双方当事人和家庭就订婚的有关事项友好商量、沟通。双方家庭多通过介绍人商量、确定订婚的时间、聘礼，商定结婚时间。

三、订婚的主要规范

根据传统，结合现今社会的状况，蒋村习惯法确认的订婚主要规范包括相识与媒人规范、订婚程序规范、彩礼规范等方面，全面地调整订婚关系。

1. 相识与媒人规范

在相识方面，蒋村的规范比较宽松，习惯法既承认双方年轻人自己直接认识，也认可由媒人从中介绍认识，方式多样，途径多元，核心为双方青年男女愿意、喜欢。如关于王张相识、订婚，新娘父亲王长富这样告诉我：

女22岁，男26岁多，大四岁。（两人）认识是女儿医院里的师傅牵线的。认识有一年多了，女婿是在浒山（市政府所在地）的医药器材公司上班。只要两个欢喜，我是不管账的，我们不管的。[1]

新娘母亲夏会芬也强调：我们只要他们两人心相一致就行了，只要两人"厚得拢"（喜欢）就好。新郎父亲张水康认为订婚总归是双方合作，双方商量；找媳妇要求一点也没有的，就是心理美，从外表上讲就是很爽气；新娘性格很好，我们亲家也很好，老王他们真是很好。新人父母以新人意愿为中心的态度非常明显。

在蒋村，习惯法重视媒人的地位和功能，即使在双方直接认识的情况下，也要求男女两方分别请有介绍人，即"现存介绍人"。由于交往范围的扩大，青年男女往往自己相识、相恋，故现在的蒋村，"现存介绍人"有增多的趋势。王张相识、订婚，介绍人即为"现存介绍人"。男方介绍人为原来出生、长大在蒋村，以后出嫁到十段村而为男方同村者；女方介绍人为蒋村村民。两位均为女性。一般而言，介绍人须见多识广，能说会道。按照王张订婚的女方介绍人方菊花的说法，订婚时她没有什么具体事情：

介绍人没什么事情，事体（情）没多少啦，我是现成介绍，现有的嘛，他们已经找好了，来找我做个介绍人。本来他们就自己找好了。[2]

按照规范，介绍人可以是男性，但女性居多，关键看与双方的认识程度和做介绍的意愿。介绍人除了介绍双方认识之外，主要职责为沟通、传话和递送彩礼。在新娘外公洪启财看来，介绍人的核心事务即为递送彩礼：

晚上到女方，也办酒，等于办酒，跟结婚不同的。订婚的铜钿（钱）拿过来，介绍人经手，牵牵线，拿拿铜钿，介绍人起这个作用的。[3]

---

〔1〕 王长富访谈录，2010 年 11 月 13 日。
〔2〕 方菊花访谈录，2010 年 11 月 13 日。
〔3〕 洪启财访谈录，2010 年 11 月 13 日。

2010 年 11 月 13 日王张订婚时，男方介绍人起主要的作用，她陪同新郎到女方家迎接新娘和陪客，拿女方送给新郎的衣服等礼物，在男方家接待女方宾客，将彩礼和舅帖、日子帖递送给女方，拿回女方退回的彩礼款。

关于介绍人的待遇，除了订婚、结婚时各得一箱饮料、一条毛毯或者其他礼物、一包中华香烟、一袋喜糖以外，习惯法专门规定有谢媒，要求结婚后新人通常带一只火腿去谢介绍人。村民孙大谷这样告诉我们：

> 谢媒有，一般都有，客气的办谢媒酒，以前是脚爪（猪蹄）、肘子，现在用火腿，饭好像不办的。谢媒一般是次日去的，有的是结婚时谢媒带进了，不专门谢的。[1]

按照习惯法，蒋村的介绍人实为订婚和结婚的中介人、见证人。介绍人沟通了男女双方的意见，参与了订婚的主要过程，见证了彩礼聘金的往来给送，成为订婚圆满成功的重要角色。

2. 订婚程序规范

订婚程序为订婚最核心的环节，蒋村习惯法对此进行了全面的规范。按照习惯法，订婚程序规范包括择时主体、订婚过程、陪客职责、来宾规范、宴席规范等。

（1）择时主体。按照蒋村习惯法，男方根据传承下来的规矩择定订婚日期、结婚日期。新娘外公洪启财指出：

> 结婚日子是男方权利，男方日子拣来，征求我们的这边意见。订婚日子也是男方话（说）的，他们拣了来说的。[2]

一般情况下，择时即"拣日子"需要由男方问询先生后确定。在调查时，村民陈春冠告诉我们先生在蒋村民众生活中的重要性：

> 先生生意要比办厂好，收入很好的。先生讲，人家工钱高了，

---

[1]　孙大谷访谈录，2010 年 10 月 22 日。

[2]　洪启财访谈录，2010 年 11 月 13 日。

我也要增加了，一样要提高的。我儿子结婚时去拣日子，280块。起屋拣日子还要高，收费看几层楼不一样的。二层楼的多少，三层楼的多少，四层楼的多少。[1]

不过，这一结婚时间的确定男方通常也要征求女方的意见，日子盘里可拣几个日子或给女方日子钞票，由女方也去找先生拣。男女双方合起来才显得和气。

（2）订婚过程。在新娘外公洪启财看来，现在订婚"跟以前差不多的"：

过书，跟以前老式，跟以前差不多的。大家双方商定，这边这样，那边也这样，大家拿来拿去是个意思，是个老传统。这边大辈叫拢，那边大辈也叫拢，互相看一下，大辈拿红包，上面礼，男方到这边也拿红包，女方到那边也拿红包，中午到那边，晚上到那边大家热闹热闹。晚上到女方，也办酒，等于办酒，跟结婚不同的。

订婚时做祭日（祭拜），看仙也有的，一般是半夜里，凌晨一点多，子时啊，时间具体没肯定的。这边订婚可能没弄，订婚不是结婚，结婚肯定要祭祖宗的，订婚不一定祭。[2]

在蒋村，订婚的基本流程包括一早新娘家准备礼物、上午新郎率车队在介绍人陪同下到新娘家邀请新娘和陪客、中午新郎家订婚宴席、男方介绍人到女方家送聘金和日子帖与舅帖、下午新郎由一人陪同到女方家、晚上新娘家举行订婚宴席。订婚在一天内完成。

就我们观察，2010年11月13日王张订婚时上午，新娘的外婆、母亲就准备好送男方的两盆铁树、一盆万年青、一盆葱。铁树花盆泥上铺红纸，纸上放染红、绿等色的花生、棉花籽和糖果，树叶上吊挂桂圆、枣子、元宝状巧克力等串，均与吉祥、祝福有关，显得非常喜气。在两个新的中等钢精锅里盛米、赤豆等，分别放万年青一棵、葱一棵。按照新娘母亲夏会芬的解释，这是以前就有的，老

---

〔1〕 陈春冠访谈录，2010年10月22日。
〔2〕 洪启财访谈录，2010年11月13日。

的传下来的，过书也有的，结婚也有的。赤豆意为出头，"葱"为"冲"意。葱、万年青叶子上吊若干粉红色流苏。锅内表层放花生、各种形状巧克力等。两盆里还各放一大盒火柴，用红纸包好，寓意红红火火。

由于新娘等共有 20 位客人去新郎家，2010 年 11 月 13 日上午 10 时许新郎率由 6 辆小轿车和 1 辆皮卡车组成的车队，在介绍人陪同下到新娘家邀请新娘和陪客。回来时，新郎家的介绍人拿女方送给新郎的衣服、手表等礼物；皮卡车装运铁树等。新娘到男方家时，男方家放鞭炮、烟花迎接。新娘和女方陪客到达新郎家后先吃茶点、喝奶茶，吃糕点。

村民陈春冠也介绍了她参加的 2010 年 10 月 19 日订婚的类似情况：

> （我昨天）10 月 19 日去吃酒，过书（订婚）。女的是我外甥女，29 岁，教书的，中心小学。男的是新浦高桥的，厂里工作，29 岁。同学做介绍，认识有两个月。（农历）十月二十（11 月 25 日结婚。男家四桌，女方四桌；男方中午，女方晚上。女家兄弟嫂、大辈一桌，小姑娘（新娘和朋友）一桌。新郎和堂兄弟二人，对方来轿车接。全部是女的，去了 18 个，轿车来 6 辆。（商量好）结婚时丈人一桌，新娘一桌，阿舅一桌，女方去男方，去三桌，大辈、舅母、阿娉等，外波没去，阿婆（奶奶）没去。[1]

中午新郎家举办订婚宴席。上热菜羊肉时，新郎家放鞭炮，新娘开始在新郎母亲陪同下到每桌敬酒，向新娘介绍每位亲戚，并让男方亲戚认识。这中间奶奶等说一些祝福的话语：阿婆（奶奶）今天讲好话哉，今天日子很好，赚来钞票存银行。新娘敬酒时，有老者拿了一个红包给新娘，新娘收下了，估计有 1 千元。席间新郎母亲给每位客人送一袋糖。

午宴结束后，新娘和陪客上新郎家二楼休息，大家或坐或站，

---

[1] 陈春冠访谈录，2010 年 10 月 22 日。

观看新郎家的情况，议论新郎家的条件。在象征性地吃了茶点以后，约下午三时新郎家再用汽车送新娘和陪客回来。男方介绍人随同到女方家送聘金和日子帖、舅帖。男方介绍人用一黑色手提包装242 800元现金为聘金，并有见面钱12 800元。手提包内还放舅帖和日子帖。男方介绍人还拿男方家送女方的戒指等两件礼品。

下午新郎由一人陪同到女方家。新郎到女方家时，女方家放鞭炮、烟花。新郎到后先吃茶，意思一下，吃点糕食。晚上新娘家举办订婚宴席。2010年11月13日王张订婚时，席间新娘母亲和妹妹给宾客分送一袋喜糖。新郎在新娘父亲陪同下给每位客人敬酒、点烟，新娘父亲一一介绍每位亲戚。至晚上9时，王家的订婚宴结束，订婚礼成。

（3）陪客职责。2010年11月13日王张订婚时，按照蒋村固有规范，中午男方为女方专门准备了两桌。王家陪同准新娘去的客人只能为女性，加上新娘共为二十位：两位舅妈、四位阿姨、四位嫂嫂、一位表嫂、一位侄媳妇、四位朋友（单位同事二位、同学二位）、一位妹妹、一位介绍人和我。我本来不应该计算在女方亲戚的，且为男性，但是因为我是随女方而来，故也被安排在女方亲戚桌，王家因而减少了一位本已安排好的新娘阿姨。

女方陪客的主要职责为察家。按照蒋村习惯法，陪同女方去的女性亲戚、朋友主要得了解男方的家庭情况，如父母情况、兄弟姐妹情况、经济情况、亲戚情况、男方的工作和收入情况等，而观察男方家人的言行、观察男方家的住房和室内装修家电器状况、询问男方本人和父母特别是母亲为主要的方式。根据我的观察，在这些陪同新娘去的女方亲友眼里，男方家的经济条件显然不如女方家。[1]蒋村女村民张荷琴有过多次订婚陪客的经历，在她看来订婚时的察家变化不小：

一帮人去吃饭，碗不可有缺口的，筷子不可有长短啊，桌子得

---

[1] 女方王家开有一五金工厂，2009年新盖了一座四层楼房。建房费用约为450元/平方米，已装修、装饰一、二两层，加买电器花费近80万元。

横的直的，这样。这是以前的规矩，以前板眼（考虑）多，现在有还是有，但没有以前那么讲究。

头一回去看，是长辈、阿嫂、新嬷（叔叔的妻子），还有一些小姑娘、表嫂啊。以前长辈不去的，只是小辈，现在长辈也是一起（去）的。现在订婚后两三个月就结婚了，以前要吃三四回呢，去看一次，吃糖一回，发衣服、鞋，介绍人去，过书一回，现在过书去看是连成一回了，就一餐，以前有十多回。以前有搬茶，但现在不搬，茶一碗，红包就放好，现在不是这样了。

去看，一看大人，又相小孩。现在亲人去看的，看轿车跑不跑得进，位置如何；大人看那边大人，大方不大方，是否难弄；房屋楼层如何，经济条件，现在青年聪明了，屋如何起的，小孩在什么厂里。主要是小孩最重要，找时候先问好，小孩年个什么的，大人做什么的，介绍人会讲的，基本家庭情况。希望小孩老实一点，麻将不要玩的。[1]

在这次 2010 年 11 月王家订婚时，男方家的房屋为 20 世纪 90 年代初修建的三间两层楼房，显得非常陈旧，为相亲和订婚匆忙将房屋外墙进行了一下简单的粉刷，前一天才匆匆完工拆掉脚手架。

而男方的陪客数量少，职责也简单。晚上仅由一位堂兄陪同前来女方家参加订婚宴。女方家也没有准备专门的礼物给男方陪客。

（4）来宾规范。按照蒋村习惯法，男方通常邀请若干亲戚参加订婚仪式，认识订婚对象，分享订婚喜悦。2010 年 11 月 13 日新娘父亲王长富介绍了现在邀请来宾的情况：

以前像我们这样的就一桌，就长辈，外公外婆、公公阿婆、叔伯、娘姨丈、舅舅等。现在关系没有的，阿偱、内偱这些也都来的。今天又是星期六，休息在家的。我阿偱阿明说：小伯，你这点钱出勿起？为什么不多办几桌呢？好，好，好，那就多叫点人（多办几桌）。以前只是长辈。

---

〔1〕　张荷琴访谈录，2010 年 10 月 22 日。

过书时，老规矩啊，大辈来，长辈来吃饭，现在小辈也来了，我的阿侄（也来），以前阿侄勿来的，叔叔才能来，现在无所谓了。中午去、小娘比（女孩）陪着去，男的勿去的，具体意思也不知道，一直这样的。陪客比以前多，都是女的去的，总去得两桌，以前是有一桌的。现在吃反正关系没有的，饭多办一桌就多办一桌，没有关系。他们来接，两个介绍人一起去。[1]

新娘母亲夏会芬也强调老传统有了一定的变化，邀请的来宾范围有扩大：

今天过书，原来是叫大辈（长辈）吃饭。这里老传统，老的传下来的。具体也话勿出。吃过书饭，都叫大辈的。拿出见面钱，等于讲第一次来，大辈第一次见嘛。以前很少见面，第一次见嘛，现在见早就见了。[2]

就我们观察所致，2010 年 11 月 13 日参加男方张家订婚、女方王家订婚的客人，都为亲戚，没有朋友和村邻，比较单一；来宾均为男女老幼全家参加，这与参加结婚宴的宾客不同。这表明，即使订婚宴的规模有扩大，但是订婚仍然限定在血缘关系范围内，古老的习惯法一直都没有改变。

按照一直传承下来的习惯法，新娘应该给长辈倒茶，而来宾则给新郎或者新娘见面钱，现在这一规范也有一定变化。[3]2010 年 11 月 13 日王张订婚时，男方家和女方家都没有给长辈倒茶环节。

送礼方面，在男方张家，一位老年亲戚给新郎母亲一个红包，新郎母亲不肯收，在屋前路上相互推让，一方要还，一方不让还。新郎母亲说"呒请头格"（不好这样的），而老人表示"难熬（难

---

〔1〕 王长富访谈录，2010 年 11 月 13 日。

〔2〕 夏会芬访谈录，2010 年 11 月 13 日。

〔3〕 在我们调查时，50 多岁的蒋村女村民陈春冠指出："包红包，女方家（有），男方家也有，一般是 400 多元，有 600 多元、800 多元的。以前有一回饭吃过的，（我）已给 268 元，昨天（2010 年 10 月 19 日）就没有给红包了。男方亲戚给新娘，女方家亲戚给新郎。倒茶，昨天（2010 年 10 月 19 日）有的，有的地方勿倒茶了。"陈春冠访谈录，2010 年 10 月 22 日。

过）哉";"回去时候没得，下回勿来了"，老人说："如果你以后还要我来的话就收下。"最后新郎母亲只得收下，"随你，随你"。这位客人应有 70 岁，为新郎的舅公。一位 70 来岁的女性亲戚离开时也拿一红包给新郎妈，推辞一番后新郎妈没有收下，亲戚拿回去了，重新放入自己的口袋中。

而在新娘家，2010 年 11 月 13 日上午 10 时许，一位亲戚堂兄弟要给新娘父亲一个红包，王长富谢绝后没有收下。晚上我们看见有三位女亲戚各送一红包给新娘母亲，新娘母亲都收下了。来客回去后，新娘母亲在红包上写上名字，约各有 1 千元，送礼者为新娘的姨等。新娘母亲向我们表示，有些红包特别是长辈的红包是要还的，不能收的，而有些不需要还的人如侄子等又没有送。

在经济较为发达的蒋村，现在人情往来之风越来越盛，礼金也越来越高。有的家庭为了避免增加以后返还的麻烦，就采取不收礼的策略。[1]一般情况下，蒋村村民在订婚等活动中收礼与否是视对象而定，长辈年龄比较大，收入来源有限，往往就不收其红包。

（5）宴席规范。订婚宴席为订婚的标志性环节，宴席的丰盛程度显示了主家的经济实力，宴席参加者的多寡和身份表明了主家的社会地位。

2010 年 11 月 13 日晚上，女方王家设订婚宴 7 桌，其中一桌为男方桌、一桌为女方桌，其他为亲戚。王家大哥、大嫂为蒋村较为有名的厨师，在村民有事如过生日等时提供服务，这次自然就请了大嫂主厨，并有两位帮工。菜品方面，冷菜有鲜枣、桂圆、开心果、糖枣、毛蛤、皮蛋、鸭舌头、鸡、鱿鱼、笋干、虾、小鱼鲞，共十二盆；热菜包括鱼翅、鲍鱼、龙虾、老虎斑鱼、银鳕鱼、羊腿、虾仁、鸭、鳗鱼、毛蟹、咸蟹、虾等二十多道；还有汤、点心（小汤圆）和果盘。酒为小糊涂仙白酒、长城干红葡萄酒，另有红牛等饮料；香烟为硬中华。有人估计这样一桌全部算在一起费用大约需要 4000 多元。

---

〔1〕 村民张荷琴认为："（现在跟过去）不同的，送礼的数目多了，金额提高了。以前拿进 100 多块，见面钱 128 块，我现在送 408 块。外甥女，10 年前，1 比 3 了，一般是多一倍，别人说你好客气。送 1228 块，前年，一年后我送 1328 块，加了 100 块，多数总是涨点的。"张荷琴访谈录，2010 年 10 月 22 日。

中午，男方张家的订婚宴办有6桌，参加者为亲戚，菜品与女方家基本类似。男方家的白酒为稻花香，葡萄酒为长城干红。每桌的花费略少于晚上女方王家。

村民张荷琴认为，现在的宴席基本上都市场化了，传统的亲戚、朋友、邻居帮忙办酒宴的情况基本不存在了：

（现在请）厨师（工钱）120块一桌，现在130块一桌，不用再叫其他帮人的，（厨师自己）带碗筷桌子；办十桌带5个小工，一个人管二桌，厨师小工的数量不一定的，看桌数的。厨师、小工每个人香烟一包、糖一包、手巾一条，嫁出去的人家还要给糖钱，每人20块。厨师给小工是60块一天，小工钱是60块。厨师去买下饭（菜）、洗什么的，东家靠活（省力）很多。以前要借桌子、长凳什么的，现在靠活多少。厨师等酒吃好，地扫好，弄干净后才走。

别人说，现在的人聪明，以前人笨。过去有时候你帮忙别人不来叫，起屋、好日（结婚）时没人来叫你帮忙，说明你人缘不好，面子上是过勿去的。现在你去叫人帮忙，像起屋时，他眼睛白白你，勿肯（帮）的。

以前菜吃不完，自己那份用塑料袋装回来，现在没人带菜回来了，勿一样了。以前经济条件差，穷一些。[1]

（6）日子帖与舅帖。

按照传统习惯法，"日子帖"与"舅帖"为订婚的文书、结婚的凭证。在蒋村，订婚时男方须向女方致送"日子帖""舅帖"。2010年11月13日王张订婚时，男方张家向女方王家致送了"日子帖"和"舅帖"。用新郎奶奶的话来说："帖子在的话就不是说说的，就这个意思；结婚就不是说说的了，有帖子嘛；舅帖就是请阿舅来，结婚嘛请阿舅来。"

"日子帖"为载明结婚日子的帖。张家送给王家的"日子帖"，

---

[1] 张荷琴访谈录，2010年10月22日。陈春冠2010年10月19日参加的订婚宴，下饭（菜）有大龙虾、鸭、虾、蟹，30多碗加冷盆近40碗，茶果，糕食，1000多块一桌，全部加上超过2000一桌。

为硬面，红色，外封有"缘定今生"字样，形状比"舅帖"为小，内文从右到左竖写：

文书一

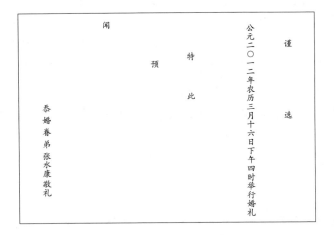

"舅帖"为邀请新娘的兄弟即小舅子来喝喜酒之请帖，外封有"请柬"字样，内文从右到左竖写：

文书二

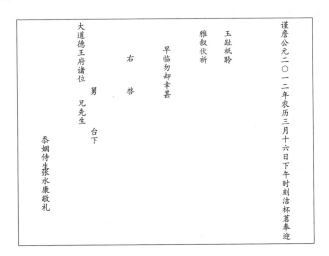

王张订婚的"日子帖"与"舅帖"基本上沿袭传统的做法和写

法，由亲戚中或者村中略懂古仪的人士写成。[1]

3. 彩礼规范

按照传统规范，在订婚时男方需要向女方送彩礼。蒋村习惯法要求的彩礼包括定情物、聘金、礼物等，2010 年 11 月 13 日王张订婚时也遵守这一规范。

按照蒋村习惯法，订婚男女双方需要互赠送定情物。定情物的种类具体不一，根据家庭经济情况而有差异。根据女方母亲的介绍，男方给女方的定情物有一只金戒指、一只金手镯两件，约一万多元，没有衣服；女方给男方的定情物有四件，包括一只金戒指、一条金项链、一块手表、一身衣服（包括一套西装、一件衬衣、一条领带、一双皮鞋），共花费近三万元钱。女方家的经济实力比男方家较强由此可见。女方父亲王长富告诉我们"现在经济条件好了"，定情物就给多了：

> 另外还有定情物、定亲物，我们买项链、戒指、手表，一身衣裳，西装、皮鞋、领带。这些我们女家是给小孩国强的，给男的。男家给小娘比（姑娘）也有的，要问我的老人（妻子）的，我没经手不具体知道。我们买的，将近花三万元，毛三万元。跟以前，变化是条件好点，就多了点手表、金器。以前我们订婚时，丈母娘只给我一身衣裳，现在经济条件好了，东西多点，是这样的情况。买定情物，现在作了的，这点（一直）都有的，好坏一点，都有的。钞票少的手表没有的，手表一万多一只。底没有的，看自己条件的。[2]

发送聘金为蒋村订婚的核心内容，自古至今一直存在，唯一的变化是聘礼的金额越来越高。2010 年 11 月 13 日王张订婚时，男方

---

[1] "日子帖""舅帖"也有一些变化，如蒋村董家农历丑牛年十月十一（2021 年 11 月 15 日）订婚时向女方王家送农历寅虎年四月十一（2022 年 5 月 11 日）结婚的"吉日婚书""舅爷帖"和"岳父帖"，增加了"岳父帖"。结婚时，男方请女方一桌或二桌、三桌的岳父辈客人来男方家参加婚宴。这在蒋村已有十来年了。这些文书现多为打印件。高丽萍访谈录，2022 年 4 月 24 日。蒋村所在的地区旧时重视文书的效力，"婚礼以过帖为主，一过帖，不再变"。参见徐泉华点校，余姚市史志办公室编：《光绪余姚县志（简明点校本）》，线装书局 2019 年版，第 71 页。

[2] 王长富访谈录，2010 年 11 月 13 日。

给女方发送的聘金为 242 800 元，女方退回聘金 140 800 元，实际收下聘金为 102 000 元。[1]对此，女方父亲王长富是这样解释的：

发聘，双方家长没（有）商量的，一般是按照风俗来，这个村坊发多少就按这个来，钞票有呢多发点，没底的，一定的。订婚前，我们双方没商量过，双方大人没见面商量的，没见过。发聘看乡坊的，西边人一般比我们东边人高一点，乡坊事情嘛，到观城那边也还少一点。

发聘过来后看女家实力的，你实力有呢，儿子、女儿一样的，实力没有就陪（嫁）勿起，没底的。发聘过来，有的女方条件好的，现金陪 50 万元、60 万元，轿车嫁去的。一般条件就日用品买点，陪过去的。条件好，囡（女儿）、儿子一样的。家产多就多陪一些去的，这种底没有的。我们车刚刚买好，以后结婚时就不买了，所以发聘的钱就留下少一点。看自己情况的。[2]

在蒋村人看来，订婚时所送聘礼不断在增加，社会就是如此要求的，村民王再明就这样认为：

过书嘛，发聘礼，像眼前社会，一般人家是二十万元左右。三年前，大概 2007 年正月，我家少，我们十二万元多点，十二万八千。现在过书跟以前差不多，差不多，变化好像没有，就经济上加点，再加点，每年提高一点，这点是有勿同的，其规矩跟以前是差不多。[3]

50 多岁的蒋村女村民张荷琴就比较了自己两个女儿收聘礼的变化情况以及聘礼用途情况：

农民家一般发十八万元，一年涨二万元。老百姓说一年功夫涨二万元，头年十六万元，现在十八万元。现在十四万元的话，别人

---

〔1〕 2021 年时，蒋村的聘礼起码大概为 28 万元。李乾博访谈录，2022 年 1 月 23 日。

〔2〕 王长富访谈录，2010 年 11 月 13 日。村民陈春冠参加的 2010 年 10 月 19 日的一次订婚的聘礼也大致类似：（用）红纸包的现钞，聘礼 20.8 万元，（返）回来 6.6 万元。（聘礼）多数给存折，有的为现金，给现金的有可能少一些。女方买轿车 20 多万，买轿车一部，男方已给部分钱。陈春冠访谈录，2010 年 10 月 22 日。

〔3〕 王再明访谈录，2010 年 11 月 12 日。

就有看法，对你。做老百姓的十八万元，拿不出就说明你比别人低了，级别低了，就像买东西一样，太便宜了。人家一听你十二万元，就会说介（太）少，所以大人就只好去借债了。有人说，谁家老人（妻子）说："一年涨二万元，我的儿子结婚时要四十万元了。"这是账算起来，男方还是赚的，那么大的人去他家，拿去的钱买东西，还要嫁五六万元，陪去的。两个青年好，两方父母辛苦的。一般娘家陪五六万，聘礼除了买东西外，剩下的女方大人也不落下的。一般东家，存折一张给女方陪过来。办酒是女方父母自己来的。

（我）大女儿家，十年前八万八，回去二万多元，拿了六万元多，用于项链、嫁妆。有的讨勿起的有活头，作的介大，老百姓讨勿起老人（妻子）了。女方也亏的，人也要了，钞票也要花很多钱。男方讨媳妇，没钞票就要去借的，借五六万元的、近十万元的。以前就你年青人去还，两个老的受苦的。（我）小的（嫁）宁波人不作的，女方的酒是男方办的，电器什么的是男方，宁波规矩，发聘时，聘礼、聘金没有的，只有戒指、项链、见面钱一万元多，拿去西装。[1]

在见面钱方面，2010年11月13日蒋村王张订婚时，男方给女方的见面钱为12 800元，女方给男方的见面钱为10 800元。[2]按照习惯法，见面钱的金额是女方比男方少，以示男方对女方的重视和尊重，突出女方的地位。

此外，男女双方都需要准备礼物给陪客。2010年10月19日，村民陈春冠参加了一次订婚宴：

男方给女方喜糖，每家亲戚一包，六七十包，两箱糖，过书时写好的，舅帖来的，订婚时有的。有的是大中华（香烟）六条、八条，糖十箱（一箱有一百包）。男方给（我们陪去的）每人有毛毯一床、香烟软大中华一包、糖一袋。给毛毯，是我们这边的风俗，

[1] 张荷琴访谈录，2010年10月22日。
[2] 陈春冠参加的2010年10月19日的一次订婚的见面钱也大致类似：男方给女方约12 000元左右，女方给男方一般少2000元，总数是女方比男方少，将一包小红包用一个大红包包好。我给我哥说，要那么多钱，我哥说是买头牛。有北京人说要见面钱，看动物啊，看一下要付钱。陈春冠访谈录，2010年10月22日。

有的是被套、被子，各家勿一定。[1]

关于礼物，张荷琴也对此表示了印证和肯定：

头一回去，是空手去，吃饭的。以前不带（东西）的，现在男的，饭吃好后，（就给来宾）被或毛毯一条、一包香烟、一包糖、一箱饮料。老板大的话，18K 的金项链每人一条，去二十个就给二十条，二百元左右一条。阿海的女儿有的。老板大的话。上回阿红去了 24 人，前年 4 月 20 日，有金项链的。[2]

四、婚约解除与彩礼返还规范

在蒋村，订婚以后解除婚约的事例比较少，通常男女双方会遵守习惯法规范，按照订婚约定，履行结婚承诺。不过，蒋村也有少数婚约解除与彩礼返还规范的情况。按照习惯法，男方提出解除婚约，女方所收彩礼不返还；女方提出解除婚约，女方所收男方全部彩礼返还。[3]

---

〔1〕　陈春冠访谈录，2010 年 10 月 22 日。

〔2〕　张荷琴访谈录，2010 年 10 月 22 日。

〔3〕　我国其他地区如江苏宿迁也有类似的婚约解除与彩礼返还规范。如有这样一则报道：24 岁的孙强是宿迁人，此前一直在外地打工。2010 年 10 月，孙强回到宿迁老家，经人介绍与胡燕相识。胡燕比孙强小一岁，母亲早年离世。在双方家长的催促下，两人才相处了两个多月，还没建立什么感情基础，就匆忙决定年底结婚。胡燕和孙强都是农村人，两边父母都没提领结婚证的事，在谈妥男方送给女方金首饰、摩托车和 2 万元彩礼后，就按当地习俗举办婚礼。2010 年年底的一天，孙强将胡燕迎娶到家里。当晚他喝了不少酒，回到洞房时已经醉了。神志不清的孙强看见胡燕后，张口就喊出了另外一个女孩的名字。胡燕开始还以为听错，可仔细一听的确不是自己的名字，她当即就吵闹起来。洞房花烛夜泡汤了，胡燕觉得这事太让她没面子，所以第二天一大早就直接回了娘家。事后，孙强几次登门赔礼道歉，还找介绍人帮忙从中说和，称自己当时喝醉了，根本不记得说过什么话了。可无论如何，胡燕就是不同意跟他回去。双方一直僵持到 2011 年 2 月，孙强觉得实在没法忍受了，反正也没领结婚证，干脆解除婚约算了。但孙强却要求女方退还他送过去的彩礼，包括金首饰、摩托车和 2 万元现金。胡燕认为孙强有过错在先，坚决不愿意返还财物。双方争吵多次后，孙强一怒之下以婚约财产纠纷为由把胡燕告上法庭。宿迁市宿豫区法院审理了此案，法院认为孙强送给胡燕的彩礼是以婚姻成立为目的，双方在经过调解后也无法和好的情况下，胡燕应该适当返还彩礼。最终，宿豫区法院判决胡燕返还金首饰、摩托车，以及 1 万元彩礼钱。参见吴军良、张瑜："新郎醉酒入洞房喊错名新娘一怒回娘家解除婚约"，载《现代快报》2011 年 5 月 7 日。

当然规范的具体实施看双方的实际情况而有所不同。对此，50 多岁的蒋村村民王再明是这样理解的：

> 过书过好，不算数的，聘礼还嘛，女方提出勿要的，全部得还；男方提出勿要的，那多数是还一脚（十分之一，10%）。这上法院也上不了的，你到哪里去告呀。我估计这个法律没有的，无法管的。男的过书后又在外面有女的，这种情况，别人对方可能一分不还的，这样有的。女方提出勿要，还要听（付）利息的。我钞票是借来的，我给利息了，你不能掉前后的，也有人这样说的。看这种理由的，具体情况的。[1]

蒋村村民孙大谷基本赞同王再明的看法，指出这一彩礼返还规范历来如此：

> 退掉了，自由退掉，男方先退的，硬的人全部要还的，一般的还至少一半；女方先退是会还。这个规矩是历朝历代传下来的，具体不好说的。你男方不要的，女方东搭西搭的，这种不要了，也有全部退的，女方全部退的。发聘后这样的，发聘前不存在退聘礼问题。[2]

村民岑本立也认为婚约解除、返还彩礼是比较麻烦的事情：

> 过书后勿算数的，我们蒋村少。现在年青人读书高，这方面情况多了。不算数的，要介绍人去，介绍人跑脚头哉，钞票要还的，大多数是要还的。我们这里，男方勿要，是有各样的。男方这笔账要收是收不齐的，买的东西零零碎碎的，不能算了。男方勿要的钞票基本上要还的，女方如难弄的，你不要了，我就不还了，我名气受影响，触霉头了。有理由的可能好一点，没理由的也可能情况麻烦了。女方勿来了，那全部要还的。细账还是没有的。我到观城吃了餐饭，买一身衣服，这种不算的。但介绍人管账的一笔钞票是要

---

〔1〕 王再明访谈录，2010 年 11 月 12 日。
〔2〕 孙大谷访谈录，2010 年 10 月 22 日。

还的。[1]

在我们调查时，50 多岁的蒋村村民孙国新介绍了他小儿子订婚的情况：

事例一

我的小儿子孙鹏今年是 32 岁，一直没有结婚，给他介绍了十多个人他都不满意，没有看上人家。偏偏喜欢上她，她幼儿园教书的。去年的事情，过年前。她结过婚有两个孩子，一个女儿一个儿子，女儿现在跟前面的老公，儿子经过鉴定不是她原来丈夫的，她带了过来。她家是大荫洞（村）的。当时我们发聘礼二万四千块，我还另外给四千块。她家陪过来两床被。一个来月后她跑走了，好像今年 3 月，不在我们家了，说不结婚了。在一起一个来月时间。听说又到以来老公那里去了。我儿子打电话问她，她说我的小儿子能力太强，一晚上要来四回，每回要一个钟头，她吃不消了。我问我儿子，大概是这样的。我叫介绍人去问，介绍人说来是勿来的。我就问还聘礼事情，她父亲说聘礼是勿还的，一分钱没有的，你到法院去打官司好了。我原来想四千块呢就不要了，二万四千块的聘礼你不全还，至少还一万块嘛。他一分钱勿还。你说这能到法院去告她吗？结婚证是没有的，他们结婚证是没有办的。你说说，到法院能够拿回来一些吧。[2]

---

〔1〕　岑本立访谈录，2010 年 11 月 12 日。

〔2〕　孙国新访谈录，2011 年 5 月 7 日。田野调查时，村民张荷琴向我们介绍了邻村解除婚约、返还彩礼的一例：女儿的表兄，道林人，女的，男的小桥的，发聘发二十多万元，还有 20 天结婚，女方不要的。（男方向女方）提出三项条件：（男方）晚上 12 点后（回家），12 点以前管勿来的；（女方）赌也不能弄，（男方）出门看、赌要的；大人管勿来，别人问勿来的。这三条女的无法答应的，女方不要他了，男方提出的三个条件答应不了。大人也都没管，你结婚就不能管，就散了。还来十二万八千，办饭损失费一万多元；项链还钞票，22 人去，（给）22 条项链，用钞票还。聘礼全部还的。吃饭大家都吃的，互相吃的，不算了。霉头反正大家触过的。去年（2009 年）10 月 1 日左右，相亲后两个多月，女的 26 岁，男的同年，男方条件好好的，老板男方大，两边都是老板的。男的说从小父母也勿管的，你要答应三个条件，我们就结婚。女方不肯答应的，双方反正都是有条件的，都找得到对象的。张荷琴访谈录，2010 年 10 月 22 日。

在蒋村村民看来，孙家的这一情况比较特殊。在普遍发送聘礼为 16 万元以上的蒋村，孙家仅仅发送二万四千块的聘礼，这本身即表明这一订婚行为的异常。因此，孙家的要求返还聘礼也不能根据习惯法、以通常的要求而论。

在我们进行田野调查时，村民陈春冠则向我们介绍了前几年发生在蒋村的因订婚后不成、返还彩礼到法院诉讼的情况：

事例二

三四年前，蒋村黄国建的囡（女儿）黄翠，男的大荫洞人，倒掉后、退散时有 25 岁，今年 30 岁（又）结婚的。介绍的，介绍一礼拜后吃饭的，饭吃好后不到一礼拜，小娘（黄翠）向男方要一只戒指，订婚戒指五六千块，男方不答应。男方发来 8 万多块。男方说 8 万多钞票已经有金器的钱的，另外没有了。男家小孩就不理睬小女孩（黄翠），两个小孩不朝睐（说话）了，没来往了。大人就说我钞票勿还，女家就说我钞票勿还。

女的在别人厂里做会计，男的书读出，厂里做做。女方家办五金厂的，男家没办厂。男家上法庭的，好像是浒山，要钞票。后来还的，法庭判女家还的。一直没还，两个多月就打官司；官司打好，女方也勿还。法院里的人来喊的，她在厂里、公司里，手铐铐走，怕她跑去，霉头触了一下。后来还的，勿还吃得落的?! 女孩霉头吃过，洋铐（手铐）铐走。娘也悔煞。女方要求男方付饭钿，男方勿肯付。[1]

关于解除婚约的社会后果，在蒋村村民张荷琴看来越来越小了："社会上讲，（订婚以后解除婚约）以前是说倒霉了，现在不太说的，现在散一个再找一个，无所谓的。以前觉得找好后不能散的。以前听大人的，大人说好都听的，现在小孩都按自己想法的。"[2] 蒋村人虽然普遍对解除婚约者及其家庭仍然有否定性评价，平时也多有议论，但是程度方面较之以往有一定的减弱。特别是年轻人更加不

---

〔1〕 陈春冠访谈录，2010 年 10 月 22 日。

〔2〕 张荷琴访谈录，2010 年 10 月 22 日。

太关注这类具有个人色彩的事情。

五、订婚习惯法的发展

在蒋村调查时，我们感到蒋村民众普遍了解和认可订婚习惯法这一历史上就有并一直传承的规范。在村民们看来，现今的订婚和订婚习惯法是存在一定的变化的，未来订婚习惯法将会继续存在并不断发展。

就我们观察和访问所得，蒋村当今的订婚活动和订婚习惯法基本上为传统的继承和发扬，主要环节、基本规范方面没有实质性的改变。正如村民孙大谷所言：

> 大致差不多，现在好日（结婚）的规矩与以前差不多，主要环节吃饭、相面、过书，搬茶、拿出见面礼、发聘、结婚。原来满月办满月酒，再后来催生饭。
>
> 规矩是跟原来一样的。阿舅嘛，订婚就是男的发聘，发聘发落就买戒指什么的，拣日子，过书勿过日子拣勿来的，日子选好才好发聘的。[1]

60多岁的王厚德在接受我们访问时，也表达了同样的观点："这个是以前传下来的，一直传下来的，发聘，发聘、过书，说句难听点，对方也是没赚的，也是插蚀的，没有赚的。越是穷的，越会看重聘礼；越是富的，无所谓的，有铜钿（钱）的人，他有钞票不在乎聘礼的。有一地方下洋浦的聘礼四十万，嫁妆有一百万，意思是我囡不靠你们男方吃饭。"[2]

2010年11月13日王张订婚女方的外公也有"复古"这样的类似看法：

> 现在订婚等于是复古，推陈出新，老人是推陈出新，百花齐放，等于这样意思。复古是拣闹热事体（事情）做嘛，订亲冷冷清清的

---

[1]　孙大谷访谈录，2010年10月22日。
[2]　王厚德访谈录，2010年11月12日。

等于不好意思嘛，热闹一些。

现在多件好一些，看人家打火"冲"，没统一起来的。好的弄得好一点，推板（差、穷）的也要弄，看自己条件走的。

现在小孩幸福，小娘比（女孩）也幸福，小男孩也幸福，双方父母实力啊。负担是老年人承担。现在婚丧喜事排场大，小青年自己过日子，费用这些都是大人来付，老太公（父母）吃力煞，负担重煞。[1]

确实，面对这样"复古"中"出新"的社会标准和社会要求，蒋村的普通民众压力极大，村民张荷琴的意见大致表达了社会成员对订婚、订婚规范的基本态度：

以前讨个老人（妻子）几百块，现在几十万元，公房买好，一部轿车，再加四五十万元聘礼、酒席开支。宁波人说，你们慈溪老板多，钞票多，但讨老人还是讨勿起。宁波人就是吃饭，东西一样没有的，没介客气的。我女婿（宁波人）说你们这个规矩不好，债背着，勿好不要那么多钱的。[2]

新娘父亲王长富有着切身的体会，对其这一说法也颇为赞同："现在经济条件好的，讲究是讲究。钞票没有的人的就跟，有钞票人作出来的，弄得好嘛，没钞票人也只好跟，越弄越好了。现在过书、结婚这些，基本上跟以前来的，规矩、程序跟以前差不多的，就是条件不同了，经济好了，所以客气一些，酒菜质量要好多了。现在是弄钞票了，跟铜钿过不去。弄得下去的，穷的人要弄煞（死亡）的，老年人自己负担这些费用。"[3]

民众特别是父母辈普遍感觉现在的订婚中经济因素越来越重，聘礼越来越高，成为非常沉重的社会负担。在蒋村人看来，这都是老板们、有钱者层层加码、年年提高，而使得经济条件较差的

---

[1] 洪启财访谈录，2010年11月13日。
[2] 张荷琴访谈录，2010年10月22日。
[3] 王长富访谈录，2010年11月13日。

家庭为婚姻成立、社会名声而须亦步亦趋，社会标准随之提高的结果。他们认为，订婚条件、订婚规范的变化主要原因在于社会中有力者炫富的心态，但是多数村民缺乏社会资源，无力改变这一规范，由此订婚习惯法不断得以强化并内在地进行一定的改变。

此外，蒋村订婚习惯法的变化主要为简化程序方面，如媒人越来越成为形式、省略了专门的吃茶环节等。王长富就告诉我们：

> 以前过书、吃茶两回办的，分开来的。先吃茶的，吃茶时拿定情物，吃茶简单的，大辈（长辈）不用叫的，就是送点定情物。现在一回事，一起办了，吃茶、过书一起做了。[1]

虽然现在蒋村的订婚规模大、耗费多，但是现在形式比较随便一些，订婚习惯法在细节方面的效力并不严格。我们调查到的蒋村村民一致认为订婚现象和订婚习惯法会一直存在下去。如 2010 年 11 月 13 日王张订婚的新娘父亲王长富看来，订婚为历史、传统的产物，"一直传下来的"：

> 过书（订婚）肯定要传下去的，农村里肯定会传下来的，这个是风俗嘛，几千年传落（下）来的，一直在传下来的。城市里也一样的，两对手镯总是男的买的，家具也是男的买的。我们这里复杂点，道理做个的（一样的），我们这里就是复杂点，（相）比城里。[2]

王张订婚时一位 50 多岁的帮厨的蒋村女村民方国芳也支持这有结论："过书，我想是会传下来的，过书一定会传下来的，越过越多、越过越多啊，我猜猜是会传落（下）去的，过书这些勿会断的，肯定会有的。"[3]

不过，我们感到蒋村的年长者现在担心的是，现在进行订婚的

---

〔1〕 王长富访谈录，2010 年 11 月 13 日。
〔2〕 王长富访谈录，2010 年 11 月 13 日。
〔3〕 方国芳访谈录，2010 年 11 月 13 日。

青年男女都没有规矩意识、缺乏规范观念，他们不怎么听老一辈的教导，而父母大人也没什么好给他们说的。

　　按照现在的订婚规范的发展趋势，蒋村经济条件差家庭的男青年就可能存在找不到对象、没有办法订婚和结婚的情况。事实上，蒋村已经有了这样的先例，如 50 多岁的女村民张荷琴就向我们介绍：

> 我阿定（弟弟）18 岁。他说，讨老人（妻子）讨勿起，四五十万那来介多钞票。现在做光棍的也有。蒋村有后忠，40 多岁，近 50 岁；吉岳矮子，50 多岁；小文华，40 来岁，他脑子不太清楚。有三个，还有藏才儿子，四个没找着。后忠钞票呒（无），屋里穷，自己勿肯做。吉岳也是生活勿做，老人（妻子）话（说）好的，到丈母家去宿了一宿，人家就不要了。老人讨勿进，主要是穷，屋没屋，钞票没钞票，找得好对象也没钞拿（过）去。[1]

　　因此，蒋村有越来越多的男青年与外省、区的女青年订婚和结婚的个例。而这些非传统要求下的婚姻，其共同特点为订婚简单、聘礼较低。由于人口流动，双方当事人中有一方为外地人的，习惯法有另外的规范，不严格要求与双方当事人均为本地人的一致。一般远地通婚的聘礼仅需要三五万元，这就使蒋村的婚姻出现了新的形态，本地人与外地人订婚、结婚的增多对蒋村订婚习惯法提出了一定的挑战。不过，这需要更进一步的观察。

六、简短的结语

　　通过 2010 年 11 月 13 日对王张订婚的考察，我们认为固有的订婚习惯法在蒋村仍然客观存在，现今蒋村的订婚活动基本遵循传统习惯法的规范，村民的订婚习惯法意识依然浓厚，订婚习惯法在订婚举行、婚姻成立方面发挥着重要的作用。经济因素促使订婚习惯法发生某种变化。

---

〔1〕　张荷琴访谈录，2010 年 10 月 22 日。

　　蒋村订婚习惯法的这一事实进一步告诉我们，历史上形成的固有习惯法在现代法治建设过程中是有其特殊价值的，并不一定会随着时代的变迁而被遗弃。法律现代化需要建基于中国社会的经济、历史、文化之上，思考中国人的法生活方式。

第十九章
程序严格的结婚习惯法
——以蒋村陈鸣龙与沈洁冰结婚为对象[1]

一、引言

鸾凰相舞，婚姻为重要的民事行为。婚姻是以男女两性结合为基础、以共同生活为目的、具有夫妻身份的公示性的一种社会行为，结婚、离婚都需要道德、法的调整和规范。

在长期的社会发展中，我国各地形成了内容全面的婚姻成立习惯法，在社会生活中发挥了积极的作用。广义的当代中国的婚姻习惯法包括订婚习惯法和结婚习惯法，本章主要探讨当代中国的结婚习惯法，即婚姻成立习惯法。当代中国的婚姻习惯法涉及婚制等实体规范和结婚仪式等程序规范，尤以婚姻程序规范为主要内容。

2010 年 11 月 9 日至 11 月 11 日，我专程到蒋村参加了陈鸣龙与沈洁冰的婚姻缔结仪式，[2]对当代中国婚姻习惯法的现实状况进行了观察调查。本章即为对此的基本总结，以引起学界的进一步关注。

---

〔1〕 感谢陈鸣龙全家的大力协助。

〔2〕 旧时蒋村所在地区的婚姻处理程序包括提亲、定亲、看嫁资、安床伴郎、享先、迎娶、拜堂、婚宴、回门、满月等。参见慈溪市民政志编纂委员会编：《慈溪市民政志》，上海辞书出版社 2013 年版，第 386~387 页。

二、结婚习惯法的实体规范

习惯法规定婚姻实行一夫一妻制，当今蒋村的婚姻仍然坚持这一与国家制定法相一致的规范。陈鸣龙与沈洁冰的结婚自然也遵循这一要求。

蒋村的婚姻基本为自由婚，恋爱自由、结婚自主；有些婚姻为介绍婚，婚姻由媒人介绍相识，相恋成婚。陈鸣龙与沈洁冰为高中同学，虽然两家分处两镇，相距近40公里，大学又分别在杭州、成都就学，但本就比较熟悉，又一直有联系，成为夫妻也比较顺理成章。

按照传统习惯法，蒋村婚姻形式主要分娶妻和招婿两类。陈鸣龙与沈洁冰属于娶妻型。这主要是因为陈鸣龙为独子，而沈洁冰还有一位弟弟。陈鸣龙娶沈洁冰为妻能够承继陈家的宗脉、延续陈家的香火。蒋村民众比较普遍存有宗姓、血脉观念。

从历史上看，蒋村存在早婚规范。但是，在1949年中华人民共和国成立以后，早婚习俗逐渐消除，早婚现象已不复存在，习惯法的早婚规范已经失去了调整对象。这次陈鸣龙与沈洁冰的结婚年龄都符合国家婚姻法律的规定。

三、结婚习惯法的程序规范

相比较结婚习惯法的实体规范，蒋村结婚习惯法的程序规范更为具体、详细，对婚姻成立的各个环节都有比较明确的规范。

结婚习惯法的程序规范涉及"享仙"、备房、请郎、新郎去新娘家喝酒和敲糖、迎亲、拜堂、婚宴等方面。

（一）"享仙"

"享仙"（飨喜）为蒋村俗语，意为祭祀祖先、祭拜菩萨。在蒋村，除了少部分信仰基督教、天主教的村民外，绝大部分信仰佛教。信仰佛教的家庭在婚礼当日清晨需要举行"享仙"仪式，婚姻成立需要告知各路神仙、菩萨，请他们多多保佑；需要上告祖宗，请他们知晓家中的喜事，以得到祖先的祝福和庇护。习惯法对"享仙"的时间、地点、参加人、供桌及供品等进行了规范。

11月10日为农历十月初五，陈鸣龙家与沈洁冰家约定分别举行"享仙"。大约凌晨2点40分，陈鸣龙家举行"享仙"仪式，先是祭菩萨，之后祭祖宗，并在厨房祭灶王爷。

参加"享仙"的人不多，仅为陈鸣龙父母亲、陈鸣龙、陈鸣龙姑姑等几人。

祭菩萨在大厅进行，供品包括四样水果、四叠糕点、四样素菜、四样点心，并有一只鸡、一刀肉和两条活鲤鱼，并有两碗米饭、九个酒杯。陈鸣龙插上蜡烛、点燃香和烛并在其母亲指导下持三枝香到大门外祈告后将香插在香炉后，祭祀即开始。蜡烛和香均为结婚祭祀专用的。陈鸣龙和父母分别斟酒和跪地磕拜。值得注意的是，点香的香炉内放有赤豆，"赤豆"蒋村音为"出头"。最后烧包括"夫妻长寿佛""三十三天""十二生肖佛"等在内的"佛"（蒋村语，即纸钱），烧"佛"时放在芝麻秆上烧，寓意芝麻开花节节高。烧完后燃放爆竹。祭菩萨后，陈鸣龙在父亲开车陪同下，将两条活鲤鱼送去水质较好的一公里左右的河中放生。

之后祭祖宗。祭祖宗时，供桌转了一个向。祭祖宗的供品包括肉、鱼等八碗热菜和一茶盘放有各种的水果、一茶盘放有多样的糕点、一茶盘放有多样的点心，八仙桌三边各有两碗米饭、两个酒杯、两双筷子，并在桌子的三边摆有椅子。陈鸣龙插上蜡烛、点燃香和烛并在其母亲指导下持三枝香到大门外祈告祖宗并请他们前来吃酒后将香插在香炉后，祭祀即开始。陈鸣龙和父母也分别斟酒和跪地磕拜。最后烧"佛"和纸元宝。

厨房祭灶王爷与祭菩萨同时进行。祭灶王爷比较简单，仅一盘盛有四样的素菜、一盘放有四样的水果、一盘放有四样的点心和两碗米饭、两个酒杯、两双筷子。

"享仙"结束后，陈鸣龙和父母亲继续回房休息。

"享仙"之祭菩萨　　　　　　　　　"享仙"之祭祖宗

（二）备房

11月10日上午八点多，陈鸣龙母亲将新婚的洞房准备好。虽然陈鸣龙父母已经替陈鸣龙在县城购买了一套房，主要在那里居住，但是结婚当天陈家还是依俗准备了洞房。

洞房一角　　　　　　　　　　　洞房中的小马桶

洞房在陈鸣龙家的二楼，墙上挂了陈鸣龙与沈洁冰的结婚照，红色被罩的双人床上放有两床铺盖。床头边放有一只盖上有"早生贵子"字样的小马桶，马桶内放有两个红鸡蛋和若干花生、红枣、黑枣。寓意"早生贵子"并一男一女这样花着生。

洞房里还放有两盆万年青、一盘水果，还放有一只提手边扎着鲜红的丝绳的火熜。[1]男方迎亲时需提着火熜去接新娘子。

此外，在陈鸣龙家的一楼还放有一种现在蒋村已不多见的"轿抽"（蒋村方言），"轿抽"内放有一双绣花虎头童鞋。以往蒋村会将刚会站立的幼童放入"轿抽"内自己玩耍。

马桶、火熜、均为重要的婚姻成立仪式中的物品，与传宗接代密切相关。

备房依旧规突出喜庆、吉祥，以红色调为基本色调，并在用具体放置等方面体现传宗接代、多子多福的观念。

 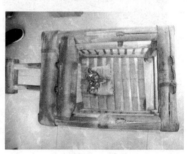

"轿抽"侧面　　　　　　　　　　"轿抽"俯看

（三）请郎

11月10日上午九点多，沈洁冰16岁的弟弟即阿舅在一位亲戚的陪同下专程来到陈鸣龙家，请新郎陈鸣龙中午前去自己家吃酒。

陈鸣龙的父母亲热情接待沈洁冰弟弟一行，请他们坐下喝茶、吃点心，并依蒋村习惯给沈洁冰弟弟一包中华香烟和一个红包，给同行人一包中华香烟。

大概待了20分钟后，沈洁冰弟弟便陪同新郎陈鸣龙前去自己家吃酒。

值得指出的是，在上午，陆续有亲友来参加婚礼，有些向新郎家致送礼金。新郎家没有专门设立礼金台，通常是亲友送的礼金交

---

〔1〕　火熜是旧时人们在冬天时取暖的器具，下小上大，下接一底部封闭的圆柱形，上接一圆柱形开口，加上圆柱形的盖子，盖子上有一个圆圆的小孔，这使得合上盖子后火熜内与外面的空气能流通。火熜上沿还装有一个可以摇动的同一种材质的半圆环、扁形的提手。火熜一般用黄铜制成。

给新郎母亲收下。新郎母亲在每一个装礼金的红包外面写上亲友的姓名以示区分，以便当晚归还或者以后还礼。

阿舅请新郎

（四）新郎去新娘家喝酒、新娘家亲戚敲糖

这是蒋村婚姻成立的一个主要环节。习惯法对新郎去新娘家喝酒的参加人、具体程序以及新娘家亲戚敲糖的对象、内容、结果等进行了规范。

11月10日上午10点左右，新郎陈鸣龙在新娘沈洁冰弟弟和媒人、四位伴郎陪同下开两辆汽车前去新娘家吃酒。[1]

新郎准备出发去吃酒

新娘家的门口

---

〔1〕　在蒋村，依习惯法在结婚过程中一直需要媒人。按照陈鸣龙与沈洁冰结婚男方家的媒人李光亮所言，媒人的作用有三：一为中证人，如由媒人经手将男方的聘礼给女方；二为联络人，男女双方之间有什么事情通过媒人进行沟通，如婚礼前一日的搬嫁妆需要由媒人协调；三为介绍人，这方面现在越来越不突出了，往往是男方女方自己认识后再按照习惯找介绍人，即俗称的"现存介绍人"。李光亮访谈录，2010年11月10日。

陈鸣龙到新娘家时，新娘沈洁冰家放爆竹欢迎，前来参加婚宴的新娘家的亲戚朋友也都在大门口迎接新郎。陈鸣龙一一分香烟致谢。

之后，新郎陈鸣龙一行被迎入新娘沈洁冰家客厅后坐下由新娘弟弟等陪同先"吃茶"，即喝茶、吃干果和点心。

在新郎到来以后，新娘沈洁冰家的婚宴就开始了。在慈溪地区，习惯上结婚当天的婚宴，新娘方的正餐在中午，新郎方的正餐在晚上。

新郎和伴郎在喝茶

新娘和伴娘在吃酒

在婚宴安排方面，新娘方将新郎桌和新娘桌均安排在自己家的客厅这一最重要地方，新郎桌在外，新娘桌在内。新郎桌由新娘方的新娘弟弟和一位至亲陪新郎陈鸣龙和几位伴郎，新娘桌由几位担任伴娘的新娘同学、好友陪新娘沈洁冰。

新娘家的婚宴共有 27 桌，是请厨师在家中办的。除了三桌长辈坐的设在新娘自己家外，其他婚宴桌设在旁边一户刚刚盖好还没有装修的邻居家。

厨师在准备菜

厨师的帮工在端菜准备上桌

婚宴进行中，新娘母亲和三位亲戚逐桌给每位参加婚宴的亲友分发一袋喜糖、一包中华香烟和一个红包。

婚宴

新娘家向亲友致送礼物、礼金

婚宴开始到上羊肉这一道菜时，新娘家按例鸣放了爆竹，这是告知各位参加婚宴的亲友"新郎要来敬酒了"。新郎陈鸣龙在几位伴郎和新娘方的一位叔叔陪同下，从长辈桌开始逐个向参加婚宴的新娘家亲友敬酒。这是让新娘家亲友近距离地认识新郎，增加对新郎的了解。同时，新娘家亲友向新郎陈鸣龙表示祝贺，恭喜新郎和新娘喜结连理、百年好合。

新郎陈鸣龙到新娘桌敬酒时，被几位伴娘按俗"难新郎"。伴娘要求新郎陈鸣龙与新娘沈洁冰一起喝交杯酒、要求新郎新娘一起接吻 30 秒。新郎新娘一一照做。这增加了喜庆的气氛。

新郎新娘被伴娘要求接吻

新郎向新娘、伴娘敬酒

新郎陈鸣龙在向新娘家亲友敬酒时，陪同的一位新娘家的叔叔

——介绍亲友，并巧舌如簧、百般劝解，尽力保护新郎，尽量让新郎少喝酒以免被灌醉。对较多为难新郎的亲友，伴郎则广泛分烟，多加疏通。

新郎在向新娘家长辈敬酒

新郎被新娘家亲友"敲糖"

在敬最后一桌亲友的酒时，新郎被新娘家亲友"敲糖"，即向新郎多要一份喜糖。按照蒋村的婚姻习惯法，新娘家的喜糖钱由男女双方商量好由新郎方出并已经给付新娘方了。不过，为了增加喜庆气氛，新娘家的一些至亲好友往往还会在新郎敬酒时以各种形式不让新郎倒酒，额外要

"敲糖"成功

求新郎再给一份喜糖、喜烟。有的亲友说："我们要求也不高，只要用宁波港的万吨轮装来就行。"有的亲友说："七八小船也可以。"在场的人都哈哈大笑。陪同人和伴郎劝说、夺杯子都无效。经过十多分钟僵持后，最后由新娘家母亲出面给这一桌的 12 位亲友和围观者中的四位女性亲友每人发了一个内有 100 元的红包。之后，新郎陈鸣龙在一片开心中敬完了新娘家所有亲友的酒。

敬完酒后，新郎陈鸣龙和伴郎回到自己桌上匆匆吃完饭就离开新娘家。新娘家放爆竹欢送新郎返家。

（五）迎亲

在蒋村，男方迎亲也为婚姻成立的主要环节之一。关于迎亲人、迎亲程序、迎亲用具以及送亲程序等，习惯法都有明确的规范。

由于时间关系，新郎家的迎亲车队已经在新娘家附近等候新郎了。新郎陈鸣龙和伴郎迅速与迎亲队伍汇合，准备迎亲。

11月10日下午2时左右，在媒人引领下，新郎陈鸣龙手捧鲜花，由两位男方伴娘、两位童男童女和几位伴郎陪同（其中一位伴娘手提内放打火机等物的铜火熜），两套锣鼓敲锣打鼓前往新娘家迎亲。

迎亲队伍

迎亲队伍到新娘家

男方的迎亲队伍到新娘家附近时，新娘家放爆竹迎接。之后，新娘家招待新郎和迎亲队伍吃茶。

同时，新娘家的一位姑姑接过新郎伴娘手上的火熜。新娘家的五六位女性长辈就开始准备火熜内的物品。她们先将新郎家火熜内的物品取出，再将已经准备好的物品放入新郎家、新娘家的两个火熜。这些物品包括年糕（寓意年年高）、馒头（寓意发

新娘家的女性长辈在准备火熜内的物品

达）、打火机（寓意红红火火）、盘蚊香（寓意香火延续）等。两只火熜放入新郎、新娘坐的汽车内，

随新娘沈洁冰到夫家。[1]

放入火熜内的物品

重新放好物品的男方、女方的火熜

　　新郎陈鸣龙手捧鲜花上新娘家二楼迎请新娘沈洁冰时，伴娘将房门紧闭进行"拦门"。六位伴娘后将门打开，手拉手阻拦新郎进入，要求新郎陈鸣龙5秒内说出新娘沈洁冰手机的第1、3、5、7、9、11位的数字，没有完成就要求红包拿来；要求新郎陈鸣龙5秒内说出对新娘沈洁冰的十个亲热的称呼，新郎方的两位伴娘耳语新郎帮忙，没有完成又要求拿红包来。由于新郎不知何故没有准备红包，最后是新娘母亲拿出红包后新郎陈鸣龙才得以进门。

新娘方伴娘紧闭房门

新娘方伴娘"拦门"

---

　　〔1〕　在蒋村，旧时新娘坐花轿时，其座位下要放只火熜，火熜内燃炭火，随新娘到夫家。到了夫家后，送轿的男子（压轿者）会从火熜内点着一袋烟，称"接香火"。

进门后，新郎双膝下跪，手捧鲜花对坐在床上的新娘说："老婆，嫁给我吧！"有的伴娘要新郎对新娘说："洁冰，跟我走吧。"新娘羞涩地小声答应了。

之后，依惯例，新娘的姑姑等两位女性长辈端一碗鱼、一碗肉、一碗饭（上放有一颗花生、一颗红枣）请新娘吃"上轿米饭"，新娘沈洁冰象征性地吃了一下。这是新娘在娘家吃的最后一顿饭，自此成为丈夫家的人，以后回来为做客。吃"上轿米饭"时，新娘的女性长辈祝福新娘沈洁冰幸福、美满。此情此景，大概是想起了父母亲的养育之恩，新娘沈洁冰的眼眶湿润了。

新郎请新娘"嫁给我"

新娘吃"上轿米饭"

11 月 10 日下午 4 时许，新娘家院子里的迎亲锣鼓已是第三次响起，催促新娘上车出嫁。新郎陈鸣龙拉着身穿白色婚纱的新娘沈洁冰的手下楼。在一楼临出门时，新娘母亲给新娘沈洁冰一个大红包。

新郎陈鸣龙与新娘沈洁冰出嫁离开父母家时，新娘家一路铺

新郎迎娶新娘出门，媒人拿两个火熜

红地毯到迎接的小汽车边。新娘家亲友近百人一路送亲。新娘家一路放爆竹不停，并不时喷彩花。

值得注意的是，在送亲队伍中，媒人拿两只火熜走在旁边；新

娘弟弟手捧内放红色高跟鞋的鞋盒。

在送新娘途中，新娘沈洁冰为父亲和伯、叔点烟，感谢父亲的养育之恩。点烟后，新娘父亲给了新娘沈洁冰一个大红包。

新娘为父亲和伯、叔点烟　　新娘弟弟手捧内放红色高跟鞋的鞋盒

新娘换鞋

在迎接的小汽车边，新娘进行了换鞋。新娘先给弟弟点烟以示感谢，再在弟弟和两位女性长辈的协助下换穿上弟弟捧着的鞋盒内的红色高跟鞋。这表示新娘不带走父母家的泥土，不影响父母家的发展，自己全新开始新的生活。依旧俗，需要将新娘换下来的鞋子扔到房顶上。这次新娘沈洁冰则表示换下来的鞋子仍然留着，自己以后回娘家来还穿。

之后，新娘沈洁冰由弟弟和一位女性长辈扶着坐入婚车内。新郎和新娘坐在铺有新被子的迎亲婚车上，新娘沈洁冰眼含泪水，流露出对往昔少女岁月的流恋之意、对父母生养教育之恩的感谢之情。新娘家的女性长辈一再叮嘱新娘坐好后不要移动。

在热烈的锣鼓声中，坐在车内的新娘沈洁冰向送嫁的亲友们挥手告别。值得指出的是，新娘的母亲没有出现在送嫁队伍中。

新郎和新娘在迎亲婚车上

在新娘的伴娘们都上车以后，迎亲车队的两辆放锣鼓的皮卡车、一辆摄像车、六辆迎亲车共九辆车在锣鼓声中迎上新娘返回新郎家。当天是个好日子，一路遇到三家迎亲的车队。

迎亲车队开始返回

迎亲车队抵达新郎家附近

大约半小时后，迎亲车队抵达新郎家附近。新郎陈鸣龙和新娘沈洁冰下车在持续不断的爆竹声中走红地毯，走向新郎家。新郎方的两位伴娘一人手拎一只火熜随伴在后。

新郎和新娘走红地毯

新郎和新娘走向新郎家

（六）拜堂

在蒋村，按照习惯法，拜堂为婚姻成立的核心环节。

11 月 10 日下午 5 时许，新郎陈鸣龙和新娘沈洁冰的拜堂仪式在新郎家客厅举行。亲友们主要站在新郎家客厅门外的院子里观礼。

客厅内摆放着两张上铺彩色床单的八仙桌，桌子上放有一个香炉和两对一大一小的蜡烛，还有一盘糖果。墙壁上张贴着"结婚典礼"四个大字。

新郎陈鸣龙和新娘沈洁冰进入客厅以后，两位迎亲的童男童女在两位大人的协助下点燃了很粗的红烛。

拜堂仪式由新郎的伯伯陈国栋主持，主持词见如下文书一：

文书一

尊敬的各位来宾、女士们、先生们：

大家好！

春去秋来，阳光明媚，欢声笑语，喜气洋洋。

今天是公元 2010 年 11 月 10 日，阴历十月初五。在这大好的日子里，新郎陈鸣龙先生和新娘沈洁冰小姐喜结良缘。接下来，我们大家用热烈掌声欢迎新郎、新娘入位。（新郎、新娘站着就位）

此时此刻，他就是你了，你就是她了。你们要心合心、心连心，成为一对真正的名正言顺的合法夫妻。我代表今天到场的全部同志们，祝愿他们欢欢喜喜、高高兴兴、快快乐乐过好每一天。

下面一拜天地，感谢苍天，天赐良缘，一鞠躬。（新郎、新娘向

外一鞠躬)

二拜高堂。(新郎父母站在上位接受新郎和新娘一鞠躬，新郎母亲手拿红包)

夫妻对拜：美满因缘、开心难忘，一鞠躬；相敬如宾、永结同心，再鞠躬；早生贵子、白头到老，三鞠躬。

今天到会的亲朋好友、左右邻居们，为了新郎陈鸣龙先生和新娘沈洁冰小姐结婚忙忙碌碌、辛辛苦苦。祝愿大家身体健康，谢谢大家，一鞠躬（新郎、新娘向外一鞠躬）。

结婚典礼到此结束，鸣锣放炮，送入洞房。[1]

新郎、新娘拜堂

于是，在彩花喷撒、爆竹声声中，新郎陈鸣龙和新娘沈洁冰在

---

〔1〕　这一主持词是从旧时结婚祝文传承、演化而来。旧时蒋村所在地区结婚有如下的祝文：

正月

维

大清光绪十有几年岁次干支几月某朔越有几日嗣孙某某兹有几男年登弱冠礼宜有室敬凭月老之言聘娶某之女为郎兹值吉辰欣逢合卺谨以花烛茶菓之仪敢告昭于

历代昭穆宗亲之前日伏以曦子合值天地交泰之期历始王正宝律吕调阴之侯今春回万象之新古礼叶百年之吉伏愿祢睹齐眉之庆熊卜吉式歌偕老之权谨

祝

参见宁波市文化广电新闻出版局编：《甬上风物——宁波市非物质文化遗产田野调查（慈溪市·横河镇）》，宁波出版社2011年版，第115页。

两位童男童女手持红烛（大人帮助）的引导下，上二楼进入洞房。

同时，新郎家帮忙者将桌上放的一盘糖果撒向参加结婚典礼的亲戚朋友、邻居，让众人分享新郎陈鸣龙和新娘沈洁冰的新婚喜悦。

进洞房后，一对红烛放在房内的台几上（需要点燃一晚上），两只火熜也放在台几上。新郎陈鸣龙和新娘沈洁冰坐在床上后，新郎方的两位女性长辈用茶盘端来了一碗花生、红枣汤，请两位新人分别喝一口，又倒了两杯红酒请两位新人喝交杯酒。两位女性长辈还同时说诸如"白头到老"之类的祝福话。

（七）婚宴

拜堂后不久，新郎家迎接了新娘的兄弟们即阿舅。按照蒋村习惯法，新郎家晚上的婚宴需要有一桌专门招待阿舅，这些新娘的亲兄弟、堂兄弟、表兄弟是送新娘到新郎家，既有为新娘提供保护之意，也有与新郎家加深了解之意。

阿舅们到了之后，新郎陈鸣龙家先招待他们吃茶。同时，新娘和伴娘也进行吃茶。之后，新郎陈鸣龙陪阿舅吃酒。

新娘的兄弟即阿舅在吃茶

新娘和伴娘在吃茶

11月10日下午6点左右，新郎陈鸣龙家的婚宴开始。这次新郎陈鸣龙家也是请厨师到家里来做菜。新郎陈鸣龙家也借邻居家举办婚宴。婚宴共有30桌，菜品见下面文书二：

文书二

菜　单

　　冷菜：葱姜海子、凉拌海蜇头、沙司蛋卷、鲜汁鹅掌、画马白肚、如意羊肉、赤盟鸭舌、盐水花虾、碧根果、开心果、美国提子、酒香红枣。

　　热菜：什锦鲜汤、一品鲜河蟹、高笋目玉卷、大龙虾、红烧黄鳝段、麻香全鸭、葱油珍宝蟹、椒盐鲜鱼、盐水基围虾、干菜尖鳗、稻草东坡肉、鲍汁鱼翅、葱油石斑鱼、干椒娃娃菜、甲鱼汤、红膏呛蟹、酸菜哈哩汤。

　　点心：富贵双全、小小玉珍珠。

　　水果：四色拼盆。

婚宴的厨房

婚宴场景

　　在婚宴进行过程中，新郎家的几位亲戚代表新郎家分发喜烟、喜糖，共享新郎陈鸣龙和新娘沈洁冰新婚之喜。

　　同时，新郎母亲还趁亲友参加婚宴之机，将一些礼金还给亲友，以免以后专程登门去还。基本上不收长辈的礼金，新郎家仅仅是请长辈们来吃喜酒。[1]

----

　　[1]　近些年，蒋村许多村民结婚不收礼了，如2011年12月，张富国的儿子结婚就没有收礼，当时他家办了26桌酒席；2018年12月，姜大坤的儿子结婚也没有收礼，当时他家办了70来桌酒席。

新郎家亲戚在分发喜烟

新郎家亲戚在分发喜糖

在上菜过大半后，新郎陈鸣龙家放爆竹，意为告知参加婚宴的亲朋好友、邻居们，新娘沈洁冰要开始敬酒了。

敬酒由新郎陪同，新娘方的两位伴娘陪伴着新娘以保驾护航。新郎家的婚宴也依习惯法存在"敲糖"这一内容。有几位新郎家的亲友稍微难为了一下新娘，不让新娘顺利的倒上酒或者饮料，要求新娘回答类似脑筋急转弯一类的问题或者猜谜语后才可以。最后新郎家另外多给一份喜糖给这几位亲友。这一"难妇"环节主要是增加一些热闹的气氛，为新郎和新娘结婚增添些喜庆的氛围。

敬酒是为了让新郎家的亲友有机会认识新娘沈洁冰，也让新娘了解新郎家的亲友，尽快融入新郎家，开始在新郎家的新生活。

在新娘去敬酒后，新郎家的四五位参加迎亲的伴郎等，到新娘和伴娘桌与新娘方的几位伴娘敬酒、聊天，互相增进了解。

（八）抱被

参加完婚宴回去前，新娘的弟弟即阿舅还依俗将新郎、新娘洞房中的一床被子抱到另外房间，将另外房间的被子抱到洞房。这是为新郎、新娘就寝做准备，与"早生贵子"有关系。之后，新郎家母亲给了阿舅一个红包。

阿舅抱被子

（九）送舅

11月10日晚上10点半左右，参加完婚宴结束后，新郎家用一辆大轿车送阿舅和伴娘们回新娘家。离开时，新郎家鸣放爆竹相送。新郎陈鸣龙、新娘沈洁冰将阿舅、伴娘们都送上车，感谢他们的辛苦参加、全力支持。

参加完婚宴回去时，新郎陈鸣龙家向阿舅和伴娘们赠送了每人一只高压锅等礼物。[1]

至此，新郎陈鸣龙家的婚宴圆满结束。按照习惯法，新郎陈鸣龙与新娘沈洁冰的婚姻在众多亲友的见证下，得到社会的认可而圆满成立！

四、结语

从新郎陈鸣龙和新娘沈洁冰的婚姻成立过程可以发现，当今蒋村的婚姻习惯法基本传承固有习惯法，主要原则、基本规范都与传统习惯法一脉相承。仅仅在迎亲方式由用轿、用船到用车等方面有所变化，某些程序进行了简化处理。当然，也有新规范的增加，以适应现代生活方式的需要。

当今蒋村婚姻习惯法主要内容为婚姻成立的程序规范，婚姻习惯法对婚姻成立的"享仙"、备房、请郎、新郎去新娘家喝酒和敲

---

〔1〕 以往新郎家向阿舅送的礼物为毛巾、袜子、手套等。

糖、迎亲、拜堂、婚宴等全过程进行了详细的规范。这些规范涉及今人与先人、男方与女方、男方与亲友等关系。

从法功能方面考察，当今蒋村婚姻习惯法突出秩序功能，以喜庆、吉祥为基本基调，以得到大众认可、社会美誉为主要宗旨，明确各方的权利义务，分清男方女方的具体责任，强调婚姻成立的男女双方和参与人的沟通、协调和形成共识。

在建设现代法治国家、法治社会的背景下，当今蒋村婚姻习惯法与国家法律不存在直接冲突的方面。婚姻习惯法更突出从历史传统、从文化角度对婚姻成立行为进行规范，如承继祭祀传统、强调传宗接代、尊重长辈等。同时，婚姻习惯法也体现了一定的浙东地域色彩，体现在火熜等婚姻成立用具方面。

第二十章
维系中国人有脸面生活的习惯法
——以蒋村婚姻成立习惯法为对象

一、引言

我国《宪法》第 5 条第 1 款规定："中华人民共和国实行依法治国，建设社会主义法治国家。"2014 年《中共中央关于全面推进依法治国若干重大问题的决定》也指出："全面推进依法治国，总目标是建设中国特色社会主义法治体系，建设社会主义法治国家。这就是，在中国共产党领导下，坚持中国特色社会主义制度，贯彻中国特色社会主义法治理论，形成完备的法律规范体系、高效的法治实施体系、严密的法治监督体系、有力的法治保障体系，形成完善的党内法规体系，坚持依法治国、依法执政、依法行政共同推进，坚持法治国家、法治政府、法治社会一体建设，实现科学立法、严格执法、公正司法、全民守法，促进国家治理体系和治理能力现代化。"这表明我国已经进入了全面推进依法治国、建设社会主义法治国家的新时代。党的十九大报告指出，中国特色社会主义进入新时代，我国社会主要矛盾已经转化为人民日益增长的美好生活需要和不平衡不充分的发展之间的矛盾。[1] 因而法治建设应当面向美好生

---

〔1〕 习近平：《决胜全面建成小康社会 夺取新时代中国特色社会主义伟大胜利——在中国共产党第十九次全国代表大会上的报告》2017 年 10 月 27 日。

活需要。[1]

从民众个体角度理解，面向美好生活现代法治建设的制度安排意味着要保障过一个有意义的生活、有脸面的生活。[2]这种有脸面的生活可以从两个方面来解读：一是法治能够满足个体的生活需要，即个体的生活需要制度给予基本的保障和满足；二是在满足个体生活需要的基础上通过法治达致社会关系的和谐和人与人之间相处的融洽，或者就是个体之间的群体生活的一种美满。当今实践呈现出的事实表明现代法治建设与维系中国人有脸面生活之间存在着某种紧张关系，这体现了当代中国法治建设的艰巨性、曲折性。[3]因此，需要克服将"人情社会"作为"法治社会"的对立面的困境，[4]保障中国民众过有脸面的生活的法制度安排或许需要从中国社会、中国文化、中国法本身来理解，从广义的角度来把握法治建设中包括非国家法意义上习惯法在内的法，更真切地思考法与中国人包括婚姻在内生活的关系，为面向美好生活需要的法治建设奠定坚实的基础。

---

〔1〕 作为良性生存的理想状态，美好生活与幸福内在一致，指向人们对于生活积极肯定的、愉悦的、质的感受。参见沈湘平、刘志洪："正确理解和引导人民的美好生活需要"，载《马克思主义研究》2018年第8期。当社会主要矛盾出现历史性转变，法律理论更应强化对美好生活情感需要的研究。参见郭栋："美好生活的法理观照——'新时代社会主要矛盾深刻变化与法治现代化'高端智库论坛述评"，载《法制与社会发展》2018年第4期。

〔2〕 美国传教士阿瑟·史密斯曾在中国生活达54年之久。他认为："'面子'犹如一把钥匙，一旦人们正确理解了它所包含的意义，就可以打开中国人许多重要的性格之锁。"参见［美］阿瑟·史密斯：《中国人的性格》，鹤泉译，中国华侨出版社2014年版，第2页。林语堂在《吾国与吾民》中将"面子""命运"和"恩典"视为统治中国的三大女神，"面子"抽象而不可捉摸，是中国人社会心理最微妙的地方，中国人的社会交往都以它为依据。而且"它比之命运、恩典，更有势力，而比之宪法更见重视"。参见林语堂：《吾国与吾民》，北京联合出版公司、群言出版社2013年版，第178页。胡先缙强调与"面子"相比，"脸"是一种"内化的自我制约能力"。参见胡先缙：《中国人的面子观》，载黄光国等：《面子：中国人的权力游戏》，中国人民大学出版社2004年版，第41页。

〔3〕 当代中国的法治建设面临着国情与理想、继承与移植、本土化与国际化、地方性与普适性、变革法制与守成法制等诸多关系的处理，面临着深层的文化、价值的冲突等难以避免的问题。参见高其才："中国法治建设的几点思考"，载《法学》1999年第2期。

〔4〕 廖奕："面向美好生活的纠纷解决——一种'法律与情感'研究框架"，载《法学》2019年第6期，第126页。

　　婚姻为中国人一生中最重要的具有鲜明社会性的民事行为之一，历来受到民众的普遍重视。《礼记·昏义》就强调："昏礼者，将合二姓之好，上以事宗庙，而下以继后世也，故君子重之，是以昏礼纳采、问名、纳吉、纳征、请期，皆主人筵几于庙，而拜迎于门外，入，揖让而升，听命于庙，所以敬慎重正昏礼也。"[1]从民间角度考察，婚礼等婚姻成立习惯法具体规范男女婚姻的缔结，为婚姻成立提供合法性。秉承传统，当今浙江慈溪蒋村的婚姻成立习惯法包括相亲规范、订婚规范、搬嫁妆规范、结婚规范、回门规范、满月规范等，内容涵盖婚姻成立各方面的行为和环节，权利义务明确清楚，效力具体严格。

　　婚姻成立习惯法主要调整婚姻关系当事人之间及其双方家庭、家族的关系，也调整与婚姻当事人相关的族亲友邻关系，涉及婚姻当事人满足个人体面、获得家庭情面、拥有社会场面，[2]以维系当事人有脸面的生活。基于此，本章根据蒋村婚姻成立习惯法的田野调查材料来探讨非国家法意义上习惯法对中国人有脸面生活的关系和意义。

　　本章的材料主要来自于以下几次在蒋村的田野调查：2010 年 11月 10 日（农历十月初五）蒋村陈家儿子与外镇沈家女儿结婚调查、

---

〔1〕　郑玄注、孔颖达疏：《礼记正义》，北京大学出版社 1999 年版，第 1618 页。

〔2〕　关于人情、关系、面子的讨论，可参阅黄光国等著的《面子：中国人的权力游戏》（中国人民大学出版社 2004 年版）、黄光国的《儒家关系主义：文化反思与典范重建》（北京大学出版社 2006 年版）、翟学伟的《中国人的脸面观：形式主义的心理动因与社会表征》（北京大学出版社 2011 年版）、翟学伟的《中国人的日常呈现——面子与人情的社会学研究》（南京大学出版社 2016 年版）等。中国社会的关系在社会转型期日趋多元化、复杂化，学者们从不同角度对人际关系进行了大量的理论探讨和实证研究，吴娅丹、赖素莹对中国人际关系研究作了概括性综述。参见吴娅丹、赖素莹："20 世纪 90 年代以来的中国人际关系研究"，载《兰州学刊》2006 年第 3 期。也可参阅赵卓嘉的《面子理论研究述评》（《重庆大学学报（社会科学版）》2012 年第 5 期）。郑丽妍对中西方面子观研究进行了系统地梳理和比较，并提出当前国内外对于面子观研究的不足。参见郑丽妍："中西方面子观研究综述"，载《枣庄学院学报》2019 年第 6 期。李富强通过对近代以来国民性批判中的"面子问题"之省思，指出批判者们没有真正辨析"耻""脸"与"面子"的内在联系和本质差异。参见李富强："中国人日常生活中的'耻''脸'与'面子'——对近代以来国民性批判中的'面子问题'之省思"，载《海南大学学报（人文社会科学版）》2019 年第 5 期。

2010 年 11 月 13 日（农历十月初八）的蒋村王家女儿与邻镇张家儿子订婚调查、2010 年 11 月 13 日（农历十月初八）蒋村陈家儿子与外镇沈家女儿满月调查、2010 年 11 月 14 日（农历十月初九）蒋村余家嫁女搬嫁妆调查。在调查过程中，笔者参与观察了这些婚姻成立的主要过程，访问了有关当事人，询问了一些村民，察看了相关文书。

根据这些个案，本章在理解蒋村婚姻成立习惯法主要规范和具体功能的基础上，分析婚姻成立习惯法的祭祀规范、礼物规范、仪式规范、宴席规范、文书规范等与婚姻生活的关系，探讨习惯法在维系当事人有脸面生活的作用，思考当代中国习惯法在中国人生活中的意义，以引起学界对这一论题的进一步关注。

二、习惯法维系新人有体面的生活

婚姻成立以婚姻关系当事人为主体。故蒋村婚姻成立习惯法突出婚姻关系当事人的需要，在社会层面认可和肯定婚姻的缔结，满足新婚夫妇有体面有光彩的生活。

在中国，结婚意味着夫妻两人开启一个风风光光的、红红火火的新生活，进入到一个全新的生活阶段和人生历程。新婚夫妇有体面的生活，可能蕴含着婚姻关系当事人四个方面的生活意义：①露脸。在婚姻成立各环节的仪式上，结婚的男女双方成为亲朋好友关注的焦点、成为村邻谈论的中心。在普通人的生活中，成为一个社区的中心、作为众人注意的焦点而露脸的机会并不很多，婚姻成立对新人而言就成为一个十分难得的露脸时机。②受祝。婚姻关系当事人受到家人和亲族友邻的祝福，各方友好人士庆贺他们的成人，祝福他们进入到人生的一个新的阶段。③新生。婚姻成立是一个承前启后的阶段，从此男女双方成家立业，有了一种新的角色、新的责任、新的担当，婚姻关系当事人的生活开始有了一种更全面的内容、更丰富的内涵。④融入。对婚姻关系当事人而言，婚姻成立还意味着一种融入的开始。新婚夫妇在双方家庭进一步地、全面地融入，特别是按照中国这样一种主要为男娶女嫁婚制的社会，女方到了男方家以后，面临着与男方家庭成员的相处、与亲友的相处、与村邻的相处，乃至与更广泛的社群成员的相处。

为满足新婚夫妇这一有意义的体面生活，蒋村婚姻成立习惯法通过祭祀规范、礼物规范、仪式规范等，强化婚姻成立对婚姻关系当事人生活的意义，保障新人新生活的开始，维系个人有体面的生活。

（一）进行祭祀以护佑

除了少数近十几年开始信仰基督教、天主教的家庭外，蒋村的大部分村民信仰佛教和道教，重视祭祀祖先和菩萨。在婚姻成立过程中，蒋村村民依规备供品向神灵和祖先行礼以护佑新人，获得认同和安全感。

我们调查时观察到2010年11月10日蒋村陈家儿子结婚当天凌晨按照习惯法举行"享仙"（又称"向仙"）仪式。凌晨两点多男女双方约定好时间同时进行，包括祭菩萨、祭神和祭祖宗、祭鬼这样两个环节。陈家儿子在父母和一位姑姑的陪同下各备酒饭鱼肉菜点心水果等供品祭祀菩萨和祖宗，禀告结婚的同时望得到所有神灵和所有祖先的护佑，希望给新婚夫妇的新生活给予一种权威性的安全支撑。在焚烧纸钱后，新郎遵循习惯法的"放生"规范在父亲的陪同下将一条供过的活蹦乱跳的鱼放到村外一处水比较大、比较清的河里，[1]其对新婚夫妇双方意味着一种开始新生活的有关生命、责任的特殊象征意义。[2]

结婚三天后进行满月仪式时，陈家也根据习惯法进行了祭祀。在蒋村，婚姻成立习惯法规定了结婚后新婚夫妇的回门仪式和满月仪式。满月仪式本应在结婚一个月时进行，现为方便改在结婚后的三五天时进行。满月时，新娘的外婆、父母和叔伯姑舅姨等男女长辈共两桌人携带礼物到男方家看望新娘，关心她的婚后生活。特别

---

〔1〕　由于工业污染、长期没有进行河道疏浚，蒋村村内的河水浅且脏，若鱼放生在此较难久活。

〔2〕　中国汉族地区的放生活动古已有之，对于"放生"这种行为有好多种理解，比较常见的是信佛之人的"放生"。放生习俗的开展，成为宋以后佛教深入社会的重要传统之一，其形成既有佛教戒杀护生的思想根源，同时亦受到儒家好生思想的推动。总体而言它强调一种积善、积德、互生以及对生命的尊重。

值得关注的是新娘父母随赠的礼物品种多、花样全。满月时也依俗举行祭祀仪式，表达感谢和获得保佑之意。不过，满月祭祀菩萨所用的供品由陈家媳妇的娘家提供。女方娘家拿来贡品的多少和质量的高低，是女方家财力的一个展示，也反映着娘家对于新娘在婆家生活的一种支持，令其有面子，使得她的生活更好地融入婆家；如果婆家对新娘子稍有怠慢，那可能要考虑考虑她背后娘家的这样一个支撑力量。女方娘家的财力雄厚和家境殷实保障新娘子更有脸面、更有地位。与"享仙"仪式男女双方分别向菩萨祖宗祈求保佑不同的是，满月祭祀时新婚夫妇共同在一起点蜡烛进行祭祀，意味着新郎新娘合为一体，成为一家人，共同成为新开始的体面生活的主体。

值得注意的是，满月祭祀后在给菩萨、祖宗烧纸钱时，纸钱是垫在芝麻秆上面烧的，这与蒋村村民在除夕、清明等祭祀后的烧纸钱不同。这借芝麻开花节节高而期待新人在菩萨、祖宗的关心、保佑下新生活红红火火、有头有脸。这是对新婚夫妇体面的新生活的一种美好祝福和祝愿。

婚姻成立对新人来说就意味着开始新的生活，这个生活希冀是一种幸福的生活、体面的生活。习惯法要求的这些祭祀仪式连接新婚夫妇与菩萨和祖宗，沟通新人与神、鬼，期待其的护佑。

（二）互送财礼以保障

蒋村婚姻成立习惯法还通过规范新人双方互送财礼以保障新人有体面的生活，如订婚时互送礼物、订婚时男方向女方致送彩礼、结婚时女方陪送嫁妆等。这些礼物有强烈的象征意义，蕴含着对新人开始有体面生活的美好祝福。

2010年11月13日蒋村王家女儿与邻镇张家儿子订婚时，王家按习惯法准备了铁树、万年青、葱和新装等送给男方家和男方，以表示对男方面子的尊重。王家向张家送了两棵铁树，铁树象征着婚姻稳固长青。同时在铁树上和花盆里放了很多装饰品，如花盆面上放了一张红纸，红纸上放有染过的彩色棉花籽、花生和糖果、巧克力，棉花籽和花生意味着多子，意味着传宗接代。按照传统农业社会的理解，没有孩子，那不可能生活得有意义或者说有头有脸；新人有体面生活首先是子孙满堂，这有一个传宗接代方面的祝愿，同时希望新人婚姻长长久久、百年好合。同时，在铁树的枝叶上还吊挂一些桂圆、枣子、元宝状巧克力等串，均与吉祥、祝福有关，象征着新人生活甜甜蜜蜜。王家向张家还送了一盆放在钢精锅中的万年青和一盆放在钢精锅中的葱。[1]万年青的寓意为新人的这一婚姻长长久久；葱寓意新人的生活一直往上冲。同时在钢精锅内放一些大米和红豆，大米象征新人的衣食无忧，而红豆在蒋村这个地方通常叫作赤豆，赤豆的方言谐音在当地叫"出头"，祝福新人出人头地、过体面的生活。两盆里还各放一大盒用红纸包好的火柴，寓意新人的生活红红火火。

在订婚的时候，男女双方要互送礼物，女方王家给男方送的定情物有四件，包括一只金戒指、一条金项链、一块手表、一身衣服（包括一套西装、一件衬衣、一条领带、一双皮鞋），共花费近 3 万元；另有见面钱 10 800 元。这一身服装是新郎晚上来女方家参加订婚宴和结婚时所穿衣服。这除了女方家对新郎的一种情感表达外，某种意义上也是自己财力的展示。男方张家则给女方送了一只白金戒指、一只金手镯共两件金器，约 1 万多元，所费少于女方。

订婚时男方家给女方彩礼既是向女方表达男方的诚意，表达男方家对女方的肯定和重视；也为新人今后的体面生活奠定物质基础。王家女儿与张家儿子订婚时，张家送了 242 800 元现金为聘金，并另送见面钱 12 800 元。按照习惯法，见面钱的金额是女方给的比男方给的少，以示男方对女方的重视和尊重，突出女方的地位。

按照习惯法，女方家通过嫁妆的形式把彩礼的一部分或者全部，甚至还要再加钱备办丰厚的嫁妆给男方家，使得新婚夫妇两个人的生活成为一个有脸面的生活，所以嫁妆就意味着女方家对于自己女儿未来体面生活的一种态度。如果嫁妆丰厚，女方显然很有脸面，能够为婚后的体面生活提供保障。如沈家女儿的嫁妆包括一辆汽车、

---

〔1〕　在我国许多地区的习惯法仪式中葱都是一个重要的物品，比如广东一些商店在开张时，都按习惯法在正门中间上面吊一些生菜和葱，生菜的意思是生财，而葱的意思是不断地往上冲，祝愿生意兴旺。

家用电器、卧室用具、厨房用品等。在嫁妆中，依俗有火熜、[1]马桶、万年青、葱等必备的陪嫁品。火熜内放打火机（寓意红红火火）、蚊香（寓意香火接续）、年糕（寓意年年高升）、馒头（寓意天天大发）等，黄锃锃的铜火熜提手边还扎着鲜红的丝绳，出嫁时由伴娘手拿火熜跟在新娘旁。已无实用功能的小马桶内放两个红蛋和花生枣子等物品。这些陪嫁品满含着对新婚夫妇早生贵子、多子多福、香火接续的祝福，是对新人红红火火的体面生活的真诚祝愿。

（三）敬酒敬烟受祝福

在蒋村，婚姻成立习惯法规定了新人向来宾敬酒、亲朋好友难新人、新娘吃上轿米饭、新娘给父亲叔伯和兄弟点烟等一些特别的程序，体现亲朋好友对新婚夫妇开始体面生活的祝福。

在2010年11月13日王张订婚日中午男方家的订婚宴上，准新娘按俗由男方母亲、准新郎陪同到各桌向来喝喜酒的各位亲戚朋友敬酒，成为订婚宴上的中心人物，认识各位至亲好友，接受亲友的祝福。而在订婚日晚上女方家的订婚宴上，准新郎也由女方父亲、准新娘陪同向来喝喜酒的各位亲戚朋友敬酒、敬烟，成为大家瞩目的焦点。

在2010年11月10日陈沈结婚日中午女方家的结婚宴上，新郎遵规由一位女方家能说会道的亲戚和几位伴郎陪同，向各位亲戚朋友敬酒、敬烟，成为人生中少有的露脸时刻。而在结婚日晚上男方家的结婚宴上，新娘成为全场的中心人物，并在新郎和几位伴娘陪同下也逐桌敬酒，在这人生的喜庆时刻接受亲友的祝福。同时，加深新人与亲友之间的相互了解。

按照习惯法，新娘家每位亲友的喜糖喜烟由新郎提供。不过，在结婚日中午女方家的结婚宴上，伴娘和一些跟新娘家关系比较亲近的亲友往往按例进行"考糖"（或者叫"敲糖"）。[2]这是在新郎

---

〔1〕 火熜原为旧时人们在冬天时取暖的器具，下小上大，下接一底部封闭的圆柱形，上接一圆柱形开口，加上圆柱形的盖子，盖子上有一只圆圆的小孔，这使得合上盖子后火熜内与外面的空气能流通。火熜上沿还装有一个可以摇动的同一种材质的半圆环、扁形的提手。火熜用黄铜制成。

〔2〕 2010年11月10日中午陈家新郎准备了8800元"考糖"钱。

敬酒时提出猜谜语、搭台子、答问题等，难为新郎，如新郎无法完成或回答错误、回答不出，则这些女方的亲友根据习惯规范可以要求新郎再给额外的喜糖喜烟或者红包。这既是给新郎以体面和尊重，增加新婚的热闹气氛，令其对结婚过程印象深刻；同时也在某种程度上告诉新郎：我们的新娘是有闺蜜、有实力亲友的，她是有身价的、是八抬大轿明媒正娶的，你应当善待和厚爱新娘。这对新娘子而言也是一种体面和尊重。

而在结婚日晚上男方家的结婚宴上，新娘在敬酒时被一些男方亲友为难则主要为增加喜庆气氛，增加新婚的欢乐感，让新娘难忘露脸的光彩照人时光。同时，也消除新娘与男方家亲友间的疏离感和陌生感，表达男方家亲友对新娘的接纳。

此外，新娘在出嫁上轿前要吃上轿米饭，这是新娘在自己娘家吃的最后一顿饭，象征着跟过去单身生活的一种告别，对开始新生活的一种祝福。同时，在送亲的过程中，新娘按照习惯法也要给自己的父亲和叔叔伯伯点烟，感谢养育之恩；给为自己捧出嫁鞋子的兄弟点烟，感谢陪伴之情。所有这些环节、程序都与新人今后的生活有直接关联。习惯法的这些制度安排都意涵着新郎新娘有体面生活的全新开始。

三、习惯法维系家庭有情面的生活

在中国社会，婚姻既是新郎新娘的结合，也是新人双方家庭的融合。为此蒋村婚姻成立习惯法通过制度安排维系新人双方家庭有情面的生活。

缔结婚姻为双方家庭乃至家族的大事、喜事，联姻后的双方家庭成为儿女亲家，来来往往，融洽相处。习惯法维系双方家庭家族有情面的生活，大致蕴含着以下生活意义：①喜庆。男婚女嫁，成家立业，传宗接代，这是双方家庭的盛大喜事，婚姻成立的整个过程都充溢着喜气洋洋的气氛。②分享。通过联姻，男女双方家庭血缘共同体、地缘共同体的成员同喜同乐，分享喜悦。③酬谢。男女双方家庭通过设宴、送喜糖喜烟感谢亲戚朋友村邻。④联谊。双方家庭借订婚、结婚之机保持往来、叙旧联谊、维系感情。⑤弥合。

如以往与某个或某些亲友存在一点误会、过节、矛盾，男方家庭或者女方家庭便借着结婚这个机会创造条件予以化解，消弭隔阂。⑥平衡。男方家庭添丁进口，而女方除了得到男方的礼物、彩礼等物质赠予外，更多地有一个声名传扬的问题，得到精神方面的尊重。

蒋村婚姻成立习惯法通过媒人聘请、文书赠予、礼物互赠、隆重迎亲、密切来往等规范和程序，增进男女双方家庭的情分，维系新人双方家庭有情面的生活。正如哈耶克所指出的那样："尽管一些群体会为了实现某些特定目的而组织起来，但是所有这些分立的组织和个人所从事的活动之间的协调，则是由那些有助于自生自发秩序的力量所促成的。"[1]

（一）聘请媒人有中证

"父母之命，媒妁之言"为中国古规，现今的蒋村奉行自由恋爱，"父母之命"已基本不复存在。但是，媒人依据婚姻成立习惯法仍然具有必不可少的地位和不可或缺的作用。当今的年轻人不像过去男女青年交往少、认识途径不多，他们通过各种机会相识相恋，有许多根本不是通过媒人介绍而认识的，婚姻的成立并非建立在媒人牵媒拉线的基础上。但是，按照习惯法，男女双方家庭仍然需要各请一位媒人即"现存介绍人"以为婚姻成立的中证。[2]戚周订婚时的两位媒人即为"现存介绍人"，陈沈结婚时两位媒人也类似。

两位媒人在男女双方家庭间传话递信、订婚和搬嫁妆时在场、结婚时出席证明，为婚姻成立满足形式要件，避免双方家庭直接交涉所导致的不便、尴尬与情分的损耗。蒋村婚姻成立习惯法规范媒人的中介人、传话人、证明人、调停人等的地位和作用，维护双方家庭的共同利益，促进双方家庭因联姻而形成的情义。

媒人的存在，符合婚姻成立"明媒正娶"的习惯法要求，使男女双方家庭的联姻具有了合法性、正当性基础，使婚姻成为光明正大而非偷偷摸摸的社会行为，从而维系了男女双方家庭有情面的

---

[1] ［英］弗里德利希·冯·哈耶克：《法律、立法与自由》（第1卷），邓正来等译，中国大百科全书出版社2000年版，第68页。

[2] "现存介绍人"为形式上的媒人，是不负有实质介绍作用而是男女双方已经基本确定结婚意向后在订婚前所请仅在订婚、结婚时传递信息、出面证明的媒人。

生活。

（二）文书赠予定名分

男女双方家庭通过联姻结为亲家，这既是相互尊重的过程，也是相互尊重的结果。基此，为增进男女双方家庭之间的情分、获得相互尊重，蒋村的婚姻成立习惯法进行了相应的规定，订婚时男方向女方递送"日子帖"（吉日婚书）"舅帖"（舅爷帖）和"岳父帖"即为其中之一。下为蒋村董家农历丑牛年十月十一（2021 年 11 月15 日）订婚时向女方王家致送的农历寅虎年四月十一（2022 年 5 月11 日）结婚的"吉日婚书""舅爷帖"和"岳父帖"。

吉日婚书、舅爷帖和岳父帖（2022 年 4 月 22 日　董国冲提供）

按照习惯法，"日子帖"（吉日婚书）"舅帖"（舅爷帖）和"岳父帖"为订婚的文书、结婚的凭证。在蒋村，订婚时男方须向女方递送"日子帖"（吉日婚书）和"舅帖"（舅爷帖），这是男方家庭尊重女方家庭的重要体现，表明男方家庭与女方家庭联姻的合法性、正式性、庄重性、有效性。这是男方家庭"正娶"即正式迎娶女方的习惯法表达，是男女双方家庭有情有面的主要呈现。

"日子帖"（吉日婚书）为有关结婚日子的一个文书，男方在订婚时送给女方的一个跟帖，内文明确载明选定哪一天、哪个时辰结婚。"舅帖"（舅爷帖）为结婚时请小舅子即女方兄弟来男方家喝酒的一个请帖。"岳父帖"为男方请请岳父辈女方客人参加婚宴的请帖。"日子帖"（吉日婚书）"舅帖"（舅爷帖）和"岳父帖"基本上沿袭传统的做法和写法，由亲戚中或者村中略懂古仪的人士写成或者请打印店打印而成。

"日子帖"（吉日婚书）"舅帖"（舅爷帖）和"岳父帖"的落款为男方父亲或男方父母亲。递送"日子帖"（吉日婚书）"舅贴"（舅爷帖）和"岳父帖"文书，避免了口说无凭的尴尬，满足了习惯法婚姻成立的形式要件，男方在给女方脸面的同时获得了情面。

（三）赠予礼物添情意

"礼轻情意重"，蒋村婚姻成立习惯法规范男女双方家庭在婚姻成立过程中的赠送礼物行为，通过送礼增加双方家庭的情分，维系新人双方家庭有情面的生活。

为了表现出男方家的深情厚意，订婚的时候男方家需要给前来参加订婚宴的女方及其女性亲友准备礼物，展示男方的经济实力和情谊。如2010年11月13日王张订婚时，中午订婚宴后女方及其亲友离开时，男方家给每位赠送了一包喜糖、一包喜烟、一箱饮料、一条被套。

搬嫁妆时，如2010年11月14日男方家依"望娘盘"规向女方蒋村余家送一些物品，如猪腿、肘子、活鸡活鸭、鱼、喜糖、烟花爆竹等。自然女方家要回礼，不可能把礼物全部收下，比如送过来一对鸡，女方家就把一只鸡回过去等。这表达了男方家庭对迎娶女方家女儿进入的一种态度，使女方家庭有情面，同时也体现了女方家庭对男方家庭的尊重。

男方家结婚宴结束新娘兄弟即小舅子离开时，男方家除了送一包喜糖、一包喜烟给他们以外，还需要额外再准备礼物赠送。如2010年11月10日蒋村陈家给每一位阿舅送的是一只高压锅。

满月时，新娘的长辈带水果、点心等礼物来男方家。而满月宴后新娘的长辈亲戚返回时，男方家则回送礼物给他们。这表明了男女双方的有来有往、你有情我有义。

"礼多人不怪""礼尚往来"。婚姻缔结过程中的以礼相待、礼物赠予，表面看是物品，实质上是情意。这实为最为精深微妙的自我意识的一种社会表达。[1]

（四）隆重迎亲显诚意

迎亲为婚姻成立的关键程序，男方按照习惯法隆重迎亲表达对女方的尊重、对婚姻的重视，并同时表达向社会的通知和宣告。在蒋村，除了订婚时的迎亲，最主要的为结婚时的迎亲。

在订婚时，2010年11月13日王张订婚时，男方家庭派准新郎带车队到女方家请准新娘和陪同亲友来自己家参加中午的订婚宴。接送的车辆尽可能高档、豪华且同款。抵达和离开男方家时，男方鸣放烟花爆竹欢迎和欢送。

而结婚时的迎亲仪式依习惯法尤为隆重。蒋村的迎亲过去多用船，现多用小汽车。男方家庭托亲靠友、想方设法准备接亲用的若干辆小汽车，敲锣打鼓、吹吹打打去女方家接亲，热闹、喜庆的场景映衬出男方家庭对迎娶新娘的用心、诚意，间接地表达对女方家庭养育新娘的感激。

根据婚姻成立习惯法，2010年11月10日蒋村陈家去迎亲的队伍中，一位伴娘手拿一只火熜，到女方家后交给女方家。女方家同时也准备了一只火熜，女方家的长辈亲友将男方家火熜内的打火机等寓意喜庆、吉祥的物品与女方家准备的年糕、馒头、蚊香等同类物品混装、合放，再由男方家的伴娘将两只火熜带回男方家去。这意味着男女双方家庭的圆满联姻。

（五）来往密切增了解

男女双方家庭有情面的生活是在婚姻成立过程中男女双方家庭依据习惯法通过密切来往维系的，正如费孝通先生所言"来来往往，

---

[1]　[美]克鲁克洪等：《文化与个人》，高佳等译，浙江人民出版社1986年版，第104页。

维持着人和人之间的互助和合作"。[1]

2010年11月13日王张订婚时，陪同准新娘去男方家的近20位女性亲友（舅妈、姨妈、嫂嫂、闺蜜等）负有"察家"的使命，她们需要尽可能全面地了解男方的家庭情况、经济情况、亲友情况等。这么多的女方亲友去男方家，既体现女方对婚姻的慎重，也表达了对男方的尊重。这一交往，增进了女方家庭对男方和男方家庭、亲友的了解。

按照蒋村习惯法，有一些重要人物在婚姻成立过程中起着不可或缺的作用。如在结婚当天上午——2010年11月10日女方沈家新娘的一位弟弟到男方家请新郎中午来女方家喝酒；晚上，女方家庭须派十来位新娘的亲兄弟、堂兄弟、表兄弟等平辈人作为阿舅到男方家喝喜酒，为新娘撑场面；离开男方家前，新娘弟弟需要到新房为新娘抱被子。这些新娘的亲人与男方家的互动往来，是双方联姻的一种友好情义的表达。

满月时，女方家的长辈来男方家看望新娘，在表示对新娘的挂念、关心的同时也表达对男方家庭的接纳、包容、照顾新娘的感谢之情。通过交流增加男女双方家庭家族相互之间的了解和理解，表达进一步友好往来的愿望和态度。

通过习惯法的规范，新人双方家庭建立情感性的关系。而情感性的关系通常都是一种长久而稳定的社会关系。这种关系可以满足个人在关爱、温情、安全感、归属感等情感方面的需要。当然，除了满足情感方面的需要之外，个人也可以用这种关系作为工具，来获取他所需要的物质资源。[2]

四、习惯法维系社会有场面的生活

人生活在社会之中，依赖群体而存在。婚姻为具有社会意义的重要行为，为新人家庭所在社区成员所关注和积极参与，并依据习

---

〔1〕 费孝通：《乡土中国》，生活·读书·新知三联书店1985年版，第91页。

〔2〕 根据黄光国先生的观点，关系可以分为情感性关系、工具性关系和混合性关系。参见黄光国等：《面子——中国人的权力游戏》，中国人民大学出版社2004年版，第6~11页。

惯法获得社会的肯定和认可，获得社会支持。[1]蒋村婚姻成立习惯法通过规范仪式、宴席、送礼等以维系社会有场面的生活。

根据婚姻成立习惯法，婚姻于新人家庭所在的社区、社群相关的族亲友邻而言是一件大事，一定范围社会成员的积极参与为一种兼具权利和义务的行为，使婚姻成立呈现出热热闹闹的排场和风风光光的体面。结婚对新人相关的社会成员有着以下的意义：①见证。亲戚朋友邻居参加婚姻成立的各个环节，作为亲历者亲眼见证和参与婚姻的成立。②承认。社会成员通过参加婚礼、婚宴而认可、肯定婚姻的效力，承认新婚夫妇的结合。③来往。借由婚礼增加了男女双方家庭族亲友邻的相互往来，大家保持走动，保障相互之间社会关系的连续性和正常性。④活力。婚姻成立意味着社区、社群的正常发展，表征着这个群体繁衍生息功能的正常状态。⑤和谐。通过婚姻成立，展示出社群和谐、美好、团结、协作等和美状态。各方人士的参加、参与、协助、帮忙，社群的凝聚力、向心力通过婚姻得以展现。

在蒋村，新人家庭大多广泛邀请宾客，村民按照婚姻成立习惯法接受邀请、致送贺礼、享用喜宴，新人家人声鼎沸、熙熙攘攘、门庭若市，宾客和新人家庭共同努力形成结婚的盛大场面，成为社区的热闹场景。新人家庭和受邀宾客遵循习惯法获得通过关系、尊严、名声抑或虚荣心实现的社会性面子。

（一）广邀宾客喝喜酒

婚姻为人生大事，也为新人家庭数年乃至十多年社会往来中的盛事。蒋村的新人家庭通常尽力要排场、讲体面，遵循习惯法邀请宾客前来喝喜酒。

新人家庭一般根据自己的能力确定规模，邀请客人时大多考虑世代来往的亲戚、关系密切的朋友、守望相助的村邻等，根据礼尚往来原则确定具体名单，并通过送书面请帖、上门或电话口头告知

---

〔1〕　一般认为，具有较低社会支持感的人心理上比较敏感，对他人的评估比较消极，而对自己本身则产生人际交往无能、焦虑及社会排拒感。参见李强："社会支持与个体心理健康"，载《天津社会科学》1998年第1期。

等方式具体邀请。邀请时明确邀请的人数即是邀请全家还是户主一个人。邀请通常提前若干时间完成，以利宾客空出时间准时参加。

在蒋村，为保障婚礼的顺利进行，新人家庭特别需要专门请好帮忙的人，如总管、伴郎伴娘、接送车辆和司机、锣鼓手、婚礼司仪等。[1] 婚礼的事务繁杂，婚姻的圆满成立需要众多人员的协助和支持，防止尴尬场面的出现。

新人家庭拥有良好而广泛的社会关系、深厚的社会人脉，[2] 呈现宾客如云的场面，这是婚姻成立有脸面的关键。

(二) 热情大方来贺喜

一方有事，八方来帮。面对结婚这样的大事，接到邀请的族亲友邻按照习惯法有义务积极参与，出钱出力，共同努力使婚礼不冷清、有气氛、有场面。

在蒋村，订婚于女方家庭更有意义。订婚宴一般邀请长辈参加，请他们一起分享幸福。这些参加订婚宴的长辈一般依习惯法准备一个红包，有的在准新娘敬酒时直接给她，有的给女方家庭，表达自己的喜悦和肯定之情。而双方家庭通常不会收下，一则是长辈年龄大收入有限，不能让他们破费，仅仅是请他们来知悉、见证和热闹一下；二则礼尚往来，收下礼金就意味着以后要回礼，而长辈今后没有什么大事办，回礼的机会极少。根据什么标准来收礼或者根据什么标准不收礼，男方家和女方家都有自己的一个考虑。送红包与拒收红包、还红包表达的都是一种尊重，更多的是社会层面的精神、名誉、声誉的表现和肯定。

结婚的场面需要更多人的参加、花费更多的财力。受到邀请的

---

〔1〕 蒋村以往的结婚需要请许多人来帮忙准备饭菜，现在基本上都是请专门的厨师上门进行，不需要这方面的帮忙人员。有的新人家庭如自己买菜，则请一两位亲友帮忙。同时，有的新人家庭请专门的婚庆公司负责摄影摄像、婚礼现场布置和婚礼主持。现在随着社会化的介入，婚宴已经不需要花费太多的人力。

〔2〕 在《中国文化要义》中，梁漱溟先生就曾指出："在社会与个人的关系上，把重点放在个人者，是谓个人本位；同在此关系上，放在社会者，是谓社会本位。诚然，中国之伦理只看见此一人与彼一人之相互关系，而忽视社会与个人相互间的关系……这就是，不把重点放在任何一方而从乎其关系，彼此相交换，其重点实在放在关系上了。伦理本位者，关系本位也。"参见梁漱溟：《中国文化要义》，学林出版社1987年版，第93页。

族亲友邻按照习惯法给新人送礼金表示对新人的祝福、对新郎家添丁进口新生活开始的一种祝愿。如 2010 年 11 月 10 日陈家儿子结婚时，有村邻送了 1680 元礼金。依蒋村传统规范，结婚送礼金具有某种互助的性质。结婚需要耗费较多金钱，有时候就需要通过亲友"众筹"的方式解决。尤其是有些经济条件差的一些家庭，可能往往是先借钱来办婚宴，完了再用收的礼金把债还了。当然有些家庭可能经济条件比较好或者想简单一点，所以可能不收礼金。但是，总体上讲送与收、送与不收都是一个场面上的表达，都是给男方家一个面子。

受邀的族亲友邻如实在没有时间出席婚宴，往往提前向新人家表示歉意并送上一份礼，即人不到礼到，进行补救性的表达。[1]

社群成员积极参加婚礼，体现了"众人拾柴火焰高"的样态，表达了平衡的正义感觉，[2]使婚姻成立过程热闹、喜庆、有人气，保障了新人、新人家庭和整个社群有脸面。历史地看，中国社会、文化中重视社群关系的取向不仅体现在观念上，而且体现在社会结构之中，并为社会结构所强化。[3]

（三）花烛仪式进洞房

敲锣打鼓、烟花爆竹迎娶新娘为结婚的隆重场面，同时蒋村婚姻成立习惯法还规定了结婚典礼这一婚姻成立的核心仪式，以集中展现婚姻的社会性、排场性。

新郎家的堂屋准备一张八仙桌，上点一对花烛，摆放糖果。新娘迎进新郎家后，新郎新娘站立在桌子前，由司仪主持简短的结婚仪式，一拜天二拜地三拜高堂四谢亲友五夫妻对拜后，由童男童女手举点燃的花烛引导送入洞房，婚姻就圆满礼成。

结婚仪式时，族亲友邻站在屋内屋外观礼，共同见证新人的婚

---

〔1〕　值得注意的是，近些年蒋村订婚、结婚的送礼已经有了变化，许多家庭为避免以后还礼的麻烦已明确表示订婚、结婚不收任何礼，仅根据自身的财力请一定范围的族亲友邻来热闹一下。这方面的习惯法已有了某些改变。

〔2〕　邢朝国："'命运型纠纷'的产生机制及其解决——兼论法律与日常生活中的隐形秩序"，载《学习与探索》2017 年第 12 期。

〔3〕　张其仔：《社会资本论：社会资本与经济增长》，社会科学文献出版社 1997 年版，第 59 页。

姻成立。典礼后，新郎家依俗将放在桌上的糖果撒向空中，观礼者特别是孩童纷纷抢捡这些糖果，一瞬间场面热闹，欢声笑语一片。大家共同分享着新人的幸福，营造着村社中欢庆的气氛。

（四）备办宴席谢亲朋

婚宴是结婚时社会性场面最明显、最集中的展示，婚宴的规模和酒菜的质量反映了新人家庭的财力和诚意，成为社会对新人家庭实力和脸面的主要评价标准。

依习惯法，蒋村的婚宴以晚上为重，故订婚时男方家的婚宴在中午，女方家的婚宴在晚上；结婚时女方家的婚宴在中午，男方家的婚宴在晚上。

订婚的婚宴规模通常小于结婚时的婚宴规模。如 2010 年 11 月 10 日陈家与沈家结婚时，中午女方家的结婚宴有 27 桌，晚上男方家的结婚宴有 30 桌，另外 10 月 2 日男方家在饭店已经办了 12 桌。2010 年 11 月 13 日王家女儿与张家儿子订婚时，中午男方订婚宴办有 6 桌，晚上女方家设订婚宴 7 桌。婚宴的桌数是排场的直接体现。来宾的数量和身份衡量着新人家的社会地位和社会声誉。

婚宴是新人家对来宾的招待和答谢。通常新人家尽力提升酒菜的质量，盛情款待参加婚礼的族亲友邻。蒋村地处浙东，生活水平比较高。即便自己买菜请厨师在家里做，一桌包括鱼翅、龙虾等菜品的婚宴一般也需要在 4000 元左右。酒菜质量往往成为亲友议论的焦点，自然也成为新人家力撑的场面。

（五）分送礼物共庆祝

结婚后新人特别是女性要尽快进入并融入男方的家庭、家族、村邻、社群，这存在一个适应的过程。一方面需要新娘的嘴甜心灵手巧腿勤，另一方面习惯法也进行了一些辅助性的制度安排。族亲友邻通过参加婚礼、婚宴而认识新娘并有一定的了解。"远亲不如近邻"，女方家为了让自己女儿尽快融入新环境，也注意通过各种方式创造条件，力撑社会场面。如满月时，新娘的长辈亲戚会力尽所能送来水果、糕点等礼物，男方家则按照习惯法将这些礼物每种一样分装成几十袋分送周围的村邻，共同分享结婚的喜庆。这一袋礼物内的数量因女方家所送而有一定差别。如果女方家财力比较雄厚、家底比较殷实，满月时送来的礼物就数量多、种类全、质量好，反之则数量少。在这一送礼物的过程中，女方家的场面和男方家的场面都在这里有明显体现。如一家的袋里有 18 样，而另一家的袋里则只有 14 样，村邻的印象可能有所不同。村邻收到礼物特别是收到品类多、质量佳的礼物，往往会对新娘、新娘家庭、新郎家庭产生一个比较好的印象，为新郎新娘婚后的顺利生活奠定一个良好的基础。这也为新郎新娘今后的个人行动提供了便利。[1]

五、总结与思考

法或法律对国家来说意味着一种统治和管理的工具，对社会来说意味着一种社会秩序建构的权威来源。而从民众的角度、从对普通人生活意义的角度认识，法或法律可能更多地意味着保障正常的生活、维系正常的秩序，满足对美好生活的追求。因此，我们需要从生活的角度来理解包括习惯法在内的法的意义。从蒋村婚姻成立习惯法的具体内容，可以发现习惯法的生活意义和精神意涵体现在维系新人有体面的生活、维系家庭有情面的生活、维系社会有场面的生活等方面。习惯法通过形成共同价值观维系着中国人有脸面的生活，从而满足生活需要，维持人情往来，实现社会认同，维护社会关系。

习惯法维系中国人有脸面的生活，通过三个方面来具体体现和展开：第一，"东西"（用具）：备足礼具。按照习惯法，婚姻成立涉及一些各具特色的用具，这些用具的含义直接跟吉祥、祝福、喜庆等有脸面的生活相关。第二，"规矩"（规范）：遵循礼规。维系有脸面的生活，婚姻成立习惯法详细规定婚姻成立的条件、程序、仪式以及参与各方的权利义务及其责任，约束力极强。第三，"意思"（观念）：符合礼义。婚姻成立习惯法表达了普通民众生活中的尊重、沟通、合作、团结、和谐、互助、幸福、正义等观念、理念，调整了一种有脸面生活所涉及的社会关系。

---

〔1〕　[美] 詹姆斯·科尔曼：《社会理论的基础》（上），邓方译，社会科学文献出版社 1999 年版，第 354 页。

习惯法维系有脸面的生活具有如下几方面的特点：第一，仪式性与实惠性的同具。这些习惯法既呈现一种表面上的形式意味，同时它也保障一种物质层面的实际利益。第二，物质性和精神性的融合。如习惯法关于男方家庭对于女方女儿的肯定、接纳与欢迎的制度安排，这一精神性的情感与尊重内涵，它通过很多诸如礼物、礼金等物质性东西表达出来，因此表现出物质性和精神性相融合的特质。第三，个体性和社会性的统一。根据婚姻成立习惯法，婚姻既是一个个人结伴、关怀、需要等的满足，同时它也是一个社会族群繁衍、家庭延续等社会性功能的满足，因而个体性和社会性之间是统一的。

蒋村婚姻成立习惯法对有意义生活的这种维系，较好地处理了心与力、实与虚、近与远、亲与疏、义与利等关系，将这些生活中的复杂关系给予了妥当性的安排，恰当地对待和处理了民众生活中新人个体、新人家庭、相关群体等多元因素，使之得到社会的肯定和认可，获得社会的支持和保护。

习惯法维系中国人有脸面的生活，通常借助五个方面的力量予以保障：第一，神灵保佑。离开了菩萨，离开了神灵，尘世间民众有脸面的生活就可能缺乏安全性。民众的自然崇拜为有脸面的生活奠定了心灵基础。第二，祖先庇护。婚姻为传宗接代的行为，婚姻成立习惯法的不少制度安排，都寓意要征得祖先的知晓和同意，获得祖宗的肯定和保佑。第三，众人互助。婚姻成立需要族亲友邻的帮助和支持，依赖于众人的共同参与和互助。第四，家庭努力。男女双方家庭通过一二十年的共同努力，在经济实力、社会人脉等方面打下良好的基础，在长期的社会往来中确立社会形象和社会声誉。第五，个体辛劳。作为婚姻成立的当事人，新郎新娘更需要付出全部的精力、十足的努力建构社会关系以享有有脸面的生活。习惯法要维系的有脸面生活，取决于这些多方面因素的合力。

不容忽视的是，随着社会变迁和现代法治建设，习惯法维持中国人有脸面的生活日益受到挑战。其一方面是基于民众的固有生活意义在发生一定的变化，受个体主义、自由主义观念的某些影响，一些年轻人对过去家族式社会或者群体生活维持下的安全保障、群体合作等有新的理解，因而一些固有的生活意义在消解，也会有一种新的生活意义在生长。同时，现代法治建设对民众生活的影响在加大，习惯法对有脸面生活的规范和保障正在受到压挤，习惯法对民众生活的影响在减弱。[1]因此，我们需要正视这种变化，思考民众固有生活的何方面意义得以延续和保留，探究习惯法维系固有生活的变化状况，把握现代法治建设型构一种新的行为方式和生活模式的可能、局限与困难，使习惯法逐渐融入现代法治建设之中，中国人能够继续过被赋予一定新内涵的有脸面的生活，不断满足美好生活的需要。

---

[1] 如关系确对中国社会经济发展和民主法治推进产生了某种"瓶颈"制约，但也表现出一定的积极作用，因而要重建当代中国社会的关系，推进中国社会法治化进程。参见苗梅华："中国乡土社会信任关系的重建与法治秩序"，载《黑龙江省政法管理干部学院学报》2005 年第 1 期。

第二十一章
正在形成的同居习惯法

一、引言

就实际情况看，同居在蒋村出现的时间较久，只不过仅为个别现象而已。但在 20 世纪 90 年代，蒋村的同居就开始增多了。如溪湾镇人民政府 1996 年 3 月 25 日发布的《关于制止违法婚姻的通告》就指出："近年来，改革开放为我镇改变了面貌。企事业的发展和经济状况好转，外地妇女纷纷流入我镇，与我镇的单身汉结为伴侣，给社会和生活带来了安定。但也有些外来婚姻因为取证难，未登记而同居，成了违法婚姻，为计划生育和婚姻法的实施带来了消极影响。同时，本地婚姻也出现了先同居（自行结婚）或怀孕后再办理结婚登记的情况，严重干扰了婚姻法的贯彻实施。"[1]

不过，由于观念的变化和社会的宽容，从 21 世纪开始出现的同居现象具有新的特点，并正在形成有关同居行为的习惯法。

目前，蒋村同居个例并不太多，据笔者所知至今出现了 3 例。但受访村民都肯定这方面现象将会逐渐增加，个例有不断增多的趋

---

〔1〕 这一通告强调，今后各村未领取结婚证的，必须动员他们要先办理登记手续，否则，处以罚款，限期补办登记手续。我镇各级干部不得参加违法婚姻的婚宴。通告要求目前尚未领取结婚证的"名义夫妻"，自发文之日起，一个月内为取证期限，逾期不办登记手续的，按其态度和情节轻重由镇婚姻登记管理小组处以 200 元~1000 元的罚款。如果外地妇女因路途较远，一个月内取证确有困难的，可以先来镇登记处说明情况，议期补办。蒋村档案：目录号 26，案卷号 1。

势。在这个过程中，关于同居的行为规范也逐渐形成。

就目前状况而言，蒋村同居习惯法主要包括同居的条件、同居的程序、同居的权利义务、同居的解除等方面，比较全面地调整同居行为。

2019 年 11 月 29 日，笔者就同居习惯法到蒋村进行了专门的调查。笔者访问了有关同居当事人和其他村民，查阅了有关文书。本章以田野调查为基础，对正在形成中的蒋村同居习惯法进行初步的探讨，以进一步引起学界对这方面规范的关注。

二、同居的条件

就蒋村目前的状况观察，同居主要为老年人之间的同居，没有发现年轻人之间的同居。

同居习惯法要求的同居条件，主要包括主体条件、意思条件、社会条件等。

在主体条件方面，同居者须为精神正常的、具有行为能力的人，能够自主判断同居行为的性质和同居行为的后果。

从具体个例来看，蒋村的同居者为丧偶的老年人。男女双方在丧失配偶以后，为了正常进行家庭生活，或者为了不给子女增添负担，考虑寻找合适的配偶重新开始正常生活。同时，为了避免结婚所带来的国家法律的规范和约束，往往从现实状况考虑而选择进行同居。

习惯法要求的同居意思条件为双方合意，则强调男女双方对同居的时间、形式、权利义务、后果等都形成共识，自愿共同生活，相互扶助，没有分歧和不同意见。

同居的社会条件主要为得到同居者子女的同意。本来同居仅需要同居者的合意即可，但是基于同居行为的复杂性特别是老年人同居行为的复杂性，从同居行为的成立和持续的现实考虑，蒋村同居习惯法要求同居的成立需要得到同居者子女的许可、肯定和支持。

三、同居的程序

根据蒋村习惯法，同居的程序比较简单，一般包括相识、确定、同居等方面，与结婚相比简省得多。

同居关系的确定首先需要双方认识，通常由亲戚邻居朋友等友好介绍相识。一般在原来的配偶去世以后的一二年后，由一方或者双方表达重新建立有配偶、有伴侣的生活，亲朋就积极帮忙，介绍双方认识，建立起进一步认识的渠道和途径。

经过一定时间的相处，在多次交往的基础上，有意向同居的双方有了比较共同的想法，也得到了子女等社会成员的支持，因此便进入了确定同居关系的阶段。

在达成一致协议后，男女双方便开始正式进行同居生活。

根据习惯法，同居的协议可以是口头的，也可以是成文的。如2000年吴中强与浙江省另一市来的鲍大芳同居时就仅仅订立了口头协议，而2014年李国强和吴付珍同居时则请人代笔订立了如文书一这样一份书面协议。

文书一

协 议 书

甲方：李国强　身份证号码……

乙方：吴付珍　身份证号码……

兹有慈溪市海福镇蒋村李国强与慈溪市海福镇乐村吴付珍自愿共同生活在一起，同时经过双方子女协商一致，达成如下协议：

一、双方李国强和吴付珍自签订协议书之日去共同生活，双方子女认可李国强和吴付珍之间共同生活的行为。

二、李国强和吴付珍在一起共同生活，双方之间理应相互之间互敬互爱，双方之间起居饮食有双方之间共同照顾，若在甲方李国强出现生病的情况下，医疗费用由甲方李国强的子女承担。若在乙方吴付珍出现生病的情况下，医疗费用由乙方吴付珍的子女承担。

三、李国强和吴付珍在本协议签订之前的个人财产由个人各自享有，在各自双方百年之后，在尊重长辈意愿的情况下，相应的财产由各自的子女享有，与另一方（包括另一方子女）无关。李国强和吴付珍双方的子女也认可该种财产分配方式。

　　四、李国强和吴付珍两人百年之后，双方子女同意男方同原前妻合葬，女方同原前夫合葬。（出丧之费，各自由各自子女负担。）

　　五、本协议一式四份，甲乙双方各执一份，双方子女各执一份，自双方签字后生效。

　　甲方：　　　　　　　　　　　　乙方：

　　甲方子女：　　　　　　　　　　乙方子女：方路廷

　　　年　月　日　　　　　　　　　2014 年 10 月 16 日[1]

　　我们看到的这份是李国强儿子保存的一份，上有吴付珍的儿子方路廷签名。据介绍，李国强儿子签名的一份由吴付珍的儿子方路廷保存。我们没有发现同居双方及其子女四方同时签名的协议书。但这按照习惯法已体现了各方真实的意思表示，属于有效的协议。

　　在开始同居时，一般不举行专门的仪式。有的同居双方请关系极近的亲友吃一顿饭，告知村上民众同居的这一事实，进行社会公示。有的则直接由女方携带自己的日常衣物到男方家进行同居，没有特别的仪式。

四、同居的权利义务

　　按照习惯法，同居的权利义务包括同居双方的权利义务和同居双方子女的权利义务，为广义意义上的权利义务。

　　同居双方的权利义务，蒋村习惯法大致有这样一些规范：

　　（1）同居男方的权利义务。权利主要包括得到照顾权等。义务主要包括提供住处的义务、共同居住的义务、提供生活费用的义务、照顾扶助关心对方的义务等。

　　（2）同居女方的权利义务。权利主要包括得到照顾权、生活费用获得权等。义务主要包括共同居住的义务、照顾扶助关心对方的义务等。

　　（3）同居双方儿子的义务。按照习惯法，同居双方的女儿不承担对父或母的赡养责任。同居双方的儿子则承担相应的义务。同居

　　────────────

　　〔1〕 李涛提供，2019 年 11 月 29 日。

双方儿子基本上没有什么具体的权利。这些义务主要为提供医疗费用的义务、走动看望来往的义务、死后安葬的义务。

观察蒋村的实践，同居双方中一般男方的年龄要大一些，而女方的年龄要小一些。因此，同居表现出女方对男方的某种照顾色彩。同居期间通常由男方提供主要的生活费用，女方主要付出劳力，提供劳务。

蒋村同居习惯法突出强调同居双方根本不同于结婚的权利义务，同居仅仅为共同居住的行为，尽量降低和减弱同居双方人身关系、财产关系的紧密性，避免双方父母子女产生较多的新的权利义务。因此严格划清同居双方同居前的财产权属，防止同居一方与另一方子女发生法的关系，形成习惯法上的权利义务。

五、同居的解除

在蒋村，从具体实践考量，同居习惯法规范同居在同居者一方死亡时予以自然解除。如吴中强与鲍大芳的同居由于鲍大芳于2019年9月因病去世而解除。鲍大芳在去世前病重的几个月就从蒋村回到其在另一市的哥哥家，去世后按照约定与原夫合葬。

由于个性等因素，同居习惯法也允许同居的协议解除，如双方不能协商解除，则请亲戚朋友或者村调解委员会居中调解解除。下面文书二这份2004年的"调解协议书"就反映了村调解委员会居中调解后解除同居关系。

文书二

调解协议书

__海__调（6）号

姓　名	性　别	年　龄	住　　　　址
钟兰芬	女	48	海村（蒋村片）（甲）
李东旭	男	60	大塘镇胜利村　（乙）

上列当事人因__家庭、婚姻__纠纷一案，于200_4_年_5_月

<u>31</u> 日向本调委会提出申请，现经调解双方自愿达成协议如下：

一、钟兰芬、李东旭于 2003 年 4 月经人介绍，李进入钟家庭，双方在家庭存在期间内的费用、收入开支，不再清算、牵涉。

二、李在钟家庭生活的一切什物、家具，已由李自行带回处理。

三、李在家庭生活期间在钟承包地种植的桂花等苗木费用由李愿意一次性给钟壹仟元整，现金当场付清。

四、此协议一式三份，甲、乙双方各执一份，村留档一份，双方当事人签字有效。

本协议当事人应共同遵守自觉履行。

当事人　<u>　钟兰芬（签字）　</u>　调解人　<u>　胡建国（签字）　</u>
<u>　蒋长华（签字）　</u>

<u>　李东旭（签字）　</u>　　　<u>　海　</u>村调解委员会

（溪湾镇海村调解委员会　章）

200 <u>　4　</u> 年 <u>　5　</u> 月 <u>　31　</u> 日〔1〕

解除同居时，通常就有关财产问题进行清算。如上例中，在丈夫因病去世后，钟兰芬考虑生活需要而与外镇的李东旭同居，但时间不长双方就感到难以共同生活。在解除同居时，李东旭在同居生活期间在钟兰芬承包地种植的桂花等苗木费用由李东旭愿意一次性给钟兰芬 1000 元，并以现金当场付清。

相对而言，同居期间的经济、财产问题较为简单，双方不太可能存在大额的经济往来或共同投资，因而在解除同居时矛盾不会非常突出。

六、结语

由于社会的变迁，蒋村的同居习惯法随着同居行为的出现、增多而逐渐形成，并在不断地完善过程中。

就目前观察，蒋村的同居习惯法的具体内容还比较简单，这方面的纠纷也还没有发生，因而同居习惯法总体上看还是初步的，有

---

〔1〕　海村村民委员会提供，2021 年 1 月 12 日。

待在实践基础上逐渐丰富。

蒋村同居习惯法的形成和内容受到城市的同居习惯法的一定影响，但主要还是同居者及其利益相关者在准备同居和同居过程中根据需要逐渐形成的，具有内生性，着眼于具体问题的解决。

同居习惯法对蒋村的同居行为进行了规范和调整，维护了同居的秩序，保障了同居者的权益，总体上发挥了积极的作用。

第二十二章

渐变的婚嫁现象

一

　　婚姻为人类的主要民事行为，恋爱婚姻家庭与每一位蒋村村民息息相关。"男大当婚，女大当嫁"。[1]蒋村的婚嫁除了前面几章讨

---

　　〔1〕　关于户均人口情况，蒋村所在的县1949年全县平均每户人口为3.25人。1953年、1964年、1982年三次人口普查，平均每户人口为4.17人、4.40人、3.50人。1987年底，平均每户人口为2.95人。参见慈溪市地方志编纂委员会编：《慈溪县志》，浙江人民出版社1992年版，第940页。1990年7月1日0时第四次人口普查，全市共有302 662户，948 528人。这样平均每户人口为3.13人。参见慈溪市公安志编纂委员会编：《慈溪市公安志》，方志出版社1998年版，第47页。2020年11月1日0时第七次全国人口普查，全市常住人口为1 829 488人，与2010年第六次全国人口普查的1 462 383人相比，十年共增加367 105人，增长25.10%。全市共有家庭户763 288户，集体户56 548户，家庭户人口为1 686 693人，集体户人口为142 795人。平均每个家庭户的人口为2.21人，比2010年第六次全国人口普查的2.36人减少0.15人。全市常住人口中，0岁~14岁人口为197 246人，占10.78%；15岁~59岁人口为1 318 689人，占72.08%；60岁及以上人口为313 553人，占17.14%，其中65岁及以上人口为216 998人，占11.86%。与2010年第六次全国人口普查相比，0岁~14岁人口的比重下降0.25%，15岁~59岁人口的比重下降3.68%，60岁及以上人口的比重上升3.93%，65岁及以上人口的比重上升3.25%。全市常住人口中，居住在城镇的人口为1 457 510人，占79.67%；居住在乡村的人口为371 978人，占20.33%。与2010年第六次全国人口普查相比，城镇人口增加397 568人，乡村人口减少30 463人，城镇人口比重上升7.19个百分点。参见《浙江省慈溪市2020年第七次全国人口普查主要数据公报》，载http://www.cixi.gov.cn/art/2021/5/18/art_ 1229036442_ 3730534.html，2022年4月20日最后访问。

论的订婚、结婚、同居等现象之外，还有一些相亲、离婚等生活中的现象，除依照国家法律规定之外，各有一定的习惯法规范进行调整，且随着社会经济、人口、家庭、居住等的变化而正在发生某些渐变。

二

传统婚姻遵循"父母之命，媒妁之言"。受此影响，蒋村现今的婚姻仍然需要有媒人即介绍人，需要牵线搭桥的"红娘"。

现在蒋村的介绍人大概有两种，一种为真正的介绍人，即实在介绍人，一如传统介绍人具体负责物色、沟通、联络；另一种为"现存介绍人"，男女双方已相互认识到谈婚论嫁地步，仅仅需要仪式性的介绍人角色，没有实质性的事务。后一种介绍人是男女相互交往、自由恋爱的结果，体现了社会的发展。

不少情况下，蒋村家有适婚年龄的村民会委托亲朋好友帮做介绍人，平时留意合适的对象。有的得知某家有一姑娘年龄相当，门当户对，便直接托介绍人去女方家里提亲。

不过，介绍人也并不轻松，有时责任极重。如下面事例一中的介绍人朱月素就受到了女方家长的责怪。

(接上页) 关于人口和婚姻情况，蒋村所在的县全县 15 岁及以上人口婚姻状况，中华民国 36 年（1947 年）15 岁及以上人口为 176 507 人，其中未婚 31 609 人，占 17.9%；有配偶 114 921 人，占 65.1%；丧偶 29 197 人，占 16.6%；离婚 780 人，占 0.4%。1982 年 15 岁及以上人口为 662 616 人，其中未婚 193 440 人，占 29.2%；有配偶 423 541 人，占 63.9%；丧偶 41 752 人，占 6.3%；离婚 3883 人，占 0.6%。参见慈溪市地方志编纂委员会编：《慈溪县志》，浙江人民出版社 1992 年版，第 202 页。

蒋村所在的市全市 1955 年结婚 2186 对，其中复婚 11 对，离婚 111 对；1963 年结婚 5287 对，其中复婚 13 对，再婚男 192 人、女 309 人；离婚 222 对；1979 年结婚 4860 对，其中复婚 11 对，离婚 125 对；1990 年结婚 9719 对，其中复婚 16 对，再婚男 226 人、女 323 人；离婚 221 对；2008 年结婚 7860 对，其中初婚男 6684 人、女 6713 人，复婚 223 对，再婚男 953 人、女 924 人；离婚 1735 对。参见慈溪市民政志编纂委员会编：《慈溪市民政志》，上海辞书出版社 2013 年版，第 396~397 页。

事例一

朱月素与何悦为两妯娌，朱月素为李家老大的媳妇，何悦为李家老二的媳妇，两家相邻而居，平常关系尚可。2014 年时，何悦为朱月素的女儿介绍了男朋友并结了婚，男方为何悦堂妹的儿子，家在邻镇。当时朱月素知道男方家穷，但是不了解男方不务正业、好赌乱嫖。朱月素就怪何悦只考虑其堂妹家娶媳妇，不顾及其女儿的死活，隐瞒真相。2018 年 2 月 14 日，大年三十前一天中午近 12 点时，朱月素与何悦在各自的院子里，隔着铁栏杆大吵了一架。后男方因犯信用卡诈骗罪被判有期徒刑四年八个月，朱月素女儿也起诉离婚而解除了婚姻。[1]

蒋村有"说头媒断头亲"的谚语，上述情形恰为写照。为人说媒确是既繁琐又吃力不讨好的苦差使，介绍人需要不厌其烦地付出努力，有时候介绍人需要用"搭搭眠床搁搁灶，只要有吃莫气恼""晾竿挑水后头长，后头日子有福享"等古人老话好言劝慰年轻情侣或夫妻，帮着解决矛盾。为表感谢，男方、女方会致送一定的礼物、礼金给介绍人，介绍人在男方、女方处吃饭更非一二餐。蒋村有"馋痨媒人十八餐，周岁麦果揩屁眼"谚语嘲讽介绍人可吃十八餐，一直吃到小孩周岁。[2]

三

蒋村的婚嫁一直重视双方的人品与两家的家世、名声，因此有看人的环节，有的是男方乔装后由媒人指点，去女方家或附近暗察姑娘的容貌、姿态；也有看人家环节，女方在托人密访、打听后，认为可以说亲者，女方的父母或者至亲择日亲临男家，观看男方人品、家产、为人等。

家庭、父母亲的为人可能会对子女的婚姻有影响。事例二即为

---

〔1〕 喻红姣访谈录，2018 年 2 月 15 日。

〔2〕 宁波市文化广电新闻出版局编：《甬上风物——宁波市非物质文化遗产田野调查（慈溪市·附海镇）》，宁波出版社 2011 年版，第 43 页。

父亲影响儿子婚姻的一个现象。

事例二

蒋村姚肇兴家有一儿子，为人本分，村里人对他评价都不错，张新生认为在年轻人辈中属于中上。但其父亲姚肇兴到处借钱不还，名声很差，过年时经常跑出去躲债。有一次张新生不在家，姚肇兴跑去张家找张妻借了2000元；有一次腊月二十七姚肇兴找张新生借了3000元，结果大年三十前没有还。正月初五张新生发现姚肇兴口袋里装万把块钱在赌博，却不还钱。别人给姚肇兴儿子介绍对象，对方来打听一下，知道他有这样一个父亲，都不敢来谈对象了，觉得会很麻烦的，以后要还债什么的。姚肇兴儿子开一个小厂，姚肇兴往往跑去对方客户处要拿货款，对方就很烦，这样慢慢地也影响了儿子的生意，别人不太愿意与他合作。这样姚肇兴儿子的生意就做不大。[1]

现在看人、察家的形式较为多样，有的是男女双方直接上门。如2018年2月17日（农历正月初二）中午，蒋村村民曹祺麟家办饭，即相当于办碎酒。[2]曹祺麟25岁的儿子的21岁的女朋友确定关系后第一次正式上门，是过年来玩，原来在幼儿园做老师，现在杭州读书。曹祺麟请了父母、姨丈一家等至亲一起吃饭。曹祺麟夫妇给了女孩2800元压岁钱，回过来2600元，收下了200元。介绍人是曹祺麟的表姐妹，与女孩同村。此前2018年元旦曹祺麟表姐妹陪着女孩来过一次曹祺麟家，来看看基本情况，当时没有给红包。可惜后来由于种种原因，两人没有继续交往了。

有的上门、请吃饭比较奇怪，成为蒋村村民的谈资。如2017年10月，蒋村同村的两户人家，男孩二十六七岁，女孩24岁，双方亲戚做介绍找对象。那天中午在男孩家吃饭，晚上在女孩家吃饭。也不算过书订婚，仅仅是相识、了解。结果晚上刚刚吃完饭，男孩还没有到家，女孩家的信息就过去了，说散掉、不继续了。村民周富

---

[1] 张新生访谈录，2015年2月26日。

[2] "碎酒"为蒋村一种请客的形式，是较正式的家庭宴请。

凯说："这样的也有的，你不想弄就不要请吃饭，实在勿上课。"[1]
村民陈寿福说："你哪怕过几天说勿算也好，当日夜里这样实在让人
生气。"他们估计可能是女方不想欠男方中午饭，所以晚上弄饭，本
来不太情愿的。[2]但这种做法有点太伤人。

四

蒋村主要为男婚女嫁制，男方娶女方为妻，女方到男方同居和
生活。[3]但也有个别的为男方到女方家上门，在女方家生活。这种
多为没有儿子仅有女儿的家庭所采用，主要考虑养老问题。一般需
要写好协议，商定与原父母家没有关系了，上门女婿负责养老，女
方家的财产归上门女婿。事例三即现已为不多见的蒋村村民俗称的
"拜进舍"即男方上门的情形。

事例三

蒋村 48 岁的女村民钟兰芬，与丈夫育有一子。后丈夫在生病几
年后去世。经人介绍，她认识了大塘镇胜利村的 60 岁的单身男人李
东旭。在一段时间的往来以后，2003 年 4 月李东旭进入钟兰芬家庭，
一起共同生活，但没有办理结婚登记手续。两人的结合即为以往俗称
的"拜进舍"，李东旭为以往俗称的"进舍佬"。遗憾的是，可能是年
龄差距，也可能是个性因素，也可能是生活习惯问题，双方于 2004 年
5 月 31 日在海村村干部的主持下协议分手，结束了共同生活的日子。

五

蒋村男性的结婚年龄一般在 26 岁、27 岁，女性的结婚年龄大都

---

〔1〕 "勿上课"为蒋村俗语，贬义词，意为"不靠谱""不讲道理"。

〔2〕 周富凯访谈录，2018 年 2 月 16 日。

〔3〕 蒋村所在的地区，旧时有"生男喜生女悲多溺而不举则婚嫁之为累也"的现
象。参见（明）姚宗文纂，慈溪市地方志办公室整理：《天启慈溪县志》（影印本），浙江
古籍出版社 2017 年版，第 13 页。

在 24 岁、25 岁。

以往蒋村有个别男的因为家庭经济原因或者个人身体、精神因素而终生没有结婚的。现今，蒋村除了有 10 来位大龄男性由于家庭经济状况而没有结婚之外，还出现了女性没有结婚的情况，至今有几个大龄女孩还没有出嫁。

在蒋村，女孩到 26 岁、27 岁就比较大了。而今有四五个 30 岁以上的女孩尚没有结婚，看样子越来越难结婚了。

这些女孩本身人没有残疾，长相也不错，也有工作，有的是自己没有结婚意愿，有的是挑挑拣拣，有的很大因素在家庭。如张少嫱为独养女儿，2018 年时有人介绍了一位 35 岁的男性，本来 35 岁对 31 岁，年龄比较般配。不过，对方来蒋村打听了一下，家里没有买车，父亲又没有太正当行业，以后指望女儿吃饭，这种情况就不同意了，没有继续进行下去了。本来张少嫱家只有 3 人，每人都做做吃吃，买一个汽车应该问题不大的，你没有买，人家就有看法了。可见，家庭因素对张少嫱的出嫁起了负面影响。

这样一来，别人都不太愿意做介绍了。于是，这些姑娘的年龄越来越大，也越来越难嫁出去了。

六

在通婚对象方面，蒋村以往有"亲上加亲"的习惯，血亲下代、姻亲家属通婚谓"亲上加亲"。这是老亲结新亲，即为姑表、姨表、舅表结婚，不过在蒋村同姓同宗忌婚。

中华人民共和国成立以后，1950 年 3 月 3 日政务院第二十二次政务会议通过、1950 年 4 月 13 日中央人民政府委员会第七次会议通过、1950 年 5 月 1 日颁行的《婚姻法》第 5 条为禁止结婚的情形，其中第 1 款规定"为直系血亲，或为同胞的兄弟姊妹和同父异母或同母异父的兄弟姊妹者"禁止结婚，但"其他五代内的旁系血亲间禁止结婚的问题，从习惯"。这是承认姑表、姨表、舅表结婚习惯的法律效力。因而蒋村村民这一时期仍然有五代内的旁系血亲间结婚的现象。

到了 1981 年之后，蒋村的这一现象就改变了。第五届全国人民代表大会第三次会议于 1980 年 9 月 10 日通过了修改的《婚姻法》并自 1981 年 1 月 1 日起施行。该法第 6 条第 1 款明确规定"直系血亲和三代以内的旁系血亲"禁止结婚。此后 2001 年 4 月 28 日第九届全国人民代表大会常务委员会第二十一次会议《关于修改〈中华人民共和国婚姻法〉的决定》修正后的《婚姻法》第 7 条也同样规定。第十三届全国人民代表大会第三次会议于 2020 年 5 月 28 日通过并自 2021 年 1 月 1 日起施行的《民法典》第五编"婚姻家庭"第 1048 条也承继了这一规定，直系血亲或者三代以内的旁系血亲禁止结婚。

现今，蒋村已经没有姑表、姨表、舅表结婚现象了，传统习惯不复存在。

蒋村曾经有过"掉胞亲"，即家有一子一女的家庭，与另有一子一女的家庭结为亲家，一方的儿子娶对方的女儿，而此方的女儿嫁给对方的儿子。如村民赵利明家与外乡桥头一户人家即属此类。现有 70 多岁的赵利明一岁时母亲去世，靠其父亲养育赵利明和姐姐，家里经济比较困难。蒋村还有田心仑家也是 20 世纪 60 年代通过"掉胞亲"形式成家的。[1]

七

在通婚范围方面，以往蒋村的女子基本嫁在县域范围内，极少远嫁；男子娶妻也在县域范围内，仅极个别的娶邻近地区的女子为妻。

改革开放以来，村民走南闯北经商做生意，许多外来流动人口来蒋村做工，人员的流动与往来频繁，因而蒋村的通婚范围明显扩大，已有广西、贵州、四川等省、自治区的女性嫁到蒋村，全村大概有 20 来户这样的远婚户，还有的是外地女大学生嫁到蒋村。有一远方通婚户的孩子还考上了清华大学，一时成为村民的美谈。现在蒋村就近结亲、同民族通婚的传统婚俗习惯有所改变。

---

〔1〕 宋达民访谈录，2022 年 1 月 22 日。

八

以往蒋村较少有婚外情现象，"轧姘头"通常会受到村民的否定性议论。不过，改革开放以来，蒋村随着我国社会的发展而同样呈现多元化、复杂化状况，婚外情、"第三者"现象也有所增加。

一种是均已结婚的双方相互产生好感而形成婚外情，在双方均有家庭情况下交往。另一种为男方有家庭，年轻女性单身，主要基于金钱而与男方交往。后一种通常维持不长，女方多在 30 岁左右与男方断绝关系，在积累一定的钱后嫁人过正常生活。

如已经去世的蒋村村民蔡枫华已有家庭，与同村的也有家庭的女村民左心蕾来往，并生有一男一女两个孩子，与婚生子极像。他的婚生子女也知道这两个非婚生子女，也承认是其父亲所生。非婚生儿子确屋时，蔡枫华想给他 2 万元被拒绝。晚年蔡枫华生病需要人照顾时，其婚生女曾说"你外头生很多，为什么不叫他们'挡值'（照顾意）"。蔡枫华的妻子没有吵，她吃不消蔡枫华。

又如已经去世的蒋村村民盛志民一直未婚，他与同村有家庭的女村民黄雅素相好（据村民传黄雅素丈夫无生育能力），生有一个非婚生子。在黄雅素丈夫去世以后，两人的来往就基本公开化了。盛志民一直给钱给这个非婚生子的儿子即其孙子。2018 年盛志民去世后，非婚生子没有来，这个孙子表示要拿钱出来办盛志民的后事，盛志民的侄子女劝他不要拿钱，叫他办理盛志民的"五七"。后这个孙子就拿钱出来办理盛志民的"五七"。

再如蒋村村民王长喜、王长庆兄弟结婚后不能生育，王长喜妻吴淑珍与同村有家庭的村民蒋钦民搭牢，1965 年生有一女儿。王长庆的两个儿子也是其妻与其他男人生的。[1]

"第三者"、婚外情现象对正常的家庭秩序造成严重的破坏，蒋村村民对此基本持否定态度。

---

〔1〕 宋达民访谈录，2022 年 1 月 22 日。

九

蒋村按照男方发聘礼、女方送嫁妆的习惯法，女方家长在女儿嫁时要陪送嫁妆。这些嫁妆主要为生活用品，包括卧室用品、厨房用品、家用电器等，不少还陪送小汽车，种类繁多，琳琅满目。

男女双方都十分看重嫁妆的丰富与否，这反映出男方聘礼的数额，也体现出女方家是否殷实。嫁妆的多少与男方的聘礼数量密切相关，嫁妆更是女方家经济状况的体现，为女方进入男方家庭后社会地位的重要支撑力量。

按照习惯法，蒋村在结婚的前一日由男方到女方家搬嫁妆，女方家将嫁妆放置于厅堂、陈列在八仙桌上，展示在亲戚、邻居面前，俗称"看嫁妆"。男方派人搬运（以前用船现今用车）到男方家后，也同样展陈嫁妆于厅堂，请来宾、村邻观看，亦为"看嫁妆"。下面事例四为搬嫁妆的情形。

事例四

2010 年 11 月 13 日为农历十月初八，蒋村村民余国栋嫁女。11月 12 日下午，家在邻镇的新郎带亲友四五人开一辆奔驰 300、二辆皮卡、一辆小型货车来新娘家搬嫁妆，送来了"看娘盘"（"望娘盘"），包括火腿、猪腿、排骨、六箱烟花、八大箱喜糖、两箱葡萄酒、一对活鸡、一对活鸭、两条活鱼等礼物。女方家收下后依习惯回礼。女方家将嫁妆放置于家中大厅，将茶具等陈列在两张八仙桌上。由于余国栋为花木种植户，还陪嫁了不少名贵苗木。嫁妆中的家用电器等已经安装在新房里了。这次搬的嫁妆仅为部分嫁妆。之后，男女方亲戚一起搬嫁妆。近三点搬好嫁妆，女方家放爆竹送新郎一行回去。

按照蒋村 50 来岁的女村民苏芙妙的说法，去搬嫁妆的人没讲究的，弟兄家去搬；去的人香烟一人一包，点心老酒一餐，吃好就搬嫁妆回来了。去搬嫁妆时，男方需要送"看娘盘""望娘盘"，以前还有太婆盘、外婆盘，太婆盘有的 4 千多块，如 4280 元；以前一二百块，成双。男方用红包包着，但女方是不收下的，按老规矩直接回过来的。以前还有日子钱，现在没有了，聘礼已经发去了。[1]

在不同年代，蒋村嫁妆的数量、种类有很大的不同。如下面事例五为1985年时的嫁妆情况。

事例五

蒋村的刘怡波于1985年1月9日与邻乡的刘自立结婚，生有一子刘凯。包自立于1986年1月12日因病亡故。刘怡波与刘自立的父母对死者遗产的继承和债务的负担发生争议，刘怡波起诉到法院。经过法院的调解，双方于1986年12月23日达成协议。根据协议，刘怡波的嫁妆归刘怡波所有，具体为：

帐桌一张、梳妆台一张、写字台一张、大衣柜一口（包括钿箱、柜头箱）、三门大衣柜一口、食品柜一口、高低柜一口、板箱四只、箱柜二口、五斗柜一口、被柜一口、雨伞桌一张、揉粉桶两只、饭锡掇两只、舀斗一只、挈桶一只、扁脚桶一只、大小脚桶各一只、小马桶一只、立式衣架一个、果桶六只、小茶盘三面、茶几台灯一只、高脚痰盂一对、钢椅四把、大椅子二把、塑料坐椅四吧、单人沙发一对、四人沙发一张、洋盘篮两只、脸架一张、桶盘两面、茶盘二面、钢精锅三只、瓦茶壶两把、瓦茶杯八只、玻璃杯二十三只、玻璃酒盅（包括坐子）八只、塑料盘三只、保暖杯一只、茶叶罐二只、糖缸四只、冷水壶一只、搪瓷锅四只、玻璃瓜子盆三只、孔雀灯一对、插花瓶一对、锡掇四只、锡壳一把、瓷瓶三只、寿字台一对、锡高台一对、锡酒壶两把、狮子斗缸三只、花被絮五条、枕芯十只、镜箱一只、铜锁五把、饼干箱四只、汤婆子一只、大小铝茶壶各一把、铁壳热水瓶三只、瓦酒盅十只、菜碗十只、饭碗十只、小瓜子盆十只、酱油碟二只、汤匙十只。[2]

现在蒋村的经济状况与村民收入已今非昔比，嫁妆也远超1985年了。小汽车、家用电器、生活用品等一应俱全。

---

[1] 苏芙妙访谈录，2010年10月22日。
[2] 蒋村档案：目录号18，案卷号1。

十

蒋村以往存在纳妾、娃娃亲、童养媳等现象。中华人民共和国成立后，实行一夫一妻，就没有纳妾情形了，娃娃亲、童养媳也绝迹了。

以往村民重视初婚，除了初婚还有续弦（妻亡再娶，称继室，前妻子女称其继母，俗称"后娘"）、再醮（寡妇再婚，俗称"二婚头"，随迁子女贬称"拖油瓶"）、入赘（俗称"上门女婿"）、拜进舍（丧夫之妇，再招男人为夫，贬称"进舍佬"）等婚姻形态，子女受到一定的歧视。过去蒋村有"夏至日头（太阳），后娘拳头"的谚语，意为后娘经常打骂继子女。[1]现在，续弦、再醮、入赘、拜进舍合法合情，夫妻地位平等，其子女一视同仁。

十一

以往蒋村极少有离婚现象。改革开放以来，由于社会的变化、村民观念的改变，离婚逐渐增多。在60来岁的吴志明看来，现在不像过去，过去是包办的，现在两人是自愿的。社会上就是离婚率比较高，本身就这点不同，这点风气比以前差。毛泽东时代离婚少。离婚后女的嫁也好不了。离婚是很塌台的。这户人家离婚的，这户人家不好的。现在无所谓，嫁三次、四次都有的。[2]村民孙海龙认为蒋村离婚很多："离之结，结之离；到法院去离婚的也有；离没离，跑掉的人也有，失踪的人也有；施长富两兄弟离婚，盛中强小儿子离婚，康路的儿子也离婚了，因为小孩问题。"[3]

蒋村村民总体上还是秉持传统的"劝和不劝散"观念，尽量规劝吵闹、有矛盾的夫妻互谅互让，好好过日子。不过，最终是过还

---

〔1〕　蒋村蒋长华讲述。参见宁波市文化广电新闻出版局编：《甬上风物——宁波市非物质文化遗产田野调查（慈溪市·附海镇）》，宁波出版社2011年版，第53页。

〔2〕　吴志明访谈录，2010年11月12日。

〔3〕　孙海龙访谈录，2010年10月22日

是离自然由当事人自己决定。

离婚的原因较为复杂，既有婚前双方了解不够，基础薄弱；也有婚后种种因素影响，出现变化而导致夫妻感情破裂；还有的与个人、家庭因素有关。如下面事例六，男方与男方家庭的为人处世相对有些不太灵光，订婚后即将结婚时就分手与此有关。

事例六

阿良的儿子陈省麟近三十岁，在厂里打工，赚工资的。快结婚时，离结婚没几天时，女方勿来了，女方先提出来的，是离婚。原来准备 2010 年农历十月结婚。因为几句闲话事，为拍结婚照，婚纱照拍一张。女方是结过婚的，说我拍过的，拍一张怎么样，你没结过婚也拍一张，人家当他（阿良儿子）是寿头（傻）。发聘意思一下，五六万元，好象 5 万元，男方损失不大，女方把钱退回来的。人家过路老人（妻子），铜钿积起来的，不要他们钱的。阿良人老老实实的，说起来有些"呒清头"（不明事理而爱唠叨）的。[1]

蒋村有的离婚是由于家庭出现了意外情况，严重影响了夫妻关系。如下面事例七即由于孩子的意外死亡引起夫妻感情的变化。

事例七

方兴水的儿子方诗贵，二十六七岁，老人（妻子）溪海人，25岁以下，家里还开一机绣花的店。2010 年上半年小顽（小男孩）睡觉了，小娘（女儿）、老人（妻子）没有注意，闷闷杀（闷死），对外头说是生病死的。2010 年离的婚。离婚是上法院的，男方提出来的。反正后来争吵没有，平静地办。结婚时发聘 16 万元，女方的一辆车，办酒，房子装满，（兴水家）要花二三十万元。[2]

蒋村有的离婚如事例八则是由于婚外情、"第三者"而引起夫妻感情的变化。

---

[1] 陈邦柱访谈录，2010 年 10 月 22 日。
[2] 陈邦柱访谈录，2010 年 10 月 22 日。

事例八

包忠和 30 多岁的小儿子包强好像是去法院的，2010 年 9 月 1 日还是 10 月 1 日，生有一个儿子一个女儿。忠和的儿子老板很大的，钞票有了，办投资公司啊，原来在葛延国处跟跟。在外头有小老婆，可能不止一个，东搭西搭的。离婚也是去法院的，女儿有十多岁，两个小孩跟他的。现在有一个搭的女的，年纪好像比他还大。[1]

由于蒋村许多村民走南闯北做生意、搞经营，这样聚少离多的情形对夫妻关系多少有些影响。事例九中傅超武与傅兰薇的离婚就体现了这一点。

事例九

1956 年 9 月出生的傅超武与 1959 年 3 月出生的傅兰薇于 1979 年结婚，1981 年生育儿子傅宗泉。婚后双方常有争吵，感情平淡。1998 年傅超武借贷 52 000 元去外地做生意，结果长期不回家，不顾家庭生活。傅兰薇到杭州寻找时才知道傅超武欲与一女子结婚。后傅超武偶尔回家，常与傅兰薇吵闹不休。1998 年 7 月 1 日傅兰薇受不了婚姻的痛苦，服下毒药欲自杀，经抢救脱险，傅超武一走了之。2000 年 5 月 9 日傅超武来家欲驱赶傅兰薇母子出家门。2000 年 7 月 1 日傅兰薇向法院诉请离婚。法院开庭审理时傅超武没有到庭，最后法院判决傅超武与傅兰薇离婚，儿子随傅兰薇生活，家庭债务由傅超武负担，夫妻共同财产各半所有。[2]

还有个别由于一方判刑而离婚的，如蒋村村民沈昌珉 2003 年 7 月因犯故意伤害罪被人民法院判处有期徒刑 5 年，其妻第一次起诉离婚后撤诉，第二次起诉离婚后法院于 2005 年 7 月判决准予离婚。[3]

此外，极个别的离婚与性取向有关。如苏志燮的女儿认识邻村的一位男孩子后订婚，收到 6 万多元聘金。结婚没有多久，他女儿

---

〔1〕　陈邦柱访谈录，2010 年 10 月 22 日。
〔2〕　慈溪市人民法院〔2000〕东民初字第 1925 号。
〔3〕　慈溪市人民法院〔2005〕东民一初字第 1644 号。

发现她丈夫对女性不感兴趣，有同性恋倾向。后双方于 2016 年 6 月同意协议离婚。[1]

除了到法院离婚，有的离婚是双方自己协商离婚的，也有的由亲戚、村干部等调解而离婚。文书一为由三位村干部做证明人的离婚协议书。

文书一

协 议 书

甲方：张兴凯（以下简称甲方）

乙方：陈莉莉（以下简称乙方）

甲、乙双方就离婚事宜，经商议，达成以下共识。

一、儿子张宝由甲方抚养，目前暂时由乙方照料，甲方每月支付儿子 600 元生活费和 200 元医疗补助。如遇其他大额支出，双方再作商议。

二、在儿子有意愿的情况下，甲方可以随时接回身边照料，儿子接回后，则取消支付儿子的生活费和医疗费。

三、儿子就学的学杂费由甲方承担负责。

四、待甲方接回儿子后，乙方享有看望儿子的权利。

五、儿子在甲方接回家中后，乙方不承担生活费和其他费用。

六、双方离异后，任何一方不作补偿。

七、未尽事宜，双方再作商议。

甲方：张兴凯（签字）　　　　　　　　证明人：王岳云

乙方：陈莉莉（签字）　　　　　　　　　　　　沈惠忠

　　　　　　　　　　　　　　　　　　　　　　茹优君

注：甲方支付生活费和医疗补助费在每月的十五日。

2011 年 4 月 13 日[2]

---

〔1〕 苏志燮电话访谈录，2016 年 6 月 30 日。

〔2〕 海村档案：目录号 11，案卷号 7。

十二

随着社会的发展，蒋村的婚嫁出现了变化，观念、行为、规范都在渐渐地发生变化。正如 1962 年出生的蒋村女村民谢书珍所说："变化是有的，老式加新式，有为节省的，有为方便点的，也有新加的。"[1] 传统与现代的结合，传统基础上的现代色彩将是蒋村婚嫁今后的发展趋势。

---

[1]　谢书珍访谈录，2010 年 10 月 22 日。

一、引言

在蒋村，代际之间的财产主要通过固有的分家析产方式进行移转。分家习惯法较为全面、详细地调整村民的分家析产行为，村民较为严格地遵守这一历史上一直有效并传承至今的习惯法。

在分家习惯法方面，我们曾于 2006 年 7 月 20 日观察了一次蒋家的分家事件。本章以田野调查材料为基础，以蒋村蒋家的分家为对象，结合其他家庭分家的情况，对当代经济较为发达地区的分家习惯法的基本原则、主要规范、特点作一初步探讨，以进一步推进变迁中的当代习惯法的调查和研究。

二、分家习惯法的原则

在蒋村，分家时基本秉持平等协商、权利与义务一致、中证见证等习惯法原则

（1）平等协商。蒋村分家时，各方大多友好协商、平等处理，在家庭范围内讨论、处理，绝少出现大吵大闹的情况，以免为村邻笑话。不过，父母亲的意见具有主要的意义，什么时候分家、如何分家、父母亲的养老等方面，分家时主要按照父母亲的想法来。

（2）权利与义务一致。分家时上一辈往往考虑子女的实际情况，尽量按照权利与义务一致原则进行。蒋家 2006 年 7 月 20 日这次分

家时，由于大儿子家、小儿子家都不在浙江省的老家，平时由女儿家照顾母亲，所以关于老房和老宅房基地的分配主要照顾出力多的女儿一方。

（3）中证见证。分家时需要中证人、见证人，通过第三方力量监督分家协议的执行。在蒋村，一般由舅舅、伯叔等出任中证人，有时也由村干部、邻居、朋友等担任。

三、分家习惯法的内容

蒋村分家习惯法的内容主要包括分家的主体、分家的客体、分家与赡养养老、分家的程序、分家的协议等规范。

（1）分家的主体规范。在蒋村，按照分家习惯法，分家的主体为小家庭即户，即父母亲为一主体，每一子女各为主体。习惯法是根据户而不是人来进行分家的。2006 年 7 月 20 日的这次分家由四方参与，即母亲为一方，大儿子家、小儿子家、女儿家各为一方。但是，两个儿媳妇均没有参加这次分家，由两个儿子代表各家参加。

（2）分家的客体规范。分家的对象比较广泛，包括动产和不动产，现金通常不列为分家的客体。2006 年 7 月 20 日的这次分家，主要是就父母亲的老房和老房宅基地、新房、新宅基地等不动产的归属进行明确。

在蒋村，宅基地、自留地、承包地、房屋为主要的财产，[1]村民十分重视这些财产的处分。如下面文书一为朱家 1996 年时有关自留地的分割。

---

〔1〕 自留地是我国农业合作化以后，为照顾社员种植蔬菜和其他园艺作物的需要，由农业集体经济组织依法分配给社员长期使用的少量土地。其所有权属于农民集体，使用权由农民以户为单位行使。每户使用的自留地的数量，一般不超过当地每人平均土地数的 5%。1962 年的《农村人民公社工作条例（修正草案）》规定，自留地一般占生产队耕地面积的 5% 到 7%。1981 年 3 月 30 日，中共中央、国务院转发国家农委《关于积极发展农村多种经营的报告》的通知指出："不搞包产到户的地方，可以因地制宜，适当扩大自留地、饲料地，两者面积的最大限额，可达生产队耕地总面积的百分之十五。"自留地的使用者对自留地享有使用和收益的权利，但不得擅自改变用途，不得在自留地上建房、葬坟、挖坑和取土。在遇国家征用和集体调整时有义务服从。

文书一

关于自留地分割协议书

父亲朱福清生有四子，长子朱晓辉、二子朱晓强、三子朱晓光、四子朱晓明。现经互相协商，将父亲现有自留地分割如下：

一、朱晓辉分得：在自己屋面往南 5.10 公尺（米，下同），公路边往东 10 公尺归晓辉所有。

二、朱晓强分得：在晓辉分得 5.10 公尺往南 3 公尺，公路边往东至自己楼房西墙面归晓强所有（为出入路）。自己楼房面往南 11 公尺，自己西墙面往东到飞迪地界归晓强所有，但要等到晓明建房时，老拆除后可分得。

三、朱晓光分得：在晓辉分得 3 公尺往南公尺，公路边往东 10.60 公尺归晓光所有。

四、朱晓明分得：在晓光分得 4.80 公尺往南至小路边，公路边往东到飞迪地界，在晓强分得 11 公尺往南至小路边归晓明所有。

五、以上各分得地不得有变，以此协议为准。望互相遵守，不得反悔，特立此协议一式五份，各执一份为据。

村干部　蒋茂财（签名）　　分割人　朱福清（盖章）
　　　　岑尧水（签名）　　　　　　朱晓辉（盖章）
　　　　　　　　　　　　　　　　　朱晓强（盖章）
　　　　　　　　　　　　　　　　　朱晓光（盖章）
　　　　　　　　　　　　　　　　　朱晓明（盖章）

一九九六年二月十日[1]

与上例类似，2008 年 2 月 29 日，77 岁的村民蒋生苗与两个儿子 57 岁蒋大明、52 岁蒋小明也分自留地，由村人民调解委员会以人民调解协议书的形式达成分家协议：由于蒋生苗年老体弱，经过众亲属及长辈和大家的一致意愿，现有自留地面积，长 39.12（米），

---

[1] 蒋村档案：目录号 28，案卷号 1。

宽 15.2（米），由两儿子平分，每人分得 19.56 平方米的自留地；考虑到蒋大明分到两边，蒋小明必须留 2 米路面；双方两人不得反悔，即日起生效。蒋生苗和蒋大明在协议上签名，还有五位亲戚签名，蒋小明没有签名的意思是随父母意愿。[1]

　　蒋村的分家大部分涉及房屋，包括自建房、商品房等。如 2008 年 11 月 5 日，63 岁的村民黄家继与 29 岁的黄玮、31 岁的黄国祥借购买农民公寓房之机进行了分家、赡养事宜，由村人民调解委员会以人民调解协议书的形式立据。协议内容为："一、户主黄家继生得二子，长子黄国祥，次子黄玮。现有分得农民公寓房指标一套，140 平方米，经过家庭协商，决定由次子黄玮出资购买，黄玮将原住的一间楼房及平房一间周边宅地都归黄国祥所有，黄国祥出资人民币 8 万元贴补给黄玮，付款方式，到年内付一半，其余到搬空后付清，但黄玮必须在 2009 年 12 月之前搬走，黄玮搬走的楼下厨房间归父亲使用。二、户主黄家继住两间的小屋及通道使用到百日，[2]如果长子黄国祥要变动房屋必须安置好住宅的同等面积不低于现在同样条件，安置好后可变动。三、父母亲赡养费、医药费、丧葬费等一切费用开支有（由）两兄弟全债各半承担，只因第一期农民公寓房的指标归属两儿子所有，以后黄国祥如购买农民公寓必须贴补次子黄玮人民币 2 万元整，如黄国祥放弃购买指标必须转让黄玮所有。搬走时室内不准破坏性拆除。"[3]双方签字按手印确认同意，还有一位见证人签字。两位村人民调解委员会调解员签字。

　　（3）分家与赡养、养老。在蒋村，分家往往与赡养、养老联系在一起，将父母的养老问题解决、安排好。2006 年 7 月 20 日这次分家时，在母亲的安度晚年方面，三个孩子与母亲商量，母亲金荷玲以后的生活以蒋芳菲照顾为主，费用由三小孩协商。

　　（4）分家的程序。分家往往由一方提出，随后知会有关各方，再选择合适时间各方全部或者派出代表集中在一起，商量、协调并

---

〔1〕　海村档案：目录号 8，案卷号 9。

〔2〕　此处"百日"意为死亡。

〔3〕　海村档案：目录号 8，案卷号 9。

达成协议。在蒋村，分家的程序并不十分严格，大致按照这样的步骤进行。2006 年 7 月 20 日的这次分家是由于修路拆迁引起的，母亲便通知在外地工作的大儿子和小儿子回来商量、解决。为沟通和执行方便，请大舅金文通、姨丈林若云来家见证。在分家过程中，母亲谈了她的想法，女儿方尽量配合并满足母亲的要求。两个儿子因为均在外地工作，对财产没有太多想法，因而比较顺利地达成了协议。

蒋村的分家，有时在儿子结婚分户后进行。如 2008 年 12 月 18 日，蒋村崔家在两个儿子分户成家立业进行家庭分户析产，达成分家协议，具体见文书二。

文书二

家庭分户析产协议书

本人崔广定，是蒋村人，今年 59 岁，配偶方华梅，今年 57 岁，共生育二子，其中长子崔建国、次子崔建军。现在分户成家立业。

本人在蒋村有一宗地，内有房屋二间，其中平房二间，总占地面积 93.3 平方米。该宗地土地证号为慈集用 1993 第××号，地号为 110010999。

现因分户结婚已成家立业，经家庭内部协商，特签订下列分户析产协议：

1. 具体办法：长子崔建国分得朝南靠东 1 间，占地面积 46.65 平方米。

次子崔建军分得朝南靠西 1 间，占地面积 46.65 平方米。房屋中墙为共有墙。

2. 其他事项：父母暂时住在长子崔建国家，今后另选宅基再建房。

签字盖章

本人：崔广定（签名，盖章）　　配偶：方华梅（签名，按手印）

长子：崔建国（签名，盖章）　　次子：崔建军（签名，盖章）

长女：（无）　　　　　　　　　次女：（无）

见证人：（无）

2008 年 12 月 18 日

村、居委意见：同意分家析产。

　　　　　　王佳佳（签名）（蒋村村民委员会章）

土管组长：蒋克祥（签名）

　　　　　　　　　　　　　　2008 年 12 月 18 日[1]

（5）分家的协议。根据调查，蒋村分家时通常会形成书面的分家协议。[2]分家协议一式多份，几方各持一份。分家协议有手写后复印的，也有打印的。2006 年 7 月 20 日蒋家这次分家时，就由蒋光民起草了下面文书三这一协议。

文书三

协　议

经大家协商，关于房屋拆迁、地基等事达成以下一致意见：

1. 在老房基地上由蒋芳菲、施国权新造之房，由下至上（不论几层）的一间由母亲金荷玲所有，该间房宅基地归母亲金荷玲所有；老屋的其他宅基地由蒋芳菲、施国权所有；

2. 新补五间新宅基地中的三间宅基地中的一间（壹间）为母亲金荷玲所有；

3. 拆除老屋，由蒋芳菲、施国权补贴母亲金荷玲 2000 元（贰仟元整）。

以上协议，请大舅金达通、姨丈林若云见证。

本协议一式四份，由母亲金荷玲、蒋芳菲和施国权、蒋光民、蒋光辉各持一份。

母亲金荷玲以后的生活以蒋芳菲照顾为主，费用由三小孩协商。

---

〔1〕　此为具体当事人个人性的内容手填在打印好的格式件内。参见海村档案：目录号 8，案卷号 8。

〔2〕　旧时蒋村所在的地区有立分书等分家协议。如张介人编《清代浙东契约文书辑选》第五章为"清慈溪县廿七都东二图'柴氏'家族契约"，收有卖屋契、典屋契、立分书等。其中的"立分书"为中华民国八年（1919 年）七月柴周生立分书。廿七都东二图现掌起镇裘家庵一带。参见张介人编：《清代浙东契约文书辑选》，浙江大学出版社 2011 年版，第 96~97 页。

施国权（签字）　　蒋光民（签字）　　金荷玲（签字）

金达通（签字）　　蒋光辉（签字）　　蒋芳菲（签字）

林若云（签字）

二〇〇六年七月二十日

这一协议内容比较全面。书面协议的优点是有文字凭证，便于执行和保存。现在蒋村的村民都识文断字，故采用书面的协议也比较可行。

四、分家习惯法的特点

分家是父母一方在生前将自己一生积累的财产进行移转性分配，体现了上一辈对自己劳动成果的重视和自身晚年生活的保障，父母一方在分家中具有决定权。蒋村的分家习惯法仍然明显地体现了这一特点，分家时尽量按照父母亲的想法、满足上一辈的要求。如蒋家分家时，母亲较为强调一定要有自己的宅基地和房屋，老房可以拆但必须有自己的新宅基地和房屋，所以子女们就按照母亲的意愿进行分割，使老人满意。为尊重母亲对老屋的感情，由女儿方补贴母亲若干钱。

按照现在蒋村分家习惯法，分家是由一系列环节构成的，女儿出嫁时的嫁妆、儿子结婚时的建房费用等也是一种财产的移转。因此，在蒋村，分家往往不是一次性进行的，而是多次进行的。2006年7月20日的这次分家仅仅是解决老房和老宅房基地问题，母亲百年后，理论上还需要对母亲所有的新房、新宅基地等在子女间进行分配。而2007年4月胡家进行了分地调地，这也属于系列分家之一，下文书四为分地调地协议书。

文书四

分地调地协议书

甲方：父　胡道众（签字）

乙方：长子 胡国强（签字）　　　　　　简称：甲乙丙

丙方：次子 胡国明（签字）

经过三方在互惠互利、友好团结的前提下。协商如下：甲方同意自己在村庄内的 1.214 亩土地，分给乙方、丙方，分为 6 块：1 号 0.20 亩、2 号 0.475、3 号 0.164 亩、4 号 0.125 亩、5 号 0.20 亩、7 号 0.05 亩。[1]

丙方同意在乙方屋西的 0.146 亩土地调给乙方，"土地号为 6"，乙方自愿作 0.20 亩调换，调换的土地从甲方分给乙方部分土地中拉出。现分调如下：

乙方分得甲方土地 0.607 亩，为 3 号 0.164 亩、5 号 0.20 亩、7 号 0.05 亩，从丙方 6 号的土地调入 0.20 亩，合计为 0.614 亩。（注）甲方在乙方 3 号地块上的住宅房屋及财物，等甲方夫妻百年过世后，房屋财物归乙丙双方所有，但可乙丙双方协商作价和拆除，土地必须归还乙方，丙方在乙方 6 号地块上的平房到 2010 年 3 月底卖给乙方，乙方应付给丙方平房造价费共计壹万伍仟元整。

丙方分得甲方土地 0.607 亩，加上 6 号地调给乙方的 0.20 亩，二项合计 0.807 亩，"为 1 号 0.20 亩、2 号 0.475 亩、4 号 0.125 亩"，合计为 0.80 亩，（注）丙方的 1 号 2 号现有甲方管理种植，如果丙方要造房等，应与甲方协商解决。

以上协议望共同守信，不得随意反悔，恐后无凭，特立此协议。本协议一式三份，甲乙丙三方各执一份。地块号下见图。[2]

> 　　　　甲方：胡道众（签字、盖章）
> 立协人乙方：胡国强（签字）　　证明人：周进强（签字）
> 　　　　丙方：胡国明（签字）　　　　　　房大刚（签字）
> 　　　　　　　　　　　　　　　　　　2007 年 4 月 26 日立[3]

从这份分地调地协议书可知，胡家父亲将自己的 1.214 亩土地（承包地）分给两兄弟，这不是胡家父亲财产的全部，仅仅为一次较为重要的分家，对主要财产进行了处分，以后还要进行房屋等的具体分家。

需要注意的是，分家与分户既有联系又有不同。分家为习惯法

---

〔1〕 疑有误，应为"6 号"。

〔2〕 附图略。

〔3〕 房大刚提供，2010 年 11 月 10 日。

上的概念，分户主要为政府行政管理上的概念；分家往往以分户为基础，在分户的基础上进行分家；分户既为户籍的分立，也涉及财产的分开，如承包土地的分户，这又有分家的某些内容。如文书五承包土地分户证明书就涉及父母亲与儿子之间有关承包地这一财产的分割问题。

文书五

承包土地分户证明书

兹有溪湾镇海村（原蒋村片）第 1 生产队社员罗礼堂与罗凯是父子关系。第二轮土地承包调整时，其分配底分及分得承包地亩均在同一户内，现罗凯已成家立业，户籍已经分开，因此，将原承包土地进行分户，明细如下：

一、父亲（母亲）（甲方）：罗礼堂，家庭人口 2 人，家庭成员：宋丽珍，应得底分 9.43 分，按该生产队二轮分配应得分配每分底分： 0.12712 的比例，该户应得承包面积 1.198 亩。地块座落：落水坪0.52亩，下封泉0.37亩，中间畈0.308亩。

二、儿子（乙方）：罗凯，家庭人口 1 人，应得底分 10 分，按该生产队二轮分配应得分配每分底分： 0.12712 的比例，该户应得承包面积 1.272 亩。地块座（坐）落：中间畈0.752亩，武山0.52亩。

文件：《溪湾镇原蒋村第1生产队二轮土地承包年龄定底分分户表》1份

《浙江省农村集体土地承包权证》1份

甲方：罗礼堂（签名）

乙方：罗凯（签名）

村干部：吴冠藩（签名）

溪湾镇海村股份经济合作社

2013 年 12 月 1 日[1]

---

[1] 海村档案：目录号13，案卷号2。

　　同时，在蒋村，分家受国家婚姻继承的法律的影响越来越大，分家习惯法出现了许多变化，值得我们进一步注意。如分家时越来越强调男女平等。蒋家的这次分家，对女儿家的利益进行了比较多的考虑，这与传统的分家习惯法规范有较大的出入。

　　随着我国计划生育政策的实行，独生子女家庭将会越来越多，蒋村也不可避免地出现这一状况。因此，核心家庭就将不存在分家问题，父母亲的财产将全部移转给唯一的子女，固有的分家习惯法也就可能失去了存在的空间。这一趋势是客观存在的，但具体情况需要进一步的观察。同时，计划生育政策的有所放宽，夫妻一方为独生子女的可生育第二胎。2013 年我国各地陆续出台了生二胎新政策，浙江省也规定符合生二胎的夫妻可生育第二胎。2021 年 8 月 20 日，修改后的《人口与计划生育法》规定，国家提倡适龄婚育、优生优育，一对夫妻可以生育三个子女。这对分家习惯法的具体影响也需要时间来验证。

五、结语

　　蒋村的分家习惯法具有比较长久的历史，规范的拘束力比较强，较符合蒋村民众的心理期待和社会需要，有一定的现实社会功能。

　　作为经济比较发达的浙东农村，人口有比较大的流动，村民的生产方式、生活方式与传统相比变化较大，财产的数量、种类也有极大的变化。但是，固有的分家习惯法没有受到太大的冲击，村民仍然沿袭传统规范进行代际之间财产的处置、流转。

　　在依法治国、建设社会主义法治国家的过程中，我们需要正视人口流动、人口变化下分家习惯法这一现实，总结这一事实和具体规范，在国家立法和执法、司法实践中予以某种程度的尊重，实现规范一致和社会和谐。

第二十四章
尽孝厚养的赡养习惯法

一、引言

《孝经》载："夫孝，天之经也，地之义也。"孝敬父母为中华民族的传统美德，对父母生养死葬是每一个成年子女的应尽义务。家庭养老是我国农村的主要养老模式。如费孝通所说，中国的家庭养老模式与西方社会"一代传一代接力式"的赡养不同，遵循"反馈"的社会方式，即父母抚育了孩子，在年老之后则由子女赡养以报答其养育之恩。[1]我国《民法典》第1067条第2款明确规定成年子女不履行赡养义务的，缺乏劳动能力或者生活困难的父母，有要求成年子女给付赡养费的权利。第1069条也强调子女对父母的赡养义务，不因父母的婚姻关系变化而终止。此外，第1074条还规定有负担能力的孙子女、外孙子女，对于子女已经死亡或者子女无力赡养的祖父母、外祖父母，有赡养的义务。

蒋村面临着人口老龄化的问题。根据2004年1月的数据，蒋村有60周岁以上老年人136人，其中男60人、女76人；其中60周岁至69周岁老年人66人，70周岁至79周岁老年人57人，80周岁至89周岁老年人10人，90周岁以上老年人3人。蒋村所在的海村有

---

〔1〕 费孝通：《乡土中国 生育制度》，北京大学出版社1998年版，第230~231页。

60 周岁以上老年人 407 人。[1]根据 2015 年 11 月 10 日的数据,蒋村所在的海村有户籍人口 3029 人,登记在册的外来居住人口 4500 人,其中 60 周岁以上老年人 685 人,占全村人口的 22.6%。[2]2022 年 1 月 22 日时,蒋村所在的海村 80 周岁以上老年人有 157 位,其中蒋村 80 周岁以上老年人有 54 位。蒋村最年长的老者有 97 岁,为女性;另外还有一位女性为 96 岁。[3]老有所依、老有所养成为蒋村每个家庭的重要内容。蒋村的谚语"儿子勿均(音,赡养的意思)爹,孙子吃爷爷"就强调要赡养老人。[4]在蒋村,村民既遵守国家法律有关赡养老人的规范,也根据习惯法尽孝厚养老人,敬重关爱父母,尽人子之本分,使老人晚年生活愉快、心情舒畅。[5]

按照习惯法,蒋村的赡养与财产获得联系在一起,本着权利与义务相一致的原则,承继父母财产者赡养老人。因此蒋村的赡养往往与分家析产结合在一起。

本章主要从赡养主体规范、赡养方式规范、赡养内容规范等方面对蒋村的赡养习惯法进行初步的探讨。

二、赡养主体规范

蒋村赡养习惯法的赡养主体规范主要包括"赡养谁"与"谁赡养"这两方面的内容。

---

〔1〕 海村档案:目录号 4,案卷号 18。

〔2〕 海村档案:目录号 15,案卷号 4。

〔3〕 项建强访谈录,2022 年 1 月 22 日。

〔4〕 现在蒋村村民还提供参加各种类型的养老保险来解决养老问题。如 2008 年,蒋村所在的市参加老农保(1995 年推行的农村养老保险)的有 102 275 人,新农保(2007 年实行)有 45 093 人,土保(2003 年开始土地被征用人员养老保障)148 622 人。参见慈溪市农业志编纂委员会编:《慈溪市农业志(1988—2008)》,上海辞书出版社 2014 年版,第 154 页。

〔5〕 一项对蒋村所在地区某村的调查表明,对于老人日常生活起居或生病照料者的排序,排在第一位的是子女,占 62.5%,配偶照料的为 22.5%,自己照料的为 15%。由此可见,子女对日常照料老人多数上持赞成的态度,愿意履行对老年人生活上照料的义务。同时也可以看出,受传统文化的影响,中国农村老人对接受子女照料有强烈的依赖性,养儿防老的观念深入人心。参见阮梦丹、朱海伦:"农村老年人赡养问题调查研究——以慈溪市横河镇彭南村为例",载《农村经济与科技》2015 年第 6 期。

在"赡养谁"方面，按照习惯法，蒋村村民赡养的主体一般为父母，即直系血亲长辈。赡养的父母包括亲生父母、继父母、养父母。如果父辈均不在世了，则孙子就赡养祖父母。除非非常特殊的情况，蒋村村民没有赡养外祖父母的义务；没有赡养伯、叔、姑的义务；没有赡养舅、姨的义务。

在"谁赡养"方面，蒋村固有习惯法要求儿子负责养老，女儿一般不承担赡养父母的义务。[1]但是，许多情况下，女儿出于对父母亲的关爱，也会主动承担对父母亲的照顾。如 2010 年 10 月 1 日，57 岁葛青晖、48 岁葛峰、55 岁葛利莉的母亲因病住院治疗，后瘫痪在床，共花费医药费 13 340 元。这期间一直由女儿葛利莉照顾。11月 25 日，经过海村调解委员会的调解，三兄弟姐妹达成协议：①葛青晖负担医药费 2260 元，护理费两个月 800 元，共计 3060 元；②葛峰负担医药费 2260 元，护理费两个月 800 元，共计 3060 元；③日后，两位儿子葛青晖、葛峰每人每月支付护理费 400 元给葛利莉；④母亲后期的治理费用由两位儿子负担，葛利莉不再承担医疗费用。作为女儿的葛利莉没有分到也不打算分到母亲的财产，完全是出于母女感情来照顾母亲。

不过，由于社会的发展、计划生育政策的实施、男女平等观念的普及，出嫁的女儿也可分到父母的财产，从而也分摊赡养义务。如下面事例一，常飞迪的三个姐妹也一起照顾母亲。

事例一

常飞迪的母亲 80 多岁，2018 年 2 月 1 日去地里拔菜时摔倒，将耻骨摔断了，只好躺在床上，三个儿子三个女儿轮流照顾，女儿也照顾的，一天一轮。常飞迪嫌老大、老三照顾不细心，就给吃线麦片、蛋糕。常飞迪说我也不好说，你要是说他们，他们就会说那你去管呀，那你一个人管好了。所以只有自己管时弄好一点，只有自己轮着时细致些，给吃半碗多很软的面条，还给吃黑芝麻糊。原来担

---

〔1〕 有的家庭仅有女儿，为上门女婿家庭，女儿和上门女婿共同承担赡养责任。如蒋村村民郑多彬娶有两个女儿的李春凤为妻时，就约定以后大女儿出嫁、不分得财产，小女儿在家招上门女婿养老，财产归其所有。岑松岳访谈录，2022 年 4 月 3 日。

心快过年时去世，那样帮忙的人都不好叫，愁死了。现在看来年内没有问题了，过年能过去了。2月15日早上吃两碗面条，胃口很好。[1]

从传统来看，蒋村的赡养和财产分得是以儿子和媳妇组成的小家庭为单位的，儿子和媳妇共同承担赡养男方父母的责任。出嫁的女儿是以媳妇的身份在男方家履行赡养义务，上门的女婿是以儿子的身份在女方家履行赡养义务。同理，出嫁女儿的父母的赡养是由其兄弟及其妻子来承担的。习惯法规定的这种小家庭为主体的赡养模式是与中国固有社会结构和文化相一致的。下面文书一这一"立并家协议"中体现的正是上门的女婿是以儿子的身份在女方家履行赡养义务。

文书一

立并家协议

经湾镇蒋村方利波与浦镇上村崔如鹏二人双方协商同意，由浦镇上村崔如鹏来方利波家并家立业。特邀请干部、宗亲证实并家事实，特立以下协议。

一、时间地点

①时间在一九九四年十一月十日。

②地点在湾镇蒋村方利波家。

二、明确施泉坤原家产

①原施泉坤家产有两间二楼，灶家平顶半间。

②原施泉坤家产一律归施博淼所有。

三、崔如鹏来以后，关于施泉坤母亲护（赡）养及后事问题，崔如鹏不管有任何理由都要护（赡）养负担，护（赡）养多少根据物价情况适当考虑。

四、崔如鹏来以后有收入家产情况，今后与施博淼同等平分，但施博淼同等护（赡）养崔如鹏养老和后事问题。如崔如鹏来以后

----

〔1〕　常飞迪访谈录，2018年2月4日。常飞迪母亲后在2018年清明节前去世。

有了房屋不变的话，施博淼也应该让给崔如鹏二老一间住至过世，等过世后归施博淼所有。

五、后事问题按风属（俗）习贯（惯）办。

干部签字：蒋长华（签字）　亲切（戚）签字：施腾銮（签字）

　　　　　　崔　翔（签字）　　　孙志毛（盖章）

　　　　　　方利波（签字）　　　崔如飞（签字）

　　　　　　崔如鹏（签字）　　　徐家顺（签字）

　　　　　　徐家利（签字）　　　施腾晖（签字）

1994 年 11 月十（10）日[1]

在蒋村，崔如鹏称为"进舍夫"，类似妇女的"填房"，实即二婚的上门女婿。施泉坤 40 来岁时因病去世，有一男一女，施博淼为儿子。其妻方利波后与崔如鹏相识并请其上门共同组建家庭，为此订立了这一"立并家协议"。协议约定，崔如鹏不管有任何理由都要赡养施泉坤母亲负担，赡养多少则根据物价情况适当考虑。

当然，现今，蒋村存在许多独生子女家庭，固有的赡养模式就受到了挑战，因而开始形成新的赡养主体模式，即以独立的子、女以个体身份为赡养主体。

如果没有儿子仅有女儿，蒋村村民按照习惯法通常由女儿作为赡养主体。下面文书二"继承书"即为 1990 年所定在二个女儿和三个侄子中择小女为赡养主体，为母亲养老送终并获得父母财产。

文书二

继承书

事由罗福贵与妻程芙秀有二个女儿、三个侄子。现因罗福贵因病亡故，并遗有五架房屋壹间、屋庇（披）壹间（二併二桁）及一切家产。经诸亲共同协商，决定如下：

一、所有房屋家产均有（由）小女罗小妹继承，其大女儿及三

---

[1]　蒋村档案：目录号 26，案卷号 1。

个侄子无权干涉。

二、罗福贵丧葬之费用、程芙秀之赡养及百年后事及坟墓均有（由）罗小妹承担。

三、因罗小妹与罗教福是连併屋，如罗小妹先拆屋，应无偿弃併；若罗教福先拆屋，应弃併，但罗小妹要贴罗教福人民币罗教福伍拾元整。如今后两户翻建房屋时，各按老屋基为界，具体问题互相协商。

四、上述拟立事项，恐怕口说无凭，特立此书一式二份，罗小妹一份，村存档一份。

立书人：程芙秀（签名 按手印）

继承人：罗小妹（签名 按手印）

证明：蒋万国（盖章）　　族　亲：罗大妹（签名 按手印）

　　　　郭生敏（盖章）　　　　　　罗教福（签名 按手印）

　　　　陈水清（盖章）　　　　　　罗荣伦（签名 按手印）

　　　　蔡道通（签名 按手印）　　罗凤望（签名 按手印）[1]

在蒋村，习惯法还规范拟制血亲的赡养。有的赡养人与被赡养人之间没有血缘关系，但基于拟制血亲和先前抚养与被抚养的关系而约定了赡养义务，这主要包括过继、收养和继父母子女三种情况。

根据习惯法，过继与分家和承祧相联系。按照中国传统，一个男子必须从宗祧祭祀和财产两方面被其子所继承。如果他没有亲生子嗣，则必须过继一个嗣子来延续父系家庭以继续对祖先的祭祀。[2]与过继相似，收养也是自身没有子女的当事人试图解决养老问题的一种方式。与过继不同的是，被收养者既可以是儿子、也可能是女儿。收养与被收养双方大多没有血缘关系。继父母子女之间的赡养与被赡养关系由父或母的再婚关系而成为同一家庭成员所致。

此外，在蒋村还有个别由堂兄弟等负责孤老生养死葬。如下面的文书三所示。

---

〔1〕　蒋村档案：目录号22，案卷号1。

〔2〕　白凯：《中国的妇女与财产：960-1949》，上海书店出版社2003年版，第2页。

文书三

立据人　程卫东（盖章）住新浦公社洋龙大队

　　　　程治东（盖章）住海洋公社蒋村大队

鉴于程卫东与程治东系堂兄弟关系，现因治东年老多病，生活无依。为美晚年之见，经诸亲及干部共议，以下几条一致承认，事后决不反悔，第三者不得干涉。如有三长两短，以此据为凭。

一、程治东立据后户粮关系仍在原队并与社员同样享受一切。

二、程方东与程治东系兄弟关系（现因患精神病），无能力负担兄弟治东之费用，立据后无权干涉。

三、程治东立据后之生活支出、医药费用中不足者等均由程卫东承担。

四、程治东在立据前所负欠之一切债务，由程卫东负责归还。

五、程治东百年之费用，均由程卫东承担。至于出丧办理费用好坏，据程卫东经济条件按（安）排，第三者无权论理。

六、程治东一概家产财物（包括房屋器皿）均属程卫东享受，任何人不得干涉。

以上说款	执照	亲属	程方东（盖章）
一式二份		亲属	程卫万（盖章）程卫国（盖章）
			程卫飞（盖章）程卫晨（签名）
立于一九八一年七月		干部	蒋村大队 许明廷（盖章）
			洋龙大队 朱南玮（盖章）[1]

按照协议，蒋村的程治东负责患精神病的堂兄弟程卫东生活，生养死葬，并享受即获得程卫东的家产财物。

三、赡养方式规范

承继传统，蒋村的赡养主要为家庭养老形式。不过由于社会的发展，近些年个别子女也有送老人去敬老院养老的。

---

〔1〕　此件为毛笔竖写，从右至左。参见蒋村档案：目录号13，案卷号1。

社会养老方面，蒋村将中华人民共和国成立之初就实行的"五保户制度"作为农村家庭养老的补充，发挥了实际的养老社会保障功能。所谓五保，主要包括保吃、保穿、保医、保住、保葬（孤儿为保教）等。根据《农村五保供养工作条例》（国务院于 2006 年 1 月 21 日公布，2006 年 3 月 1 日起实施；共 7 章 26 条）第 6 条的规定，老年、残疾或者未满 16 周岁的村民，无劳动能力、无生活来源又无法定赡养、抚养、扶养义务人，或者其法定赡养、抚养、扶养义务人无赡养、抚养、扶养能力的，享受农村五保户供养待遇。在不同时期，蒋村有二三位不等的"五保户"。这些"五保户"有在家供养的，个别也有送敬老院、孤儿院供养的；有仅提供生活费用的，也有近些年送餐到家的。事例二为送餐到家的保障形式。

事例二

1991 年丈夫去世后，村民程岚就独自生活。早些年她生活完全可以自理。随着年龄的增大，她就需要人照顾了。平时主要由侄女、姐妹来看望和照顾。2012 年湾镇开始提供午餐、晚餐给"低保户"，程岚也被列入其中。湾镇政府提供费用并通过集中采购，由中标者每天中午、晚上送餐到"低保户"家，也了解其身体和精神情况，唯在春节等节日期间不予提供。程岚一直到 2016 年 82 岁去世都享受这一照顾。

由于社会化养老的发展，蒋村也有根据实际情况，送父母亲去敬老院养老的。事例三即为其中的一例。

事例三

周亚夫有五个儿子一个女儿，2010 年妻子去世后他独自生活在三儿隔壁，子女提供些生活费，并不时看望。周亚夫喜欢到处转转，经常骑三轮车各乡镇看看。他信教，曾经自愿去教堂吃、住，待了几天后不习惯而回家。晚年身体不太好时，五个儿子一家十天轮养，没有轮换几次，他就嫌这个儿子家不舒服那个儿子家怎么样，最后又回家自己住。2019 年 9 月，考虑周亚夫的身体情况和儿子们的实际情况，儿子们与他商量后送他到邻镇的一个敬老院，每月 1800 元费用由儿子们均摊。住了五六个月后，鉴于他的身体状况，儿子们又接他回家。2020 年 12 月，他在家因病去世。

不过，总体上，蒋村赡养习惯法规范的赡养主要为家庭养老形式。家庭养老的具体形式按照儿子的数量分为独子独养、多子共养和轮养或分人分工赡养等。

独子独养，不仅指只有一个子女，还包括老人只有一个儿子和一个或多个女儿的情况。这两者通常都由儿子单独赡养父母。

在有多个儿子的情况下，习惯法规定赡养有如下四种常见形式：[1]

（1）自养。父母自己独立居住、生活，儿子不提供（父母亲自己有收入、有积蓄）或者平均提供生活费，平时经常看望。

（2）共养。父母随一子生活、其他儿子提供生活费用。

（3）分养。多个儿子约定，分人、分工赡养老人。如有两个儿子的，一子负责养父亲、一子负责养母亲，二人分别单独负担父亲或者母亲一人的一切饮食起居、日常消费、治病医疗，乃至后事料理；对另一方负责的老人，约定"无赡养义务"，仅有情义上的看望义务。这种不同子女分人、分工扶养一个老人的方式，实际上是以"协议"的方式排除子女对已分养老人之外另一个老人的赡养义务，也试图使老人放弃对一部分儿子主张赡养的权利。[2]

有的则是不完全地分工负责，譬如只有日常生活分人分养，后事丧葬则由兄弟两人均摊。有的则为后事丧葬由儿子分别负担。如村民范凯桥有两个弟弟比较难弄，心里想最好不出钱。2018 年初时

---

〔1〕 与此类似，我国华北地区传统三种基本养老模式为保留"养老地""轮流管饭"和给付"养老粮"或"养老费"。参见〔美〕黄宗智：《法典、习俗与司法实践：清代与民国的比较》，上海书店出版社 2003 年版，第 128 页。

〔2〕 当由此产生争议时，我国有的地区的法官根据权利义务对等的现代法律基本原则，对此赡养习惯法持否定态度，即认为排除法定义务的协议无效。对此可以作为法官根据，国家规范层面也有明文规定，如司法部 1991 年印发的《赡养协议公证细则》（司发〔1991〕048 号）第 9 条第 3 项规定："赡养协议条款完备，权利义务明确、具体、可行，协议中不得有处分被赡养人财产或以放弃继承权为条件不尽赡养义务等，侵害被赡养人合法权益的违反法律、政策的内容。"但实践中法官一般只求诸笼统的权利义务对等法律原则。

他们母亲身体不好去医院抢救、医治，小弟弟竟然说这有什么好医的。因此为免麻烦和兄弟不和，范凯桥主动提出他们三兄弟分别负担母亲和父亲的后事。

事例四

我们三兄弟最近就父母的丧事分办商定了协议，口头的，没有写下来。我负责我母亲去世后的丧葬费用，两个弟弟负责父亲百年后的费用。

我主要是怕多事，省得到时候几兄弟吵起来，这传出去也不好听的。我呢，也无所谓，多出个一万两万，事情办起来简单一点。现在别人要来，回也不好回的。他们（两个弟弟）怕交用大（花费多）。这样说好了，就随自己了，你办起来顺一些。[1]

（4）轮养。这是有两个及以上子女的老人最常见的赡养方式。老人定期轮流由数个儿子赡养，轮养的形式不尽相同，有的管吃、管住、管医疗、管零花、管日常伺候、生病护理等"全包"；有的只管其中的一项或几项，即或者轮流到子女家居住和吃饭，零花和小病医疗或者轮到谁家谁掏钱，或者子女们定期、定额给予，大病医疗则一般由子女们根据具体费用另行均摊，住院护理也另行分配轮流任务。事例五为蒋村轮养的情况。

事例五

范建花有五个儿子一个女儿。由于她已是88岁高龄，自己个人不能再做饭了，而请保姆又处不来，因此2020年10月时，儿子们与她商量并得到她的同意，由五个儿子轮养，女儿不参加轮养。她每10天一轮，每天到轮到的那个儿子家吃饭。居住仍在自己家。如生病，由儿子们轮流照顾、陪床，费用共同分摊。

按照习惯法，蒋村的轮养时间通常为10天，也有1个月的，个

---

[1] 范凯桥访谈录，2018年2月4日。2019年7月，范凯桥母亲去世，他大概共花15多万元办理后事，他两个弟弟没有出一分钱，"白吃羹饭"。

别也有 3 个月甚至 1 年的。轮养期间，根据老人的身体情况，或吃住均在儿子家，或仅仅过来吃饭。

四、赡养内容规范

在蒋村，子女对父母亲的赡养主要包括物质和精神两方面，习惯法具体规定为生养、老葬、死祭这三方面，即生前供养、去世安葬、死后祭祀。[1]根据习惯法，子女负有对老年父母经济上供养、生活上照料和精神上慰藉的义务，尽心照顾父母亲的晚年生活，努力满足父母亲的特殊需要。

赡养的具体内容，由子女们商量后约定，个别内部协商不成的，由村干部、长辈亲戚等主持调解达成。文书四的"调解协议书"即为在镇、村干部主持下形成的有关母亲的财产分配、赡养的协议。

文书四

溪湾镇人民政府调解协议书

(94) 政调字第　号

双方当事人：姓名：曾大海　　年龄：……民族：……文化：……

　　　　　　　　　　曾大河　　职业：　　　　　　住址：蒋村

　　　　　　　　　　曾大溪

　　　　　　　　　　曾大江

上列当事人因　　四兄弟负责该母亲的生活　　纠纷一案，由母亲　徐常芙　于　1994　年　2　月　2　日向本人民政府提出申请，本人民政府于　1994　年　2　月　2　日受理。经调解，双方自愿达成协议如下：

1. 母亲徐常芙 1994 年 1 月 1 日至 1995 年 1 月 1 日住在大江地方，1995 年 1 月 1 日起由四兄弟轮流居住，一年一期，由长子大海轮起。

2. 母亲自由（留）地现由母亲保官（管）种植，等到亡过由四

---

[1]　蒋村少数信教家庭则按照教规进行老人死亡后的怀念活动。

兄弟平分。大人生前生活用具继续由大人使用，亡过后由小儿子大江接收。

3. 四兄弟负担母亲生活费每年每户120元，分上、下（半）年上交，上（半）年1月份，下半年7月份，各分60元半年。柴四兄弟各负担300斤一年，分上半年春花秆150斤，下半年棉花秆150斤。

4. 母亲今后的医药费一次20元以上，四兄弟平摊；出丧、做坟等费用四兄弟平摊，做坟1994年清明前后做好。

5. 以上各条由长子大海负责执行。

本调解协议于<u>　1994　</u>年<u>　2　</u>月<u>　2　</u>日成立。调解协议书自送达之日起生效，当事人应当履行。

双方当事人：曾大海（签名　按手印）　调解人：岑建昌（签名）

曾大河（签名　按手印）　　　　蒋茂财（签名）

曾大溪（签名　按手印）　　　　镇人民政府章

曾大江（签名　按手印）　　　　年　月　日〔1〕

这一协议将分家析产与赡养结合在一起进行处理。在赡养方式方面，在随小儿子后开始轮住，赡养的钱物方面涉及曾大海四兄弟的母亲的生活费、烧柴、医药费和死后出丧、做坟等费用，约定清楚，总体上强调四兄弟平均承担。

在蒋村，村民遵守习惯法主要在经济上为父母提供必需的生活用品和费用的行为，即承担一定的经济责任，提供必要的经济帮助。同时，大部分子女也注意关心、照顾义务，但这方面差异较大。

至于赡养开始的时间，蒋村的习惯法并没有统一的规定，具体看情况而论。通常为年老的夫妻有一方去世后，就安排、商定另一方的养老事宜，如上述文书二"继承书"为1990年时丈夫罗福贵因病亡故，妻子程大秀就处理夫妻的财产并安排自己的赡养。

五、结语

在蒋村，养儿防老、居家养老仍是村民养老的主要观念和行为

---

〔1〕　蒋村档案：目录号26，案卷号1。

模式。这是几千年来农业文化积淀的结果，也是农村社会境况下的现实选择。在反哺观念指导下，蒋村村民根据习惯法尽孝养老，厚养长辈。

蒋村赡养习惯法规范的赡养主要为家庭养老形式，包括自养、共养、分养、轮养等。不过由于社会的发展，个别子女也送老人去敬老院养老。

蒋村村民遵循固有习惯法，根据具体情况采用适当的赡养方式，从物资和精神两方面照顾父母亲，保障其晚年生活。

《礼记·祭义》曰："孝子之有深爱者，必有和气；有和气者，必有愉色；有愉色者，必有婉容。" 蒋村赡养习惯法在调整养老关系、保障老人权益、促进家庭和睦、形成孝亲爱老社会风气等方面发挥了积极的作用。

第二十五章
契约、亲情、利益：一起
绝户财产的习惯法处理

一、引言

在蒋村，财产的承继通常是通过习惯法意义上的分家或者根据国家法律的继承而进行。不过，也有个别特殊的财产流转或处理，如绝户财产的处理就有比较特殊的规范。82 岁的村民程岚 2016 年去世后的财产处理就属于此类。

程岚这一绝户财产的处理，与生前的养老等事宜密切联系在一起，遗产由家族成员共同继承，最后以转让外人而终结。这一整个过程在老人去世后三年多才完结，处理基本遵循习惯法规范，由各利益相关方达致共识而成。这一处理过程反映了契约达成的困难，体现了亲情、关爱，也表露了在利益面前各自的态度，而利益的对立直接导致了亲情的消解。

二、养老与契约

在程岚去世前的十来年，程岚和关心她的亲友一直在考虑她的养老问题，期望能够达成生养死葬、亡祭和财产赠予协议。

程岚与丈夫徐贵启结婚后生育了一个女儿，不过在女儿 20 来岁时由于婚姻问题而引起激烈冲突致父母与女儿关系决裂，程岚和徐贵启自此开始就不认这个女儿，之后双方一直没有任何来往。

程岚与徐贵启夫妻曾在 20 世纪 70 年代过继了程岚姐姐的一个

儿子为养子。一起生活了一段时间后，养子可能因不习惯又回到自己生父母家。这一收养关系至此结束。

此后，程岚和徐贵启两口子就相依为命，一直自己过日子。

到老年时，程岚和徐贵启也考虑过养老送终的事情，不过没有具体的行动。1991年徐贵启57岁去世时，程岚未经徐贵启大哥的同意，将徐贵启大哥儿子徐志甫的名字作为唯一的晚辈刻在墓碑上，大致反映了她的一些心思。

徐贵启去世时，程岚已是57岁。她自己不时考虑养老送终事宜，一直与她往来的姐妹、徐贵启的几个侄子女也都非常关心她的晚年生活和后事问题，劝她早点安排好，立写一份协议。

程岚先是想通过再婚来解决自己的养老送终事宜。她先看上了比她大五六岁的隔壁邻居徐文纯。徐文纯与妻子育有三子二女，大儿子和他两口子在蒋村居住，其他几位子女在外地工作。妻子去世后，徐文纯独自生活。有此念头后，程岚对徐文纯嘘寒问暖，更为关心，联系较过往更为密切。不过，程岚的这一想法明确表露以后，徐文纯不置可否，但徐文纯子女却一致反对，态度非常明确。于是，程岚想与徐文纯结婚从而由徐文纯子女为其养老送终的计划只得打住。

此后，程岚又想与徐贵启二弟的女儿徐小嫦的公公曾同楷结婚。徐小嫦与其丈夫曾嗣一直关心程岚的晚年生活，经常来看望她，她生病时往往由徐小嫦和曾嗣陪同去医院看病，程岚邻居发现程岚有什么异常情况时第一时间通知的也是徐小嫦两口子。应该说，程岚对徐小嫦两口子是很认同的，极愿与她们两口子一起生活。为达此目的，程岚想与曾嗣的父亲曾同楷结婚，意图通过与曾同楷结婚而实现最后由徐小嫦曾嗣两口子养老送终的目的。不过，程岚的这一想法一经表达，曾同楷还没有明确表示可否时，曾同楷的六子一女马上就表示"这不可能的"，没有一个人支持。与前一再婚打算一样，程岚这次借由结婚而解决自己养老送终事宜的计划也没有可能继续推进了。

在此前后，程岚和亲友们就想择一可靠的晚辈来照顾程岚，并用协议确定下来：

程岚原想叫其大姐的儿子来养老送终。由于与自己的姐妹来往最密切，特别是生前的后几年主要靠两个姐妹照顾，程岚考虑叫一位外甥来照顾自己。但是，程岚又有很大的顾虑，怕徐贵启二弟一家以这是徐家的财产而反对，故一直犹犹豫豫没写文书确定下来。2013 年春节时，徐志甫和曾嗣曾希望把她的事情办好，为此专门去程岚处和她大姐处，请她们考虑。结果程岚又不置可否。之后，徐志甫和曾嗣见程岚这样的态度也不愿再介入，此事就不了了之了。

程岚与徐贵启一直与徐贵启三弟的大儿子徐若春来往密切，徐贵启生前做工时一直带着徐若春，基本上视其为儿子对待，平时给物给钱，结婚时也帮助不少。程岚也考虑叫徐若春来照顾，徐若春夫妻也十分愿意。为此程岚去徐若春家吃住了一阵子，与徐若春一家一起生活了一阵子。但因徐若春的儿子性格较急躁、行为较暴烈而提心吊胆，感觉住不惯，实在无法相处。不久程岚即回自己家住。之后更因徐若春夫妻俩信耶稣教而彻底作罢。[1]

其实，在程岚的心中，最希望的是由徐小嫱和曾嗣照顾。程岚曾经试探性地提出来程岚与徐贵启的墓碑上刻的是徐志甫的名字，因此应将财产写给徐志甫。程岚也想借此来消解徐贵启三弟方面的反对和阻挠。由于徐志甫本人不在蒋村居住，完全不可能照顾程岚。而程岚之意在名义上由徐志甫养老，实际上由徐志甫的妹妹妹夫徐小嫱和曾嗣照顾。徐志甫表示墓碑上所刻字没有与其父母和自己商量过，他们更没有同意，完全是程岚的单方面意思，不能作数的。徐志甫知道程岚并不是一个好相处的老人，自己没有条件实际照顾她，既不愿意揽事也不愿意为此与三叔家方面有什么往来和牵连，更不愿意要妹妹妹夫替自己尽责，因此徐志甫明确拒绝程岚由他为其养老送终和得到财产的要求。徐小嫱和曾嗣则表示，从亲情方面考虑，程岚平常有什么事情叫他们，他们肯定会来的，不会推托的。但

---

〔1〕　蒋村村民主要信仰佛教、道教，有特定的丧葬仪式和直到冥寿一百岁的祭祀规范。而信耶稣教、天主教村民的丧葬仪式和怀念规范与之有极大的不同。徐若春夫妻明确表示不可能按照佛教那一套来祭祀，程岚担心这样一来自己死后无人祭祀。在程岚看来，这是一个原则性的根本问题。

是他们认为程岚去世后程岚与徐贵启祭祀的祭祀事情非常复杂，[1]花钱也花精力；也怕为此与三叔家方面增加往来，甚至发生不愉快，加之自己要赡养徐小嫱母亲和曾嗣父亲，客观上养老负担比较重，故也没有答应程岚的要求。

其实徐小嫱、曾嗣和徐志甫比较着急程岚的养老问题，希望她能够早日确定并写好契约，这样程岚的晚年就有了保障，客观上徐小嫱、曾嗣的负担也会减轻。否则，程岚一生病或者有人发现她掉落河中（程岚有老年痴呆症仍喜欢骑三轮车四处走动），程岚的邻居、租房者（一直有两家租程岚的小屋）或者其他村民往往首先打电话给徐小嫱、曾嗣。但是，着急也不能代替和包办。

后来，在具体生活方面，镇政府和蒋村在 2017 年 7 月将作为"五保户"的程岚列为居家养老人员，除了少数节日外，每天由专人把中、晚餐送到家，基本解决了她的吃饭问题。

也有人提出来可去敬老院，有专门人员照顾，但因程岚不喜欢其环境而作罢。

基于这种种情况，程岚的养老送终和财产处理事宜就一直没有落实和确定，一直拖了下来直至她去世。程岚没有与任何人或者组织签订遗赠扶养协议。

迟迟没有确定好养老送终和财产获得的人选并写好协议，这主要在于程岚的想法和观念。其实，她在侄子侄女或者外甥中选择，都是可以的，只要她自己态度坚决，旁人虽有想法但也是很难阻挠和干涉的。问题是程岚想法比较复杂，既想完全满足自己心意，又希望他人没有任何意见，从自身角度考虑比较多，从而达不成共识。不能说程岚不讲亲情，不过客观地讲，她的亲情观念不是太浓。同时，程岚的个性也在一定程度上影响了人选的确定。长期的两口子和一个人生活，程岚较喜欢自由自在，在如何与晚辈共同生活、和谐相处方面经验有限。因而，程岚就一直没有与任何晚辈达成协议、

---

〔1〕 在蒋村，人去世后每年的祭祀次数比较多，包括死后的一周年、二周年、三周年，包括每年的生日、忌日（去世日）、清明节、春节等，至 100 岁后才可不再祭祀，因其已经投胎再生了。

订立契约。

三、继承与亲情

程岚去世后，就面临安葬、死亡后的祭祀和遗产的继承问题，这集中体现出程岚和徐贵启与其六位侄子侄女之间的亲情、六位侄子侄女相互之间的亲情。

2016 年 6 月 11 日程岚在家中去世。基于亲情，程岚和徐贵启的六位侄子侄女，即徐贵启大哥的两个孩子徐志甫、徐小嫱和徐贵启三弟的四个孩子徐若春、徐若夏，徐小倩，徐若秋，经商量后决定共同来办理程岚的后事。

由于侄子女的存在，程岚和徐贵启的女儿没有以直系亲属的身份提出来办理程岚的后事。蒋村所在的海村村民委员会也没有提出以村委会的名义来办程岚的后事。程岚的姐妹更没有提出由她们或程岚外甥来办程岚的后事。

经询问程岚的姐妹和清点程岚的存款和现金，发现程岚的现金财产仅有 3 千多元，[1]显然不足以办理丧事。程岚的六位侄子女商量后，决定每位先拿出 1 万元，等以后程岚的宅基地处理变现后再返还各人。

按照蒋村的丧葬习惯法，程岚的后事办了三天；共收到亲朋好友送的吊礼约 2 万元，丧事总计花费近 8 万元。在侄子女的通力合作下，程岚的后事顺利办好，总体上办得较为风光。侄子侄女尽力给程岚以体面，在程岚的最后一场事上体现晚辈的孝心，这是非常顾及亲情的。

程岚安葬好以后，谁能得到程岚的遗产和如何处理程岚的遗产就成为摆在程岚侄子女面前的事情，这对兄弟姐妹之间的亲情提出了现实的挑战。

按照相关人和蒋村村民的看法，在"谁能得到程岚遗产"的问题上，应该十分清楚，不存在任何争议。按照我国当时的《继承法》

---

[1] 徐若春、徐小嫱、曾嗣等人都认为，程岚的存款和现金不应该仅为这点数量，应该有几万元。他们估计这些钱可能这几年陆续流向了程岚的姐妹处了。

第 5 条的规定，继承开始后，按照法定继承办理；有遗嘱的，按照遗嘱继承或者遗赠办理；有遗赠扶养协议的，按照协议办理。[1]程岚没有立遗嘱，也没有签订遗赠扶养协议，自然无法照此规定进行。而《继承法》第 10 条规定的法定继承遗产按照下列顺序继承：第一顺序：配偶、子女、父母。第二顺序：兄弟姐妹、祖父母、外祖父母。[2]这侄子侄女显然又不属于法定继承的继承人之列。因而程岚的财产无法适用国家法律进行继承。

其实，程岚与丈夫徐贵启结婚后生育了一位女儿，按照国家法律她属于法定继承的第一顺序继承人。不过，她已于 1993 年就去世了，所以程岚就没有法定继承人了。[3]

至于镇政府和海村村民委员会对程岚有照顾，生活上给予了许多关心和帮助，但是这毕竟为政府和社会层面的社会保障性措施，不完全等同"五保户"的生养死葬、财产归集体。程岚也没有与海村村民委员会签订遗赠扶养协议，成立国家法律意义上的遗赠扶养关系。况且，海村村民委员会也无法承担程岚去世后的祭祀义务。因此，海村村民委员会没有来主持程岚后事的办理，自然也不可能提出程岚和徐贵启的宅基地归村集体的要求。

因此，程岚的财产问题只能按照蒋村有关绝户的习惯法进行处理。在蒋村，较少出现绝户现象，通常无子女的老人会按照习惯法

---

〔1〕 现为《民法典》第 1123 条。

〔2〕 现为《民法典》第 1127 条。

〔3〕 如果这个女儿还在世，根据《民法典》，她是有法律权利要求继承程岚遗产的，如果向人民法院提起诉讼，法院应该是会予以支持的。但是，由于早年她与程岚夫妻的关系变恶，双方再不互认父母子女关系，按照习惯法脱离了父母与子女关系，再无亲情之感，彻底恩断义绝。事实上，虽在同一县域，双方一直互不往来，生活上没有关心，精神上没有关爱。她在心目中已经不认自己为程岚和徐贵启的女儿，生前既然没有尽女儿的义务，死后当然也不想得到她们的财产。如果她在程岚死后过来争要程岚的遗产，这与民间的习惯法规范明显相违背，无疑将会受到程岚侄子女和社会的极大谴责，需要面临十分强大的社会舆论压力。即使得到国家法律的支持，她能够得到多少程岚的遗产、得到的遗产如何占有、使用和变现，这都是未知数。虽然有些人看重物质利益，但是理性的人都还是会进行全面考虑和算计，看看得与失的比例关系。事实上，程岚去世后，因为徐贵启的侄子女们无人知道这位女儿的家，无人与她家丈夫和其他人员有联系，因此也无法通知她家人程岚去世的消息，她女儿根本没有人来参加祭奠，没有来最后送程岚一程，更谈不上来主持办理程岚的后事，当然也没有提出有遗产继承权的主张。

在生前根据自己的意愿确定养老送终人选，并由其获得被养老人的财产。程岚的情况为比较特殊的个例。

在蒋村，习惯法要求绝户财产一般由家族成员承继，而得到绝户财产者应尽生前养老、死时送终死后祭祀的义务。这两条规范一条强调财产的族内流动，规定了得到绝户财产的主体资格；另一条强调权利义务相一致，规定了得到绝户财产者的义务。基于这样的习惯法规范，程岚的外甥、程岚的姐妹虽然也看中程岚的宅基地，但是在程岚生前并不太积极促进程岚立写养老送终和财产给予协议，有部分原因即为顾虑徐贵启和程岚的财产流转出徐家的社会反映，惧怕徐贵启侄子侄女们的干扰和反对。

因此，在程岚有女儿但数十年没有来往事实上脱离父母子女关系、没有立遗嘱、没有签订遗赠扶养协议的前提下，徐贵启和程岚的财产由生前进行了一定照顾、死后办理丧葬事宜的徐贵启的侄子女们共同继承便成为无可争议的唯一方案。由徐姓侄子女共同继承，这符合蒋村习惯法的要求，也得到了社会的支持。

相比"谁能得到程岚的遗产"，"如何处理程岚的遗产"问题就相对复杂一些了，也经历了前后几年的解决过程，呈现了兄弟姐妹之间亲情的渐渐消解。

程岚没有留下多少现金，留下的主要财产为三间平房及其宅基地和前后院地，土地面积在三分左右。平房不太值钱，程岚的遗产主要在宅基地。

程岚家的宅基地位置不错，也不算小，足可以盖三底的楼房。按照蒋村的市面行情，一底宅基地大约为10万元计算，程岚的这块宅基地市值估计在30万元以上。况且宅基地在蒋村为稀缺资源。徐贵启和程岚留下的这笔遗产虽不十分丰厚，但亦非无足轻重。

面对徐贵启和程岚留下的宅基地这一遗产，徐贵启的六位侄子女态度不一。

徐贵启有一位哥哥一位弟弟，六位侄子女分别为哥哥方的两位侄子女徐志甫、徐小嫱和弟弟方的四位侄子女徐若春、徐若夏、徐小倩、徐若秋。

徐贵启的哥哥方的两位侄子女徐志甫、徐小嫱在程岚生前就表露对这一宅基地没有兴趣的态度。徐小嬬、曾嗣夫妻更多考虑的是如果接受这一遗产就会与徐贵启弟弟方的四位侄子女形成利益冲突，在往后近 20 年承担祭祀义务时与他们发生关联，可能需要忍受他们的诸多说词甚至提出过分的要求。在与他们过往的交往中，徐小嬬、曾嗣有一些不太愉快的经历。基于这一考虑，徐小嬬、曾嗣明确表示放弃占有这一宅基地。

面对这一共同继承的遗产，徐志甫、徐小嬬两位的态度为：①完全放弃占有这一宅基地；②这一宅基地最好由徐贵启弟弟方的四位侄子女徐若春、徐若夏、徐小倩、徐若秋中的一位所有，具体是谁得请他们四人商量，价钱也由他们四位商量确定，他们没有意见；③仅仅要求返还程岚后事办理时出的各 1 万元，不要求分得宅基地超过 6 万元的多余部分。

徐志甫、徐小嬬的基本态度是程岚的事到安葬好为止不再参与，他们已经对得起徐贵启和程岚了，至于祭祀方面如愿意祭就自己在家里祭祀一下二叔二婶，此仅为尽自己心意。除了程岚死后的"五七"日徐小嬬、曾嗣参加了一下以外，其他有关程岚的祭祀等事，徐小嬬、曾嗣均不参与了。徐志甫因不在蒋村居住，自始至终就没有参与程岚死后的祭祀了。这两位希望二叔二婶的事到此为止。这表明徐志甫、徐小嬬不想与其他四位堂兄弟姐妹有更多的联系，不愿与他们四位加深亲情。

徐贵启的弟弟方的四位侄子女徐若春、徐若夏、徐小倩、徐若秋的态度就比较复杂了。除了徐若夏经济条件稍微差一点、没有能力拿出钱来而不想要这一宅基地之外，其他三位从内心都想得到这一宅基地来盖房。

老大徐若春自青年时代起就与徐贵启和程岚夫妇走得很近，程岚有一阶段也想与他签订养老送终和财产给予协议。但是，种种原因特别是徐若春两口子信耶稣教后，已不能按照佛教仪轨进行祭祀，程岚生前就比较明确公开否认了徐若春继承她的财产的可能性。因而徐若春尽管内心很想得到这一宅基地，但是由于信仰问题使他无法履行相关义务，这使得他实际获得徐贵启和程岚夫妇的宅基地所有权就违背了死者的意愿，正当性非常存疑，可能性不大。

　　老四徐若秋非常想得到这一宅基地来盖房，以改善住房条件。新盖的房子可以叫儿子去住，也可以直接老两口去住。不过，徐若秋夫妻在徐贵启和程岚夫妇生前与二伯二伯母基本没有来往，更谈不上有多少关心、看望、照顾，特别是在宅基地成为遗产非常明朗的程岚生前最后几年没有尽什么义务。因此，徐若秋想实际获得徐贵启和程岚夫妇的宅基地所有权就面临自家兄妹的责难，蒋村村民也会有一定的非议。

　　三妹徐小倩的现住房面积不大，住得不很舒服，她也非常想得到这一宅基地来盖房，从而提高生活品质。不过，徐小倩在程岚生前看望、照顾也极少，特别是她是徐家的女儿，已经出嫁他姓，按照蒋村习惯法已非徐家的人了。因此，徐小倩想实际获得徐贵启和程岚夫妇的宅基地所有权就面临自家兄弟的责难，蒋村的社会舆论也不一定会支持，她要直接拿到的可能性不大。

　　在利益面前，徐贵启和程岚的这四位侄子女各有自己的想法，各打算盘，这就无法达成协议，发生矛盾甚至形成冲突，兄弟姐妹之间的亲情受到一定的影响。如程岚出丧、安葬后的次日，老四徐若秋夫妇就与三姐徐小倩发生了争吵，将双方之间的分歧公开化。而程岚"五七"时，老四徐若秋夫妇也没有去参加。

　　在此情形下，由于无法在程岚安葬后即解决宅基地这一遗产的实际归属问题，六位共同继承人只得将财产具体继承和祭祀义务承担事宜拖着，如何继承、谁来继承问题暂时先搁置起来。

　　而程岚去世后由徐小倩拿着程岚房屋的钥匙，并遵循蒋村丧葬习惯法具体进行程岚"一七""二七""三七""四七""五七"等祭祀。[1]

四、转让与利益

　　不过，徐贵启和程岚的遗产如何继承始终是摆在六位共同继承人面前的事情，利益越来越成为突出的因素。

---

　　〔1〕　按照蒋村的丧葬习惯法，人去世后的逢七日进行祭祀，直至"七七"，之后是去世后的一周年、二周年、三周年。

程岚的"七七"过了以后，徐若春、徐若秋、徐小倩分别多次来找徐小嫱、曾嗣，表达自己的利益要求，提出有利于自己的方案，并希望徐小嫱和曾嗣具体来协调、落实。徐小嫱、曾嗣每次都耐心地听他们诉说，但表示自己没有利益瓜葛，怎么样处理都没有意见，关键是他们几兄妹要商量好。徐小嫱和曾嗣还给他们出主意，真正想要宅基地的话，办一桌饭请其他兄弟姐妹来，去找说话几兄妹都听得进的长辈，当面表达自己的想法和要求，在长辈的劝说下真诚地进行协商，这样才有可能实现自己得到宅基地这一利益要求。徐小嫱和曾嗣一直劝他们，如果想要宅基地，姿态应该放低一些；为了利益，听点难听的话也无妨。至于叫徐小嫱和曾嗣出面，他们夫妻俩则断然拒绝，一点没有松口。不过，他们三兄妹来归来，说也归说，却都没有什么实际行动。在徐小嫱和曾嗣看来，这几位都想"难人"叫别人做，[1]自己却坐享其成、得到好处；自己不想努力、费劲，却希望得到自己要的利益。

后来，徐若春、徐若秋、徐小倩三方逐渐形成了两方利益共同体，徐若春与徐小倩为一方，徐若秋为一方。从自身利益考虑，徐小倩见自己直接得到宅基地会受到徐若秋的激烈反对，可能性比较小，便与徐若春联合起来，想叫徐若春先拿到宅基地以后转给自己，她则贴些钱给徐若春。但是，这一联合也没有什么效果，徐若秋并不让步，一点没有放弃的意思。[2]

再后来，徐小嫱和曾嗣被他们找得烦死了，便表态：你们自己去商量好，我们不论如何都会签字的，不要再来找我们了。这样，他们三兄妹稍微消停一些了。

过了一阵子，徐若春又来找徐小嫱和曾嗣，提出六位共同继承人全部不要这些遗产，全部捐赠给村里。徐小嫱和曾嗣表示，我们没有意见，需要签字会签的。之后，不了了之、没有下文了。徐小

---

[1] "难人"，蒋村地方方言，意为"费力解决问题的人""被别人讨厌的人"等。
[2] 徐若春想程岚的宅基地赶快卖掉。徐小倩认为徐若春提出的卖掉宅基地将多余的钱捐掉对不起程岚。徐若秋以为他可以摆平，叫徐小倩不要管。徐若秋为与徐小倩搞好关系，想借徐小倩儿子生日之机请她们吃饭，被徐小倩以"又不是大生日"为由拒绝了。徐若秋访谈录，2017年4月3日。

嫱和曾嗣分析，他们三兄妹互不相让，徐若春还是想各种主意要把他们夫妻拉进来，但是夫妻俩是坚决不想与他们为此再发生什么关系。

之后，徐若春又提出来宅基地由徐志甫购得，款项除了归还六位先出的 6 万元外，其余全部统一由徐志甫掌管，用作徐贵启和程岚的祭祀费用。徐志甫知道后徐若春的本意还是想得到宅基地，这一提议是将自己拉进来去对付徐若秋。徐志甫很不喜欢徐若春这样做，不予理睬。徐若春也只得作罢。

这两方在利益方面互不相让，根本无法达成协议，程岚宅基地的事就只得一直拖着。

渐渐地，徐若春方就又想出转让给他人的主意，不时在蒋村放些要向外转让的风来，以试探徐若秋方的反应。

在宅基地这一利益面前，不少村民特别是与徐家关系较密切的本家、邻居表示了浓厚的兴趣。

蒋村村民也是徐姓本家的徐世泰曾流露过想要这一宅基地的想法。2017 年 4 月 2 日下午，徐若秋去找了徐世泰，共同去测量了宅基地的面积。徐世泰表示愿以 12 万元购买徐贵启和程岚的这一宅基地。

程岚的隔壁邻居徐文纯的小儿家表达了希望卖给他的愿望。2017 年 4 月 2 日晚上，徐文纯的小女儿徐雯和大女儿徐卿来到徐小嫱和曾嗣家，表示徐文纯的小儿子虽然外地工作，但是一直想落叶归根，而目前在徐贵启和程岚宅基地边上的老房子面积不大，如果徐贵启和程岚的这一宅基地能够转让给他的话，他今后退休回来居住的住房条件就比较舒服。徐小嫱和曾嗣了解了她们转达的要求，表示有消息会通知她们的。

程岚的邻居范如坤表达了希望卖给他的愿望。2017 年 4 月 2 日晚上，范如坤来到徐小嫱和曾嗣家表示他一直与徐贵启和程岚关系密切，平时也照顾程岚不少，希望把这块宅基地转让给他。徐小嫱和曾嗣告诉他，他们没有什么意见的，关键不在这边。

程岚的隔壁邻居徐文纯的大儿家也表达了希望卖给他的愿望。2018 年 2 月 19 日正月初四上午，程岚的隔壁邻居徐文纯的大儿媳妇方兰波来到徐小嫱、曾嗣家。她告诉徐小嫱和曾嗣夫妇，说徐小倩对她说，程岚的房屋为危房，警告贴出来了，四月份以后也不能再出租了，现在要弄弄好，要卖掉了；她们几兄妹不要了，都委托老大徐若春了，由徐若春全权处理。而徐若春又告诉方兰波，他是不要的。听到这个消息，方兰波于是就来找徐小嫱、曾嗣，表示大家都是徐家的人，同时作为邻居她们两代人都与徐贵启和程岚关系密切、相互友善，如果这一宅基地要卖掉希望卖给她们。徐小嫱、曾嗣则向方兰波表示知道她的意思了；她们没有什么意见的，卖给谁家都可以；如果真要向外转让的话，会将有意的买家叫到一起，公开来决定的。不过，徐小嫱、曾嗣提醒方兰波，这个事情非常复杂的。

眼见宅基地的事一直处于僵持状态，没有进展和破局的希望，徐若秋对得到这一利益也逐渐死心了，不再有继续争取的打算了。于是，徐若秋夫妻于2019年10月开始整修、装饰自己原有的房屋，为儿子结婚做准备。他们对自己能够得到这块宅基地已没有了信心，因此就回到正常的生活，按照自己家的计划行事。

时间进入2020年，情况终于出现了转机。

许是徐若春、徐小倩他们在相持不下、拖了几年后有点无可奈何、也有点烦了，于是徐若春便想出转让他人的办法，这样至少徐若春能够控制一些宅基地转让的钱款，在利益方面有实际所得。对此徐若秋持无所谓态度。于是徐若春联系了蒋村的徐灵廷。

2020年3月29日上午，程岚生前对其有不少照顾的邻居边智勋到徐小嫱和曾嗣家，说同为徐家人的徐灵廷想要徐贵启和程岚的这块宅基地，徐若春表示同意，希望徐小嫱她们能够同意。徐小嫱和曾嗣表示，只要徐若春他们同意，他们没有意见。中间人来过以后，徐灵廷在3月29日下午也来到徐小嫱和曾嗣家，表达了同样意思。徐灵廷还告诉徐小嫱和曾嗣，讲好的价钱为16万元。当天，徐灵廷还联系徐志甫征询他的意见。徐小嫱、曾嗣和徐志甫起初知道这一消息后仍似以往般没有当回事，特别是价钱远低市场价，更觉得可能性不大。徐志甫还好意提醒他，这事比较复杂要他不要太乐观。

不过，这次情况不同了，徐灵廷的努力有了结果。2020年4月2日下午，徐灵廷、徐灵廷儿子徐少望、边智勋、徐若春、徐若秋妻

子、徐小嫱、徐小倩等人按照约定在海村村委会签订了下面文书一
"房屋及周边宅旁地转让买卖协议"，徐灵廷方由其成年儿子徐少望
出面、署名。这次转让没有通知以前表达过转让愿望的徐文纯的小
儿、大儿等人，他们没有来协议签订现场。

文书一

房屋及周边宅旁地转让买卖协议

甲方：徐志甫，徐小嫱，徐若春，徐若夏，徐小倩，徐若秋

乙方：徐少望

　　由于程岚年老亡故，留下的三间房屋及周边宅旁地，由众侄男侄女
（甲方）共同继承。经甲方共同商量，现将三间的房屋及宅旁地转让给乙方
所有。

　　房屋及宅旁地四至位置：坐落在海村北光明路 88 号，东与徐弘界址处，
南与曾长健界址处，西与村级道路，北与村级道路，土地面积三分左右。

　　土地及房屋一次性转让费计人民币 160 000.00 元，大写壹拾陆万元。现
金当场付清，该地块所有权归乙方所有。

　　甲乙双方签字生效，不得反悔。

甲方签字：徐志甫（签字，按手印）　徐小嫱（签字，按手印）
　　　　　徐若春（签字，按手印）　徐若夏（签字，按手印）
　　　　　徐若秋（签字，按手印）　徐小倩（签字，按手印）

乙方签字：徐少望（签字，按手印）

2020 年 4 月 2 日

　　其中，徐若夏的签字、按手印授权徐若秋的妻子代行；徐若秋
的签字、按手印由徐若秋的妻子代行；徐志甫的签名、按手印授权
其妹妹徐小嫱代行。对此，甲乙方的各位都依习惯法予以认可。

　　海村村委会没有在这一宅基地转让协议上签署意见和盖章，但
村委会有几位成员在场见证。这表明了村集体对协议有效的态度。

　　当天，徐灵廷即将钱转过来。徐志甫、徐小嫱从徐灵廷处收到
了各 1 万元钱。16 万元除了返回六位各 1 万元后剩下的 10 万元，由

徐若春保管，以做程岚和徐贵启的祭祀费用。[1]

之后，徐灵廷即马上拆除程岚和徐贵启的原平房，进行新楼房的建造事宜。2021年1月，徐灵廷家新盖的三底三楼的新楼房落成并入住。

至此，程岚和徐贵启遗产的继承最终以转让他人而处理完成。

就明面上观察，徐灵廷转让得到程岚和徐贵启的宅基地，所得利益是明显的。徐若春则退而求其次，掌管部分钱款，也算小有所得。

只是徐小嫱和曾嗣偶尔经过时，看见徐灵廷家的新楼房，心里总有一种复杂的情感，为徐若春兄弟姐妹的不团结而致宅基地外流而惋惜，为程岚和徐贵启辛苦一生赚下的家业这样处置而遗憾，也为程岚和徐贵启的事得到解决而无需再与徐若春方发生联系而轻松。

只是经此过程，徐若春、徐小倩与徐若秋已陌若路人、不再来往，兄弟姐妹之间裂痕很深，因财产承继所导致的利益纠葛而致同胞情谊已基本无存，令人叹息。

五、结语

由程岚和徐贵启去世后财产的处理来看，绝户财产的处理基本遵循习惯法而非依照国家继承法律。当今的蒋村习惯法要求得到绝户财产者应尽生前养老、死时送终、死后祭祀的义务，绝户财产一般由家族成员承继，具体方式由有权的成员商量而定，或由某位成员具体所有和支配、使用，并给其他成员一定钱款，或将财产全部转让给他人，对所得钱款按照约定进行处理。

从养老、继承到最后转让，这一绝户财产生前死后处理的整个过程反映出程岚因种种因素没有在生前签订遗赠扶养协议的困境，体现了程岚与侄子女、姐妹和外甥以及徐贵启程岚侄子女之间浓淡不一的亲情关系，呈现出各相关方在经济利益和照顾义务、安葬义

---

〔1〕 蒋村也有村民认为成交价这么低不太符合常理，猜测徐若春另外私下拿了徐灵廷若干万元的钱。这一转让价还为2021年5月蒋村的一起宅基地转让的受让方所援引，不过被出让方所断然否定了相似性。不少村民认为宅基地这样转让有点可惜，认为徐若春他们有点愚蠢。苏志丹访谈录，2020年4月6日。

务和祭祀义务之间的权衡考量。同时，这一过程也展现了蒋村习惯法上权利义务一致的基本原则及其实际约束力，反映出个人行为受到社会规范、社会舆论、社会评价的某种影响。

　　由于社会的发展和乡村社会保障制度的完善，真正无人赡养的孤寡老人将越来越少，政府和村民委员会对孤寡老人的照顾将越来越到位，相应的习惯法规范也可能因契约、亲情和利益诸因素的变化出现一定的变迁。这是需要进一步观察的。

第二十六章

同家族人

一

　　由于蒋村所在区域为海涂淤积、围造而成，位于大古塘以北，开发较晚，多系外地迁入的杂姓居民，村民陆续从各地迁移而来。[1]村内没有合族聚居现象，没建有祠堂，也不存在修家谱情形。蒋村村民基本没有宗族观念，仅存在一定的家族意识，在血缘意义上有较明显的为同姓共祖意识。[2]

---

　　〔1〕 蒋村所在市、县境内建有祠堂、修有家谱的各姓宗族 160 个。参见慈溪市地方志编纂委员会编：《慈溪县志》，浙江人民出版社 1992 年版，第 941 页。

　　蒋村所在市有编修和收藏族谱、家谱的传统，近些年有不少姓氏新修谱。如进入 21 世纪以来，慈溪籍已经编修的家谱和姓氏家族史料丛书有三十余种（套），如《埋马罗氏胜山支谱》。参见邹洪珊："一本族谱理清家族世代脉络 慈溪埋马罗氏竟是黄帝后裔"，载《钱江晚报》2015 年 3 月 3 日。童银舫的《慈溪家谱》（中国文史出版社）涉及姓氏 65 个。思缓草堂主人励双杰收藏了 1949 年前的线装原件旧家谱 2300 余种，共计 20 000 余册，包含了 300 余个姓氏，被誉为 "中国民间家谱收藏第一人"。参见徐挺："25 年时间这位慈溪人收藏了 20000 余册家谱"，载《宁波晚报》2018 年 12 月 21 日。

　　〔2〕 蒋村所在市历史上各宗族均厘定宗规族法以规范族人行为，维护宗族利益。如《余氏宗规》云："崇视以敦孝思，孝悌以肃家声，耕读以务本业，赈济以活贫乏，择配以选良家。" 族规家法颇为严厉，至中华民国年间还有处死族人的事情。中华民国十五年（1926 年）龙南乡孙家孙士金不务正业，浪荡无赖，先参与 "吃大户"，后又暗中向官府告发以邀赏，族人恨之入骨，由族长在祠堂内主持裁判，将孙士金杖击处死。中华民国 34 年（1945 年），范市镇杨家村杨永良吸毒弑母，被镇公所拘留后，杨氏族人将其绑回，按

二

蒋村的 10 个村民小组、近 400 户户籍人口 1000 来人中，主要为岑、胡、林、罗、陈、王、毛、周、高、孙、戚、施、蒋、姚、芦、项、董、苗、徐等姓人士，其中陈、姚、高、施、周等姓的人口略多。人口略多的这些姓氏的家庭间通常有或远或近的血缘关系，往往为同宗兄弟，多为同一个祖父或曾祖父的兄弟，按照蒋村当地的说法为"以（自己意）屋里人（自己家里人）"。

不过，虽同姓却不同宗的村民也不少。如蒋村的周姓，现有 19 户，实为两支，大概是在中华民国年间分别迁移到蒋村居住，至今已有五代。其中一支为父母生育两子，大儿子生三子三女，三子均在蒋村生活，两女都外嫁他村，三子中老大育两女，老二育两女，老三育一子一女；小儿子生四子，老大育一子，老二育一子，老三育两女，老四育一子，而老大的儿子已育一子，老二的儿子已育一女。这样，这一支周姓在近 100 年中由一户发展为 9 户。周姓的另一支为父母生育两子，大儿子生五子一女，五子均在蒋村生活，一女外嫁他村，五子中老大育两女，老二育两女，老三育一子，老四育一子一女，老五育两女，而老大的儿子已育一女，老三的儿子已育一子，老四的儿子已育一子一女；小儿子生三子一女，均在蒋村生活，三子中老大育一子，老二育两子，老三育两女，而老大的儿子已育一子，老二的儿子已育一女。这样，这一支周姓在近 100 年中由一户发展为 11 户，户口在蒋村的有 10 户（小儿子的老大因上大学户口已迁出蒋村，大儿子的老大的儿子已另立一户）。这两支周姓同姓非同宗，每一支的两个儿子为兄弟关系，再下一代为堂兄弟姊妹关系。

（接上页）族规将其溺毙。各宗族之间，因土地纠葛、水利争执、族间摩擦等所引发的大规模械斗时有发生，民间称之为"打大阵"。如沈师桥沈姓与宓家埭宓姓，自明清至抗日战争前，大小械斗十余次，持续数百年。两族之间，仇深冤极，互不通婚。参见慈溪市地方志编纂委员会编：《慈溪县志》，浙江人民出版社 1992 年版，第 942 页。

三

蒋村共宗同姓的村民之间，如兄弟、堂兄弟姊妹，由于血缘关联，按照固有规范，就存在共同祭祀祖先等家族性活动。

蒋村的家族性活动主要为修筑坟墓、长辈去世、祭祀等。曾祖父母、祖父母为共同的长辈，坟墓初建时可能由墓主决定、出资，也可能由后代子孙商议修筑。由后代子孙修筑的坟墓通常由诸位儿子平均分担费用，如年久需要维修时也共同商量和出资。如由于政府规划、山地被征用等原因需要迁移坟墓，也需要由后代子孙商议决定迁至何处墓园等事宜。

事例一

国家文物局确定海上丝绸之路作为我国 2018 年申遗项目，蒋村所在市的上林湖越窑遗址被列入申遗名单，上林湖越窑遗址保护和申遗工作全面启动后就需要迁移上林湖沿湖的 6500 多座坟墓，蒋村有不少人家的坟墓如王家祖父母的墓位于此区域，需要在 2017 年 1 月前完成迁移。[1] 得知这一情况后，王家三个儿子商量后，选择了集中安置，在 6 个移坟安置点中确定迁移至石人山墓地。在 2016 年 12 月约定的日子，王家三个儿子和四个孙子一起到场进行了迁移。[2]

在长辈去世时，同家族的晚辈都要到场表达哀思并帮忙料理后事；即使以前有些矛盾不怎么来往，这个时候也要有所表示，否则会被村民看不起，因为蒋村村民信奉人死为大，这是人生的最后一场事。

---

〔1〕 政府提供了三个安置方式供墓主或亲属选择：①集中安置。由墓主或亲属免费在六个移坟安置点内选择安置，期间对迁移过程中产生的费用再进行补助。②货币安置。墓主或亲属可自行购买安置点区块外的其他公墓墓地安葬，除补助迁移过程中产生的费用外，再另行补偿相关费用。③生态葬法。墓主或亲属迁移坟墓时若选择生态葬法，除给予货币安置补助外，还会再给予一定的奖励。

〔2〕 王志东访谈录，2019 年 11 月 28 日。

按照蒋村固有规范，老人去世后的生日、忌日（死亡日）、清明节都需要在家进行祭祀，直到阳寿 100 岁。每年的清明节要去扫墓，祭祀祖先。这些祭祀、扫墓，关系好的同家族成员多共同进行，缅怀先人，祭祀后大家一起聚餐，相互交流、增进感情；关系不太好的同家族成员则各自分别进行。

四

在日常生活中，蒋村同家族同姓村民之间的关心、来往、互助通常也较普通村邻之间多一些。家族内有结婚嫁女、起屋建房、添丁进口、生日祝寿等喜事，家族成员都前往道贺；家族成员有人生病，其他人也及时探望、安慰。

每年过年时，蒋村村民通常要请祖父母、父母来自己家吃饭、团年，往往也请兄弟姊妹全家或者主人一起参加。如果不按此进行，村民就会有所议论。如 2022 年 1 月 12 日为农历腊月初十，村民郭忠诚妻子 60 岁生日，连过年，他家办了 12 桌酒席，请了母亲和亲戚朋友参加，但是没有叫五位兄弟中的任何一位。蒋村村民黄国龙认为："你不怎么相干的人也叫，自己兄弟一个不叫，那总是你自己做人勿好，这比勿办还'些'（差）。"他姐本来也不想来，黄国龙打电话后才过来参加。[1]

蒋村许多村民办厂、做生意，家族成员之间也互通有无种植业、养殖业、工商业、服务业等方面的情况，提供信息、交流商情；在可能的情况下进行合作，一起合伙开厂或做生意。家族成员开厂或做生意时，也会请家族的年轻人来做工，优先提供工作机会和锻炼岗位，尽量照顾、帮衬家族成员。

事例二

50 多岁的蒋村村民姚胜博家开有一家电器配件厂，为一些家用电器厂生产配套产品。姚胜博雇佣了 3 位外地人为全职工人，加上

---

[1]　黄国龙访谈录，2022 年 1 月 22 日。

他自己和妻子，通常情况下小厂由5人运转。不过，在生产旺季时，为了赶产品，姚胜博就雇请1位至2位临时帮工。姚胜博请临时工时请的第一位就为蒋村同姓人家的一位60多岁的老嫂子，工资也略高一点。姚胜博家与她家有点远亲关系。这位老嫂子家的家境一般，丈夫身体不太好，种地收入有限；有一位在工厂做普通工人的儿子，已结婚，育有一子。[1]

同时，家族成员之间也进行借款、捐会等钱款往来，以解决生活、生产中的资金需要。平时，蒋村的家族成员间借一下小汽车以及借用农具、用具等也极为普遍。

五

在买卖房屋、转让宅基地、转让自留地、转让承包地、转让厂房等不动产时，蒋村同家族人按照习惯法有一定的先买权，出卖人、转让人在通常情况下需要先通知同家族人，在同等条件下同家族人有优先购买权、获转让权。

不过，习惯法上这种优先权的状态范围有所限制，主要在兄弟、堂兄弟之间，其他更远的血缘关系成员不一定享有。同时，这种优先权的效力也有限，蒋村有的村民并不完全遵循这一规范。

六

在发生某些纠纷时，特别是与外村人、外地人发生纠纷时，蒋村同家族同姓人往往会出面相帮、积极相助，通过各种方式出谋划策、站台呐喊、增势壮威，以免受他人的欺负和敲诈勒索。

在同家族人员因为环境污染、劳动用工、产品质量、产品仿冒伪造、消防设施、交通肇事等事由被政府有关部门查处时，家族其他人员大多分析情况、提供建议、介绍熟人等，以妥善解决问题。

---

[1] 姚胜博访谈录，2019年2月11日。

在货款往来、合同纠纷等纠纷诉至或被诉至法院时，家族人员也会以不同方式予以关心、帮助，或分析案情，或介绍律师，或陪同出庭，表达自己的同胞之谊。

在处理、解决这些事情中，"以屋里人的事体"（意为自己家里人的事）成为家族成员出面、出力、出资相助的主要理由。

事例三

2015 年 7 月，蒋村村民陈任天与外村的两位朋友张总、祁总一起合伙办了一个印刷厂，祁总具体负责日常管理。2017 年 12 月时，陈任天和张总与祁总就印刷厂的经营方针出现分歧，提出结束合伙。但在具体清算时，双方出现纠纷。知道这一情况后，陈任天的堂兄陈典力即与陈任天和张总商量应对方法和解决办法，不时陪同陈任天去相关人员处咨询。在陈典力看来，自己老弟的事就是自己的事要尽力去办。[1]

七

不过，蒋村同家族同姓人的关系不能一概而论，需要具体分析。就我的观察，蒋村同家族之间关系完全和睦的不多，兄弟之间、堂兄弟之间亲如一家的较少，大部分兄弟之间、堂兄弟之间往往呈现两派，这几家与那几家关系好，而另外合得来的几家又相互关系好。至于同姓之间，则主要表现为一百年前、几百年前为一家，谈得来的走动多一些。

兄弟之间关系不好的原因多为父母财产的分配、父母的晚年照顾和养老等问题。有的儿子或者儿媳妇心眼儿较小，爱斤斤计较，故兄弟之间常常闹意见甚至不相来往。堂兄弟之间也有走得近的、走得远的，亲疏不一。

俗话说"五个手指有长短"。蒋村同家族人、同姓人之间的关系也符合这一状况。不过，无论如何，一个姓的成员总比其他姓要有

---

〔1〕 陈典力访谈录，2019 年 2 月 11 日。

认同感，大家多少有些血缘共同体意识。

八

蒋村同家族人、同姓人之间以祖先、血缘为纽带的联结将会客观存在、长期存在，村民对同姓长辈的尊重也基本一如既往。

不过，随着社会的变迁，这种以祖先、血缘为基础的社会关系会受到利益、价值观等的具体影响，其在蒋村村民生活中的重要性也就有明显变化。蒋村村民呈现既与同姓兄弟亲热又与异姓弟兄要好的样态。

第二十七章
火灾之后的自助和互助

一、引言

在蒋村，偶有火警出现，但火灾事故的发生极其稀少。不过，2018 年 5 月却发生了一起损失极大、影响极大的火灾。

2018 年 5 月 4 日 13 时 55 分许，位于蒋村的慈溪市溪湾镇北工业园区的一家生产足浴器、空调扇的小家电企业慈溪市兴旺电器厂共五层楼的回字形钢混结构厂房发生火灾。消防部门接警后先后调集了 13 个消防中队、35 辆消防车、165 名官兵赶赴现场进行扑救。[1] 5 月 5 日 20 时 30 分许，明火被基本扑灭，整个扑救过程前后历时 30 个小时。[2]

---

〔1〕 不过，按照蒋村村民郭建武的说法，共来了包括上海、嘉兴、宁波各地的救火车 73 辆。郭建武访谈录，2018 年 5 月 8 日。

〔2〕 兴旺电器厂厂房以及在厂房间搭建的钢棚，都是未经审批就投入生产的违章建筑，根本没有防火分隔，消防设施老旧或缺失，存在严重的消防隐患。兴旺电器厂还在这些违章建筑内存放大量的家电成品、半成品，及塑料、泡沫、纸箱等材料。火灾发生后，火借风势加上厂房复杂的回字形结构，因此蔓延势头极快。

"我们到场后，这些违章建筑也给灭火工作带来很大的阻碍。"一名消防战士说，由于建筑内部结构复杂，且部分建筑为预制板结构，大火蔓延后，楼层出现开裂、塌落，他们只好被迫从内攻转为外围控火，防止火势蔓延。而钢棚失火后一片狼藉，消防车辆无法进入，只好又调派长臂挖掘机对钢棚进行破拆。此外，附近的路政消防栓水压不够，以及塑料件燃烧遇水变硬难以扑灭等不利因素，使得火势一度出现反复，导致救火时间较长。

在火灾扑救中，宁波消防出动大力 A 类泡沫消防车、远程供水系统、油类运输车、城

　　这起火灾事故是由兴旺电器厂的外包方在钢棚搭建和货梯平台护栏安装过程中电焊渣掉落引燃泡沫堆所致。这起火灾事故的过火面积达近万平方米，造成 1 人死亡（兴旺电器厂女员工曾如屏），[1] 直接财产损失在 100 万元以上。经由慈溪市人民政府授权慈溪市公安局牵头成立的调查组于 2018 年 6 月 12 日作出的调查报告，认定这起火灾事故为一起一般生产安全责任事故。

　　慈溪市兴旺电器厂的法人代表为蒋村人查清蓝，实际负责人为其丈夫毕克明。兴旺电器厂成立于 2009 年 3 月 30 日，为有限责任公司，经营范围为家用电器、塑料制品、健身器材制造和加工。2017 年工厂的总产值为 900 万元，共有员工 95 人。

　　这起火灾事故发生后，事主毕克明、查清蓝夫妇一方面配合政府有关部门的调查，同时马上进行自救和自助，通过各种方式尽力减轻法律责任的承担，避免损失的扩大；而他的亲戚朋友也纷纷从心理上安慰他们一家人，有的则帮助他上下疏通，努力争取好的结果。

———————————

（接上页）市综合体抢险救援车、消防机器人等多种高端设备，有效保障灭火工作的顺利开展与消防救援人员的安全。

　　参见颜杰、蔡俊、陶倪："这一场大火，给中小企业敲响警钟"，载《现代金报》2018 年 5 月 9 日。

　　而蒋村村民戴国泰认为，兴旺电器厂附近没有消防水源，先接的大概 200 来米外的塘河水，但是水比较小，一会就堵塞了；只好接更远处两三千米外的水；后来是用泡沫进行灭火才解决问题，大概泡沫比较贵，刚开始没有用。戴国泰访谈录，2018 年 5 月 8 日。

　　〔1〕这次火灾事故的死亡者曾如屏为广西壮族自治区南丹县中条镇五排村下边三队人，1994 年 3 月 19 日出生，已婚，育有一女；2017 年 12 月进入兴旺电器厂工作，当时为兴旺电器厂南侧厂房三层装配车间 2 号流水线员工。她未经岗前教育培训直接上岗作业，在职期间未接受过工厂组织的安全教育和逃生演练。2018 年 5 月 5 日 1 时 30 分许，在清理火灾现场过程中于兴旺电器厂南侧厂房三层装配车间距北墙 26 米、西墙 2.1 米处发现曾如屏的遗体。死者位置距三层装配车间东北角最近安全出口约 46 米，距三层装配车间西侧连廊上的卫生间约 28 米。

　　根据三层装配车间 3 号流水线物料员桑晓光向调查组的描述，火灾发生时，曾如屏打电话告诉他，她本人在三楼西侧连廊上的卫生间里。根据三层装配车间 2 号流水线员工白定奎、朱弘元向调查组的描述，火灾发生后，在他们逃离火场的过程中，于 1 号流水线北侧的三楼楼梯口看到过曾如屏。根据三层装配车间主任丁根根向调查组的描述，他在清点人数时发现曾如屏未在现场，便和溪湾镇消防专职队员一同到三层装配车间西侧的卫生间寻找，但是没有找到曾如屏本人。

火灾发生之后的当事人的自助和蒋村村民的互助为我们提供了当今蒋村习惯法的某一方面具体样貌，为我们把握变迁中的当代中国习惯法提供了思考的样本。

二、火灾之后的自助

作为发生火灾的企业主，毕克明夫妇在火灾发生后大力配合灭火，认真配合调查，积极处理善后事宜，并通过各种途径向有关政府部门表达意见，试图通过各种自助行为表达自己面对事故发生的悔意和诚恳的解决态度，[1]尽力减轻法律责任的承担，减轻社会的压力。

（一）大力配合灭火，极力减少损失

火灾发生后，兴旺电器厂三层装配车间内的员工立即组织扑救，并拨打119电话报警。毕克明知道发生火灾后，马上赶往工厂现场，一方面安排清点企业员工人数，另一方面焦急地等待消防队的到来，同时又向溪湾镇、蒋村等相关方报告有关火灾情况。

随着消防车辆和人员的陆续抵达，毕克明主动联系灭火总指挥和有关方面领导，介绍工厂生产的有关情况、解释当天外包人作业的情况、说明厂房的基本结构和厂房内产品和半成品、原材料的情况，为控制火势、尽快扑灭火灾提供全面的信息，全力减少火灾事故的损失。

由于兴旺电器厂厂房建筑内部结构复杂，且部分建筑为预制板结构，大火蔓延后，楼层出现开裂、塌落，消防队只好从内攻转为外围控火，防止火势蔓延。对这一方案，毕克明表示理解和赞同。

在灭火过程中，钢棚失火后一片狼藉，地上横七竖八地堆散着被大火烧落的蓝色钢棚和锈红色的坍塌钢架，消防车辆无法进入，只好调派长臂挖掘机对钢棚进行破拆。对此，毕克明表示完全同意并全力予以支持。

---

〔1〕　从广义上讨论，火灾发生以后的自助还包括火灾现场邻居的自助行为。如火灾刚刚发生时，周围的邻居都吓坏了。有一家的女主人王菊琳连忙往自己家的墙壁上泼水，结果心急忙慌中自己摔了一跤，手还骨折了。直到消防队的救火车来了，这些邻居才放心了一些。李春娟访谈录，2018年5月7日。

由于路政消防栓水压不够，需要寻找其他的消防水源时，毕克明也利用自己为蒋村本地人、熟悉河流和水源情况的有利条件，积极协助消防队解决消防所需的供水问题。

（二）认真配合调查，主动承认错误

火灾扑灭以后，慈溪市成立了事故调查组，展开事故经过、原因、性质、责任等的调查和认定工作。作为企业的实际负责人，毕克明积极配合调查组的工作，多次且随时接受调查组的询问，[1] 按照调查组的要求提供有关材料，特别是详细说明与外包方订立钢棚搭建和货梯平台护栏安装协议的过程和具体实施情况，为调查组查明火灾事故提供了可靠的材料。

对于这次火灾事故的发生，毕克明虽然不负有直接责任。但是，兴旺电器厂的厂房结构不符合消防要求、私自违章搭建钢棚、消防安全管理不到位、未制定消防应急预案、未组织新入员工开展火灾逃生演练、未配备企业安全生产员、未制定企业动火作业审批制度，违反了国家有关法律的规定。作为企业的实际负责人，毕克明未按规定组织员工开展消防培训教育及火灾逃生演练、未组织对工厂从业人员开展岗前教育培训、未认真履行安全生产管理职责、对作业场所危险因素预估不足，因此对这起火灾事故负有责任。对此，毕克明都认真接受，表示会认真、彻底予以整改，开展消防安全大检查，健全制度，严格落实生产经营单位安全生产主体责任，加强安全生产管理。

（三）积极处理善后事宜

火灾事故发生后，毕克明特别关注员工的情况，当发现刚来工厂上班仅仅半年的广西女工曾如屏不见了时，心里十分着急。当5日凌晨发现曾如屏的遗体时，毕克明十分悲痛。他立即联系曾如屏的家人，与他们协商后事的处理，希望尽快让死者安息。在溪湾镇政府的协调下，毕克明于2018年5月7日向溪湾镇人民调解委员会

---

〔1〕 按照毕克明的说法，每次得到调查组来电要求去协助调查时，他的内心都是非常矛盾甚至害怕的，生怕去了以后就被拘留、回不来了。毕克明访谈录，2018年5月15日。

提出调解的请求，8日在溪湾镇人民调解委员会的主持下就与曾如屏的家人达成了赔偿协议，形成了下面文书一的"人民调解协议书"，尽最大限度表示了自己作为企业实际负责人的善意。

文书一

人民调解协议书

编号　　　慈附人调字第 33 号

当事人：　谢大立　　性别　男　民族　壮　居民身份证号 45273119900709×××× 职业或职务　联系方式　123456789 单位或住址　广西大化瑶族自治县百坎乡和龙村明自屯××号

当事人：　谢清斌　　性别　男　民族　壮　居民身份证号 45273119680115×××× 职业或职务　联系方式　123456987 单位或住址　广西大化瑶族自治县百坎乡和龙村明自屯××号

当事人：　曾占亮　　性别　男　民族　壮　居民身份证号 45273119720806×××× 职业或职务　联系方式　123456798 单位或住址　广西南丹县中条镇五排村下边三队××号

当事人：　向芬凤　　性别　女　民族　壮　居民身份证号 45273119710305×××× 职业或职务　联系方式　123456978 单位或住址　广西南丹县中条镇五排村下边三队××号

当事人：　查清蓝　　性别　女　民族　汉　居民身份证号 33273119771112×××× 职业或职务　法人代表　联系方式 123459876 单位或住址　慈溪市兴旺电器厂

双方当事人因发生　死亡赔偿　纠纷，于　2018　年　5　月　7日申请我调委会予以调解。我调委会于　2018　年　5　月　7　日开始对纠纷进行受理。经了解，各方当事人认同纠纷的简要事实，争议事项如下：　查清蓝系慈溪市兴旺电器厂的法人代表，死者曾如屏（性别：女，身份证号码：45272519940319××××，住址：广西南丹县中条镇五排村下边三队××号）系慈溪市兴旺电器厂的员工，谢大立、谢清斌、曾占亮、向芬凤系死者曾如屏的丈夫、公公、父亲、母亲，2018 年 5 月 4 日下午 2 时许，曾如屏意外死亡。

经调解，双方当事人自愿达成如下协议：

1. 死者家属对曾如屏的意外死亡无异议并自愿放弃后续的民事赔偿权利。

2. 慈溪市兴旺电器厂赔偿给死者家属谢大立、谢清斌、曾占亮、向芬凤的一次性死亡赔偿金、抚养费、丧葬费、差旅费等其他一切费用共计人民币 1 118 376 元整（壹百壹拾壹万捌仟叁佰柒拾陆元整）。

3. 上述赔偿款其中 491 960 元整（肆拾玖万壹仟玖佰陆拾元）打入死者父亲曾占亮的银行账户内，剩余赔偿款 626 416 元整（陆拾贰万陆仟肆佰壹拾陆元）打入死者丈夫谢大立的银行账户内。其中打入死者丈夫的赔偿款中的 348 156 元整（叁拾肆万捌仟壹百伍拾陆元）作为死者女儿的教育、婚娶等费用支出，不得移做他用。

4. 本协议签订后，各方各自履行，今后各方无涉。

本协议履行的方式为：银行转账（中国邮政储蓄银行 6210983440001019×××谢大立）（中国银行 6217253400020096×××曾占亮）

本协议履行的时限为：2018 年 5 月 8 日前

本协议书正本共 9 份，各方当事人各执一份，本人民调解委员会存档一份，慈溪市司法局存档一份，慈溪市人民法院存档一份。

《中华人民共和国人民调解法》第三十一条规定，经人民调解委员会调解达成的调解协议具有法律约束力，当事人应当按照约定履行。

当事人：谢大立（签名 按手印）　　当事人：曾占亮（签名 按手印）

当事人：向芬凤（签名 按手印）　　当事人：谢清斌（签名 按手印）

当事人：查清蓝（签名 按手印）

人民调解员：李水联（签名）　　记录人：章同弘（签名）

慈溪市溪湾镇 人民调解委员会（印章）

2018 年 5 月 8 日〔1〕

与死者家属尽快达成赔偿 110 多万元的协议并马上履行，承担

---

〔1〕 毕克明提供，2018 年 6 月 11 日。

了一定的民事责任，这就避免了死者家属闹访而引起的社会不稳定局面的出现，有利于控制住火灾事故引发更严重的社会连锁反应，为毕克明夫妇的控制事态发展、竭力避免追究刑事责任创造了一定的条件。

（四）广泛沟通，全力表达意见，尽力避免追究刑事法律责任

火灾事故发生之后，毕克明十分关注事故的定性，关心兴旺电器厂的责任和他本人作为企业实际负责人的责任。

火灾发生的当日，外包方的包工头和具体承担施工作业的两个工人就已经因为未掌握工人是否具有电焊作业资格、未告知现场实施电焊作业的危险性；在未取得电焊工特种作业操作证且未采取有效防护措施的情况下冒险作业导致火灾事故发生；未落实好现场监管责任，指派未取得电焊工特种作业操作证者从事电焊作业而对火灾事故的方式负有直接责任而被采取法律强制措施。

但是，由于有一位员工死亡特别是火灾持续了近30个小时才被扑灭，这造成了极大的社会影响。同时，《现代金报》2018年5月9日以整版的篇幅对这起火灾事故进行了报道。毕克明心里已经准备承担民事法律责任和行政法律责任。在民事法律责任方面，他已经与死者曾如屏的家属达成了赔偿协议，履行了相应的责任。在行政法律责任方面，他也准备接受罚款等行政处罚。但是，由于事故的影响、在扑火过程中有关乡镇与消防部门配合出现一定问题，因此宁波市消防支队负责人要求宁波市政府将这起火灾事故定性为重大责任事故，要求处理当地镇政府部分人员和企业负责人。如果定性为重大责任事故，则作为企业实际负责人的毕克明将会被追究刑事法律责任。这令毕克明十分惊慌，天天寝食难安。于是，他尽力自救，向地方市有关部门、溪湾镇政府、海村村委会等积极反映情况，通过各种方式表明自己可以减轻追究法律责任的理由。

在毕克明看来，这起火灾事故虽然是发生在本企业，但是并非由本企业生产经营活动引起的，而是外包方在施工过程中没有依照法律规定和制度要求作业所导致的，是非本企业人员所为。至于他在签订有关施工合同时没有注意对方的资质问题，毕克明强调在溪湾镇各个企业基本上都是这样行为的，大家惯例上均如此，他也是

从众而已。在当地，真正有资质、符合国家法律要求的施工队并不多，否则就要请外地的施工队伍，这样成本就会提高不少。

同时，毕克明反复强调，火灾扑救了近 30 个小时才被扑灭的原因非常复杂，有属于其企业的一些因素，也有不属于其企业的许多因素。因此，灭火时间长并不就是属于重大责任事故的原因，这起火灾事故的定性需要全面考虑具体的损失、后果等因素以后再确定。

毕克明向有关方面表示，遵守消防法律与促进企业发展之间存在的一定矛盾。他强调，作为一个规模不大的小家电企业，如果完全遵守国家消防方面的法律则将完全无法开展生产活动。在溪湾镇抑或整个慈溪市，由于发展阶段的所限、政绩观的影响，政府有关部门对消防设施、消防制度、消防管理处于偏松要求的状态，许多是属于默许状况。这有历史的因素，也有经济发展压力的因素。毕克明在承认自己错误的同时，反复向有关方面强调自己扩大生产、发展经济、增加地方税收这一点。

在自救、自助过程中，毕克明还全力争取由慈溪市而非宁波市调查这起火灾事故。在毕克明看来，由慈溪市进行调查并提出事故定性和具体处理意见，显然更有利于兴旺电器厂和他本人。

在面对火灾事故发生后如何处理的高度不确定性情况时，毕克明一家全力通过各种方式进行自救，客观上取得了良好的效果，调查由慈溪市具体组织，最后 2018 年 6 月 12 日调查组的事故定性为一般责任事故。这样兴旺电器厂和毕克明的刑事法律责任就被排除了，毕克明心里的一块石头也彻底落地了。

三、火灾之后的互助

蒋村人素有扶危济困、相互帮助的传统，往往一家有难，四方相帮。这起火灾事故发生后，蒋村村民特别是毕克明家的亲朋好友也按照传统习惯法进行互助，为毕克明家排忧解难，提供精神支持和具体帮助，为他们家渡过难关尽了自己的一份力量。

以往发生火警、火灾时，蒋村往往敲锣鸣钟，号召村民前去扑救。[1]不过，由于这起火灾事故发生在工厂厂房内而非村民家的住宅，况且蔓延很快、火势很强、火力很大，蒋村村民根本无法依靠传统的泼水方式将其扑灭。因此，村民在扑灭火灾环节的互助体现得不多。得悉起火的消息后，村民能做的主要为前往现场，站在远处观看消防队灭火，表示对火灾事故和损失情况的关切，表达对失踪人员的担心和死者的哀伤，表明对毕克明家的同情和担忧。在2018年5月4日后的一些日子里，毕克明工厂的这起火灾事故成为蒋村的中心话题，村民们议论纷纷，通报情况，传递信息，虽然动机不一，但是主旋律是对毕克明家的关注、关心和关切。

毕克明家的亲朋好友则纷纷上门表示问候，并出主意想办法，通过托人找关系等各种方式进行互助。

如蒋村村民郭建武与毕克明为"弟兄家"，[2]长期为他提供产品的包装纸箱，两人经常来往，私交，关系极好。2018年5月8日下午，郭建武为毕克明火灾事故一事到蒋村村民李春娟处，希望李春娟给她在外地工作的兄弟联系，电话问问他宁波市消防支队有无认识人、能否与宁波市消防支队负责人说得上话。李春娟告诉郭建武"你认识我兄弟的，你自己直接联系好了"后，郭建武就直接打电话给李春娟的兄弟李斌，希望"李斌哥哥这次一定要帮忙，一定要帮忙"。12日，郭建武又打电话，表示他愿意买好飞机票请李春娟的兄弟迅速过来蒋村一趟，当面去见见有关朋友，为毕克明的事帮帮忙。郭建武语气之恳切、态度之诚恳，完全表现出对朋友安危和前途的关心。郭建武视毕克明的事为自己的事情，运用自己的社会关系，想通过自己的力量帮助毕克明渡过难关。郭建武身上体现出的这种互助精神、互助行为对毕克明是一个极大的安慰。朋友的帮助给了毕克明强烈的信心，为处于火灾事故困境的他增添了力量、

---

〔1〕 村民在火灾时的互助方式多样。如2021年5月18日凌晨4点左右，蒋村村民张道陵家起火。邻居发现后打电话给张道陵夫妇，同时又使劲拍张道陵家一楼的卷闸门，20多分钟后张道陵夫妇才被叫醒。谭朗昌访谈录，2021年5月30日。

〔2〕 "弟兄家"为蒋村俗语，为"像兄弟一样关系好的朋友"意，即"好兄弟""好朋友""好伙伴"。详见第二十八章。

带来了希望、指明了方向。

之后，李斌要毕克明直接联系他。在了解了有关火灾的情况后，李斌先安慰了毕克明，说事情已经出了急也没有用，慢慢来，大家一起想办法。由于这起火灾事故后由慈溪市组织调查，李斌又应郭建武、毕克明的请求联系在慈溪市的朋友，希望朋友在依法前提下、能力范围内、考虑企业实际情况和火灾事故的复杂因素，能够出面帮忙与有关方面沟通一下，尽量从轻追究法律责任尤其是避免追究刑事法律责任。之后，李斌多次将与朋友沟通的情况、所知信息、所提建议告诉毕克明。毕克明也按照李斌朋友和李斌的建议动员溪湾镇政府、海村村民委员会出材料，为兴旺电器厂和企业负责人的有关行为进行说明和解释。李斌也将朋友建议的沟通重点、沟通对象等告诉毕克明。李斌的这些帮助行为完全是基于对一位遭受困难的村邻处境的同情，对毕克明既有一定的心理支持，也有某种实际帮助。

毕克明有一位高中同学在溪湾镇派出所工作，他积极帮助毕克明与死者曾如屏家属进行民事赔偿事宜的协商，尽力推进调解协议的达成。

当然，毕克明的其他亲戚特别是朋友都积极努力，广泛联系各自的朋友、熟人进行联系，动员社会资源进行帮助，以至于慈溪市负责火灾事故调查的有关人士在向毕克明口头宣布调查结论时感叹说"你的朋友真是多""从来没有碰到过这么多人为一件事联系"。[1]

这起火灾事故发生后，毕克明的朋友纷纷相助，传递"一家有难众人帮"的固有互助习惯法精神，有助于涉事村民树立信心、解决困难、渡过难关。

四、结语

2018 年 5 月蒋村发生的这起火灾事故教训是惨痛的，也给蒋村村民敲响了消防安全的警钟。蒋村村民由此进一步提高了消防意识，提醒大家始终绷紧消防安全这根弦。蒋村也立即开展了企业消防隐

---

〔1〕 毕克明访谈录，2018 年 6 月 11 日。

患大排查行动，督促企业对存在的问题及时整改，并加强对建筑施工、出租房屋等的消防安全管理。

　　这起火灾事故发生后涉事企业的实际控制人毕克明的自助和亲戚朋友们的互助是有效果的，达到了毕克明的预想目标。由于我国的法律规定较为抽象和概括，法律实施过程中具有一定的弹性，同时具体行为又有其复杂性，因此对火灾这样的事故如何定性和处理就有一定的自由裁量的空间。基此，毕克明通过本人努力和亲戚朋友的帮助，采用各种方式尽力沟通、解释事态、说明理由。这一努力是成功的。

　　在当今的蒋村地区，村民之间大多结成了大小不一的生活安全圈，每户村民往往有三五户关系紧密的友好人家，平时往来密切，一旦出现火灾事故这样的突发事件事便成为核心依靠和援助力量，支撑着村民解决困难、继续生存。这种社会自生的固有沿袭的互助群体和安全网络对于村民的物质帮助、心理支持和蒋村的社会安定具有十分重要的意义。

　　在乡村治理中，大力提倡和发扬这种自助特别是互助习惯法精神，弘扬守望相助、邻里和睦的乡邻美德，维护熟人社会中的情感和道德纽带，对于建立健全现代乡村社会治理体制、确保乡村社会充满活力、和谐有序极有必要也极为需要。

第二十八章
阿翔的"弟兄家"

一、引言

在蒋村村民的日常生活中，"弟兄家"是非常重要的存在。

"弟兄家"，大意为"好兄弟""好朋友""好伙伴"，指关系亲近、十分友好、倾心来往、无私相助的好友。通常而言，"弟兄家"指成年男性村民之间的关系，但广义而言也包含蒋村女性间的好闺蜜。

"弟兄家"有其结成、维持、走散的习惯规范，蒋村村民遵循这些规范进行"弟兄家"之间的来往。

本章主要从习惯法的角度，以 50 多岁的蒋村男性村民傅子翔即村民俗称的阿翔为对象，对蒋村有关"弟兄家"结成、维持、走散规范进行简要的梳理、总结，以理解"弟兄家"在蒋村村民生活中的意义。

二、"弟兄家"的结成

在蒋村，"弟兄家"依习惯法为自然结成，在相互的交往中双方互相投缘，渐渐地有了更多的认同，而形成超越一般村邻亲友的亲密关系。

蒋村的每一户人家的男人基本上都有自己的"弟兄家"，只有个别个性极其怪异者没有。阿翔认为，老话说"狗有狗队，猫有猫队"，每个人总有要好的人，有两三个"弟兄家"是比较正常的。[1]

"弟兄家"多为蒋村本村的，以便日常来往。这些"弟兄家"数量不一定很多，通常为三五位，既有自己血缘相近的兄弟，也有邻居和生意朋友、合作伙伴。根据观察，阿翔现有三位"弟兄家"，一位为其三哥、另两位为邻居。

阿翔共有六兄弟，他跟其三哥比较谈得来，从小也跟着他三哥做事，长大成家后与其三哥也情投意合，一直保持着非常好的关系。阿翔的三哥住在镇上，离阿翔的家有点远，因而双方不是天天往来。

阿翔的其他两位"弟兄家"阿明和阿忠都是他的邻居，他们的住处离他家均不超过 200 米，基本上天天见面。

事例一

阿明比阿翔大一岁，双方因相知、相投而结成"弟兄家"。阿明也有五位兄弟，但仅与一个弟弟走得近，这与阿翔有些相似。阿明与阿翔两人都比较孝顺，对大人（父母亲）非常关心，照顾周到。两人都勤劳肯干，做事踏踏实实。两人为人都比较大方，不斤斤计较。或许是这些共同点，使阿明成为阿翔最好的朋友，是阿翔"弟兄家"中的关系最好者。[2]

在蒋村，"弟兄家"的结成多由生产、生活中逐渐了解而成，主要是基于观念大致相同、想法较为一致，志趣相投为关键，由相互之间的内心认同和合意所决定。通常，"弟兄家"之间经济条件相仿，一般相差不大。

按照习惯法，"弟兄家"的结成没有特别的仪式，也不需要有书面的协议或者口头的约定。

三、"弟兄家"的维持

蒋村"弟兄家"为一种活的社会关系，依赖日常生活中的来往、

---

[1]　傅子翔访谈录，2021 年 8 月 29 日。
[2]　傅子翔访谈录，2021 年 8 月 29 日。

互动而维持。对此，阿翔的理解是"弟兄家"的小孩结婚要去帮忙，"弟兄家"起屋要去搬东西，"弟兄家"爹娘老了要去慰问，"弟兄家"生病了要带去医院，经济上有能力要帮。[1]"弟兄家"之间的日常问候、礼物馈赠、出力相援、经济帮助、精神安慰是蒋村村民生存和发展的重要保障，也是村民生存意义、生活乐趣的主要体现。

与其他村民一样，阿翔与"弟兄家"之间来往密切，主要通过以下几种方式予以维持：

（1）日常问候。由于极少外出，阿翔与阿明、阿忠几乎天天见面，大多为早上时间和傍晚时候吃完饭后，阿忠、阿明分别来阿翔家转一下、坐一会，喝茶抽烟，互致问候，并聊聊近来的村内新闻。

有时候，阿翔干活不忙时，会约几个"弟兄家"一起喝酒聚餐，畅聊一下，热闹一下。

（2）礼物馈赠。在蒋村，隔壁邻舍之间互赠蔬菜瓜果是常事，大家互通有无，同尝共享。"弟兄家"之间则更为频繁。如"弟兄家"之间谁有什么好东西了就给其他几位分一点，共同尝尝。如阿明的亲家住在山区，常有竹笋等山货给阿明，阿明往往拿一些与阿翔分享。

（3）出力相援。阿翔与"弟兄家"之间常常相互帮忙，出工出力，解决困难。如2020年2月，阿翔脚受伤住院时，阿忠帮着陪夜照顾；阿明则帮他送货给合同单位。2020年清明节时，阿明陪同阿翔到山上扫墓。而在阿翔家有事例二进新房办上梁酒这样的事情时，"弟兄家"都会全力相助。

事例二

2021年5月29日为农历四月十八，阿翔在县城购买的一套公寓房装修好后进新房办上梁酒。这是阿翔家的一件大事、喜事，他的"弟兄家"纷纷前来祝贺和帮忙。当天一早，阿翔的三哥及大女婿、阿明、阿忠即到阿翔的新居帮忙。有的借桌椅板凳，有的买菜购物，有的烧菜弄饭，有的摆盘放碗，喜气洋洋又井井有条，阿翔家的新

---

[1] 傅子翔访谈录，2021年8月29日。

居因"弟兄家"的到来而充满人气。祭祀完毕、上梁酒仪式全部完成以后，阿翔请"弟兄家"一起喝酒，共同分享阿翔家的喜悦。[1]

（4）经济帮助。由于生产、生活方面种种需要，蒋村村民需要进行钱款方面的借用、周转，这通常首先求助于"弟兄家"。"弟兄家"通过直接借给、参加捐会、提供担保、帮忙牵线等方式帮其解决困难。如阿翔与其三哥一起合作办厂，工厂需要资金时常常短期向其三哥借用以应急需。

（5）精神安慰。"弟兄家"相互关心。家里出现生病等事时，往往第一时间叫"弟兄家"，"弟兄家"是最重要的依靠对象和精神支柱。在蒋村村民心目中，有"弟兄家"就有保障，"弟兄家"成为村民的"定心丸"。如 2020 年 2 月阿翔住院时，阿明、阿忠等"弟兄家"就对他关怀备至，给予强有力的心理支持和精神安慰。又如 2018 年 1 月，阿明、阿忠去医院看望住院的阿翔父亲，送上 530元慰问金；2018 年 2 月，阿翔去医院看望住院的阿明母亲，送上630 元慰问金。

"弟兄家"关系是一种无私奉献、不分你我、不计报酬、不讲回报、倾情付出的情义关系，其维持需要"弟兄家"用心出力、花钱，不能小里小气和患得患失，因而有时候可能会出现维持乏力的现象。如事例三中的阿忠就不时面临这种境况，

事例三

作为阿翔的"弟兄家"，阿忠家的经济收入稍微差一些，因而他在来往过程中往往以出力为主。也许由于收入有限，相比阿翔和阿明，阿忠在钱物方面略显小气。时间长了以后，阿翔和阿明不免在背后有所议论，乃至当面有所流露。阿忠自然有所感觉，有时就几天不来阿翔家。不过，阿翔和阿明还是把他当作"弟兄家"看，关系还是维持着。[2]

---

〔1〕 傅子翔访谈录，2021 年 8 月 29 日。
〔2〕 傅子翔访谈录，2021 年 8 月 29 日。

四、"弟兄家"的走散

由于种种原因，蒋村的"弟兄家"有的也会渐行渐远而慢慢走散，大家不再是"弟兄家"而减少来往、不再来往甚至永不来往。

就我们观察，村民阿翔这十来年就有两位"弟兄家"阿进、阿凯渐渐走散了，基本不再来往了。两位均为蒋村人，年龄与其差不多，但不再是"弟兄家"的情形既有相同也有不同。

事例四

阿进主要从事房屋等工程的承包，与阿翔原来关系密切，应属于"弟兄家"之列，阿翔家的房子即由阿进总包修建的。也正是这次 2011 年的建房使阿翔对阿进的看法有了变化。阿翔认为阿进建房时把关不严，致使工人干活粗糙，导致房屋存在不少问题。而阿进以为这些问题不太严重，没有阿翔想象得那么突出。于是，双方心里就有了结，逐渐阿翔也不就房屋事情找阿进了，阿进也不再来阿翔家了。之后，阿翔与阿进尽管在路上等场合碰到时会相互打招呼，但已经没有以前"弟兄家"的感觉了。[1]

与阿进的不怎么往来不同，阿翔与阿凯的走散更多的因素则在价值观方面。

事例五

阿凯一直与阿翔友善，双方为"弟兄家"关系，相互往来密切。不过，大概 2015 年时开始，阿翔对阿凯的借钱不还还不断编造谎言、盖房极听女儿话不量力而行用料超贵、不好好在厂拿工资却辞掉自己做等行为颇有看法，近五六年来阿翔和其他"弟兄家"一起不时与阿凯交流看法，还不断帮他出主意。但是，这样的结果是阿凯与阿翔他们来往渐渐少了，"弟兄家"关系也慢慢不复存在了。[2]

---

〔1〕 傅子翔访谈录，2021 年 8 月 29 日
〔2〕 傅子翔访谈录，2021 年 8 月 29 日

在阿翔看来，他与阿凯的慢慢走散主要在于阿凯认为自己有困难，阿翔这些弟兄家应该拿钱来帮助自己，自己的要求没有满足阿凯就不高兴。而阿翔他们认为作为"弟兄家"，帮助是应该的，但是你阿凯这样的想法是要钱，那大家"话勿拢"（说不到一起），无法形成共识，所以不能在一起了。[1]

在蒋村，类似事例四、事例五这样的阿翔的"弟兄家"慢慢走散的情况并非个例。按照习惯法，"弟兄家"的走散少有断然决裂的，也不会明确宣告、公开表示，多因双方之间在长期的了解、来往过程中，逐渐出现想法不同、看法有异的情况，而又无法调和与妥协，致使亲密关系出现裂痕，无法继续友好相处。

在蒋村，"弟兄家"的走散没有什么具体的责任，社会舆论通常并不过分关注，社会评价也不会明显降低。一般而言，大部分仍然维持表面的和睦关系，只是原来的亲密无间已经一去不复返了，令当事人和村邻有可惜、遗憾之感。

五、结语

由阿翔可知，蒋村村民中普遍存在着"弟兄家"现象，"弟兄家"之间来往密切，在物质、经济方面相互帮助，在心理、精神层面相互支持，形成紧密型的利益共同体、安全共同体，保障个人和家庭的正常生活，为发展提供有力的支持。

作为一种身边的小团体的社会初级组织，"弟兄家"为一种社会支持，能够弥补政府、农村基层群众性自治组织等对村民帮助、支持的局限，补充国家力量、其他社会力量对村民关心、保障的不足。

蒋村有关"弟兄家"的习惯规范基本为自然形成，主要以不成文形式呈现，通过内心确信、成员共识和社会舆论等予以保障，在村民生活中承担着满足成员需要、保障个体安全、维持社会秩序等功能。

随着社会的发展，蒋村的"弟兄家"及其相关规范会发生一定的变化，但是"弟兄家"现象应该会长期存在。

---

〔1〕　傅子翔访谈录，2021 年 8 月 29 日。

第二十九章
常生常新的人情往来习惯法

一、引言

崇尚礼仪为中华民族的优良传统，民众在日常生活中按照一定规范进行人情往来，表达感情，维系联络。在蒋村，村民以血缘、地缘、业缘等关系为中心，以家庭为单位形成了特定的人情往来圈，村民较为严格地遵守历史上一直有效并传承至今的人情往来习惯法。

为了解人情往来习惯法的当今状况和基本内容，我们于2015年2月16日至2月26日到蒋村进行了专题田野调查。我们实地观察了人情往来过程，访问了有关当事人，对蒋村人情往来状况和基本规范有了初步的认识。

本章以田野调查材料为基础，以蒋村田家为对象，对当代中国经济较为发达地区的人情往来习惯法的基本原则、主要规范进行描述和探讨，以进一步推进当代中国习惯法的调查和研究。

二、村民人情往来状况

在调查时，我们请田家夫妻就田家2014年全年间和2015年春节期间的人情往来进行了回忆和总结。

2014年田家的人情往来包括送礼金和送礼物两类。

在送礼金方面，有：①2014年3月，田家妻子的二伯父去世，送吊礼1030元，"五七"送500元；②2014年4月，田家丈夫四哥的女儿结婚，送 1280 元、另送上轿包 680 元；③2014 年 7 月，80 多岁的村邻施国坤去世，送吊礼 730 元；④2014 年 10 月，村邻周静田的女儿结婚，送 1200 元；⑤2014 年 10 月，田家妻子一初中同学母亲生病看望时送 1000 元，去世时送吊礼 1030 元；⑥2014 年 11 月，30 多岁的村邻王方明去世，送吊礼 1030 元。合计为 6 家共送礼金 8480 元。[1]

在送礼物方面，有：①2014 年 4 月，田家丈夫二哥大女儿生下双胞龙凤胎满月，送两条项链，价值 4000 多元；②2014 年 5 月，田家丈夫姐姐的女儿生子，送金马挂件，价值 1080 元。合计为 2 家共送礼物价值 5080 元。

这样，2014 年田家的人情往来送出的共为 13 560 元。2014 年田家没有什么事情，故没有收到礼金和礼物。

在蒋村，人情往来在春节期间尤为密切。2015 年春节期间的人情往来，田家送出的有：①给田家丈夫父亲过年钱 1000 元；②给田家妻子大伯母过年钱 200 元，另送一些礼物；③给田家妻子二伯母过年钱 400 元；④给田家丈夫二哥大女儿的三个小孩压岁钱各 400 元，共 1200 元；⑤给田家丈夫的二哥小女儿压岁钱 400 元；⑥给田家妻子表妹女儿压岁钱 1200 元。⑦田家丈夫四哥女儿结婚，不办碎酒，[2]改给压岁钱，新郎新娘各 800 元，共 1600 元。合计为 7 家共送 6000 元。

春节期间田家收到的都是给田家女儿的压岁钱，有：①田家丈夫的父亲给 200 元；②田家丈夫大哥的妻子给 200 元；③田家丈夫二哥的妻子给 1000 元；④田家丈夫四哥的妻子给 200 元；⑤田家丈夫的姐姐给 200 元；⑥田家妻子的哥哥给 1000 元；⑦田家妻子的堂妹给 800

---

〔1〕 近些年，田家送礼金的情况有减少的现象。如 2021 年，田家仅在 7 月村邻田金莲去世送吊礼 1530 元和 12 月村邻周烈妻子生病住院看望送 1300 元，仅两笔。田家妻子访谈录，2022 年 1 月 22 日。

〔2〕 蒋村有办碎酒习俗，伯叔姑舅姨等在正月里办一桌酒请晚辈新结婚的新郎新娘来做客，既表示祝贺也增进了解。不过，现在根据情况，为图方便，也有村民在腊月办碎酒的。如 2022 年 1 月 27 日（农历腊月廿五），村民周卫耀办了 5 桌碎酒，宴请了两位新人（一位准新郎为自己儿媳妇的弟弟，将于正月二十二结婚；另一位准新娘为妻子小弟弟的女儿，也在正月结婚），其他亲戚朋友也一起过年。周卫耀电话访谈录，2022 年 1 月 28 日。

元；⑧田家妻子的大伯母给 100 元；⑨田家妻子的二伯母给 200 元；⑩田家妻子哥哥的中学老师给 600 元；⑪田家丈夫四哥的亲家给 500 元。合计为 11 家共收 5000 元。

当然，平时在蔬菜等物品上互通有无，也是蒋村人情往来的一种体现，如 2015 年 2 月 17 日，村邻桑兴强给田家拿来一些菜苔、咸菜；20 日，田家妻子拿给堂妹 4 支竹笋，田家丈夫的二嫂拿去 2 条鲫鱼。

三、人情往来习惯法的主要内容

由田家人情往来分析，村民的人情往来是极具理性的，它的产生、进行的过程以及中止都遵循着特定的原则，维持着利益的均衡。根据我们的观察，蒋村人情往来习惯法的基本原则为真诚原则、自愿原则、相互原则、对等原则。

在蒋村，人情往来是表达某种情感，表示对对方亲戚朋友的关心、好感、尊重，体现了对与对方维持关系、保持来往的重视。

蒋村的人情往来为自愿的民事活动，双方家庭自愿来往，基本上不存在强迫、包办的情况。当然，有的人情往来可能略显不情愿，但是碍于情面仍然会遵循规范参与活动，不太可能断绝来往。

蒋村的人情往来是相互的，村民遵循"礼尚往来"古训，互相之间有来有往，互相关心、相互支持。人情往来体现的是人情，表现出的是相互经常的惦念、不时的走动。

在蒋村，表达人情往来大体按照对等原则进行，经济条件好的略微表达多一些，但是也不会太突出，需要考虑对方的承受能力和回报情况。

根据传统，结合现今社会的状况，蒋村习惯法确认的人情往来习惯法主要规范包括事项规范、对象规范、数额规范等方面，全面地调整人情往来的建立、维系和中止行为。

蒋村人情往来习惯法的基本内容包括：

（1）建立人情往来规范。在蒋村，人情往来的建立包括承继建立和新始建立两类，承继建立为根据血缘关系而进行的人情往来，通常为父系、母系和配偶系的亲戚；而新始建立为依照需要而进行的人情往来，多为邻居和朋友。

（2）维系人情往来规范。出于爱、关心、尊重、报答、互助等，蒋村的人情往来得以维系，为此必须十分重视，需要经常联系、问候，绝对不能忘记，因而有时需要向有关人士打听情况，有时需要查看以往的礼簿。

（3）中止人情往来规范。按照习惯法，人情往来在若干情况下可以中止。在以血缘为基础的人情往来关系中，由于死亡等自然因素，上一代的人情往来圈为下一代所不承继而中断，人情往来就会出现中止的情况。以地缘为基础的人情往来关系中，由于迁移等自然因素，人情往来往往即中止。此外，由于信仰不同，如信仰天主教的村民与信仰佛教、道教的亲友可能逐渐不相往来而中止。

（4）人情往来事项规范。蒋村的人情往来发生于订婚、结婚、丧葬（包括去世、"五七"、三周年）、生病住院、小孩满月、小孩周岁、做寿（20岁、50岁、60岁、70岁、80岁等）等事项，有的家庭还包括孩子上大学等事。

（5）人情往来对象规范。蒋村的人情往来主要在亲戚、邻居、朋友间进行，往来范围相对比较固定。近亲为主要的人情往来对象，村邻、朋友为交往较多的对象。同时，根据不同的对象进行人情往来，有差别地表达人情亲疏、远近。

（6）人情往来数额规范。按照习惯法，结婚送礼为双数，如1200元；丧事送礼为含3的数，如330元、730元等；根据亲疏远近、情感程度确定人情数额；人情数额逐年有所增加。蒋村所在的浙东地区，生活水平相对较高，因而人情往来的数额相对较大。

（7）人情往来到场规范。按照蒋村的人情往来规范，人情往来时根据不同情况应该全家或者父主或者代表到达主家。如果存在生病、在外地等无法亲自到场的因素，可以委托他人代为致送。

（8）人情往来补救规范。在蒋村，如果由于忘记等过失因素，人情往来规范允许进行事后补送等补救办法。

需要注意的是，蒋村人情往来习惯法也呈现某种变化，如出现了结婚时主家不收礼的情况，仅根据自己家的经济条件邀请一定范围的亲友来欢聚一下、热闹一下。参加婚礼的客人不需要致送礼金。

这表明人情往来习惯法会随着社会的某种变化而有所改变。

　　根据我们的观察，这一变化与国家大力倡导的移风易俗有一定的关系。[1]如2015年7月30日蒋村所在的海村村民代表大会表决通过的海村村规民约第8条就规定"倡导文明新风，喜事新办，丧事俭办，不铺张浪费，不盲目跟风攀比"。在这种大的氛围下，村民的观念有所变化，蒋村村民逐渐形成了怕以后"还礼比较麻烦、想省点事"的心理，因而出现了这一变化。

四、简短的结语

　　人情往来在蒋村村民的生活中有着重要的地位。蒋村的人情往来规范极其复杂，需要进行长时间的调查，本章仅仅是一个初步的总结和讨论。

　　通过对蒋村田家人情往来状况的考察，笔者认为固有的人情往来习惯法在蒋村仍然客观存在，现今蒋村的人情往来活动基本遵循传统习惯法的规范，村民的人情往来习惯法意识依然浓厚，人情往来习惯法在解决生活困难、保障家庭安全、满足心理需求、建构熟人网络、维护社会关系方面发挥着重要的作用。经济因素、社会变化促使人情往来习惯法出现某种变化，人情往来有变成商品交换的某些趋势。[2]

---

　　[1]　近年来，蒋村所在的市以创建全国文明城市为契机，大力倡导文明乡风，革除恶习陋俗，乡风民俗在无声无息中发生着质变：俭办婚礼，礼金献爱心；党员干部带头倡导移风易俗，丧葬志愿队，无偿服务村民；酒席不办或缩减，不收礼金。参见"移风易俗悄悄变　文明乡风拂面来"，载 http://gz. wenming. cn/china_ Towns/Towns_ xiangfeng/201612/ t20161207_ 3930794. shtml，2020年4月25日最后访问。

　　[2]　针对人情往来变味并可能引发腐败的状况，2014年8月15日陕西省柞水县人大常委会向全体人大代表发出了《"带头移风易俗　净化人情往来"倡议书》，提出"提倡婚事新办。以参加集体婚礼、社会公益活动等方式，举办仪式简朴、氛围温馨富有纪念意义的婚礼。自觉抵制婚车成串影响交通、鞭炮滥放污染环境的不良现象。朋友同事之间礼尚往来，以不超过20斤至50斤大米的价值标准，不宴请、不回馈物品与购物卡。提倡丧事俭办。弘扬勤俭节约，厚养薄葬，采取"献一束花、植一棵树、开一个家庭追思会"等方式祭奠逝者，人情往来也应以蔬菜、食品之类为宜，不得超过5斤至15斤大肉的价值标准。杜绝在公共场所搭建灵棚、吹奏鼓乐、高音播放哀乐。严格控制大量赠送花圈，总量应控制在5个之内，以减少对竹、木的浪费与污染环境。自觉抵制在社区内、道路两旁撒纸钱、烧冥币、搞封建迷信、大肆燃放烟花爆竹等不良行为。提倡喜事廉办。在生育、

　　当今蒋村人情往来习惯法的这一事实进一步告诉我们，历史上形成的固有习惯法在当代社会治理和现代法治建设过程中是有其特殊价值的，并不一定会随着时代的变迁而被遗弃。依法治国、法律现代化建设需要建基于中国社会的经济、历史、文化之上，我们需要从民众角度认真思考中国人的法生活方式，尊重这种法生活方式。

（接上页）升学、入伍、生日、乔迁等喜庆事宜时，自觉抵制盲从攀比、大摆宴席，做到不请客、不送礼、不收礼，在亲朋好友间通过一束鲜花、一条短信、一杯清茶、一句问候等文明方式，表达贺意，增进感情。"载 http://www.snzs.gov.cn/html/ggtz/cgggtz/45757.html，2015 年 6 月 9 日最后访问。

第三十章
乐捐济困的慈善习惯法

一

蒋村具有乐捐济困的传统，形成了慈善习惯法并传承至今。村民普遍有关心村邻、同情弱者、扶危济困的情怀，愿意尽自己力量帮助他人，共渡难关。蒋村村民一直有热心做好事的传统。

蒋村慈善习惯法的内容主要涉及慈善的组织、慈善的对象、慈善的事项等方面，规范比较简单。

二

在蒋村，当村民发生重大疾病、遭受交通意外等严重伤害时，便会有热心村民挑头或者由村里出面，发动村民捐款即蒋村俗称的"兜钱"，[1]解决其经济困难，助其尽快康复。

我调查时，在村民的记忆中，蒋村这些年至少有四次大的捐款慈善活动，村民和厂家都积极参与和支持。

（1）蒋村村民王建根，在 2000 年左右 50 多岁时突生急病，无

---

〔1〕 在蒋村，村民其他的"兜钱"捐款行为包括为修庙（修教堂）捐款、为修村文化礼堂捐款、为灾区捐款等。

钱医治，面临死亡的危险。按照村民贾思坤的说法"没有钞票就要死了"。见此情景，热心女村民阿毛婶出面为他在村民中"兜钱"，即挨家挨户上门捐款。阿毛婶平时为人善良，她出面"兜钱"效果很好，村民都非常支持。靠着这笔捐款，王建根多活了二十年，前两年他70多岁时才去世。抢救过来之后两三年，王建根到余姚做"进舍郎"（上门女婿），每次回蒋村来都很客气，送很多东西给村民。[1]

（2）2008年11月的一天早上，65岁左右的施静利（他有一个儿子，好像一直在外面）骑摩托车于对方装满货的电瓶三轮车相撞，对方赔偿了一些，但是不多，不够医药费。车祸导致他头部受伤，非常厉害。村里知道后，组织村民进行捐款。根据2008年12月1日的统计，捐款共为42 007元，其中村民捐款35 130元、新城菜场捐款6877元。村民捐款中有一企业和一个人捐3000元，个人捐款2000元的有4人、50元的8位，共有50个人和6个企业捐款。新城菜场捐款者中捐款330元的有2位，有捐款200元的，捐款5元的有11人，共120人捐款。施静利后来医好了，身体恢复还好，现在人还在；不过身体还是有些影响，无法做"生活"（做工）。[2]

（3）大概2010年时，蒋村村民罗国华的独子，是个退伍军人，26岁左右，还没有结婚，也没有对象，在镇派出所做保安值班时发生脑溢血，急送市人民医院抢救，看病治疗10多天，后来很遗憾没有救过来死亡了。他这情况工伤定不了，派出所承担不了相关费用，镇里与蒋村的村民周正武商量。于是周正武出面协调，叫罗国华他们家属不要去派出所闹。周正武发动村坊上捐款。周正武去各个工厂和村民处捐，总共捐款十五六万元全部给了罗国华家。在周正武看来总要安慰人家一下。[3]这次活动，捐10 000元的工厂或村民有好几个，有的村民捐1000元。

（4）2013年蒋村村民钟建欢生病，肝腹水，当时他已经离婚，有一女儿。当时是王建欢的弟兄家马苗凤等先发动捐款，大概捐到

---

〔1〕贾思坤电话访谈录，2022年1月29日。

〔2〕贾思坤电话访谈录，2022年1月29日。

〔3〕周正武访谈录，2016年5月23日。

了五六千元。后来发现钱不够治病，马苗凤他们就告诉村里，村里就出面再发动捐款，岑飞球、项建强、王岳云、俞国华等领头去"兜钱"（捐款），村民有捐 500 元的、捐 1000 元的，办厂的董国平捐了 5000 元。全村共捐款 4.49 万元。当年钟建欢看病买药用完后，这些捐款还有剩余。他住院回来时，大概还多 1 万多元用于康复。钟建欢康复之后身体恢复还可以，于 2019 年去世。

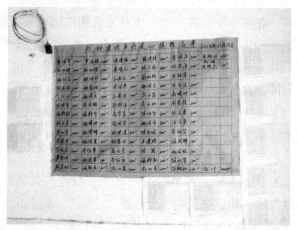

贴在村老年活动室墙上的捐款名单（2016 年 5 月 24 日摄）

三

蒋村这些乐捐济困的行为，客观上救助了危重病人，使大多数被救助的村民恢复了健康。同时，这些慈善行为体现了蒋村村民的爱心和善意，彰显了蒋村村民之间的关心和团结，呈现出蒋村良好的村风村貌。

四

近些年，蒋村的经济发展不错，村民收入总体提高，就没有出现以前那样的捐款情况。不过，这些年社会风气确也有些变化，这

也多少影响蒋村村民的行善之心和济困行为。在村民岑如涛看来，
"以前村里有困难的，大家会帮助。现在有人领头去捐，可能没有人
理睬了。不会像以前那样的了。有些人现在没有面子了，面子大家
不太挨了。村里人不大看面子了，人心顾自己了"。[1]

---

〔1〕 岑如涛访谈录，2015 年 10 月 17 日。

第三十一章
变化中的丧葬习惯法

一、引言

人死为大，死亡为人生的最后一场大事。在蒋村，人去世俗称"老倒""老掉"。村民非常重视人去世后的丧葬事宜，丧葬习惯法规范全面、内容具体，具有极强的约束力。[1]当然，由于国家法律、政府政策、社会发展等因素的影响，蒋村的丧葬习惯法也在不断的变化。这些在停灵规范、葬制规范、吊礼规范、主事和帮忙规范、丧葬费用规范等方面都有体现。

本章以2014年2月17日蒋村79岁的村民张世强去世后的丧葬活动为对象，对蒋村变化中的丧葬习惯法做一探讨，思考生活中的习惯法的具体规范和实际功能。

二、停灵规范

按照蒋村习惯法，老人断气、去世后放鞭炮并分别报死讯，[2]通知相关亲属、亲戚，开始办理后事。先送终净身，进行入殓，

---

〔1〕 民国时期，蒋村民间殡葬礼俗颇为烦琐，送终、沐浴、移床、报丧、吊唁、守灵、入殓、出丧、入穴、做七等程序完整，缺一不可。参见慈溪市民政志编纂委员会编：《慈溪市民政志》，上海辞书出版社2013年版，第413页。

〔2〕 以往没有电话时，需要派人去报讯，报讯者按习惯法倒拿一把雨伞，见到的亲戚即明白情况，并摔碎一饭碗。报讯者通常至少需要在被报信家喝一口水。现今多通过电话、微信告知，登门告诉的极少了。孙才国访谈录，2022年1月23日。

2014 年 2 月 17 日早上 5 点左右张世强去世后即由近亲属擦洗身子，穿上已经准备好的衣服，[1]随后遗体移至灵堂安放停灵祭祀，亲人轮流守灵，亲戚朋友村邻前来祭吊。[2]有人来跪拜时，女儿一般在旁痛哭，表达哀思。

张世强去世后，孝男孝女如子女、侄子女、孙子女就依习惯法需要穿孝衣，孝衣为白大褂、白帽和麻绳。出丧后就可以除掉孝衣。

蒋村停灵的时间长短不一，近几年一般停灵三天两晚，[3]较少有超过这个时间的；若多停一天，花费就显然要增加。家庭经济条件好的，可能适当多停一两天。张世强是 2 月 17 日去世，停灵三天两晚后 19 日早上 6 点 8 分发表。三天为经过了三天，前后历经三天。

停灵期间需要有亲友一直陪灵。来吊唁的亲朋，按规范应一直在丧家陪灵，但真正一直陪灵的多为子女，尤其以女儿、儿媳妇、孙女等女性为多。晚上尤其是后半夜多为儿子等男性陪灵。

张世强停灵的两晚，头一晚即 17 日晚上由张世强的女儿出钱请了道士来念经祭祀，[4]费用大概 2000 元，后一晚即 18 日晚上侄女

---

〔1〕　衣服共穿 7 件，上身穿 5 件，分别为衬衫、罩衫、夹袄、棉袄、马褂，下身穿两条长裤。孙才国访谈录，2022 年 1 月 23 日。

〔2〕　如果老人在夏天去世，丧家就需要租用冰棺安放遗体，进行停灵。

〔3〕　若是半夜去世的，就可以少一天；若是早上去世的，则需要足足的三天三夜。

〔4〕　蒋村人过世后做道场还很普遍。亲人亡故，请道士做法事，超亡功德包括发符召天、诵经、斋坛、礼忏、施食、送神等环节。参见宁波市文化广电新闻出版局编：《甬上风物——宁波市非物质文化遗产田野调查（慈溪市·附海镇）》，宁波出版社 2011 年版，第 59 页

叹亡灵是道士在祭奠死者时唱的一段词，称为"道士哭灵词"，内容通常包括："功德圆满送亡灵，亡灵呀，今日孝敬的儿女发全心，超度你老大人西方路上早超生，亡灵呀，亡灵呀，你早早已到西方路，从今后这条路上去了不再到阳间来……亡灵呀，依千要好，万要好，大大小小统管牢，最小一帮（小孩）河头水面都管牢，管得老帮（老人）无病无灾身体健康生活好，千斤百担依来挑，功德以后，我的话将来是会好，句句闲话都到号，到后来，道场功德还要给依拷的闹堂堂。"参见宁波市文化广电新闻出版局编：《甬上风物——宁波市非物质文化遗产田野调查（慈溪市·附海镇）》，宁波出版社 2011 年版，第 27~29 页。

散居民间从事符箓斋醮、驱魔降妖、追荐亡灵等迷信职业的人，俗也称道士，1987 年时蒋村所在的县有 117 人。参见慈溪市地方志编纂委员会编：《慈溪县志》，浙江人民出版社 1992 年版，第 967 页。蒋村有一位 20 世纪 70 年代出生的道士。

出钱请了和尚来念经祭祀，费用为 800 元左右。[1]18 日下午还请了尼姑来念经，即念"板头佛"，费用不到 800 元。这两晚上的念经祭祀的时间均较以往为短，在晚上 12 点前就都结束了，过去往往在后半夜才结束。

三、葬制规范

以往蒋村实行土葬。现在政府一律要求火葬，不准进行土葬。[2]不过农村的老年人恋土情绪还较浓厚，故往往在山上先做好大坟，可放两口棺材的大坟、椅子坟。[3]

张世强早在七八年前就已在山上做好了大坟。2 月 17 日张世强去世，停灵三天两晚后 19 日早上 6 点 8 分发丧。发丧时有的生肖属相者需要回避，以免犯冲而出现不好的后果。下照为 2022 年 2 月 4 日

---

[1] 2022 年 2 月 4 日 88 岁的蒋村村民沈德潜去世时，其亲属请 7 位道士的费用为 4950 元，请 8 位和尚的费用为 1660 元。唐生庆微信访谈录，2022 年 2 月 6 日。

[2] 1997 年 12 月 1 日，慈溪市境内全部确定为火葬区，结束土葬，死者除部分少数民族外，遗体一律火化。参见慈溪市地方志编纂委员会编：《慈溪市志（1988–2011）》（上册），浙江人民出版社 2015 年版，第 405 页。

按照 1997 年 11 月 14 日溪湾镇党委、政府与蒋村党支部、村民委员会签订的《殡葬改革目标管理责任书》，蒋村党支部、村民委员会在殡葬改革中的职责、任务为：①将殡葬改革工作列入本村两个文明的总体规划，提高（上）议事日程，制订工作计划，切实解决工作中的实际问题和困难。②建立殡葬改革领导小组，做到主要领导亲自抓，分管领导具体抓，专门力量重点抓，有关部门配合抓。配套殡葬信息员，保证工作及经费及时到位。③深入搞好殡葬宣传发动工作，层层建立殡葬改革目标管理责任制，坚持一级抓一级。④抓好辖区内死者遗体的火化工作，确保火化率达 100%。对违反规定擅自搞遗体土葬的责令丧户限期起棺火化，逾期不执行的予以强制性起棺火化，费用由丧户承担。⑤指导丧户将骨灰放入公墓或将骨灰存放楼（室）。严禁骨灰入棺发葬，提倡骨灰撒江撒海或植树深埋，不留坟头。⑥继续治理原有土葬坟墓，有计划、有步骤地迁移、平毁或深埋。"三沿五区"内坟墓到 1999 年基本实现上述地区无坟化。蒋村档案：目录号 27，案卷号 1。

[3] 蒋村做坟前须看风水，以保福禄和平安。蒋村村民林连贵 1935 年 1 月出生，2016 年去世。他会看风水。按照他的讲述，做坟看风水，讲究坟前照山不冲，叫作"前面照着凤凰山，后面对着龙盘山，福人困福地，向导勿错移，下代子孙代代发，骑马坐轿三鼎甲。"参见宁波市文化广电新闻出版局编：《甬上风物——宁波市非物质文化遗产田野调查（慈溪市·附海镇）》，宁波出版社 2011 年版，第 131 页。地方政府现在禁止私自占地做坟。如 2007~2008 年，蒋村所在市的市民政局连续组织 41 次殡葬专项执法行动，共强制拆除违规新建坟墓 447 穴，治理公墓单位超面积建坟、超标准立碑 424 穴。参见慈溪市民政志编纂委员会编：《慈溪市民政志》，上海辞书出版社 2013 年版，第 421 页。

80多岁的蒋村村民沈德潜去世后，贴在门上的道士所给的发丧时的回避纸，上有回避者的年龄，包括7岁、19岁、67岁等。这些人需要在发丧时回避一下，至少头要转一下，不直视。

发丧通常在清晨，在村外大路口要进行浇杠仪式。张世强的遗体放入殡仪馆来接遗体的棺材内，待众人将棺材在两条长木凳上放定后，帮忙出殡的壮劳力迅速把两条用来抬棺材的长木杠捆绑在棺材两边。这两条长木杠俗称太平杠，浙东地区民间流传，

回避纸（2022年2月6日，
唐生庆提供）

太平杠好似两条蛟龙，一左一右护卫在棺材的两边。因此敬重护送的蛟龙与敬重去逝者一样重要，在出殡之前先必须用酒祭浇蛟龙——太平杠，民间俗称为"浇杠"，意为希望这两条蛟龙能顺利平安地把去逝者护送到仙界天堂。大路路面早已清扫干净，有两个晚辈男孩手擎挂着纸幡的竹杆在前引路，一儿子捧张世强遗像，其后一人边敲锣边撒些纸钱于道上，帮忙村邻将棺材抬至已准备好的浇杠处。

过去浇杠由村中熟悉的老人主持，现在蒋村的浇杠已由专业化的殡葬服务人士主持。张世强的子女、侄子女、孙子女身穿孝衣跪在棺材后边的地上后，浇杠主持者手端放有锡壶、糕点等物品的木漆茶盘中，站在凳上，口中大声念浇杠词，[1]说一句浇杠词浇洒一

---

〔1〕 蒋村的浇杠词，有的开始说"一朵荷花遍地开，男的孝子跪下来，女的孝子两边站"，最后说"浇头浇尾都浇到，南端北端紫微照，财神菩萨送元宝，帮忙兄弟听得牢，裤脚管卷得高，草鞋头绳系得牢，上面当心电线勾，下面当心水泥路里溜，天无天地无地，姜太公在此百无禁忌，开路发炮抬者有到"。参见宁波市文化广电新闻出版局编：《甬上风物——宁波市非物质文化遗产田野调查（慈溪市·附海镇）》，宁波出版社2011年版，第109~112页。

次锡壶中黄酒，把酒洒向太平杠与棺材以及跪站的子女儿孙们。浇杠主持者念浇杠词往往即兴创作，会根据逝者实际年龄和性别而讲，先会把逝者一生的功德业绩总结出大段说词，加以颂扬，如"今年年纪79岁，白发老龙在里边，辛辛苦苦一世人，拳头一捏眼一闭，脚踏荷花见阎王，百万家产给子孙。保佑子孙好人家，生出一只聚宝盆，日出黄金千万两，夜出明珠用斗量"；之后，浇杠主持者又对自己和前来帮忙的众亲友来一番夸赞；接着，浇杠主持者又会祝福子孙，如"浇杠浇浇头，下代子孙吃勿愁。浇杠浇浇腰，下代子孙铜钿多。浇杠浇浇脚，下代子孙会发财。浇杠浇到东，下代子孙出英雄。浇杠浇到南，下代子孙出阁老。浇杠浇到西，下代子孙造府第。浇杠浇到北，下代子孙好享福。浇杠浇四圈，子孙会到金銮殿"。现在的浇杠主持者还会与时俱进，增加一些符合时代精神的内容。如："浇杠浇浇头，到老吃穿不用愁，通讯网络到桌头，奔驰宝马停门头。浇杠浇浇腰，一代更比一代好，外国老板来通商，上海北京都有房"；"芝麻开花节节高，二楼三楼不够高，家有电梯步步高，要比上海金茂大厦八十八层还要好"；"小朋友吃了我的浇杠糕，考试年年考得好，重点大学稳当上，革命接班人争取当"等。浇杠主持者最后会对送葬过程中的一些规矩和注意安全事项高声吩咐。在浇杠主持者说完"顺风顺水，大吉大利，四方平稳，开锣发炮"后，浇杠主持者将浇杠糕点撒向四方，此时炮仗齐放，子孙们会在棺抬起后弯腰从棺材底下钻过。在棺材放入殡仪馆的灵车上后，张世强出殡送葬队伍坐车驶向殡仪馆火葬场，一路有人边敲锣边撒些纸钱于道上。〔1〕

2月19日上午8点30分左右张世强遗体火化完成拿骨灰盒出来，送葬的人就坐车去隔壁镇山上的坟墓进穴。现在蒋村的葬制为火葬加准土葬，或者是火葬加土葬的混合模式。死亡后将火化后的骨灰盒再按照土葬的葬仪放入棺材内，再将棺材推入坟中，实为基本按照土葬仪式进行，张世强出丧的程序就基本按照土葬的仪制进行。在坟墓下面的空地放棺材的上方用塑料布搭一棚子，将骨灰放

〔1〕 本部分参考了莫非的"三北民间的出殡浇杠习俗"，载 http://blog.sina.com.cn/s/blog_9fbb08c70101c2oz.html，2021年10月5日最后访问。

入棺材内的衣服、裤子内，似土葬般死者躺着，再在上面盖被子，再放入香袋等物后盖上棺材盖封上。[1]棺材封上后，所有在场的亲戚朋友手拉手围绕棺材先顺三圈再倒三圈，谓送死者最后一程。随后把棺材放入坟内，用砖封好，再立上碑。之后进行祭祀，张世强老人的安葬仪式即告完成。返回丧家时，进门前去过坟上的人需按规范跨越一个燃烧稻草的火盆。

由于政府严格控制新自建坟墓。因此现在也有老人选择安葬在公墓，公墓的墓穴位置有限，大多不能放棺材入内，仅将骨灰盒放入之内，这样省去了将骨灰盒放入棺材的环节。以后基本上是火葬放入公墓，葬仪将会更加简单。

按照传统的葬制、葬仪，多子女的家庭、大家族较为合适。因按照习惯法，丧葬涉及事务较为广泛，各个环节、程序所需人力较多，停灵期间需由人陪伴，尤其是陪夜。子女少的家庭就较为冷清。张世强有四子一女，还有孙子外孙辈，整个停灵、安葬过程较有人气。

三、吊礼规范

张世强去世后，他的亲属通过请人报死讯、电话告知、微信告知等方式通知有关亲戚、朋友。得到消息的亲朋就依习惯法来张世强家吊唁，向其亲属表示慰问。

来吊唁的亲朋，按固有习惯法规范应一直在丧家陪灵，但真正一直陪灵的多为亲戚尤其是近亲亲戚，朋友大多来送吊礼或吃饭时来一下，出丧那天来一下，是否去火葬场、是否送去坟墓则并不一定，一般是尽量参加，但也有出丧后不送去火葬场、坟墓的客人，出丧后去忙自己的事了，随后中午直接来吃饭。像张世强女儿张巧玲的那些小姐妹就是送吊礼时来一下，19日中午正餐吃饭时又来一下。

近些年蒋村这边在送吊礼方面，年龄大、无太多收入的老年妇

---

[1] 在棺材的最底层，往往用一元硬币盘成一个"福"字，再为一张席，之上为一条垫被，再放遗体或者骨灰（分别放上衣、裤子内），再为亲戚送的被子（棺材一般放20多条，放不下的烧掉），再上面为一件上衣，如平常晚上蒋村村民睡觉时样子。孙才国访谈录，2022年1月23日。

女通常送 530 元、330 元。条件好、关系近的则送 730 元、930 元等。[1] 张世强的侄子女各送了 1030 元，算是送得比较重。张世强唯一的外甥送了 230 元，张世强的侄女婿就觉得送得太少了一点。张世强外甥的理由是张世强家以前在他妈生病、去世时也不怎么送，他没有什么好处，所以他与他们不亲近，关系不好，连来也都不怎么想来，送 230 元已经是大面子了。

除了礼金，吊礼还有根据传统规范送被、送佛的，也有按照现在规范送花篮、花圈的。

丧家通常请两位至交的亲戚或者朋友负责吊礼的收纳、记录。张世强家这次共收到吊礼 5 万多元。由于客观原因，我没有收集到张世强家的吊礼簿。蒋村的吊礼簿，有的用学生的作业本，有的则简单地用单张纸记载，如 2011 年农历十一月二十五（2011 年 12 月 19 日）去世的蒋村女村民付温迅家，吊礼是用 9 张纸来记载的，其中最后一张如文书一：

文书一

吊礼单纸[2]

汪强卫	730 元	2 人	
项锦启	530 元	3 人	花篮一只 被 1 条
席良魁	330 元	2 人	佛 1
徐大满	1300 元	1 人	
	吊礼 73 215-	38 898-	现金 34 317-
余小菲	530 元	1 人	花圈 1 只
周大卫	530 元	2 人	花圈 1 只
罗晨曦	530 元	2 人	花圈 1 只
陈 融	1330 元	2 人	花圈 1 只

---

[1] 在蒋村，由于各家的人际往来各不相同，收到吊礼的情况也有差别。如 2022 年 2 月 4 日村民沈德潜去世，他有三子一女，多办厂，平时来往朋友较多，共有 143 家致送吊礼，共收到吊礼 204 210 元，多的有送了 11 300 元、5300 元吊礼，少的送 400 元、530 元吊礼，较多的送 1030 元、1300 元吊礼。整个丧事花费 28 万元左右。唐生庆微信访谈录，2022 年 2 月 6 日。

[2] 徐正标提供，2021 年 12 月 21 日。

孙　力	1330 元	2 人	花圈 1 只	总计	115 户
陈进权	1330 元	2 人	花圈 1 只	总计人	228 人
				总计人民币	83 225 元
10 户	2470 元	18 人			

对丧家而言，需要认真保管好吊礼薄，以为以后还礼的参考。

按照习惯法，吊唁是一辈一辈有区分的。2 月 17 日张世强去世时，来吊唁的大多是奔着张世强夫妻这一辈的。如蒋村村民李晓忠去世时，张世强他们去吊唁。这次李晓忠家的几个儿子商量，原准备由长子李国振做代表来吊唁，后来是由李晓忠妻子来吊唁的，李国振他们晚一辈就没来了。蒋村村民王思潮的妻子去世时，张世强他们也去吊唁了，这次王思潮来吊唁，其儿子没有来吊唁送吊礼。在习惯法规范上而言，

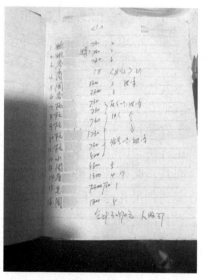

吊礼薄之首页（2022 年 2 月 6 日，唐生庆提供）

丧葬是父辈对父辈、子辈对子辈，除非子辈之间关系亲密，父辈的事，父子辈也会一起共同来往的。

因而这次张世强丧事的吊礼总的是奔着父母这一辈来的，即主要为张世强夫妻以前有人情来往的亲朋。但也有张世强儿女的个人朋友而非张世强夫妻亲朋或者家庭朋友来送礼的，纯粹是考虑某个儿或女的面子，这部分吊礼按照习惯法以后是由儿或女个人单独还礼。体谅的兄弟，有的会提出来将这部分吊礼留起来给姐妹或者朋友多的兄弟，以减轻她或他的负担，但这种情况在蒋村不太多见。通常来的私人朋友不会太多，金额也不会太大。不过，张世强去世后，其女儿张巧玲为了张世强后事的人气旺一些，专门通知了自己的十来个小姐妹。张巧玲的这些朋友有送 730 元的，也有送 1300 元

的。这些礼金需要张巧玲诱惑自己在小姐妹有事时回还。

收到吊礼的礼金，通常用于丧事活动支出；有的是将吊礼的礼金留起来给健在的母或父，完全由儿子出丧葬费用。也有父或母仅留一半吊礼为自己养老、求医、送人情回礼之用。如果父或母体谅儿子，则不留吊礼，全部拿出来作丧葬开支，这一决定权在仍健在的父或母一方，因为亲朋来吊唁主要是看父母的情面，或是以前父母一辈以前送了人情亲朋相邻来还礼；更有父母在办丧事时出部分费用，这对儿子更为体谅。这次张世强妻子 2 月 17 日一开始拿出 2 万元先用作有关开支，后来张世强的儿子们将这 2 万元还给了她，说我们儿子来负担丧葬费用，不要张世强妻子出钱。

在蒋村，吊礼除了表达慰问、怀念死者的功能之外，还具有明显的经济帮助、互助的功能。几年前张世强的儿子张锋的妻子生病去世后，张锋的三哥夫妇商量，说帮助他一下，并与其他人商量，于是送的吊礼比较重，为 10 300 元，其姐张巧玲送 5000 元，这样吊礼的标准就抬起来了，提高了不少。结果办完丧事后，吊礼除开支丧葬费用外，还余 2 万多元，这在当时是一笔不少的钱。当然，这与张锋他们信教，教友进行了一定的帮助有关。同时，信教的人办理丧葬时不请和尚、道士做法事，这样开支也比较少一些。因此，吊礼的经济帮助、互助方面的作用较为明显。

根据习惯法，丧家需要对送吊礼的亲朋回礼。张世强家这次的回礼有一桶金龙鱼油、一只热水瓶、一只大铝盆、一包火柴，价值大概有 100 多元；[1]三天中至少给 3 包硬中华烟（送吊礼时给一包，18 日晚上吃饭、19 日中午吃饭时各一包），三包烟按每包 60 元算就有 180 元；这不算吃饭等。对张世强外甥这样礼金送得少显然是赚的，不过这样的情况属极少数。

四、帮忙规范

丧事事务繁杂，蒋村办丧事需要按照习惯法请主事人和请村邻

---

　　[1]　2022 年 2 月 4 日沈德潜去世时，为免麻烦，其亲属对送吊礼亲朋的回礼为 180 元现金、一包软中华香烟、一只打火机。唐生庆微信访谈录，2022 年 2 月 6 日。

帮忙。

办丧事需要请主事人。这次张世强去世，请的是张世强的小舅子即张世强子女的舅舅来主事，蒋村俗称为"柯桌"，总管各项事务。

主事人比较担心来吊唁的人比较少，吃饭的人仅两三桌的话就很不体面了。丧葬作为死者的最后一场事，关乎死者的社会评价、社会影响，来吊唁者的多少为一个主要的衡量标准，名声好的人自然来悼念的人多，最后送一程的人多。蒋村的人比较在乎这个名声，社会舆论较关注此点。这次张世强去世，2月18日晚餐有16桌，[1] 客人基本来齐了，所以主事人决定19日中午正餐准备20桌，实际开席16桌，所以总体上来的客人还可以，表明张世强的社会评价还可以，对一个普通农民而言还是不错的。

同时，由于事务较多，需要不少村邻来帮忙。张世强家这次请了十位男村邻、五位女村邻为帮忙人。帮忙人来得多与少、是主动来还是被动请关乎一个家庭、死者的脸面。帮忙人为义务，都按照习惯法尽义务，没有报酬，但丧家按老规矩送一些礼物给帮忙人。帮忙的人通常又送吊礼，又帮忙，丧家的回礼就有两份，这样下来有些物品就比较多，可能就用不上。这次，主事的舅舅就与张世强的几个儿子商量，看是否不给帮忙的人送礼物，而是每人给230元钱。但帮忙人不认同这样的想法，帮忙人孙忠诚说："这样帮忙好像做小工一样。"[2] 在蒋村人看来，去帮忙又不是去赚钱，性质不同的。最后张世强家还是依以前规范给每位帮忙的人送了礼物。帮忙为相邻之间的互助，你帮我，我帮你，有事就互相帮助。这是固有习惯法的核心观念、价值之一，体现了农村互助习惯法的基本价值。

帮忙的人一般为邻居，较为能干，且有一定的经验；帮忙的事

---

〔1〕　在蒋村，来吊唁的亲朋都在主家吃饭。平日几餐均为素餐，2月19日出殡后的午餐为正餐，主家用酒席答谢来吊唁的亲朋和帮忙的村邻。这一餐相当于结婚的正餐，比较丰盛，有荤有素，还有酒、饮料。张世强丧事的这一正餐，每桌的花费包括酒水大概为2500元。

〔2〕　孙忠诚访谈录，2014年2月19日。

务包括安葬死者和接待客人两大方面，安葬死者方面包括入殓、停灵、发丧、火化、安葬等事务，接待客人方面有收吊礼、购买菜和各类物品、借各种物品等方面，事务较为繁杂。张世强的后事办理方面，帮忙者最辛苦的是2月18日下午抬棺材上山一事。当时雨下得很大，后又转为雪，共13位帮忙者和张世强的子侄抬棺材上山。张世强的坟墓修得比较高，坡比较陡、路比较窄，向上极为难行。一路上有三四处更为难行，一为过一溪水处，水很大；二为下面有几处窄路不易用上力；三为最后快到坟墓时有一陡处且急拐弯。在孙忠诚看来，史蔚麟确实有杀心，也有力气，既要指挥，又一人独一头，不能不让人佩服。那天抬棺材以后，有一位帮忙者陈志武对一位村邻说，"最好以后人家不要来叫我帮忙，我抬棺材也抬不动了，以后帮不成忙了"。[1]那天下午陈志武到坟头后脸煞白，靠在那里人都不怎么会动了，累坏了。当时，原计划为派6人去抬棺材上山，后史蔚麟等人提出来不够的，这样最后一共去了13人，还算好一些。事后大家都对提前一天而不是19日上午当天抬棺材上山这一决策非常肯定，因为那天人比较多，帮忙的可以多派几个去；而19日上午又要去火葬场，又要买菜，帮忙的人力分散了，就比较麻烦了。

蒋村帮忙的人多为仍在做农民的人，办厂的人、做老板的人可能因为时间问题（需要三天）、体力问题（体力较弱）、态度问题（不愿辛苦）等基本上不会成为帮忙的人。帮忙的人有的很早就由主家发出邀请了，如张世强的妻子过年前就对孙忠诚说"以后他（张世强）老倒了你要来帮忙的"。[2]当时在菜市场，另有一位其他人在场，孙忠诚不好不答应。从孙忠诚内心而言，他也不太愿意来帮忙。从总的趋势来看，找帮忙的人是越来越难了。在蒋村，一个普工一天也有100多元，帮忙三天时间的人经济损失比较大。因此，帮忙更多的是讲情面，从与主家的感情、历史交往等方面考虑的；

〔1〕 陈志武访谈录，2014年2月19日．
〔2〕 孙忠诚访谈录，2014年2月19日。

但也有些越来越考虑经济因素的情况出现。[1]

帮忙的人比较辛苦，需要起早落夜，如2月19日早上4：30刘浩龙、孙忠诚就要起床去拿包子。同时丧事的事务也比较繁杂，唯恐有漏，照顾不到之处，让客人不满或丧家不满，出现费力不讨好的结果。

按照习惯法，张世强家除了19日中午正餐招待帮忙的人外，19日晚上又请他们吃饭，以示感谢。

特别是，农村的人比较爱传话，也喜欢比较，谁家一有什么事，便很快传开了，相互议论一番。这次张世强去世办理后事，村里的人包括来帮忙的人、做主事人的舅舅都担心张世强的几个孩子吵架。这由于大约十年前，张世强的四儿媳去世时，张世强长子的儿子张超就与其二叔吵了起来，并当场掀翻了桌子，大吵了一场。有一位帮忙者史蔚麟说："这次他们家办事没有吵闹，很好了。以前没有一次太太平平过，都要闹的。"[2]蒋村来帮忙的村邻都有些害怕的，希望张世强的后事办得顺顺利利，不要发生不愉快的事，这样帮忙也舒心一点。

五、费用规范

在蒋村，丧葬的费用主要包括停灵、吊唁期间的招待费用、火化和安葬方面的费用等，有的也包括之后祭祀的费用，一般不包括购买墓地、做坟等费用。

根据固有习惯法，蒋村的丧葬费用通常由儿子出丧事费用，由女儿出念经等佛事费用（指信迷信、信佛教家庭）。

这次张世强丧葬共花9万多元。吊礼总共收有5万多元，吊礼冲抵丧葬花费后，剩下的4万多元费用由张世强的四个儿子平摊，

---

〔1〕　如2017年1月，蒋村村民曹金良去世时，他们家给帮忙的人每人220元；过了一阵子，许名华去世时，他们家给帮忙的人每人260元。村民包福认为这样不好，没有钱的人家给不起，以后事情怎么办。包福访谈录，2017年4月5日。2022年2月4日沈德潜去世时，其亲属给11位男性帮忙的人和6位女性帮忙的人每人280元。唐生庆微信访谈录，2022年2月6日。

〔2〕　史蔚麟访谈录，2014年2月18日。

每位儿子仅需负担 8700 元，负担比较轻，每个儿子的实际支出不到 1 万元。

按照蒋村习惯法，父母去世，由女儿做法事，是女儿表达对父母的感谢、怀念，这笔费用由女儿承担；若女儿多，一般就由女儿们分担。父母去世后"三七"放焰口、做法事，什么都需要由女儿出，连酱油、醋也都需女儿自己带来。张世强丧葬期间的佛事费用需由女儿来负担，这笔费用由张世强女儿承担。张世强仅一女儿，这些费用就完全由其一个人承担。2014 年 2 月 17 日张世强去世，19 日早上出丧，期间 17 日、18 日请了两场道士、两场和尚来做法事，这笔钱共花 1.6 万元；其中一场和尚的法事由张世强的一位侄女负担。这样停丧期间张世强女儿花费近 1.4 万元。张世强去世后"三七"时，还需由女儿做法事，包括放焰口等，大概要花费 1 万多元。这样张世强女儿为其父亲丧葬直接支出就需要近 3 万元。

这次张世强丧葬，儿子与女儿这样两下对比，张世强女儿的经济负担明显就重于其兄弟。同时，她有十来个小姐妹、朋友来送吊礼，而且大都送一千多元的重礼，这笔吊礼需由张世强女儿日后去还礼；算上这笔费用，张世强女儿的费用负担就更重了。所以这次张世强丧事办理后，张世强女儿就有些意见，说彻底看清楚他们兄弟了。蒋村以往兄弟姐妹之间关系融洽的人家，往往将姐妹的朋友来送的吊礼单独计算，将这部分礼金直接给姐妹，不纳入总体金额中。这是比较体谅姐妹的做法。据说，张世强的妻子即张世强女儿的母亲私下给她 2 万元，没有让儿子和媳妇们知道。

现在蒋村的社会风气较为讲排场，较为铺张，丧葬方面也是如此，办一次丧事花费较大。像这次张世强出丧，儿子们这一方共花费了 9 万多，女儿已花了 1 万 4 千元，"三七"估计还要花 1 万元以上，预计需 3 万元，这样共需花费 12 万多元。这还算中等标准的丧葬费用，如果控制不好一点，花费将会更多。这对普通人家来说是个不轻的负担。

六、结语

丧葬以祭祀、缅怀等感情为基础，为孝道的重要内容。丧葬习惯法调整亡者与家人的关系、亡者家人与亲友的关系，让死者有归宿、亲属有关怀、亲朋有悼念，保障丧葬活动的顺利进行，维护正常的丧葬秩序，使亡者落土为安，使亡者家人得到安慰、关爱并心安，并体现蒋村村民的团结互助和蒋村社区的凝聚力。丧葬习惯法具体规范蕴含了亲情、友情、乡情等人类情感。

当今蒋村的丧葬习惯法赓续传统，基本承继固有规范，并随着经济的变化、社会的发展、政府的要求、国家法律的规定而出现一定的变化，如采用火葬与土葬混合的葬制，请村民帮忙呈现一定的困难且越来越趋向金钱化表达谢意，亲友致送吊礼的金额不断上升。这些变化反映了情感的某种疏离和一定的物化和市场化倾向。

从总体上看，蒋村村民重丧葬遵规约的传统基本得到延续，村民看重这人生的最后一场事，尽力依习惯法做好自己角色的要求，维护死者的尊严、丧家的体面和个人的声誉，达致社群的和谐。

第三十二章
与时俱进的祭祀习惯法

一、引言

陆游有《示儿》诗："王师北定中原日，家祭毋忘告乃翁。"此处提及的家祭为中国人祭祀的主要形式。《尚书·大传》曰："祭之犹言察也。察者，至也，言人事至于神也。"《孝经·士章》疏："祭者，际也，人神相接，故曰际也。"故祭祀为用一定的仪式来祀神、供祖或对死者表示悼念、敬意的活动。[1]

祭祀为原始信仰的一种表现，源于天地和谐共生的观念。通常认为人类最原始的两种信仰为天地信仰和祖先信仰，由此形成了自然崇拜和祖先崇拜，并产生了各种祭祀活动及相应的规范。而天、地、人为中国古代宇宙观的基本要素。《礼记·礼运》称："夫礼，必本于天，肴于地，列于鬼神。"《史记·礼书》也说："上事天，下事地，尊先祖而隆君师，是礼之三本也。"因此，祀神、供祖就成为中国人的日常行为。在人类传承的文化遗产中，最能体现一个民族精神世界的，莫过于她的信仰。[2]

---

〔1〕 关于祭祀，可参阅何星亮的《中国自然神与自然崇拜》（上海三联书店 1992 年版）、詹鄞鑫的《神灵与祭祀》（江苏古籍出版社 1992 年版）、刘晔原和郑惠坚的《中国古代的祭祀》（商务印书馆国际有限公司 1996 年版）、杜希宙和黄涛的《中国历代祭礼》（北京图书馆出版社 1998 年版）等。

〔2〕 沈燕红："海洋文化视野下的浙东民间信仰与祭海习俗考察——以岱山祭海文化为个案"，载《宁波职业技术学院学报》2013 年第 5 期。

"越人好祀"。地处浙东的蒋村，除了少部分信仰基督教、天主教的村民外，绝大部分家庭信仰佛教、道教，也重民间信仰。这些信仰佛教、道教的家庭根据传统经常需要进行家祭，祭祀成为蒋村大多数村民日常生活中的重要内容，几乎涉及村民的生老病死、迎娶出嫁、建房住屋、出行交通等各方面，由此祭祀习惯法成为蒋村习惯法的有机组成部分。

改革开放以来，特别是 20 世纪 80 年代中后期，蒋村所在的浙江地区的民间信仰呈现出了普遍复苏的局面，局部出现了"复兴"之势，所谓"村村皆有庙、无庙不成村"，既给浙江地区传统乡村重新带来了传统文化生活的气息，也给转型期的乡村社会价值塑造和秩序建构带来了一定的隐忧和挑战。[1]由于社会的发展、变化，蒋村的祭祀习惯法也与时俱进，在祭祀对象规范等方面有所变化。

本章从祭祀的对象规范、祭祀的时间规范、祭祀的主体规范、祭祀的仪式规范、祭祀的行为规范等方面，对与时俱进的蒋村祭祀习惯法做一初步的总结，以引起对这一论题的进一步探讨。

二、祭祀的对象规范

按照习惯法，蒋村的祭祀对象主要为菩萨和祖宗，也包括死亡的亲人。

在蒋村，各式神祇统称为菩萨。村民祭祀的菩萨包括灶神、财神、土地神等，近些年又新增加了车神、机器神等新的神，祭拜的对象有了一定的扩大。

祭车床神（2015 年 2 月 17 日）

近十多年来，随着生活水平的提高，摩托车、电瓶车、小轿车

---

〔1〕　陈振华、张祝平："当代浙江民间信仰的基本状况与治理创新实践"，载《中国民族报》2016 年 11 月 25 日。

等进入了蒋村村民家。[1]为人车平安，不少有车人家增加了祭祀车神项目。故在过年祭祀时，往往同时祭祀车神。

同时，蒋村有不少家庭开设有电器、五金、纸箱、电线等方面的工厂。为感恩也为祈求顺利，蒋村不少家庭在过年祭祀时还祭祀机器神、车床神等。

蒋村村民普遍信奉"树有根，人有源"，祖宗观念比较强，祖先为主要的祭祀对象。按照习惯法，祭祀祖先一直到其阳寿100周岁，祖先在100周岁后因重新投胎而不用祭祀。

按照祭祀习惯法，蒋村的祭祀对象也包括死亡的亲人。自家的亲人因病、因意外事故等去世，村民通过祭奠而怀念。

根据习惯法，蒋村的祭祀因对象不同，在祭祀场所方面而区分内祭、外祭并相应的有所区别。村民家的房屋内的祭祀为内祭，屋外的祭祀则为外祭。内祭主要祭祀祖先、亲人，也祭灶神。外祭多为在村民房屋的大门外面祭菩萨，也有在坟墓前祭祖先或亲人的，或者到附近的庙做法事去祭祖先或亲人。

随着时间的推移，有的外祭也改为内祭了。如一二十年前，蒋村过年祭祀请菩萨通常为外祭，后考虑天气寒冷和比较麻烦，现基本上改为内祭。

三、祭祀的时间规范

关于祭祀时间，蒋村祭祀习惯法规定了固定时间与非固定时间两类。

在蒋村，村民按照习惯法在过年、节日等固定时间进行祭祀。①过年祭祀。过年是蒋村每户家庭最重要的节日，祈求太平、祭奠祖先是每户家庭在过年时必不可少的一个重要环节。施宿《嘉泰会稽志·卷十三·节序》载道："元旦男女夙兴，家主设酒果以奠，男

---

[1] 1994年底，蒋村所在的市全市共有各类汽车5279辆，拖拉机5012辆，摩托车12 170辆，其他机动车2308辆。参见慈溪市公安志编纂委员会编：《慈溪市公安志》，方志出版社1998年版，第325页。2008年时，蒋村所在的市每百户农村家庭中，有汽车7辆、摩托车100辆、自行车132辆。参见慈溪市农业志编纂委员会编：《慈溪市农业志（1988—2008）》，上海辞书出版社2014年版，第153页。

女序拜。竣乃盛服，谐亲属贺，设酒食相款，曰岁假，凡五日而毕。"过年祭祀称为"谢年"，为先请太平菩萨，再拜祖先。过年的具体时间各家不一，多在除夕，但现有不少人家在腊月二十以后就过年了。有的村民因去海南过冬，过年的时间则更早。有的家庭还祭祀车神、机器神。②新年祭祀。一般在正月初二以后进行，希望新年诸事平安、万事如意。正月初五迎"财神"祭祀的蒋村村民不多。③清明节祭祀。这在蒋村称"做忌日"或"做大全羹饭"。这包括在家祭祀和到坟墓上祭祀。2008年清明节被确定为法定节假日后，蒋村村民到坟墓上祭祀的增多了。

过年祭祖宗（2022年1月24日摄）

不过，随着时代的变迁，有的在固定时间的祭祀已逐渐淡漠乃至消失。如农历十二月廿三的祭灶，除夕夜接回灶君。蒋村大多数村民已不进行这一祭祀了。又如以往蒋村村民在正月初一早上用枣子茶祭祀祖先，现在也基本消失了。再如妇女产后第七天请床公床婆的"戒恢"，现在也鲜有举行这一祭祀的人家了。

非固定时间的祭祀，根据蒋村祭祀习惯法主要有以下几类：①建造房屋时的动土祭祀、上梁祝福、进新屋祭祀。②孩子出生后回家、满月、百天、周岁等祭祀。③订婚、结婚、满月时的"享仙"等祭祀。④做寿时的请寿星菩萨祭祀。⑤针对逝者个人的停灵和安葬、"做七"（从"一七"到"七七"）、百日、周年（一周年到三周年、每年生日和忌日即去世日）、阴寿满百等。⑥其他如放焰口等祭祀。

就具体的祭祀时间而言，有的祭祀根据蒋村的祭祀习惯法需要在早晨进行。如亲人去世头三年在坟墓上的周年祭祀，一般要求在早上进行，最好在日出时候祭祀。

同时，有的祭祀按照习惯法需要在特定时间进行。如结婚时的"享仙"祭祀仪式。如 2010 年 11 月 10 日为农历十月初五，蒋村村民陈鸣龙结婚，陈鸣龙家与女方沈洁冰家约定分别举行"享仙"。大约凌晨 0 时，陈鸣龙家举行"享仙"仪式，先是祭菩萨，之后祭祖宗，并在厨房祭灶王爷。参加"享仙"的人不多，仅为陈鸣龙父母亲、陈鸣龙、陈鸣龙姑姑等几人。这个祭祀时间为结婚当天的凌晨，是特定的，不能随意择时。

四、祭祀的主体规范

祭祀一般可分为公祭和私祭（家祭）两类。在蒋村，祭祀主要为家祭，公祭极少。祭祀习惯法主要对家祭的主体进行了规范。

蒋村为移民村落，村民来自各地，因而不存在大族聚居的状况，相应地没有宗族组织、没有祠堂。故在蒋村宗族合族公祭这样的祭祀。

蒋村以大队、生产队为单位的地缘性的集体祭祀也不多。以往蒋村曾举行过放焰口。[1]大多由热心妇女组织，村民自愿捐款，以村名义进行，保佑全村平安。近十多年，现在，蒋村的集体祭祀主要为每年 7 月半前的全村几十个人妇女自愿念公佛，之后在村内主要的桥头等地方集体烧佛。这种祭祀比较简单。另外，在正月初八、正月十八、正月廿八，蒋村有时还由热心村民自发组织进行三次

---

〔1〕 焰口是指鬼道之中的饿鬼。放焰口为一种道教和佛教仪式，根据救拔焰口饿鬼陀罗尼经而举行的施食饿鬼之法事。放焰口是对饿鬼施水施食、救其饥渴之苦的一种仪式。放焰口在公共场地举行；在黄昏或夜间进行，一般需要 4 个小时以上才能完毕；作法事的僧众不得少于 7 人，一般为 13 人至 15 人。放焰口对于鬼道来说，等于是无限制地放赈，所以又叫作"施食"。

"拜仙姑"活动，[1]这种祭祀也为集体性的祭祀，同样比较简单。如2019年己亥年（猪年）正月，蒋村的一些村民在方国强的组织下，在文克满家进行了"拜仙姑"。

按照习惯法，蒋村的祭祀主要为家祭这样的私祭。主持谢年、过节等家祭仪式者一般为家里的老人，年轻人不太很懂，时间长了也慢慢看会了就接过来并传承下去。在蒋村，以往的主祭人多为男性，现今的主祭人以女性居多。主祭人主要安排祭品准备、说祭祀词、招呼家人跪拜等。

在祭祀时，家庭成员为参祭人，通常主要协助主祭人做些辅助性的事务，并在祭祀开始后进行跪拜，祈求菩萨、祖宗的保佑，怀念已逝的亲人。一般所有的家庭成员都要跪拜，并在祭祀结束后站着进行揖拜。年幼的孩童则由大人抱着进行一下跪拜，表达一下到场参加祭祀之意。

在蒋村，祭祀时如有亲戚、朋友、邻居在场，这些非家人一般也会主动进行跪拜，表达对菩萨、祖先等的敬意。

祭祀车神、机器神时，主祭人等不一定进行跪拜，主要为念祭祀词，主要表达出入平安和四季发财之类的心愿。

五、祭祀的仪式规范

在蒋村，祭祀时较复杂的为祭祀礼仪。祭祀习惯法详细规范祭桌、祭品、祭礼等祭祀规范，村民认真遵守。不过，由于社会的发展，蒋村各家祭桌、祭品、祭礼等方面的具体实践各有不同，也与传统的要求有所差异。

（1）祭桌。蒋村在家的祭祀多在桌子上进行，祭桌以前都用八

---

〔1〕　蒋村的拜仙姑需要准备一个二三十公分的小布人（也有扎稻草人的），17时到19时，点上香烛，焚上黄纸，口中念念有词：仙姑娘，我们是××市××镇××村××庙脚下，本村村民要预测今年的运气如何，请仙姑娘奉山开路，奉海跨江，急急速令到此。随后把小布人（稻草人）要童男童女扛着，回到点着香烛的大桌前，两位念佛老太太扶着仙姑，领头人对着仙姑跪拜说：××人，今年运气有几拜。村里有威望的人一般15～18拜，最多24拜，一般人只有10拜左右。蒋村还问今年农作物的收成如何、有无台风、会发生洪涝灾害等。所有人拜毕后，小布人（稻草人）回举到大路口，用火焚毁，顺便焚上几张黄纸，权作路费，叫仙姑娘从那里来，回到那里去。这实际上为一种占卜活动。

仙桌，如今主要用大圆桌代替。按照习惯法，请菩萨时供桌的桌缝打横，祈求苍天风调雨顺、五谷丰登、太太平平、顺风顺水的美好愿望。而拜祖宗则要将桌子移90度，让桌缝垂直对着大门，希望祖宗庇护后代子孙脚轻手健、好人相逢、恶人远避、幸福安康、财源广进、出入平安的良好祝福。

有的祭祀需要多张祭桌。如新房上梁祭祀，需要在新建造房屋中堂或正间并排直摆三张八仙桌，桌缝横摆。

在蒋村，到坟墓上祭祀时一般不用祭桌，通常直接将祭品放在坟前进行祭祀。但亲人去世的前三年的清明节祭祀比较正式，祭品比较多，就要求用祭桌摆放。

祭灶不需要祭桌，就在灶梁上摆上香、烛和供品进行祭祀即可。祭祀机器神也多放在机器上面。

以前在房屋外进行外祭菩萨时，往往在两根长凳上放一张大匾，上放香、烛和供品等。现在已较少采用。

（2）祭品。根据习惯法，蒋村祭祀祖宗、逝者与祭祀菩萨的祭品有些差别。

蒋村祭祀祖宗一般称作"做大全羹饭"，供品菜肴比较多，一般为六荤六素以上下饭，[1]并放两样点心、四样水果、四样糕点；摆九双筷子、九盅酒、九碗饭；有的还放香烟；点三支清香、一对大红烛；烧的礼品为佛会。如事例一为村民祝春良家过年祭祀祖宗的情况。

事例一

2020年1月24日农历十二月三十除夕，蒋村村民祝春良家过年祭祀祖宗的祭品为十碗下饭（呛蟹、红烧虾、红烧鱼、红烧肉、白切羊肉、猪舌、烧冬笋、烧韭菜、烧土豆、煮蚕豆）、一盘放有年糕和粽子的点心、一盘放有车厘子和金桔的水果，摆八双筷子、八盅酒、八碗饭，放一包软中华香烟，放四叠佛会。

---

〔1〕 "下饭"，蒋村方言，为"菜"之意。

而祭奠逝者的供品菜肴通常有五碗（样）素菜、四荤四素及以上下饭，另加糕点、水果、点心；三支清香，一对红烛；被祭祀人加陪客，两副或两副以上筷、酒盅、饭；礼品有冥箱、锡箔、金锭、佛等。

祭祀菩萨分"素"和"荤"两种，"素"的可以不放鱼、肉、鸡"三牲"等。一般祭品为三茶六酒、五碗素菜、四样糕食、两样点心、四样水果、鱼肉鸡等；点三支清香、一对大红烛；烧的礼品为佛会。如2010年11月10日农历十月

过年祭祀烧的佛会
（2022 年 1 月 24 日摄）

初五，陈鸣龙家与沈洁冰家约定分别举行"享仙"。大约凌晨 2 时 40 分，蒋村村民陈鸣龙结婚举行"享仙"仪式祭菩萨的供品包括四样水果、四叠糕点、四样素菜、四样点心，并有一只鸡、一刀肉和两条活鲤鱼，摆有两碗米饭、九个酒杯。

按照习惯法，蒋村祭灶的祭品为五色（样）素菜、一盘水果、一碗汤圆等点心、两杯糖茶，并点三支清香，一对红烛，另有一对太保为烧供品。

蒋村有村民整十数生日时做寿、请寿星菩萨时供品有三茶六酒、五碗素菜、三碗饭，供寿面、寿桃、馒头、粽子、年糕、整只熟鸡、一盘羊肉、一盘猪肉、两条鲤鱼（要活的）、四样水果、四样糕点，并点三支清香、一对大红寿烛，摆放焚烧礼品，如两对荷花太保、一对寿塔、一座佛会。

新屋上梁祝福祭祀的桌上外侧摆上烛台香炉，从里侧依次摆三茶六酒、两碗满满圆顶白米饭、五碗素菜、四样水果、四样糕食，再整盘摆上亲戚挑来送的东西，如鲤鱼、猪肉、羊肉、虾、蟹、鸡、鸭、年糕、馒头、饭夫、粽子、水果等，焚烧礼品有荷花太保、大型佛会。以往建砖瓦房时在供桌里边放两条长凳，凳上搁放"圆木

大吉"的一支栋梁，栋梁与凳板接触处各垫一张红纸，桁条两边各放一只"积财袋"，内放大米三升，好看钱红包一个，香烟火柴各一包、四个馒头、四只粽子，其他糖果橘子随放。栋梁中间贴上"紫薇拱照""紫气东来""福如东海"等四字的大幅红纸。现在蒋村的新建房屋基本为混凝土现浇的房屋，这一状况有了变化，不太出现了。

（3）祭礼。在蒋村，祭祀的礼仪通常为摆放好所有祭品由主祭人或其他人点燃香、烛开始祭祀；主祭人手拿点燃的香邀请历代祖宗或菩萨等入席，说有关今次祭祀事由、祈求顺风顺水、太太平平等祭词；家人等逐个跪拜，一般请菩萨朝外拜，请祖宗要朝里拜；敬酒，需三次；待清香燃过四分之三时，焚烧佛会等礼品；佛会烧完无明火时每人拱手相欢三下，起位；祭祀结束，撤除祭品。有的祭祀结束后还放烟花爆竹。

如自己家没有人念佛或所念佛不够时，蒋村村民通常其附近的佛事用品商店购买佛等以供祭祀所需。

有些祭祀的礼仪则有其特别之处。如新屋上梁祝福祭祀后栋梁升上柱顶，由木匠师傅完成，并缀钉"银钉、银笋、银梯"，意为以后"人丁兴旺，步步高升"，有的加

蒋村附近的佛事用品商店的货架
（2022 年 1 月 24 日摄）

钉"上梁布"。之后在房梁上的木匠师傅将已准备的馒头（意为大发）抛向下面的人群，大家争抢馒头共同分享新房主人的喜悦。

又如，2010 年 11 月 10 日为农历十月初五，村民陈鸣龙结婚时"享仙"祭菩萨时，点香的香炉内放有赤豆，"赤豆"在蒋村方言音为"出头"；烧"夫妻长寿佛""三十三天""十二生肖佛"等佛时放在芝麻秆上烧，寓意芝麻开花节节高；祭菩萨后，陈鸣龙在父亲陪同下，开车将作为祭品的两条活鲤鱼送去水质较好的一公里左右的河中放生。

六、祭祀的行为规范

祭祀为一项庄重的活动，蒋村祭祀习惯法对祭祀人的行为有基本的规范，在神态、衣着、言语、举止等方面各有要求，务必遵守。

蒋村祭祀习惯法要求祭祀者心要正。基于菩萨、祖先的神圣性、至上性，参加祭祀的人在祭祀时应当心怀虔诚、态度端正、神情肃穆，在崇敬、感恩、祈求保佑的心情中进行祭祀活动。

蒋村祭祀习惯法要求祭祀者衣要整。以往的规范要求祭祀者在祭祀前要进行斋戒并沐浴更衣，现在除了极少数十分重要的祭祀还遵循这一要求外，蒋村大部分的祭祀仅要求祭祀者在祭祀时脸手清洁、衣着整洁，不一定专门穿正式的服装或新衣新鞋。一般情况下，祭祀者在祭拜时要将卷起的衣袖、裤袖放下，不能光膀子或者袒胸露臂，也尽量不穿拖鞋，女性最好不穿裙子。

蒋村祭祀习惯法要求祭祀者话要轻。在蒋村，在场人按照规范祭祀时少说话，即使交谈也须轻声细语，以免惊扰了被祭的菩萨和祖宗，影响其享用。蒋村的祭祀习惯法不准在祭祀时大声争吵，禁止祭祀中高声大笑。除了个别祭祀刚去世不久的亲人在祭祀结束后可以哭一下以外，一般不允许啼哭。

蒋村祭祀习惯法要求祭祀者行要静。在整个祭祀过程中，蒋村的祭祀习惯法要求祭祀者行走时脚步要轻，尽可能保持安静状态；不要碰祭桌、椅子；斟酒时要轻手轻脚，动作不宜过大。

不过，现今的蒋村，村民特别是年轻人大多认为只要心到意到，其他的不必太在意，行为方面的要求没有像以往被严格遵守。

在蒋村，违反祭祀习惯法的行为，一般会在受到家中长辈的提醒后及时停止和改正，劝说不听的就会受到斥责、批评。就法责任而言，违反祭祀习惯法更多的是一种心理上、精神上的威慑和压力，为一种面对菩萨和祖宗不敬而产生的内心的受谴责感，主要为内在的强制力。当然，不遵守祭祀习惯法进行祭祀的村民，往往会受到他人的议论，受到社会舆论的某种不利评价。

七、结语

秉承传统，蒋村祭祀习惯法主要规范地祇型祭祀和血缘家族型祭民间祭祀行为，全面调整蒋村村民的祭祀行为，详细规范祭祀活动，规范祭祀的顺利进行，保障村民的天地信仰和祖先信仰，促进人与鬼、神的沟通与交流，使村民得到菩萨和祖先的祝福和庇护，满足生存安全感的需求。

顺应时代的变化，蒋村的原始信仰表现出朴素性、自发性、零散性、功利性和灵活性的特点，其神秘性渐趋消退、信众的虔诚度渐趋弱化。同时，蒋村的祭祀对象有所扩大、祭祀仪式有所简化，某些祭祀类型已逐渐消失，而新的祭祀形式又有出现，祭祀习惯法随着蒋村经济、社会的发展和村民观念、行为的改变而随之发生一定的变化。

蒋村祭祀习惯法呈现出蒋村的浙东文化、平原地貌、移民社区、多元经济等特点，体现了地方社会对其地方历史的记忆和理解。[1]祭祀习惯法也为地方乡土文化的传承提供了重要载体。[2]

就具体实践而言，蒋村祭祀习惯法具有行为约束、敬拜教育等作用，在传承良好家风、弘扬孝道文化、凝聚家庭合力、促进亲友往来、改善日常生活等方面也有一定的意义。祭祀习惯法体现了文化传承、身份认同、精神寄托等功能，对维系蒋村的家庭关系、舒缓社会矛盾、维护社会秩序、形成村落共同体亦有其可取之处。祭祀车神等的出现实质上是每个家庭对全体成员所进行的"文明行车、遵章守规"的自我教育和约束，具有积极的社会意义。

蒋村祭祀习惯法对祭祀这一具有迷信色彩行为的规范表现出与某种现代法治理念不一致之处，需要予以一定的注意，通过适当的方式予以引导和控制，使其在合适的空间发挥一定的作用。

祭祀以"万物有灵"观念为基础，更多地体现了蒋村村民感恩

---

〔1〕 郑衡泌："民间信仰神祠祭祀空间规模及其影响因素——以民国时期鄞县平原为例"，载《世界宗教文化》2013年第1期。

〔2〕 萧放、邵凤丽："祖先祭祀与乡土文化传承——以浙江松阳江南叶氏祭祖为例"，载《社会治理》2018年第4期。

先人、消灾免祸、祈盼好运的一种精神寄托。基于原始信仰这一文化现象的持久性和内在性、蒋村村民祭祀行为的长期性和连续性、本身一定的合理性，蒋村的祭祀习惯法将在相当长的时间内继续存在并发挥其积极的作用。

第三十三章

规范简明的社会治安习惯法

一、引言

社会治安通常指社会的安定秩序，为社会秩序的一个重要方面。社会治安涉及对诸如抢劫偷窃、聚众赌博、打架斗殴等行为的态度和处理。

蒋村有"相信法官要打煞，相信佛法要饿煞""善事可为，恶事莫为"的谚语。[1]除了个别时期，蒋村的社会治安总体上不错。[2]在社会治安方面，蒋村的习惯规范内容不多，简明扼要，大致包括禁止偷盗、不准破坏、禁止闹事、禁止家暴等，涉及社会秩序、家庭秩序、个人安全诸方面，以保障蒋村正常的公共秩序和蒋村村民的人身、财产权益。

蒋村社会治安习惯法主要规定了调整事项、范围和后果，对影响社会治安的行为予以否定、限制和处罚。

蒋村的这些社会治安方面的习惯法，除了部分在村规民约中有明文体现外，主要为不成文的习惯规范，并主要通过社会舆论予以

---

〔1〕 宁波市文化广电新闻出版局编：《甬上风物——宁波市非物质文化遗产田野调查（慈溪市·附海镇）》，宁波出版社 2011 年版，第 53、49 页。

〔2〕 在 1998 年至 2005 年期间，蒋村的社会治安比较差。2004 年，慈溪市委、市政府开展了春季治安大会战，按照保障社会发展和暂住人口合法权益的要求，坚持"严打、严管、严防、化解"的工作方针，强化出租私房的管理，以群防群治网络队伍建设为重点，加强基础、完善长效的管理机制，社会治安状况明显改善。参见《溪湾镇社会治安大会战实施方案》（2004 年 2 月 2 日），海村档案：目录号 4。

实施保障。

二、保障财产权益规范

蒋村有谚语云"贼无空手，扫帚畚斗"，意为贼进屋连扫帚畚斗也要偷。为保障财产安全，蒋村社会治安习惯法禁止偷盗、禁止抢劫、禁止诈骗等。

（1）偷盗为未经同意取走他人财产的行为，这是一种古老的危害财产安全、破坏社会秩序、影响社会治安的行为。因此，禁止偷盗为社会治安习惯法的基本规范之一，蒋村村民讨厌和鄙视小偷小摸者，对此予以强烈的社会谴责。

从行为人的角度看，蒋村的偷盗有本村人的偷盗（包括本村人偷盗本村人、本村人偷盗外村人）、外村人的偷盗（外村人来蒋村偷盗）、本村人和外村人合起来的偷盗、外地人（非本市人）来蒋村的偷盗等。也有偷拿自己家的财物或者近亲属的财物，如事例一。在处罚时，习惯法一般对外地人偷盗最重，外村人偷盗次之，本村人偷盗最轻。偷拿自己家财物或者近亲属财物的，一般为家长对之进行批评教育，社会舆论也予以谴责。

事例一

2017 年 12 月，61 岁的舒春奎从窗户翻进自己母亲家里，将他母亲放在床边的 5000 元钱拿走了 3000 元。他母亲发现钱少以后就报警。在警察来前，舒春奎又赶忙偷偷将钱放回去，但是没有跟原来的 3000 元放在一起。派出所的警察来了以后，看了一下现场，询问了有关人，就说这不像外地人作案。舒春奎在旁边脸一阵红一阵白。警察这一说，舒春奎母亲和周围的人都有点清楚了。之后，舒春奎的岳母叫舒春奎妻子问舒春奎，舒春奎承认是自己拿的。村民祝乾华说："你这也太勿上科了。你实在没有钱，可以向妈借钱或者怎么样，不能这样偷的。"[1]

---

〔1〕"勿上科"为蒋村方言，意为"做事差劲""不靠谱""不懂事"。祝乾华访谈录，2018 年 2 月 18 日。

从对象看，蒋村的偷盗有偷盗生活用品的，有偷盗生产材料的；有偷盗村民住宅内外物品的，有偷盗工厂里的原材料、半成品、产品的，也有偷盗田地、水里中的农产品、水产品的。对此，习惯法通常按照偷盗的价值、金额予以处理，金额多的重于金额小的。有的金额极大的偷盗，则受害人报案由国家机关根据国家法律进行处罚，如事例二。[1]

事例二

蒋村 31 岁的陈新、28 岁的陈寒柏、22 岁的陈建龙，在 1984 年 11 月至 1985 年 2 月间先后在本乡和本县其他乡等地，盗窃作案 15 起，盗得龙柏等苗木价值近 20 000 元。大部分被种植在陈新的自留地内，部分销赃得款 5000 余元，由三人平分。陈新等三人 1985 年 6 月分别被人民法院判处有期徒刑 7 年、6 年、3 年缓刑 3 年。[2]

与此类似，1993 年 4 月，1967 年出生的蒋村村民史丹楚跟随外村两人撬门入室偷了电视机等物品，犯盗窃罪被人民法院判处有期徒刑 2 年；2000 年 7 月，蒋村村民史丹楚因在邻镇偷了一辆价值 2700 元的摩托车，犯盗窃罪被人民法院判处有期徒刑 10 个月，并处罚金 2000 元。[3]

从方式看，蒋村的偷盗有进屋入室的偷盗，有野外的偷菜盗苗；有专门准备的偷盗，也有一时起意、顺手牵羊的偷盗。具体手段包括骗取、窃取、强夺、霸占、吞没、坑蒙拐骗等。按照习惯法，蒋

---

[1] 在实践中，村民被盗并不一定向公安部门报警要求追查。一项调查表明公众受到治安类盗窃违法行为的侵害后存在不报警的情况，并且其产生原因与损失物品金额和盗窃案件破案率等因素密切相关。针对调查反映的情况，可以通过加强盗窃案件破案率、改进报警方式方法、强化宣传工作等方法降低盗窃案件的犯罪黑数。参见乔桐等："治安类盗窃案件中影响公众报警因素的实证研究——基于对浙江省慈溪市的调研"，载《犯罪研究》2018 年第 6 期。

[2] 参见慈溪县人民法院［85］慈法刑一字第 113 号。

[3] 较为突出的是，蒋村有一位 1936 年出生的李姓村民，1968 年犯盗窃罪被法院判处有期徒刑 5 年，1982 年犯惯窃罪被法院判处有期徒刑 10 年，1993 年犯容留、介绍他人卖淫罪被法院判处有期徒刑 9 年。这是蒋村唯一一位被三次判刑的村民。参见慈溪县人民法院［1993］东刑初字第 178 号。

村总体上对多次踩点、刻意准备的偷盗、一贯偷盗的行为更为严罚。

（2）抢劫行为人对公私财物的所有人、保管人、看护人或者持有人当场使用暴力、胁迫或者其他方法，迫使其立即交出财物或者立即将财物抢走的行为。抢劫为严重危害村民财产和人身安全的行为，蒋村习惯法禁止抢劫，通常的处罚为殴打被抓的行为人，令其或者家人赔偿损失。

（3）蒋村村民痛恨骗子，习惯法禁止诈骗。行骗者通常为外地人，蒋村本村人极少做骗子，否则难以在村内生存。事例三即为外地人用假钞在蒋村行骗。

事例三

2016 年 1 月中旬，新版 100 元人民币刚出来不久，就有人用新版百元假钞在蒋村行骗了。头天男的即老公用一张假钞到蒋村的一个炊食店买了 30 元的包子什么的，当时没识别出来，事后炊食店店主才发现。第二天，女的又用假钞来买东西，被店主发现了，一把将其抓住，并高声喊叫，引来店内外人围拢。于是有人开始对其拳打脚踢，等 60 岁的戴新朝看见时，女的脸上已有血，他估计牙齿有可能被打掉了。不久，派出所的人来了，大家也就不打了。当时也有人说不要打她，心比较软。在戴新朝看来："不打她，这样的人不打，打谁呀？这些人专门骗年纪大的人，人家辛辛苦苦地卖点小葱，总共才得十七八块钱，结果被你一张假钞骗走那么多，怎么不遭人恨？这样的人该打，不值得同情，他那样说心是好的，但是帮助了这样的骗子。"[1]

此外，蒋村习惯法禁止侵占承包地、宅基地、公用地方，对损人利己、损公肥私的行为予以否定，由此引起的一切后果由侵占者承担。2007 年 5 月 10 日的海村村规民约第 13 条就规定爱护公共财务（物），不倾吞国家、集体和他人财物，禁止擅自在河道、泥塘、沟埂砌坎。

---

〔1〕　戴新朝访谈录，2016 年 2 月 28 日。

三、保障人身权益规范

人身为人的身体，蒋村社会治安习惯法保障村民的人身安全，禁止殴打他人和伤害他人身体。为此，2007 年 5 月 10 日的海村村规民约第 19 条就明确规定："邻里之间发生纠纷，不得采用威胁、要挟的方法，殴打他人造成损害的，应赔医疗费、误工费和法律规定的其他费用，情节严重的提请司法机关依法处理。"根据习惯法，殴打他人者需要承担赔礼道歉、赔偿损失等责任，[1]受到村民的谴责。

蒋村一直有"千错万错，动手最错"的俗语，表明村民之间不管有什么矛盾、冲突，都不应该动手打人，一动手马上就处于下风状态，有理也变成无理了。习惯法反对将矛盾激化，更不允许矛盾升级、恶化，导致更严重的后果。事例四为双方由吵架进而动手的例子，先动手者受到赔钱、写保证书、道歉等处罚。

事例四

2012 年 9 月 21 日中午 12 时 30 分许，徐家与胡家因盖房处理放置事发生争吵，之后徐家方动手殴打胡家父亲，致使胡家父亲鼻梁粉碎性骨折。经鉴定胡家父亲的伤势为轻伤，胡家三儿子和胡家母亲为轻微伤。报警后，双方达成协议，徐家方一次性补偿胡家方医疗费、赔偿费、误工费等一切费用共计 170 000 元。在胡家的要求下，徐家的二儿媳妇出具了一份"保证不讲此事"的"保证书"。同时，在胡家儿子们的强烈坚持下，在签订调解协议后的当天，溪湾镇派出所的警察开车带着徐家二儿媳妇到胡家向胡家父亲当面道歉了。[2]

不过，在蒋村还有"轻几还重几，打死自该死"的俗语。[3]如果发生冲突时，对方先动手，那么按照习惯法另一方即可有力还击；

---

〔1〕 有的严重行为则受到国家法律的处罚。如蒋村村民沈昌珉 2003 年 7 月因犯故意伤害罪被人民法院判处有期徒刑 5 年。参见慈溪县人民法院［2003］慈刑初字第 515 号。

〔2〕 详见第三十八章《"着之棉袄等'老法'"——一起相邻纠纷的发生和解决》。

〔3〕 "轻几""重几"为蒋村方言，意为"轻一下""重一下"。

如先动手方被殴打致伤甚至死亡，后动手方可不承担责任。习惯法的这一规范主要是先动手方有错在先，首先使矛盾激化、冲突升级，而后动手方则有动手的正当性，属于正当防卫、自我保护。当然，在实际生活中，后动手方也需要考虑动手的力度和限度，而不是无限行使防卫权，更不可能造成严重后果却不负任何责任。

同时，为保障人身规范，蒋村社会治安习惯法还有"一不打和尚，二不打黄胖"的规范。在蒋村村民看来，"黄胖"为患病浮肿的人，他与和尚一样，可能貌不惊人却身怀绝技，也可能是无牵无挂、不计后果的亡命之徒。即使自己孔武有力，又是对方先出手，对这两种人也不可随便还手，否则后果自负。

四、保障社群权益规范

为维护社会治安、保障社群安全，蒋村习惯法禁止寻衅滋事、禁止闹事捣乱，确保社会有序、生活安定。

村规民约有这方面的大量规范。如 2007 年 5 月 10 日的海村村规民约第 18 条规定："任何组织和个人不得以各种借口煽动群众到政府机关、学校、企业、医疗单位、村民委员会办公地、他人住宅起哄捣乱、制造事端，不得寻衅滋事，扰乱社会治安秩序。"2017年 5 月 18 日的海村村规民约第 25 条也强调提倡用协商办法解决各种矛盾纠纷，协商不成功的，可申请到村、镇调委会调解，也可依法向人民法院起诉；依法理性表达利益诉求，不得无理信访、越级信访和集体上访，不得闹事滋事、扰乱社会秩序。有的严重的被行政机关、司法机关追究了法律责任。如 2004 年 4 月 2 日下午 1 时 30分左右，22 岁的蒋村村民张士诚对在蒋村执行公务的交警宋达民无理取闹，拉扯掉宋达民的领带及警服纽扣，并拳击宋达民的左额部致其轻微伤。后张士诚被法院以妨害公务罪判处拘役 2 个月。[1]

蒋村村民通常到菜市场买菜卖菜，菜市场交易的有序在村民生活中具有重要地位。因而习惯法也保障菜市场的交易秩序。如 2017年 5 月 18 日的海村村规民约第 36 条规定："遵守新城菜场管理的各

---

[1] 参见慈溪县人民法院［2004］慈刑初字第 524 号。

类规章制度，不得扰乱市场管理秩序，如违反，市管委有权作出相应的处罚。"

为保障村社良好的生活环境，使村庄环境净化、美化，2007 年5 月 10 日的海村村规民约第 14 条要求如在水域范围内确需进行水事活动的，须按《海村水域保护实施办法》实施；不在公路、水域上设置障碍，不损坏水、电、路、路灯、水泥杆、绿化等公共设施和广电、邮电等通信设施，不乱砍滥伐。第 15 条也要求村民保护环境资源，积极参加环境整治和庭院绿化活动，全村动手，美化环境；全村实行江河清理、道路保洁、垃圾袋（桶）装化管理，生产垃圾和建筑垃圾由业主自行负责清除；禁止在道路和公共场所乱倒乱堆垃圾和杂物，违者承担一定的经济责任。

此外，在蒋村，有"三勿引"的说法，即狗勿引、小孩勿引、讨饭人勿引，意为不要去引、逗狗这样的动物和小孩、乞讨这些人，惹恼了这些人，往往落得被动的局面乃至破财。在村民看来，这一古老的谚语表明不要惹是生非、寻衅滋事，习惯法不支持无事生非的行为，处罚影响社群安定团结、和谐共处的行为。

五、保障家庭权益规范

家庭是社会的基本单位，蒋村的社会治安习惯法禁止家暴、禁止虐待、禁止遗弃，保障家庭权益，维护和谐、温馨的家庭氛围。2007 年 5 月 10 日的海村村规民约第 10 条规定："尊老爱幼，保护老年人、妇女、未成年人的社会和家庭生活中的合法权益，禁止虐待、遗弃、伤害和家庭暴力行为，不重男轻女、弃婴女婴。对弱势群体有同情关爱之心，力所能及的给予帮扶和支持。"

在子女教育方面，习惯法要求适当教育未成年子女，对孩子之间的冲突要正确处理。如 2017 年 5 月 18 日的海村村规民约第 12 条规定，孩子之间发生冲突，家长首先教导自家孩子：注意呵护孩子自尊，避免在公共场合责罚孩子。

在夫妻关系方面，习惯法要求夫妻之间互敬互爱。如 2017 年 5 月 18 日海村村规民约第 5 条强调夫妻双方在家庭中地位平等，应互尊互谅，共同承担家庭事务，共同管理家庭财产，反对家庭暴力。

在尊老爱幼方面，习惯法要求尊重老人和关心儿童。如 2017 年 5 月 18 日的海村村规民约第 7 条规定子女应尽赡养老人义务，关心老人、尊重老人。外出子女要经常回家看望父母。父母应尽抚养未成年人子女和无生活能力子女的义务，不虐待儿童。

蒋村社会治安习惯法处罚虐待家庭成员、遗弃没有独立生活能力的家庭成员的行为，村民共同谴责不孝行为。

此外，蒋村有"三场莫入"的俗语，即指赌场、刑场、风月场这样的场所不要去。这表明从总体上否定赌博、嫖娼行为，告诫此类行为容易惹是生非，也失财败家，非为正经人所为。不过，现今的蒋村以 1 元、5 元乃至 10 元为赌资的赌博极为普遍，村民大多将小额的赌博视为娱乐行为，不在反对、否定之列。而数额极大的赌博活动，也有几个办厂的老板参与，输一二百万元的也有。从村民的议论中，个别村民去找小姐的也偶有提到，也没有予以强烈的否定评价。赌博、嫖娼已被视为一种个人的生活习惯，当今的习惯法对赌博、嫖娼已无太强的约束力。

以往习惯法对"轧姘头"、找小三等通奸行为予以否定，社会舆论对此予以谴责。但现今这方面的习惯法基本上失去效力。蒋村村民认为此为他人家庭内部的事情，外人不便掺和，故对此极少关注，仅在茶余饭后议论一番而已。

六、结语

除了 20 世纪 90 年代外来人口导致偷抢事件多发以外，蒋村的社会治安总体上较为平稳，村民按照习惯法正常行为、安居乐业。

蒋村社会治安习惯法禁止偷盗、禁止殴打、禁止闹事、禁止虐待，保障村民的财产权益、人身权益和社群秩序、家庭秩序。社会治安习惯法的基本精神和主要规范，与国家的《治安管理处罚法》《刑法》等法律法规相一致，两者没有根本的差异。

蒋村社会治安习惯法的内容主要沿袭传统，在继承固有规范的基础上根据新的社会形势和村民的生活需要而有所发展和扩充。

随着社会经济、社会风气等的发展变化，社会治安习惯法也出现了一定的变化，某些规范如禁止赌博规范的拘束力就有所下降。

如随着流氓行为的少见，有关流氓行为的处理规范也逐渐失去调整对象。

由于村民中较为普遍地存在多一事不如少一事的想法，公众关注度的下降，社会压力的某种降低，这使蒋村社会治安习惯法的实施保障不如以往时期，呈现出一定的软弱状态，社会治安习惯法的效力有所下降。

第三十四章
论错而定的损害赔偿习惯法

一、引言

在日常生活中，蒋村村民会发生一些出现损害后果的行为如邻里打架、交通事故、工厂伤害等，并产生损害赔偿问题。这些损害后果的产生，可能是无心之举造成的，也可能是有意为之的；既可能出现在公共事务的场合中，更多地发生在私人之间、家庭之间的关系中；损害的可能是财产，也可能对人身造成了伤害。

面对损害赔偿问题，蒋村村民通常按照错误的情况依据损害赔偿习惯法进行处理，及时解决问题，防止伤害加重和扩大，让双方当事人回到正常生活中，使社会秩序恢复原来状态。

根据田野调查所获的材料，本章主要对损害赔偿的原则、损害赔偿的主体、损害赔偿的范围、损害赔偿的程序等进行初步讨论，以期对蒋村的损害赔偿习惯法做一较为全面的探讨。

二、损害赔偿的原则

在蒋村，有"千错万错，动手最错"的俗语。这表明了蒋村损害赔偿习惯法关于损害赔偿的主要原则，即根据过错赔偿，论错而定赔偿责任。

发生损害后，蒋村村民首先考虑行为人是否有过错，以此为依据来判断行为人是否应当承担赔偿责任。有过错就赔偿，过错大就赔偿多。如进入房屋内盗窃他人财物，要赔偿损失；偷窃他人地里小树苗、瓜果、农作物，照价赔偿。打伤人，要赔偿医药费、误工费、交通费、护理费等。

在蒋村村民看来，这种过错既包括主观上的有意，也包括疏忽大意，即"你行为人不对的地方""你行为人做得不合适的地方"，范围较广、解释从宽，需要从广义的角度进行理解。

同时，蒋村的损害赔偿习惯法非常强调先动手致损害者、挑逗引起损害者的主要责任，认为这些人过错在先，导致了损害结果的发生。这是从防止由小到大冲突升级、避免损害结果扩大而规范的。蒋村有"轻几还重几，打死自该死"的俗语，意为对方先动手，另一方即可有力还击，责任应由先动手者承担。蒋村还有"三勿引"（狗勿引、小孩勿引、讨饭者勿引）的俗语，意为不要去逗引动物和人，否则惹恼了这些，就往往落得被动的局面乃至承担责任而破财。这也是表明不应该惹是生非、引火烧身，因为这是你有过错在先。如果打伤小偷，则不负任何责任。

不过，这种过错的认定有时比较困难，双方可能在责任承担和损害赔偿方面会引起争执。事例一即为此方面的一个例证。

事例一

大概在 2010 年 6 月，在蒋村开设牙科诊所的温斯良为 50 多岁的谢达麟拔牙齿。后来，谢达麟身体出现不适，他认为是温斯良为他拔牙齿时打针引起的，要求赔偿。温斯良则认为打针没有问题，是谢达麟自己体质的问题。最后，以温斯良给谢达麟 2000 元钱而了结。[1]

需要注意的是，在雇主与工人之间等关系方面，有时候即使雇主、用工者没有过错，考虑员工的具体情况，也会适当进行补偿。这主要出于人道主义、情谊角度的考虑。如蒋村的傅禄昆雇请几个工人为其做房屋建造、装修工程，他告诉我："2018 年 1 月份，给我

---

[1] 许魁提供，2019 年 11 月 28 日。

干活的一个工人在邻镇拆屋时，碰了一下，肋骨有受伤，去医院看了，现在还没有好。估计最后要出点钱。2018 年 1 月，一个工人上班干活期间外出，自己闯红灯，出交通事故。警察说他自己负全责。警察处理后又告到法院了。我没有什么责任，但是，最后总要给点钱表示一下。碰到这种事很烦人的，很麻烦的。"[1]

由于与自己有一定的利益关系，雇主、用工人、定做人或者受益者在面对损害事实的出现时，往往从同情、息事宁人、减少麻烦等方面考虑予以一定的支持。下面事例二中的沈啸尘的做法即从帮助角度考虑的。

事例二

熊东方租用蒋村村民沈啸尘的房屋办厂。2017 年 4 月 19 日下午，熊东方雇请的 50 多岁外地工人范德如，由于中午喝酒还有些没清醒，刚下班三四分钟从二楼电梯井掉下来摔伤。经送本地和上海医院抢救，范德如恢复了健康并回老家休息。客观上讲，这次事故主要责任在范德如本人，但熊东方承担了 20 多万元的医药费、误工费等，沈啸尘也减少了熊东方的房租费每年 1 万元两年共 2 万元。

如果没有和平地处理好，范德如去政府告或者打官司，则三方皆输：范德如可能会赢得官司，但是不一定能拿到钱，以后也没有人管，他妻子再找工作也不好找；特别是道义上永远有污点。老板熊东方不仅要赔钱，工厂也无法开了，以后的路就可能断了。沈啸尘可能要负一定赔偿责任，因电梯问题要受到政府处罚，还要花十多万元安装电梯，租房也可能受到一定影响。

虽然出租合同上写明电梯责任由承租人承担，但是沈啸尘所安装的运输电梯毕竟没有经过政府有关部门批准。因此，沈啸尘告诉熊东方"如果你们平平安安处理好，我稍微贴补你一点"，这是出于对范德如和熊东方的同情，也为了防止事情的扩大化而影响到自己的利益。[2]

---

〔1〕　傅禄昆访谈录，2018 年 2 月 4 日。
〔2〕　沈啸尘访谈录，2017 年 4 月 21 日、2021 年 8 月 11 日。

有时候,在承包工程等工程中出现的损害情况,工程主人虽然没有责任,但从人道主义角度会对受损方予以一定的补偿。如 2010 年 5 月 13 日,甲方韩世忠承包了丙方蒋村村民罗金德的建筑工程。在搭棚施工中甲方员工 42 岁的乙方龚青池不慎从小屋上摔下,导致脚后跟小骨骨折。由于乙方龚青池的医药费、误工费等所有费用由甲方韩世忠承担,甲方韩世忠要求丙方罗金德补助部分医药费。经过再三商量,丙方罗金德同意补助甲方韩世忠 5300 元。

在日常生活中,蒋村村民对损害后的"赔偿"与损害后的"补偿"还是有区分的。不过在具体的损害赔偿中有时可能基于种种考虑而实际没有予以分别,为尽快解决问题而笼统地对待和处理。

三、损害赔偿的主体

根据损害赔偿习惯法,蒋村的赔偿一般以致害方的家庭为单位,赔偿主体为家庭,丈夫、妻子和未成年子女以及没有结婚或者没有分家的成年子女共同对损害事实承担赔偿责任。

同时,如小孩致人损害,则由家长负责赔偿。而致小孩受到损害,则由致害方赔偿给小孩父母,由小孩父母作为监护人进行具体在治疗、照顾。如事例三为动物致小孩损害,动物主人赔偿相关费用给小孩父亲。

事例三

2005 年 4 月 3 日下午,四川省南溪县来蒋村做工的张凤卫的 9 岁儿子被蒋村杨臣刚家的狗咬了一下,共用去医药费 576.20 元。4 月 7 日经蒋村调解委员会调解,杨臣刚赔偿医药费,张凤卫负责就医和后续的医疗费用。当场张凤卫签收了杨臣刚给付的 600 元现金。[1]

如两人或者多人造成的损害,则共同赔偿并且负连带责任。如下面事例四因交通事故造成的损害,由两位致害方共同赔偿。

---

[1] 海村村委会提供,2021 年 1 月 12 日。

事例四

2007 年 10 月 11 日，25 岁的蒋村村民丁华强与另村 25 岁村民车凯骑摩托车与 50 岁骑电瓶车的蒋村村民劳芳英发生车辆碰撞，造成劳芳英皮外伤。2008 年 1 月 17 日经村人民调解委员会调解达成双方协议：劳芳英共用去医药费 1160 元、修电瓶车 640 元、修棚架 100 元、交通费 100 元，共计 2000 元，该费用由丁华强、车凯全额支付给劳芳英；这一费用由丁华强、车凯平均分担；现金当场付清。[1]

有时候损害赔偿的主体既有直接致害者，也包括间接的相关方，如事例五中的工厂老板。

事例五

2021 年 12 月的一天早上 5 点多，79 岁的蒋村村民程孝泽在路上走路时被一辆电瓶车撞倒后伤重死亡，驾车者肇事后逃离现场。村民发现后报警，经查监控后确定肇事者并在高速公路口将其抓获。肇事者为湖南来蒋村做工的年轻人，后经过协商共赔偿了 68.3 万元，其中肇事者赔偿了 5 万元，其余由其所在工厂的老板支付。[2]

按照损害赔偿习惯法，蒋村对损害的赔偿损失基本上为一次性支付，极少出现多次或者分期支付的情况，并且约定致害方"以后概不负责"。事例六即表明了这一点。

事例六

2007 年 10 月 20 日，来蒋村务工的贵州省紫云县 25 岁村民池秀飞在冲床操作中造成右手食指头节冲断。2008 年 3 月 4 日经双方协商达成协议，雇主 44 岁的蒋村村民严忠权除了支付以前的医药费之外，一次性赔偿池秀飞 15 000 元，现金当场付清；以后概不负责，池秀飞也不能以任何借口向严忠权提出各种要求。[3]

---

[1] 海村档案：目录号 8，案卷号 9。
[2] 林风富访谈录，2022 年 1 月 23 日。
[3] 海村档案：目录号 8，案卷号 9。

在蒋村，村民比较重视一次性解决问题，不愿意留下尾巴而有后遗症。事例四中在协议中明确约定"以后概不负责，池秀飞也不能以任何借口向严忠权提出各种要求"就较有代表性。

为了达到彻底解决损害所带来的影响，蒋村损害赔偿习惯法还对某些损害的赔偿对象进行规范。事例七就比较具体地将赔偿款进行了细分，死者的父母亲、丈夫、女儿等亲人分别得到相应的赔偿款。

事例七

2018 年 5 月 4 日下午 2 时许兴旺电器厂发生火灾，来自广西南丹的员工曾如屏在这场火灾中不幸身亡。经人民调解委员会的调解，兴旺电器厂的老板毕克明赔偿给死者家属谢大立（丈夫）、谢清斌（公公）、曾占亮（父亲）、向芬凤（母亲）一次性死亡赔偿金、抚养费、丧葬费、差旅费等其他一切费用共计人民币 1 118 376 元整（壹百壹拾壹万捌仟叁佰柒拾陆元整）。调解协议更明确约定，上述赔偿款其中 491 960 元整（肆拾玖万壹仟玖佰陆拾元整）打入死者父亲曾占亮的银行账户内，剩余赔偿款 626 416 元整（陆拾贰万陆仟肆佰壹拾陆元整）打入死者丈夫谢大立的银行账户内。其中打入死者丈夫的赔偿款中的 348 156 元整（叁拾肆万捌仟壹百伍拾陆元）作为死者女儿的教育、婚娶等费用支出，不得移做他用。

这样做使致责任方的损害赔偿能够具体对应、落实到相关人，一次性解决损害所造成的后果，避免出现矛盾和纷争。

四、损害赔偿的范围

根据蒋村损害赔偿习惯法，损害赔偿的范围包括财产方面的损害赔偿和人身方面的损害赔偿，两者都涉及直接损害和间接损害。损害之后的赔偿既有针对物质方面损失的赔偿，也包括针对面子等精神层面受损的赔偿。

在蒋村村民看来，财产方面的损害为财物的损失，其直接损害为现有财物的毁损、灭失，即财物在行为人的损害行为后价值得到减低；其间接损害为本来可以得到的预计收益。

人身方面的直接损害为看伤医病等的直接支出、身亡者的后事办理费用等，间接损害为因受伤甚至死亡而影响的经济收入等。如事例七中工厂方为火灾中死亡的工人的家人赔偿了丧葬费、差旅费等直接损害所致的费用和死亡赔偿金、抚养费等间接损害所致的费用。又如下面事例八交通事故致人死亡的赔偿就包括丧葬费、医药费、交通费、误工费、住宿费等直接损害所致的费用和死亡赔偿金、抚养费、赡养费等间接损害所致的费用，还包括精神抚慰金。

事例八

2015 年 9 月 1 日 16 时 16 分，蒋村村民张啸龙驾驶小汽车与同方向行驶的由江西省乐平市人吴孟强驾驶的车辆发生碰撞，致吴孟强死亡和车辆受损。经海村调解委员会 9 月 3 日调解，张啸龙与吴孟强的妻子、父母亲达成协议：（1）张啸龙向吴孟强方一次性自愿赔偿死亡赔偿金、丧葬费、医药费、交通费、误工费、住宿费、抚养费、赡养费及精神抚慰金等所有一切费用合计人民币 953 000 元（大写玖拾伍万叁仟元整）。（2）赔偿付款方式：在 2015 年 9 月 3 日先支付伍拾万元，其余余额待吴孟强殡葬后，提供给车辆保险公司所理赔的全部相关手续后全部结清。（3）本协议双方签字生效。[1]

在许多情况下，蒋村村民按照习惯法进行损害赔偿时并非仅仅给付金钱，而同时包括赔礼道歉、停止侵害等责任承担方式。如在事例八的相邻纠纷引起的损害赔偿中，除了支付医疗费、赔偿费、误工费等金钱赔偿以外，还有道歉、保证等损害后的责任承担方式。

在某些情况下，蒋村损害赔偿习惯法规定的损害赔偿还包括按照地方风俗赔偿做和尚、道士做佛事活动费用、死亡后的祭祀费用等。

五、损害赔偿的解决

出现损害的事实以后，蒋村村民通常会认真面对、积极解决。

---

〔1〕 毕克明提供，2018 年 6 月 11 日。

按照习惯法，蒋村损害赔偿大致三种解决途径，即协商、调解和行政处理、诉讼方式，每种方式各有一定的程序要求。

一般情况下，首先由致害方和受害人相互协商，在分清有关责任的基础上就赔偿问题进行友好商量，达成共识后即签订协议、予以履行。有时候如有人身受伤状况，先送医院治疗，待身体恢复以后再来商量赔偿问题。协商是蒋村较普遍的处理损害赔偿的方式，致害方态度诚恳，受害人宽容大度，双方互谅互让，友好解决问题。

如果双方当事人无法协商解决，就需要请中间人或者村民委员会来居中调解。调解主要为两种，一种为亲戚朋友出面调解，还有一种为村民委员会、村人民调解委员会等主持的调解。如22岁的来自贵州省瓮安县的王少峰，2011年7月13日上午在蒋村的胜达厂上班操作冲床时右手食指第一节被冲断。胜达厂老板李连达于2011年9月1日提请蒋村人民调解委员会调解，最后达成赔偿医疗费、后期治疗费等共2.5万元。又如2020年10月10日，江西省乐平市45岁的魏忠福在海村菜市场外被刘奋强所开的汽车压伤了脚趾头，经过医院检查没有伤到骨头，10月11日海村人民调解委员会调解后由刘奋强赔偿魏忠福900元。[1]

在调解时，调解人秉持公正的原则，按照以和为贵的策略，依据具体的事实情况，分析损害的来龙去脉，说明双方的责任担当，针对双方的心理态度和具体要求，劝说双方当事人各退一步达成协议。

调解后一般签订如下面文书一这样的书面的协议书。

文书一

调解协议书

2005年3月9日19时许，溪湾镇海村村民邹达康与安徽籍的房客戴克兰因用自来水之事引起发生争执。后邹达康将房客的开设小店的玻璃柜台台板玻璃长1.50×0.5×0.005被砸碎，致邹达康右手手

---

〔1〕 海村村委会提供，2021年1月13日。

背被玻璃砸出血，戴克兰也被邹达康打成轻微伤，用去医药费 529.50 元，大写人民币伍佰贰拾玖元伍角整。现经双方商议协议如下：

一、邹达康自己右手砸出血所用去的医药费由邹达康自己支付承担。

二、戴克兰开设小店的柜台玻璃 1.50×0.5×0.005 由邹达康购置安装，达到戴克兰满意为止。

三、戴克兰现已用去医药费 529.50 元，由邹达康支付承担。

四、戴克兰被邹达康搞坏的衣服一套人民币 600 元，大写人民币陆佰元整由邹达康支付赔偿，所讨一次车费 100.00 元由邹达康支付承担，营养费 699.50 元由邹达康支付承担。

五、经双方协商，邹达康愿意支付赔偿戴克兰总计一切费用人民币 2000 元整，并到场一次性付清。今后双方无经济关系。

此协议一式三份。

湾镇海村调解委员会（章）当事人：邹达康（签名，按手印）

受害人：戴克兰（签名，按手印）

调解方：申　源（签名）

白纳杰（签名）

蒋长华（签名）

2005 年 8 月 18 日〔1〕

在协商、调解都无法解决的情况下，损害赔偿的一方当事人或双方当事人会提请镇人民政府进行行政处理或者到法院提起诉讼，由国家行政机关、司法机关进行解决。如 2006 年 9 月 7 日晚，37 岁的蒋村村民冯再忠答应替人代班参加当晚的义务夜防队。因其没有按时到岗，有人打其电话催促。后冯再忠到村治安岗亭后责怪此事是由 39 岁的蒋村村民郑镕引起的，双方引起争吵。后双方在扭打过程中郑镕一拳打中冯再忠的左眼部，导致冯再忠的左眼球破裂，构成轻伤。法院认定郑镕犯故意伤害罪，判处其拘役 6 个月缓刑 1 年，

---

〔1〕　邹达康提供，2019 年 11 月 28 日。

并承担医药费、误工费等 27 596. 35 元。[1]冯再忠轻伤的损害处理，是由国家司法机关来进行的，既进行了刑事制裁，也进行了民事赔偿。这是体现国家强制力的损害赔偿的解决方式。

当然，蒋村也有个别村民在受到损害后，基于种种考虑选择自忍等方式，将损害结果自我化解。

六、结语

日常生活中，由于种种因素出现一些损害事实，产生赔偿问题，这在蒋村是较常见的现象。蒋村村民主要按照损害赔偿习惯法进行处理和解决损害赔偿问题。

根据习惯法，蒋村的损害赔偿大致有三种解决途径，即协商、调解和行政处理、诉讼方式。损害赔偿主要按照过错原则进行处理，论过而定责任。

根据蒋村损害赔偿习惯法，损害赔偿的范围包括财产方面的损害赔偿和人身方面的损害赔偿，两者都涉及直接损害和间接损害。损害之后的赔偿既有针对物质方面损失的赔偿，也包括针对面子等精神层面受损的赔偿。

随着社会的发展、国家法治建设的不断推进，蒋村损害赔偿有越来越多的根据国家法律进行处理的变化，习惯法的影响力存在一定的下降趋势。

---

[1] 参见慈溪县人民法院［2007］慈刑初字第 327 号判决书。

第三十五章
相沿成习的纠纷解决习惯法

一、引言

有人类就会有各种冲突。在蒋村，村民家庭内部、村民之间、村民与居住在本村的外来人员之间等可能因生活琐事、生产事务发生各种纠纷，形成一些矛盾和冲突。[1]

蒋村的纠纷总体上不多。下表为蒋村所在的海村档案中留存的2009年、2011年、2012年、2013年、2014年这五年海村村委会和调解委员会参与调解处理的、有记录的事例，具有一定的代表性。

---

〔1〕 有人根据浙江省平安建设信息系统，归纳分析了2014年慈溪市基层社会冲突的交通事故类冲突（4957起，占21.9%）、婚姻家庭邻里类冲突（3896起，占17.3%）、劳动事故类冲突（1513起，占6.7%）、经济活动纠纷类冲突（1458起，占6.5%）、涉农类冲突（1349起，占6.0%）、非正常死亡类冲突（99起，占0.4%）、医患纠纷类冲突（92起，占0.4%）、涉房类冲突（56起，占0.2%）、公共安全类冲突（52起，占0.2%）等九大类型（加上其他类矛盾冲突9109起，占40.4%，共22 581起），认为存在社会冲突的多元化特征更加明显、社会冲突的趋利性特征更加明显、社会矛盾的"网络舆情化"倾向更加明显、社会冲突的复杂性关联性更加突出、社会冲突的组织性对抗性更加突出等"五个更加明显"的新特点。参见杨钱江："浙江省慈溪市基层社会冲突治理研究"，新疆农业大学2015年硕士学位论文，第13~21页。

表1　海村调解的纠纷

纠纷/年	界地纠纷	建房土地纠纷	宅基地纠纷	宅旁地纠纷	土地纠纷	土地转让	土地调换	土地租赁	建房界址纠纷	建房纠纷	房屋纠纷	建房协议	房产转让	道路出入通行	道路出入排水纠纷	赔偿纠纷	工伤赔偿纠纷	医疗赔偿	赡养纠纷	离婚	总计
2009			6		1	3	1	2		3	3					4					23
2011	2		1				1			2	2						1	3			12
2012	9						1	1		5		3				2	1			1	24
2013	3	5								5				1	1		2				17
2014	3							1		1	2			1	1		1				10

由表1可知，蒋村所在的海村的大部分纠纷与土地、房屋相关，也有少数涉及工伤赔偿、交通事故赔偿，极个别涉及赡养、离婚。

有这些纠纷就有解决纠纷的规范。蒋村有谚语："一场官司一场火，勿怕侬格加基多。"[1]因此村民通常选择民间的习惯法解决纠纷、处理争端，较少告到政府和法院由国家来解决。为妥善解决这些纠纷，蒋村相沿成习逐渐形成了纠纷解决习惯法，并传承、运用到现今。

这些纠纷解决习惯法主要包括自认倒霉、一方谩骂、双方吵架、相互斗殴、补偿和赔偿、中人调解等规范。[2]乡村社会依据惯常的方式解决纠纷，维护生活秩序、生产秩序。根据田野调查材料，本章就蒋村的纠纷解决习惯法做一初步的总结，以进一步认识乡村纠纷解决规范的特点，思考现代法治建设背景下乡村纠纷解决习惯法的发展变化。

---

〔1〕 "加基"为蒋村方言，意为"家产""财产"。

〔2〕 谩骂、调解另有专文讨论，本章不再涉及，特此说明。

二、自认倒霉以息事宁人

按照蒋村习惯法，"自忍"为纠纷解决最主要的方式之一。从事件的发展过程角度看，"自忍"包含两个层次。其一是纠纷显现前的忍受，这种忍受往往抑制了冲突的爆发。其二是纠纷显现之后，当事人出于某些考量而忍受，从而使得此次的冲突告一段落。[1]

在蒋村，不少村民在面对利益受到损害、面对纠纷时，往往基于各种考虑而选择自忍，通过自认倒霉以息事宁人，求得安宁。如事例一中柯立魁的行为即属此类。

事例一

大概在1990年，蒋村村民柯立魁当时二十六七岁，他被偷去原材料，大概价值1.6万元；过了不久，又被偷1.5万元左右的材料；第三次被偷近5万元的材料。四年内被偷了三次。他有怀疑对象，是一个远房亲戚，但是没有直接证据。没有抓住，当时也没有监控，但是有不少间接证据。柯立魁考虑很久，最后还是决定自认倒霉。[2]

如柯立魁这般，蒋村村民从利益、关系、后果等方面选择自忍。美国法律学者布莱克在《正义的纯粹社会学》中指出，导致忍受发生的社会条件包括社会地位低、亲密关系、文化相近与关系相近、异质性原子化社会等。"只有在社会生活的两极分化场域中，所有这些条件才可能同时起作用。"[3]徐昕在《论私力救济》中给自忍下了定义，他侧重强调人们选择自忍的利益考量。[4]

自忍最大的特点是单方忍受了不利后果，这就意味着双方并没有"撕破脸皮"，能够继续在蒋村共同生活。自认倒霉表明纠纷没有

---

〔1〕　吕川："纠纷解决中的自忍——以湖北林村一起宅基地纠纷为对象"，载高其才主编：《当代中国纠纷解决习惯法》，中国政法大学出版社2019年版，第8页。

〔2〕　柯立魁访谈录，2015年6月20日。

〔3〕　[美]唐纳德·布莱克：《正义的纯粹社会学》，徐昕、田璐译，浙江人民出版社2009年版，第90~92页。

〔4〕　徐昕：《论私力救济》，中国政法大学出版社2005年版，第124页。

显性化，或将纠纷消灭在萌芽状态，没有打破原有的人际关系、家庭关系、社会关系的平衡。

在日常生活中，蒋村村民往往以"失财免灾""因祸得福"等进行自我安慰和排解，通过自我忍受避免冲突发生或者冲突的扩大化，从而占据道德的制高点，获得村民的同情和肯定。

三、通过吵架来解决纠纷

吵架是一种常见的人类行为，双方由某事引发进行激烈争吵，大声争辩、指责，通过言语相斗，将伤害性的语言加于对方，互不相让。

与谩骂不同，蒋村的吵架为双方同时在场的行为，双方就矛盾、纠纷、冲突进行诉说，告知在场的村民或者不在现场却能够听见的村民纠纷的真相并由他们进行评说，以解决争端，进行自尊需求的保护，维护自我形象，维护自身利益。

在蒋村，吵架多发生在家庭成员之间、邻里之间等，吵架对象多数为女性，诸如婚姻、分家、通行、借钱、讨债等均可能成为吵架的缘由。如事例二即为两妯娌为婚姻、借钱事宜而吵架。

事例二

朱月素与何悦为两妯娌，朱月素为李家老大的媳妇，何悦为李家老二的媳妇，两家相邻而居，平常关系尚可。2018 年 2 月 14 日，大年三十前一天中午近 12 点时，朱月素与何悦在各自的院子里，隔着铁栏杆大吵了一架。何悦为朱月素的女儿介绍了男朋友并结了婚，男方为何悦堂妹的儿子，家在邻镇。当时朱月素知道男方家穷，但是不了解男方不务正业、好赌乱嫖。朱月素就怪何悦只考虑其堂妹家娶媳妇，不顾及自家女儿的死活，隐瞒真相。男方能说会道，朱月素的女儿将自己的汽车和一些金首饰在当铺当掉给男方花。有一次因急用，朱月素女儿向何悦借了 10 万元，当时没有打借条。现在男方因犯信用卡诈骗罪被判有期徒刑 4 年 8 个月，朱月素女儿也准备起诉离婚。何悦感到很难从朱月素女儿那里拿回来钱，就写好借条想叫朱月素两口子签字来还。朱月素自然不签，并与其吵了起来。

两人吵了有一个多小时，互相责骂。女邻居喻红姣过来劝了一下，叫何悦不要乱骂人家。[1]

作为解纷方式之一，吵架为在大庭广众下公开事实的过程，通过双方的你来我往将有关争执情况公之于众，接受村民大众的议论和评判，从而事实上得出谁是谁非的判断，客观上也能解决纠纷。

同时，吵架的过程也是发泄愤怒的场合。双方可能积怨已久，一有合适场合就开始争吵，频出脏话，诋毁他人，辱骂对方，进行人身攻击，通过攻人痛处、碾压对方令其愤怒，以吵得对方张口结舌、哑口无言为目标，从心理上挫败对方。吵架往往以精神上的满足而告结束，虽然有时候可能在财产利益上受到损害。吵架中的一方往往以出气为目的，本着揭露对方、搞倒搞臭对方的想法，让社会民众来看清其真面目，使对方的名誉受损、交往受限。

蒋村的吵架可能会有效缓和争端、解决纠纷，也可能双方从此断绝关系、老死不相往来；还可能出现纠纷升级、扩大甚至发生肉体冲突，出现动手打人的状况。

四、补偿赔偿而化解矛盾

由于出现了财产损失、人身伤害，双方由此引起争执、发生纠纷，按照蒋村习惯法，这通常采用补偿、赔偿的方式解决问题、化解矛盾。事例三即为由于交通事故而进行的补偿。

事例三

2007 年 7 月 3 日，29 岁的蒋村村民周和楚交通事故造成来蒋村务工的贵州省桐梓县村民 37 岁龙红玉的右小腿断裂。之后，为相关费用问题，双方发生争执。2008 年 4 月 8 日村人民调解委员会经过调解达成协议，形成人民调解协议书：周和楚一次性补偿龙红玉所有费用 7500 元；钱当场付清；以后不管发生其他事，与周和楚无关。周和楚与龙红玉、费瑞年夫妻共同在协议书上签名并按手印。[2]

---

〔1〕　喻红姣访谈录，2018 年 2 月 15 日。
〔2〕　蒋村档案：目录号 8，案卷号 9。

通常情况下，按照蒋村习惯法，赔偿是有一定责任的财产付出，补偿则为某种道义同情。上面事例三为补偿 7500 元，主要在于责任难以划分清楚，因而出现纠纷后进行模糊处理以达成一致。

蒋村的赔偿包括交通事故、工伤等情形。蒋村村民办有一些小厂，常发生一些工伤事故。如李达昌在替陈泽彬运输包装箱过程中发生皮外伤，2020 年 7 月 24 日蒋村人民调解委员会调解后由陈泽彬赔偿李达昌 3500 元。[1]

补偿则主要为企业老板、包工头、雇主等对员工因自身原因造成的损害予以一定的补贴。事例四为做房屋修建的傅禄昆所遇到的对员工的补偿，体现了关心。

事例四

2018 年 1 月，傅禄昆的一个工人黎世吉上班干活期间外出，自己闯红灯，出了交通事故。警察说他自己负全责。警察处理后他又告到法院了。傅禄昆没有什么责任，但是，最后给了点钱表示一下。他感到碰到这种事很烦人的、很麻烦的。[2]

在蒋村，常有父母为已分家的已婚子女还债、代为赔偿，也有兄弟姊妹替欠钱或者造成伤害的兄弟姊妹出钱，也有个别为好朋友解决困难而付款。这些都是基于亲情或者友情、出于帮助亲人、好友并化解纠纷的目的而进行的情谊行为。

五、相互斗殴使争端终止

在蒋村，有的纠纷通过斗殴才解决或者终止。在日常生活中，相争为斗，相击为殴，斗殴为纠纷双方或多方通过拳脚、器械等武力以求制胜的行为，往往导致身体受伤，严重的甚至危及生命。

蒋村习惯法不提倡通过斗殴解决纠纷。不过，蒋村也不时会出现斗殴的情况，如事例五。

---

〔1〕 海村村委会提供，2021 年 1 月 13 日。
〔2〕 傅禄昆访谈录，2018 年 2 月 4 日。

事例五

1989 年 11 月 9 日下午 4 时许，蒋村村民张水清在自己地界石里边为防损害路边的黄杨树又在埋石头。邻居黄春利、范国文认为张水清在移动界石，便上前询问。因张水清答语不妥，双方发生口角。张水清妻子余利雪听到后也过来参与。范国文说余利雪以前在他这里讲过她婆婆方春花偷男人。余利雪否认此事，范国文说你不承认讲你干脆下来罚字。余利雪当即下跪便拜。范国文认为拜他不吉利，用手推击余利雪，余利雪随即起身打了范国文一记耳光。

下午 5 时左右，范国文父亲范仁荣及弟弟范国化从地里回来听说为界石事范国文被人打了耳光，即去问张水清界石有否移动。张水清说石头我埋在自己地里，不信你可看。范仁荣看后说没有埋在外面就算了。张水清妻子余利雪又出来多口舌，双方发生争吵后被范国文拉住头发。张母方春花亦上前相助被范仁荣一拳击倒在地，并用脚踢方春花。之后，双方参与互打人员被村民劝住。

11 日经村干部调解，范仁荣赔偿方春花医药费 25 元。其他人员的医药费由各人自己负责。[1]

这种斗殴可能发生在邻里之间，也可能发生在同一家庭的父母子女之间。事例六即为父亲、大哥、嫂嫂、小弟等发生的打架斗殴。

事例六

张水国与弟张金国各承包村办企业，在张水国承包厂有一做工工人，因故到张金国承包厂做工，因此两兄弟发生矛盾。父亲张乾坤知道此事后，不让工人在张金国厂做工，并扬言拿铁耙要把张金国厂的车床打破。张金国妻子听说后骂夫父，张水国的另一弟弟张银国听到嫂嫂骂父亲，便与嫂嫂发生争吵，后动手打了嫂嫂致其受伤。

张金国为此事要求村干部处理。干部答应在 1989 年 4 月 15 日

---

〔1〕 蒋村档案：目录号 21，案卷号 1。

晚上处理。而金国在 15 日晚上却叫来妻兄、岳父、姨丈等人以讨医药费为名到水国家闹事，致使父亲张乾坤、水国等人受伤。经过村乡干部于 1989 年 4 月 23 日调解，达成协议：①水国、金国为一工人做工发生矛盾，银国作为第三人打嫂嫂是错误的，应负责赔偿其嫂嫂医伤的医药费。②金国在村干部答应为他们处理后，在未处理前叫人前往水国家致使父兄致伤，在做法上是违法的，但因伤势不严重，又是父兄之间，金国应向父亲认错并赔礼道歉，负责赔偿父兄的医伤医药费，今后不能重犯。③双方在这次纠纷中应接受教训，达到父、兄、弟之间的团结和睦。（双方医药费到 4 月 23 日止）。[1]

在蒋村，有的斗殴是一时冲动、由骂而吵而打发生的；有的斗殴则是经过准备、蓄谋已久。有的打架斗殴，能够被旁人劝散而中止；有的则打得不可开交，报警后，警察来以后才停止。

伴随打架斗殴的还有财产的损坏。如 2016 年 1 月时，蒋村办厂的陈翎与梁茂良因为合伙开公司发生矛盾引起激烈冲突，陈翎竟将梁茂良放在地下室的小汽车喷得一塌糊涂，造成财产损失。

打架斗殴为蒋村纠纷解决习惯法规定的较为极端的纠纷解决方式。打架斗殴后，通常由村委会等出面主持调解。一般情况下，根据动手先后、方式手段、具体后果等予以赔礼道歉、赔偿损失等；后果严重的，在报警后致害方会受到国家法律的相应处罚。

斗殴后，纠纷可能是终止了。但是，双方的关系可能无法恢复以前状态，甚至两、三代人再不相互来往了。

六、报警送官将冲突处理

在蒋村，不少纠纷经过努力无法解决，就只有报警请派出所警察来处理，或者起诉到法院由法官进行裁判。下面的事例七是由镇派出所警察出面解决了双方的难题。

---

[1] 蒋村档案：目录号 21，案卷号 1。

事例七

蒋村人任彤生病成为植物人状态，家里人请了一位保姆照顾他。没过几天，保姆与任家发生了纠纷，要离开不干了。当时为 2015 年 4 月的一天晚上，天已经很晚了，保姆要求任家开车送她回去。任家又害怕开车送她回去后在对方处被保姆方的人扣留而对其不利，故不愿意开车送她回去。这样双方就发生了争执、冲突。无奈之下，任家选择了报警。警察来了以后，了解了情况，最后考虑家庭情况开车送保姆回去。这一纠纷由于警察的介入而得以解决。[1]

在蒋村村民的观念中，能够自行解决就自行解决纠纷；实在不行，就报政府请国家机关进行解决。镇政府干部、警察、法官这些官方人士一般也理解村民的要求，大多按照习惯法、根据具体情况来处理纠纷，使之具有可接受性；极少机械地依据国家法律来解决。

七、结语

针对不同纠纷，蒋村村民根据习惯法，自认倒霉以息事宁人，通过吵架来解决纠纷，相互斗殴使争端终止，补偿赔偿而化解矛盾，报警送官将冲突处理，从而恢复原有社会秩序，修复被影响的社会关系。蒋村基本上没有出现过发誓等神明裁判和决斗等纠纷解决方式。

从解决冲突出发，蒋村纠纷解决习惯法本着尊重、和谐的原则，考虑人情因素，恰当处理村民之间的纠纷。

蒋村纠纷解决习惯法的内容主要沿袭原有传统，在继承固有规范的基础上根据新的社会形势和村民的生活需要而有所发展和扩充。

---

〔1〕　刘少琏访谈录，2015 年 5 月 21 日。

一、引言

调解是在中立的第三方主持下，当事人在自愿协商、互谅互让的基础上达成协议，从而解决纠纷的一种活动。

在我国，法律规定的调解主要有四种形式：诉讼调解（法院在诉讼过程中的调解）、行政调解（行政机关在执法过程中的调解）、仲裁调解（仲裁庭在仲裁过程中的调解）和人民调解（群众性组织即人民调解委员会的调解）。

此外，民间调解也是一种重要的调解形式，在我国有着广泛的运用。民间调解是指纠纷当事人在基层社会权威人士的主持和劝说下，通过交换意见、商量、谅解和让步而达成协议，从而化解矛盾、解决纠纷的活动。

沿袭传统，蒋村一直存在民间调解，居中调解的人俗称"老娘舅"。[1]调解习惯法以"和"为基本原则，规定调解的主体、程序、效

---

[1] "老娘舅"为吴语词汇。娘舅，原为舅舅的意思。在吴语地区特别是长江三角洲吴语区一带，人们常把那些有威望、讲公道的年长者称作"老娘舅"。现在，蒋村村民往往将热心村务、乐于帮忙、公正解纷者称为"老娘舅"。在蒋村所在的市的城乡，村村都有"老娘舅"，和谐促进员总数达 2.5 万人。近两年来，当地 80% 以上的矛盾纠纷解决在村级，成功率达 98% 以上。如周塘西村从 2006 年开始设立和谐促进员，以 30 户至 50 户为一组，每组设一个民情联系点，每个点邀请 2 名村民担任和谐促进员。98 名和谐促进员，有 49 人是来自湖南、安徽、江西等地的新村民。这些"老娘舅"，年龄在 30 多岁至

力等，全面调整调解活动，保障调解的顺利进行，以尽快解决争执。

二、调解的主体规范

按照习惯法，蒋村调解的主体较为广泛，主要为自然人，为族姓、亲友等地方道德权威、经济权威、血缘权威等非制度性权威，还有一些具有某种官方和半官方色彩的村干部、村民小组（生产队）干部。

这些人比较热心，也有一定能力解决纠纷。在蒋村，这样的村民大概有十来位。当然，有些村民也调解一些家族内部的纠纷，这类人的数量更多。如50多岁的柯本道为人热心，对蒋村的事情一直比较关心，在村民中有较高的威望。针对2021年一次宅基地转让及出现的矛盾，柯本道告诉我："我们做老娘舅是为村坊做事体（情），站在中间的。人家认可你，做点好事。"〔1〕确实，尽管有的蒋村村民认为柯本道较为偏向穆全晨陈国丹夫妇方，但如果没有他的介入和说合，这起宅基地转让能否最终达成协议恐难以预料。

就具体情况看，蒋村调解习惯法对调解人有一定的能力等方面要求。如下面的事例一就表明调解人需要一定的资格、条件、能力。

事例一

大概2005年时，方群龙因任百信欠其50万元钱，便将任百信做会首、自己与其弟弟方群虎参与的会的会钱扣下抵欠款。任百信为此与方群龙发生纠纷，并借钱付会钱，后卖房还债。纠纷发生后，蒋村村民齐家俊想做中人去调解。村民郭荣明对齐家俊说："你不知道人家老板有多大？人家进出五六十万的，你有多少能耐?！你只有五六万的能耐。你有钱，就说你们不要吵了，从我这里先拿50万元弄弄好。你有这样的能力、魄力才能去调解，否则你怎么去调解。人家怎么会听你的！你调解要有担当的，没有能力说话没有人听的。"

（接上页）70岁，有的是村民代表，有的是党员，有的是热心人；肩负着法律政策宣传、群众联络、信息排摸、矛盾调解、信访陪同和村务协管等职能。参见童颖骏等："'老娘舅'巧解烦心事"，载《浙江日报》2011年3月3日。

〔1〕 柯本道访谈录，2021年4月3日。

在一旁的方群龙听后笑了。[1]

显然民间的调解人不是任何人都能够担任的，可能需要一定的辈分、尊长条件，也可能需要一定的人格、威信条件，还可能需要一定的经济、财产条件。特别是在当今的市场经济环境下，会经营、能赚钱的能人、老板的说话往往更有分量，能够对纠纷双方当事人更有影响力。

三、调解的程序规范

蒋村的调解没有固定程序，习惯法没有规定严格的程序，通常包括一方当事人向调解人提出、调解人向另一方当事人了解、调解人提出初步方案、双方当事人对初步方案提出修改建议、达成协议并签字盖章等环节。

（1）一方当事人向调解人提出。纠纷发生后，蒋村大多数当事人首先想到的是找人说和，寻找合适的亲戚、朋友和村干部做调解人，适时去调解人处表达自己的意愿。调解人问清有关情况后会决定接受还是不接受。一般情况下，调解人会考虑自己的声誉接受请托。接受请托后的调解人，会进一步询问当事人有关纠纷的具体细节，也可能向相关人进一步了解，有时会根据需要去争议的现场进行实地观察，全面掌握纠纷的情况。调解人有时候会约请其他人一起参与纠纷的调解。有时候当事人期望的村民不接受请托，则需要另外寻找调解人。

（2）调解人向另一方当事人了解。调解人在接受请托后通常即去纠纷的另一方当事人处了解情况，听取对方的想法和要求，明确双方的争执点，确定分歧之处，并在此基础上考虑纠纷化解的思路和关键方面。

（3）调解人提出初步方案、双方当事人对初步方案提出修改建议。在前面了解纠纷的来龙去脉、双方的主张后，调解人根据自己的了解和经验，提出初步方案，并征求双方当事人对初步方案的意

---

[1] 郭荣明访谈录，2021年1月13日。

见，倾听他们提出的修改建议想法，不断引导双方求同存异，最大限度的形成共识，努力达成一致意见。

（4）调解达成协议并签字盖章。在调解人和其他人的努力下，在双方当事人的互谅互让下，双方达成协议，并在调解人或者其他人起草好的调解协议上千名、盖章或者按手印，调解即告成功，纠纷得以化解。

当今的蒋村，调解协议多为书面协议，极少为口头协议。调解协议多由打印店进行打印，极少有手写稿，这样便于查阅和保存。下例文书一"邻居和解建房协议"就是一份打印的协议。

文书一

邻居和解建房协议

甲方：樊挺（以下简称为甲方）

乙方：汪金俊（以下简称为乙方）

甲乙双方凭着邻居和睦共处团结友爱的态度出发，经双方协商，自愿同意，现将有关协议作以下规定：

一、原出入行路 1.3 米，现往北拓宽 2.7 米共计为 4 米，作永久公共出入行路。如有国家集体征用政策性赔偿款归甲方所有。

二、如甲方建房南边与乙方的山墙对齐，允许墙台挑空三块五空板，东边甲方房屋彻（砌）墙可以不留萌架，滴水仅（尽）量不超越界址，双方的出水沟有（由）甲方法治保住（持）畅通，房屋高度与乙方高度相平。

三、恐后无凭，特立此据，甲乙双方共同执行。本协议一式二份，双方各执一份，甲乙双方签字生效。

甲方签字：樊挺（签字，按手印）

乙方签字：汪金俊（签字，按手印）

见证人：柯本道（签字）苏令定（签字）

2019 年 7 月 1 日

这份协议中的见证人为纠纷的调解人。蒋村主持调解的人，在调解协议中往往以"见证人"等名义出现，以示负责。

同时，为了使协议更有权威性和效力，有时民间调解所达成的协议由村民委员会盖章确认，或者采用人民调解委员会的调解协议形式，得到基层自治组织或人民调解委员会这一依法设立的调解民间纠纷的群众性组织的认可。如下例文书二即属此类。

文书二

人 民 调 解 协 议 书

海村　　　人民调解委员会

（2008）调字第 026 号

当事人基本情况：

当事人方	姓名	性别	年龄	民族	籍贯	工作单位、职务或现住址	居民身份证或执业证号码
甲	施国清	男	35	汉	慈溪市	溪湾镇海村	
乙	姚守中	男	70	汉	慈溪市	溪湾镇海村	

上列当事人于　2008　年 12 月 26 日发生 界沿 纠纷，甲　方于　2008　年 12 月 26 日请求我委调解。我委于　2008　年 12 月 26 日开始对纠纷进行调解。调解前，我委已告诉各方当事人有关人民调解的性质、原则、效力和参与调解的权利、义务。经我委调解，各方当事人认同纠纷的简要事实、争议事项、各方责任和纠纷造成损害情况如下：　要求明确界沿。

经调解，各方当事人自愿达成协议：

施国清与姚守中界沿达成如下规定：

施国清的小屋共五间，东边墙起还留五十公分，其余姚守中要做出水，必须把护卫墙用水泥填平方可出水。特留此以据以作凭证。

本协议履行的方式为：　界沿明确

本协议履行的地点为：　村调解室

本协议履行的期限为：　2008 年 12 月 26 日起

本协议书具有民事合同性质，受法律保护。各方当事人应当按照协议自觉和及时履行自己的义务，不得擅自变更或者解除本协议，否则将承担法律责任。本协议生效后可能引起的民事诉讼将由签订地基层人民法院管辖，法律另有规定的按照规定。

调解中有关证据、调查笔录等材料共　　／　　份　　／

页，原件保存于本次调解案卷中。

　　本协议书正本共__3__份，各方当事人各执一份，本人民调解委员会存档一份。送____/____、____/____、备案__1__份，其效力相同。

　　甲方当事人签名：施国清（签名）、方当事人签名：____、____方当事人签名：____

　　乙方当事人签名：姚守中（签名）、方当事人签名：____、____方当事人签名：_____

　　其他见证人签名：_____、签名_____、签名_____

　　主持人民调解委员签名：__王岳云（签字）__

　　人民调解员签名：_____签名：_____

　　　　　　　　　　__海村__　人民调解委员会（公章）

　　　　　　　　　　2008　年　12　月　26　日〔1〕

　　从整个调解程序来看，蒋村根据习惯法的调解表现出妥协性。针对双方的争议，调解人运用各种方法，进行耐心的分析，提出令双方均可接受而又不失脸面的方案，通过双方的互谅互让，在折中的基础上，达成共识和一致，最后签订协议。调解的整个过程为双方当事人不断妥协的过程。

　　在蒋村，习惯法规定的调解方法简单灵活，主要为调解人对纠纷双方当事人进行细致的思想工作，既有背靠背的单独交流，也有双方共处一室的面对面表达；既有温和的说服，也有训诫式的教育，通过摆事实、讲道理、明历史、看未来、求大同，使双方当事人握手言和，将矛盾化解。按照担任了十多年村干部的苏达昌的说法，"我们调解人是中立的，没有我们的利益，尽量做双方工作，把事情办办好"。〔2〕

　　按照蒋村的调解习惯法，调解人的调解为义务行为，没有报酬。有时候当事人为表示感谢，请调解人和相关亲友吃饭。也有个别的

---

〔1〕　海村村委会提供，2019年11月29日。
〔2〕　苏达昌访谈录，2022年1月22日。

当事人给调解人送点礼物的。

四、调解的效力规范

在蒋村，村民在调解协议上签字、盖章或者按手印以后，调解达成协议后即刻生效，对双方当事人具有约束力，大家必须认真按照调解协议行为，不得违反。

就这些年的实践来看，蒋村村民对生效的调解协议都是遵守的，没有不按此履行的。大家从自己信誉和利益角度考虑，对自己的承诺予以承认和兑现。

不过，在没有正式达成协议前，当事人可以改变自己的要求。这样是否违反习惯法，存在不同的看法。如下例二。

事例二

2021 年杜焕茂、武秀冬夫妇与穆全晨、陈国丹夫妇进行宅基地转让时出现矛盾，后经村民柯本道说合调和。4 月 3 日晚，杜焕茂夫妇方提出来转让费要再增加 5 万元，即共为 105.80 万元，最后敲定宅基地转让费为 102.80 万元。柯本道当即代表穆全晨陈国丹夫妇付了款。4 月 6 日晚上，柯本道拿着协议分别到杜焕茂和穆全晨家，请他们签字时，杜焕茂夫妇在真正要签字成交时却有些舍不得了，嫌价钱有些低了。于是，柯本道只得再做工作，最后穆全晨方又加了 2.7 万元，最终转让费为 105.5 万元。

在大多数村民看来，杜焕茂、武秀冬夫妇的行为是不诚信的行为，出尔反尔，为了一点利益而不要面子了。蒋村村民总体上认为说好了就是达成协议了，不管有没有正式签字。不断变化就是违反习惯法了。当然，杜焕茂、武秀冬夫妇则认为自己是正当的，没有与习惯法不一致。

五、结语

调解在我国具有悠久渊源与乡土基础，为蒋村村民所普遍接受和运用，在蒋村的纠纷解决中起着十分重要的作用。

依据调解习惯法，蒋村的族姓、亲友等地方道德权威、经济权威、血缘权威等非制度性权威主持和参与调解，化解纠纷，解决困难，维持村落的和谐。这些民间权威人士关心亲邻，热心公益，以公正的立场促使双方当事人协商争议、达成协议。

蒋村调解习惯法建立在熟人社会的基础上，以亲情、乡情、友情为纽带，围绕"和"的目标，[1]突出"情"的基础，通过各种方式促成沟通，相互理解，达成共识，解决纠纷。

由于社会的发展、国家法治建设的加强，蒋村民间人士的权威有所下降，调解习惯法呈现某种适用范围缩小、效力降低等发展趋势。个别村民对社会舆论也越来越不顾忌，调解习惯法的效力受到一定的挑战。

---

〔1〕"和"为"和谐""和睦""和气"，《说文解字》："和，相譍也。从口。禾声。"参见（汉）许慎撰、（清）段玉裁注、许惟贤整理：《说文解字注》（第2版），凤凰出版社2015年版，第100页。

第三十七章

谩骂：日渐减少的私力救济方式

一、引言

作为私力救济方式的谩骂，虽然在解决纠纷时较少运用，但是在蒋村仍然不时出现。关于谩骂，《现代汉语词典》释为："用轻慢、嘲笑的态度骂。"[1] 在日常生活中，蒋村村民之间出现某种争执时，有时一方会采用泼妇骂街式的谩骂形式，通过这一比较特殊的解纷方式处理双方的纠纷。

本章根据田野调查的观察和访问，以蒋村为对象，对作为私力解决方式的谩骂进行初步的探讨，描述谩骂的条件，总结谩骂的功能，试图从习惯法视角对私力解决方式的谩骂进行规范性探讨，以求教于各位学界同仁。

二、谩骂的条件

在蒋村，作为私力救济方式的谩骂是有一定条件的，习惯法所确认的谩骂的条件涉及谩骂的主体、谩骂的对象、谩骂的时机、谩骂的内容、谩骂的方式等方面。

（1）谩骂的主体。在蒋村人看来，实施谩骂者多为凶悍的村民，

---

〔1〕 中国社会科学院语言研究所词典编辑室编：《现代汉语词典》（第5版），商务印书馆2005年版，第916页。《史记·韩信卢绾列传》载："四人谒，上谩骂曰：'竖子能为将乎？'"

以女性为主。这类人许多为不讲道理者，普遍具有自私、霸道的特点，也喜欢占小便宜，在村中的名声不是太好。如事例一中的王姓村妇。

事例一

2017 年 3 月，70 多岁的王姓村妇因为家族财产的处理，侄子辈无法满足其不当要求而谩骂侄子们。她在侄子们房屋前来回走动，边走边大声不指名道姓地谩骂。王姓村妇这样连续骂了十来天。

在这一财产处理中，侄子们完全没有过错，王姓村妇完全是为了多得利益，更多地强占侄子们的好处。在侄子们不予理睬后，王姓村妇便开始谩骂，试图令侄子们屈服，达到按自己意思办的目的。

当然，也有一些正派的村民实施谩骂的。这类村民往往是在忍无可忍的情况下采用谩骂方式，显现出维护自己利益、避免自己利益更多受到损害的特点。

观察蒋村的实践，实施谩骂者通常为家庭中的某一个体，基本上没有全家上阵一起骂的。因骂动手时，则往往全家人共同参与。

（2）谩骂的对象。按照蒋村人的理解，谩骂的对象不能为自家人，即妻子骂丈夫、父母骂子女之类不能视为谩骂，而仅仅为家庭内部的吵骂。

社会意义上的谩骂，是指针对家庭以外的人的骂，包括同一家族的族人、同村的邻居等，也包括租住房屋的外地人。

谩骂时，有部分为指名道姓的骂，大部分为含沙射影的骂，需要听到者根据内容、情境具体理解和知晓被谩骂的对象。

（3）谩骂的时机。蒋村人认为，谩骂不是任何时候都可以进行的，需要满足一定的时机要求。除了有些为完全无缘无故而进行谩骂之外，通常为如利益受到损害时、情况紧急时等。如事例二。

事例二

2016 年 4 月，50 多岁的林姓村妇因为对将自己女儿介绍给其侄子但没有全面、客观告诉其侄子品行、经济情况使结婚后因其表侄子诈骗被判刑而离婚的徐姓妯娌有意见，就在自己家中对着隔壁的徐姓妯娌家大骂徐姓妯娌。林姓村妇连续谩骂多日。

蒋村村民议论时，对这一事例中林姓村妇的谩骂行为普遍持肯定态度，认为其妯娌确实不像话，为了自己的表侄子能够结婚竟然可以这样隐瞒事实来坑害自己丈夫的侄女。60 岁蒋村村妇田丽娥的看法就有一定的代表性："阿竹（徐姓村妇的名字）这样做是弗对的，被人骂也是活该啊。人家年轻小姑娘的一辈子给你弄坏了，以后怎么办。怪不得阿蕾（林姓村妇的名字）介生气。这被骂怪不得别人的。"[1]

此外，在蒋村，还有一种谩骂是由于没有明确证据，仅仅怀疑某人、某家做了某事而出现的。实施谩骂者无真凭实据，但又进行了自我认为的合理推理，于是在某一场合进行谩骂，警告嫌疑人。

（4）谩骂的内容。在蒋村，谩骂的内容五花八门，除了一些如事例三曾姓村妇这样是骂对方不讲理之外，大部分谩骂的内容为指责对方忘恩负义、心狠手辣、欺软怕硬、不知好歹之类。

事例三

2017 年农历腊月二十，50 多岁的曾姓村妇去同村开厂的邹姓邻居家讨要到期的 10 万元借款。邹姓邻居说："你们家有钱，这点钱也来讨。"曾姓村妇非常生气。回家的路上就大骂邹姓邻居"缺德、不讲理"，一路走一路骂，令许多蒋村村民听到。

在这一事例中，曾姓村妇的谩骂内容主要针对邹姓邻居来借款时低三下四，要催还钱时趾高气扬的状况，强调其态度之恶、人品极差。

蒋村人的谩骂，有的着重两家的历史渊源，强调自己过去对对方之好，抱怨对方数典忘祖、忘恩负义；有的突出对方行为之劣、想法之毒，竭力贬低对方的所作所为；有的高举正义大旗，大力鞭挞对方的不义之举。

关于具体的内容，许多谩骂者往往极尽添油加醋、捕风捉影、

---

〔1〕 田丽娥访谈录，2018 年 2 月 14 日。

张冠李戴、颠三倒四、颠倒黑白之能，极力丑化对方。

（5）谩骂的方式。观察蒋村的实践，谩骂的具体方式形形色色、多种多样。既有直接的破口大骂，也有间接的高声乱骂；既有指名道姓式的骂，也有指桑骂槐式的骂，还有含沙射影的骂；既有当面的骂，也有背后的骂；既有长时间连续的骂，也有短时间的骂；既有自己独自骂，也有见人搭讪着骂。

这种谩骂类似于缺席审判，对方一般不敢露面或者不愿露面或者不屑露面，缺乏直接的交锋，没有对方的辩驳，仅仅谩骂者一方的高声叫嚷。谩骂者试图掌握主动权，兴起舆论谴责。

三、谩骂的功能

从蒋村的实践观察所知，作为私力救济方式的谩骂在解纷过程中具有发泄功能、诋毁功能、威慑功能、控制功能、引发功能等。

（1）发泄功能。在蒋村，谩骂具有明显的发泄不满的功能。实施谩骂者借谩骂出气、解恨，如事例四中冯姓村妇所为。

事例四

由于前面一排的邻居盖房影响了自己家的采光，与对方交涉无效后，40多岁的冯姓村妇就于2015年6月15日起不指名地朝向该邻居方向大骂。冯姓村妇一天骂几次，连续骂了十多天。

针对冯姓村妇的谩骂行为，65岁的蒋村村民姜国明的理解是发泄一下："骂是出出气，她骂一骂是心里上舒服一点。虽然解决不了问题，别人不会改变的，房子就那样了。不过，她上一说，骂一骂，让别人知道她家的态度，这样也算是个胜利，面子把（当地土话，"要"意）回来一点。"[1]

面对纠纷或者潜在的冲突，谩骂者通过谩骂中的发泄化解心中的怨气，努力自我消解纠纷或者潜在的冲突，恢复原来的境况，恢复社会秩序。

---

[1] 姜国明访谈录，2017年11月9日。

（2）诋毁功能。在谩骂者的意识中，谩骂能够让全村乃至更多人知道对方的所作所为，搞臭弄倒对方，败坏对方的名声，使社会评价降低，从而使对方抬不起头来，无法与自己作对、抗争，而使显或隐的纠纷、冲突消解或不发生。

特别是对那些隐性的纠纷、冲突，这种诋毁所起的作用呈现得更为突出。隐性的纠纷、冲突为双方所感知，存在着意见的对立或不一致，表现出摩擦、对立、不和，但是尚没有成为公开的冲突。在这种情形下，强力者或蛮横者的谩骂由于人身攻击而可能使隐性的纠纷、冲突得以消解。

（3）威慑功能。观察蒋村的实践，谩骂具有某种威慑作用。谩骂者通过实施谩骂，震慑对方，抑制对方的行为，从而回避冲突或者防止纠纷的进一步扩大。在 50 多岁的蒋村村民龚建力看来，"她贼亲倒娘地骂，有时候是为了吓吓对方，让对方怕她，不敢与她作对，或者按照她的想法来"。[1]

（4）控制功能。在蒋村，谩骂呈现出对纠纷的某种社会控制功能。村民之间发生的矛盾、纠纷，有的村民通过谩骂方式使之公开化，意图令对方不敢或者不能轻举妄动，从而掌控局面，左右事态的发展。

谩骂为语言暴力，非为行为上的暴力。通常情况下，谩骂不能使被谩骂者产生恐惧，因此其本身不具备暴力的控制功能。[2]但是，谩骂对对方的意识以至间接地对行为具有一定的影响和控制作用，这是客观存在的。

（5）引发功能。在个别情况下，谩骂还有一定的挑衅作用，激化双方村民原有的矛盾，引起更大的冲突。不过，这一方面功能多为潜在的功能，实际上出现得并不多。基于种种考虑，对方一般不接茬，不上谩骂者的当，不让谩骂者的如意算盘得逞。

当然，从另一个角度分析，谩骂是以敌意的态度、恶毒的语言

---

〔1〕 "贼亲倒娘"为当地土话，意为彻头彻尾、不顾情面的骂，指骂得极其厉害。龚建力访谈录，2018 年 2 月 14 日。

〔2〕 陈敏："对谩骂和恐吓的分析、认定和应对——以反家庭暴力法为视角"，载《人民司法（应用）》2018 年第 7 期。

攻击对方而逞快意。与其他的事物不同，若想让谩骂者骂得畅快，先要将其内心的恶引发出来。[1] 谩骂引发了被谩骂者的恶，暴露了被谩骂者的面目，令村民对其有了更全面的了解，避免以后与其有多、更深入的往来。就蒋村而言，几位较爱谩骂者的人缘是比较差的，社会关系相对简单，长此下来其采用谩骂的可能性就减少了，发生纠纷的概率也在下降。

四、结语

总体而言，谩骂作为一种私力救济的方式，在蒋村一直存在且时有呈现，成为一种特殊的纠纷解决方式。在长期的实践中，村民形成了一些有关谩骂的共识，蒋村逐渐形成了有关谩骂的一些习惯法规范。

运用谩骂方式来解决争执有其一定的社会基础和社会心理。谩骂可能消解村民之间既有的某种矛盾，也可能引起新的更明显、更激烈的社会冲突，使社会失序。谩骂总体上有碍公序良俗、影响乡村形象、不利于村民团结、影响社会和谐，对乡村社会秩序的维持、经济社会的发展起负面作用。

在进行现代法治建设过程中，需要思考将作为私力救济方式的谩骂予以一定的法律调整。如谩骂行为侵犯他人名誉的，按照国家民事法律进行处理；如谩骂行为涉嫌触犯刑法规定的侮辱罪、诽谤罪的，按照国家的刑法追究刑事责任。

---

〔1〕　鲍尔吉·原野："谩骂的哲学"，载《思维与智慧》2006 年第 11 期。

第三十八章

"着之棉袄等'老法'"

——起相邻纠纷的发生和解决

一、引言

"老法"在蒋村方言中为"感冒""发烧"之意。"着之（穿着）棉袄等'老法'"这一谚语字面意为穿着棉袄等待发烧，意为"思想已有准备，但等有事降临"。[1]2012 年，蒋村就有这么一起基本上为等着发生的相邻关系纠纷。

蒋村胡家的门前为一条宽约 4 米的村主干道，路南边为一条宽约 3 米的小河，徐家在南隔路、河与胡家为邻。胡家有父母和四个均已成家的儿子，徐家有父母和两个均已成家的儿子。胡家和徐家本来相安无事，但由于徐家想在河上搭桥以利自己进出通行方便而与胡家产生了矛盾，引起了纠纷，出现了比较严重的后果。

在田野调查的基础上，本章对蒋村这一起相邻纠纷的发生和解决进行基本的梳理，以进一步理解蒋村的纠纷解决习惯法，思考当今蒋村纠纷解决规范的发展变化。

二、相邻纠纷的发生

胡家和徐家的这一起相邻纠纷似乎早有发生的征兆，也即蒋村

---

〔1〕 慈溪市地方志编纂委员会编：《慈溪市志（1988-2011）》（上册），浙江人民出版社 2015 年版，第 423 页。

454

土话说的"着之（穿着）棉袄等'老法'"。

这主要源于徐家的起屋。2011 年时徐家的起屋，盖了四底四楼的楼房，这使胡家北边的徐家的采光、通风受到明显影响。在起屋时，胡家曾经联系徐家，希望适当考虑胡家的要求而略微降低一点房屋的高度。徐家根本没有顾及胡家的利益而一口回绝。由此，本就不太和睦的胡家和徐家的关系就更加紧张。

胡家和徐家的这一起相邻纠纷，按照后来《人民调解协议书》认定的事实为：

2012 年 9 月 21 日中午 12 时 30 分许，徐家的二儿媳妇文雪秀想将一车的水泥板放在胡家三儿子的家门口的路边，然后在路南面的小河上放桥板。

但是胡家三儿子两夫妻及其父亲、母亲不同意徐家的二儿媳妇在路上放水泥板，更不同意在小河上放桥板。

后双方发生争执，徐家的二儿媳妇的父亲动手殴打胡家父亲，致使胡家父亲鼻梁粉碎性骨折。经鉴定胡家父亲的伤势为轻伤，胡家三儿子和胡家母亲为轻微伤。

在调查中，有知情人告知，实际情况应是：本来是认定一位徐家请来帮忙的人为打伤胡家父亲的主要责任人，但是徐家二儿媳妇的女儿拿出录像来，认为是徐家二儿媳妇的父亲打伤胡家父亲，于是最后做了这样的认定。

其实，这一纠纷早有征兆。徐家新起屋后，一直想在屋后的河上搭桥以方便自己家出行和安放汽车，这实际上是增加自己家的占有面积。而这无疑直接影响了胡家的利益，减少了胡家已实际占有的河边的面积。徐家较为强势，想在屋后的河上搭桥的想法一直没有打消。[1]而胡家总的来说是守势，尽量自忍，不想与徐家发生正

---

〔1〕 在蒋村，河边人家依习惯法实际占有河边并占用河道为普遍现象，村民认为这是自己的习惯权利。而河对面人家希望搭桥以方便则主要取决于河这边人家的态度。如果双方关系不错，河这边人家往往会同意河对面人家搭两块预制板以供行人和自行车、电瓶车出入，极少数会允许搭多块预制板以供河对面人家停车的。村、镇对占用河道的行为虽持反对意见，但是没有什么具体的行动，除非严重影响行洪和排水。

面冲突。

这中间也有跟两家关系不错的村民从中分别劝说了一下，如胡家请蒋村村民程名厚帮忙沟通，但是好像没有什么效果。

逐渐地，胡家和徐家双方的矛盾就越来越尖锐，到了一触即发的地步。终至 2012 年 9 月 21 日中午，徐家开始有具体行动，终于要放水泥板准备搭桥，而胡家因没有退路而坚决不让放水泥板，于是双方发生激烈的冲突，矛盾公开化而形成直接的纠纷，出现了殴打、伤害的严重结果，在蒋村产生了极大的影响，一时间成为村民议论的焦点。

三、相邻纠纷的解决

纠纷发生后，胡家就向公安部门报案，很快湾镇派出所和湾镇司法所、湾镇人民政府以及海村村民委员会等组织就来人了解情况。当时形成的共识是：先治伤，再等伤好后做出鉴定，之后根据情况进行处理。同时，镇、村干部对胡家和徐家强调双方保持克制，绝不能再有冲突发生。

三个月以后，胡家父亲的伤经过治疗后基本痊愈了。于是，2012 年 12 月 12 日，湾镇人民调解委员会、镇司法所再一次召集胡家和徐家双方进行调解，胡家参加的为几个儿子，徐家参加的为二儿子、二儿媳妇等。不过，在调解协议书上的当事人分别为 77 岁的父亲、72 岁的母亲和 48 岁的三儿子，徐家参加的为 40 岁的二儿媳妇和 61 岁的二儿媳妇父亲即徐家的亲家。

经过派出所、司法所人员不断做双方的工作，最后达成了 [2012] 湾调字第 037 号《人民调解协议书》，主要内容为：

1. 本次纠纷系邻里纠纷引起
2. 徐家方一次性补偿胡家方医疗费、赔偿费，误工费等一切费用共计 170 000 元（大写人民币拾柒万元整）。
3. 胡家方对徐家方的行为予以谅解。
4. 本协议签订后，双方各自履行，今后双方无涉。

之后，在胡家的要求下，徐家的二儿媳妇出具了如文书一这样一份"保证书"：

文书一

保　证　书

　　本人自愿赔偿胡家父亲等人医疗费及误工费 170 000 元，本人保证不讲此事。

保证人　文雪秀
2012 年 12 月 12 日

同时，在胡家儿子们的强烈坚持下，在签订调解协议后的 12 日当天，湾镇派出所的警察开车带着徐家二儿媳妇到胡家向胡家父亲当面进行了道歉。

至此，这一起相邻纠纷基本得到解决。

就实际状况而言，胡家和徐家双方是两败俱伤，没有哪一方可谓为赢家。胡家这边父亲受伤，人吃苦头，医药费花掉，虽然得到了 17 万元的赔偿费，但是除去医药费等实际支出以外，还四处托人送了香烟等，也花了不少钱，最后实得 10 万元左右。而徐家这方赔出了 17 万元，在社会舆论方面又比较被动，没有多少村民站在他们这一边同情他们，最初的搭桥想法更难以实现。

此后，胡家和徐家虽偶有争吵，但一直没有大的冲突了。

在这起相邻纠纷后，胡家往小河中向南搭了一些出去，而河对面的徐家也向河中往北搭了一些出来，互相各占了一下河道。中间留下一米多的河面。

之后，胡家修停车位至河中间，而徐家也搭出来与胡家的位置相接近，并在栏杆中留下一米左右的行人口子。

四、结语

胡家和徐家的这一起相邻纠纷是蒋村各种纠纷中比较大、社会影响广的一起纠纷，经过了酝酿、初期到大闹的过程，涉及了纠纷解决习惯法的自忍、协商、说和、吵架打架、报警、人民调解等各种方式,包含私力救济和公力救济两大类。

村民居住在一起成为邻居,通行、通风、采光、照明等就有密切的关系,因而往往容易引发纠纷。一般情况下,蒋村村民如胡家一样先按照习惯法采取自忍方式化解纠纷,尽量避免引起正面冲突。

在涉及比较重大、影响长期的利益时,如出现徐家盖房影响胡家的采光等情况时,受到影响的一方如胡家往往主动去找另一方进行协商,提请对方注意并避免发生实际的影响。双方通过自我协商能够化解许多纠纷。遗憾的是,胡家与徐家的协商没有效果,特别是徐家没有主动的态度、稍微妥协的意愿,使胡家感觉受到了欺负。

在一方直接提出无效或者一方觉得直接提出可能效果不佳时,蒋村村民就会根据习惯法请与双方都相熟的、较正派的人做中间人在双方之间进行调解、说和。像胡家当时请蒋村村民程名厚从中调解,[1]不过结果不理想。

在积怨很深的情况下,其他解纷方式无效时,蒋村村民就会出现吵架乃至打架的现象,这使纠纷升级,邻里之间的矛盾公开化、扩大化、甚至长期结怨、世代为仇。胡家和徐家的这次纠纷基本上两家是结仇了,双方的心结很难能够在短时间内化解。

如果双方争打出现伤害情况,纠纷一方或者双方就会向公安部门报案,寻求国家机关的干预,通过公力救济力解决纠纷。此案中,胡家受到伤害后无奈就只有向公安部门报案。

政府方面知道后,就按照国家法律的有关要求进行处理。在征求双方意见后,政府方就以人民调解委员会的名义按照《人民调解法》主持调解,最终解决了胡家和徐家的这一起相邻纠纷。

胡家和徐家发生相邻纠纷这成了一段时间内蒋村村民议论的焦点。村民梁实明认为徐家叫人来打胡家就不应该,冤枉赔了那么多钱。[2]就社会评价而言,大部分村民倾向于同情胡家,认为徐家有些过分,显得较为自私和霸道,社会舆论总体上谴责徐家。

---

〔1〕 事后程名厚的姐姐还打电话说他多管闲事,他母亲专门到他家里骂了他一顿。她们均认为程名厚不应该参与这件事情。

〔2〕 梁实明访谈录,2022 年 1 月 23 日。

在当今的蒋村，由于收入普遍不错，村民越来越不愿意斤斤计较，村民之间的纠纷呈现下降趋势。不过，相邻纠纷特别是盖房、占公有资源所引起的纠纷仍有不少，"着之（穿着）棉袄等'老法'"仍可能为蒋村村民生活中的一种样态，纠纷解决习惯法依然发挥着积极的解纷作用。

第三十九章
法治社会建设中的蒋村习惯法

一

　　2014 年 10 月中共中央发布的《关于全面推进依法治国若干重大问题的决定》提出建设中国特色社会主义法治体系，建设社会主义法治国家；坚持法治国家、法治政府、法治社会一体建设，促进国家治理体系和治理能力现代化；全面推进依法治国，基础在基层，工作重点在基层。2020 年 12 月中共中央印发的《法治社会建设实施纲要（2020-2025 年）》强调法治社会是构筑法治国家的基础，法治社会建设是实现国家治理体系和治理能力现代化的重要组成部分。

　　我认为，宜从法治社会建设视角把握蒋村习惯法今后的发展，在建设法治社会背景下理解蒋村习惯法未来的趋势。

二

　　《法治社会建设实施纲要（2020‐2025 年）》的第三部分为"健全社会领域制度规范"，其中"（九）促进社会规范建设"明确提出："充分发挥社会规范在协调社会关系、约束社会行为、维护社会秩序等方面的积极作用。加强居民公约、村规民约、行业规章、社会组织章程等社会规范建设，推动社会成员自我约束、自我管理、自我规范。深化行风建设，规范行业行为。加强对社会规范制订和实施情况的监督，制订自律性社会规范的示范文本，使社会规范制订和实施符合法治原则和精神。"由此作为习惯法重要部分的村规民约、村民自治章程将在蒋村村民的生活中发挥更为重要的作用。在坚持村民自治下，蒋村村规民约的议订要坚持发扬民主的原则，尊重蒋村村民的主体地位，使村民广泛参与。村规民约需要更全面规范蒋村村民的日常行为、维护公共秩序、保障村民权益、调解村民纠纷、引导民风民俗，还应针对违反村规民约的情形规定相应的有可操作性的惩戒措施，使村规民约务实管用且有地方特色。除了综合性的村规民约，蒋村还应重视村集体经济组织、村务监督组织、调解组织等组织的章程和规范的议订和实施；应依托村民会议、村民代表会议、村民议事会、村民理事会、村民监事会等，形成民事民议、民事民办、民事民管的多层次基层协商格局，健全村级议事协商制度，并进一步完善村民会议、村民代表会议、村民议事会、村民理事会、村民监事会等的规范；应重视生态保护、互帮互助、公益慈善、文化娱乐、健身锻炼等专项性村规民约的议订和实施。

三

《法治社会建设实施纲要（2020-2025 年）》的第五部分为"推进社会治理法治化"，其中"（十九）发挥人民团体和社会组织在法治社会建设中的作用"提出"加大培育社会组织力度，重点培育、优先发展行业协会商会类、科技类、公益慈善类、城乡社区服务类社会组织"。今后蒋村所在的海村需要更加完善村商会、和谐促进会、老年协会等社会组织的制度建设，依法自治、发挥作用。蒋村应总结捐会等临时性村民自发自组团体的规范，进一步发挥捐会习惯法在乡村金融互助、经济发展、社会保障等方面的作用。对"弟兄家"这样的初级群体，蒋村应更多重视其形成规范和运行规范，发挥其在生活互助、精神共依的积极作用。蒋村还应重视健身组织、娱乐组织、慈善组织、互助组织等社会组织的规范建设，重视这些社会团体习惯法在凝聚人心、活跃生活、和睦村邻等方面的积极功能。

四

《法治社会建设实施纲要（2020–2025 年）》的第三部分为"健全社会领域制度规范"，其中"（十）加强道德规范建设"提出"倡导助人为乐、见义勇为、诚实守信、敬业奉献、孝老爱亲等美德善行，完善激励机制，褒奖善行义举，形成好人好报、德者有得的正向效应。"蒋村的互助习惯法、相邻关系习惯法、商事习惯法、借贷习惯法、赡养习惯法等都体现了诚实守信、孝老爱亲、助人为乐、邻里守望、敬业奉献、见义勇为、志愿奉献、扶危济困等道德要求，习惯法在推进蒋村的社会公德与职业道德建设和开展家庭美德与个人品德教育方面具有十分重要的意义。蒋村习惯法今后宜突出保障诚实守信等规范，提升诚信意识，完善诚信自律机制，提高全社会诚信意识和信用水平。蒋村需要进一步强化社会舆论的压力，加大对违反习惯法行为的惩处，发挥习惯法的评价、教育、监督等功能，努力形成蒋村良好的社会风尚和社会秩序，推动形成文明村风、良好家风、淳朴民风，以良法促进蒋村的社会建设、保障蒋村社会的善治，进一步推进蒋村的良法善治。

五

《法治社会建设实施纲要（2020–2025 年）》的第二部分"推动全社会增强法治观念"指出"全民守法是法治社会的基础工程"。"全民守法"的"法"宜从广义上进行理解，既包括国家的法律，也包括社会的法；既包括国家的制定法，也包括非国家的习惯法。蒋村村民需要遵守国家的《宪法》《民法典》《刑法》《治安管理处罚法》《村民委员会组织法》《土地管理法》等，也需要遵照公共生活习惯法、民事习惯法、纠纷处理习惯法等。蒋村需要进一步形成守法光荣、违法可耻的社会氛围，使蒋村村民在生活中确立规则意识、树立权利观念，维护自身利益，自觉尊崇、信仰和遵守国家法律和社会习惯法，恪守法治原则，不断培育法治理念和法治思维，

培育蒋村办事依法、遇事找法、解决问题用法、化解矛盾靠法的法
治环境，推进法治国家和法治社会建设。

六

　　《法治社会建设实施纲要（2020－2025 年）》的第七部分为
"加强组织保障"，其中"（二十六）加强统筹协调"中指出"坚持
法治社会建设与新时代经济社会发展、人民日益增长的美好生活需
要相适应"。蒋村习惯法为蒋村生产、生活中内生形成的社会规范，
具有极强的效力和内在的活力，影响着蒋村村民的行为方式。蒋村
习惯法保障了村民需要的满足并维持村落的社会秩序，体现了蒋村
的历史传统，彰显了蒋村传统文化、地方文化。法治社会建设中的
蒋村习惯法，将适应我国新时代经济社会法治的发展，与蒋村村民
日益增长的美好生活需要和实现共同富裕相适应，服务于蒋村村民
的共建共治共享品质生活，以满足蒋村村民对美好生活的追求，增
强村民的获得感、幸福感、安全感，促进蒋村社会充满活力又和谐
有序，建设人人有责、人人尽责、人人享有的社会治理共同体。

一、海村村规民约

（2017 年 5 月 18 日经海村村民代表大会表决通过）[1]

第一章　总　则

第一条　为全面深化基层民主法治建设，解决农村基层治理中的实际问题，保障村民群众安居乐业，根据《中华人民共和国宪法》、《中华人民共和国村民委员会组织法》和慈溪市《关于开展制订修订村规民约社会公约工作的通知》等有关法律、法规，对 2013 年 12 月 23 日制订实施的《溪湾镇海村村规民约》进行修订，经向全体村民征求意见后，特制订本村规民约。

第二条　坚持党的领导，坚持法治、德治、自治相结合，培育和践行"慈孝、包容、勤奋、诚信"的慈溪人共同价值观，倡导爱国敬业、诚信友爱、崇德向善，传承优良传统文化，树立良好村风民风。

第三条　本村村民应当自觉遵守本村规民约。党员村民要带头遵守本村规民约，充分发挥先锋模范作用。居住在本村的流动人员，

---

[1]　海村档案，目录号 17，案卷号 6。

参照遵守本村规民约。

第二章　婚姻家庭

第四条　遵循婚姻自由、男女平等、尊老爱幼原则，共建团结和睦的家庭关系。积极参与美丽家庭、慈孝家庭、平安家庭、绿色家庭、文明家庭等评选活动。

第五条　夫妻双方在家庭中地位平等，应互尊互谅，共同承担家庭事务，共同管理家庭财产，反对家庭暴力。

第六条　遵守计划生育政策，提倡晚婚晚育、优生优育，不得非法生育，不得违反《收养法》的规定非法收养孩子。

第七条　子女应尽赡养老人义务，关心老人、尊重老人。外出子女要经常回家看望父母。父母应尽抚养未成年人子女和无生活能力子女的义务，不虐待儿童。

第八条　倡导立家规、传家训、树家风；倡导文明新风，喜事新办，丧事俭办，不铺张浪费，不盲目跟风攀比；不搞封建迷信活动，不搞宗派活动。

第三章　邻里关系

第九条　坚持互尊互爱、互帮互助、互让互谅，共建和谐融洽的邻里关系。

第十一条　提倡邻里守望，邻居外出走亲访友应帮助照看，在生产、生活和社会交往中以诚相待，相互支持配合。

第十条　遵循平等自愿、团结友善、互惠互利原则务工经商，遇到异常情况及时联系相关人员。主动关心和帮助孤寡老人和残疾人员。与流动人员和谐相处，不欺生、不排外。

第十二条　孩子之间发生冲突，家长首先教导自家孩子：注意呵护孩子自尊，避免在公共场合责罚孩子。

第四章　美丽家园

第十三条　积极配合参与"五水共治""三改一拆""合用场所整治"等工作，共建美丽家园、共创美好生活。

第十四条 共同遵守村庄整体规划，生产生活设施建设要先报批，严禁未批先建、少批多建。

第十五条 共同维护村庄整洁，认真做好包卫生、包绿化、包秩序"门前三包"；提倡实行垃圾源头分类、定点投放，严禁向河道、沟渠、公共场所倾倒垃圾、排放污水，禁止在道路、绿化带内及停车场等公共场所堆放各类垃圾和杂物，无条件拆除乱搭乱建，做到清洁美观。家禽家畜必须实行圈养，严禁乱扔乱丢病（死）畜禽。

第十六条 增强生态环保意识，不得使用明令禁止的农药，降低农药、化肥施用强度，推广生物防治技术，推广施用有机化肥、缓释肥；禁止焚烧农作物秸秆。

第十七条 珍惜和保护农田、水源等资源，爱护公共设施、草木花卉，严禁破坏绿化。

第十八条 积极参与爱国卫生运动，除四害、讲卫生、防止传染病发生，共建共享健康家园。

第十九条 居住在本村区域范围内的流动人口，应当向村委会缴纳环境卫生及公共服务费。村级道路等公共设施建设，村民有集资义务。

第二十条 垃圾要分类处理，主动将可回收利用的塑料瓶、啤酒瓶、鸡鸭毛等废旧物品积攒送到符合要求的收购点处理，及时将不可回收生活垃圾分类，倒入定点的倾倒地点或垃圾箱内；建筑垃圾要运到镇集中的回收站。

第二十一条 共同维护村庄清洁，认真做好包卫生、包绿化、包秩序的"门前三包"，严禁向河道、沟渠、公共场所倾倒垃圾、排污水，禁止在道路两旁、绿化带内等公共场所堆放各类柴草和杂物，禁止焚烧农作物秸秆、废塑料花、化纤布角料等造成污染的物品。生产垃圾和建筑垃圾由业主自行负责清除，并且送到镇垃圾中转站。垃圾要分类处理，主动将可回收利用的塑料瓶、啤酒瓶、鸡鸭毛等废旧物品积攒送到符合要求的收购点处理，及时将不可回收生活垃圾分类，倒入定点的倾倒地点或垃圾箱（池）内；建筑垃圾要运到市（乡、村）里的指定地点倾倒。对公厕要求督查人员每月的公厕检查（每星期二、星期四）以上，保持厕所内无蜘网、无尘迹、无粪迹、无尿斑、无乱张贴，保持倒粪口清洁，公厕不满溢，及时清运粪便，保持厕所内外及四周的环境卫生清洁。维护好公共卫生设施，发现公厕、垃圾箱有破坏及时做到维修和一年一次的有白。

第五章　平安建设

第二十二条　大力发扬主人翁精神，积极参与平安村创建活动，积极参加平安志愿者、义务巡逻等群防群治活动，共同维护村庄平安和谐，共享平安建设成果。

第二十三条　支持配合和积极参与"网格化管理、组团式服务"，发现安全生产隐患、社会治安问题、食品药品安全隐患、环境污染问题、各类矛盾纠纷以及各种可疑人员、违法犯罪行为，应及时告知村民小组长或村干部。私房出租户要配合有关部门做好流动人口的管理工作，发现承租人有违法犯罪行为的，要及时报告村委会或公安机关。

第二十四条　切实抓好流动人口的管理，出租房严禁租给无身份证、无流动人口婚育证明等有效证件的流动人员。每个外来流动人员需及时办理暂住证。

第二十五条　提倡用协商办法解决各种矛盾纠纷，协商不成功的，可申请到村、镇调委会调解，也可依法向人民法院起诉。依法理性表达利益诉求，不得无理信访、越级信访和集体上访，不得闹事滋事、扰乱社会秩序。

第二十六条　主动做好平安宣传，村民之间、家庭成员之间要互相提醒帮助、教育监督，不沾"黄毒赌"，不参加邪教组织，不参与传销活动，严防发生火灾、生产、交通、溺水等安全事故。发现"六合彩"、聚众赌博、涉毒行为、邪教组织等一切违法违规行为，村民有义务及时举报。

第二十七条　家庭有易肇事肇祸精神病人、刑释人员、社区服刑人员、误入邪教人员的，要加强教育引导和管理帮扶，发生异常情况及时向村党组织和村民委员会报告，并配合做好相关工作。

第二十八条　家庭用火做到人离火灭，严禁将易燃易爆物品堆放户内。定期检查，排除各种火灭隐患，做好三合一场所及出租房的消防安全隐患工作。

第六章　民主参与

第二十九条　积极参与村级民主管理，珍惜自身民主权利，坚持从本村公益事业发展和全体村民共同利益出发，认真提建议、作决策、选干部。

第三十条　严格遵守村级组织换届选举纪律，自觉抵制拉票贿选等违法违纪行为，不以个人关系亲疏、感情好恶、利益轻重为标准进行推荐和选举。

第三十一条　应推选奉公守法、品行良好、公道正派、廉洁自律、热心公益、具有一定文化水平和工作能力的人员担任村干部。

有以下情形之一的，不能确定为村级组织成员候选人或自荐人，如果当选，当选无效：

1. 被判处刑罚或者刑满释放、缓刑期满未满 5 年的；
2. 违反计划生育未处理或者受处理后未满 5 年的；
3. 涉黑涉恶受处理未满 3 年的；
4. 受到党纪处分尚未超过所受纪律处分有关任职限制期限的；
5. 丧失行为能力的。

有以下情形之一的，不宜确定为村级组织成员候选人或自荐人，如果当选，本人应当主动辞职：

1. 煽动群众闹事、扰乱公共秩序的；
2. 有严重违法用地、违章建房行为拒不整改的；
3. 长期外出不能正常履行职务的；
4. 有辞职承诺情形的；
5. 党员积分制考评中被评定为不合格党员的；
6. 道德品质低劣，在群众中影响较坏的；
7. 拖欠集体款项没有归还的。

第七章　奖惩措施

第三十二条　村民委员会每年进行先进评比，经村三套班子会议商议后,[1]由村民委员会表彰奖励模范遵守村规民约的家庭和个人。

第三十三条　对本村户籍学生实行"优秀人才"奖励,其中:考入并就读慈溪中学、镇海中学的一次性奖励 1800 元;考入并就读清华大学、北京大学全日制本科的奖励 28 000 元;考入并就读除清华、北大以外"985""211"高校全日制本科的奖励 8000 元;考入并就读"985"、"211"高校的全日制研究生奖励 8000 元。

第三十四条　倡导助人为乐、奖励见义勇为行为,被市级以上部门表彰的"见义勇为"行为,一次性奖励 6000 元。

第三十五条　对具有本村户籍的村民女年满 60 虚岁、男年满 65 虚岁,每月分别发放 35 元和 40 元。

第三十六条　遵守新城菜场管理的各类规章制度,不得扰乱市场管理秩序,如违反,市管委有权作出相应的处罚。

第三十七条　凡违反本村规民约的,经村三套班子会议商议后,由村民委员会对行为人酌情作出批评教育、公示通报、责成赔礼道歉、赔偿损失、停止享受村民福利待遇等相应处理决定。

第三十八条　本村规民约由村党总支和村民委员会负责解释。

第三十九条　本村规民约自村民代表会议通过之日起施行。

注:本村规民约若与国家法律法规政策相抵触的,按照上级规定为准。

---

[1]　村三套班子指村党组织、村民委员会、村经济合作社。

二、海村村民自治章程

(2004 年 6 月 21 日村民代表大会讨论通过)〔1〕

第一章 总 则

第一条 为依法实行村民自治，推进民主选举、民主决策、民主管理、民主监督，促进本村三个文明建设，根据国家法律、法规和政策的有关规定，制定本章程。

第二条 村委会在村党总支领导下，在国家法律、法规、政策范围内实施村务管理，并充分体现"四个民主"的原则，实行自我管理、自我教育、自我服务。

第三条 本章程在广泛征求本村村民意见的基础上由村民代表会议通过，由村委会组织、实施，村民代表会议监督执行。

第二章 村级重大事项听证会制度

第四条 听证内容，主要是：①民主议事制度的 11 类大事；②村三委会〔2〕拟实施的重大事项；③村民代表 15 人以上联名提出的重大事项。

第五条 听证对象：村民代表、村三套班子〔3〕成员、镇联村干部，必要时可邀请在本村的镇政人大代表、党代表以及与听证内容有关部门的专业技术人员。

第六条 听证程序，听证人员围绕听证内容充分发表意见、建议或进行解释说明。听证会议结束后，由听证召集人综合各方意见，提出建议方案，讨论通过后，根据方案实施。

第七条 基本要求：①听证会召开之前，应事先将听证会内容、时间、地点向村民公布，村民可以参加旁听，并发表意见；②建设

---

〔1〕 海村档案，目录号 4，案卷号 6。

〔2〕 村三委会指村党组织、村民委员会、村合作经济社。

〔3〕 村三套班子指村党组织、村民委员会、村经济合作社。

方案须经应到村民代表的半数以上通过，方能有效，未获通过的，由村民代表表决决定是否进行第二次听证。

第三章　村民代表会议

第八条　村民代表会议由村民代表、村"三套班子"成员、村民小组长及本村的各项人大代表组成，村民代表会议根据《浙江省实施〈中华人民共和国村民委员会组织法〉办法》行使职权，村民代表会议每年至少召开一次。

第四章　干部管理、村民小组管理

第九条　本村干部考核管理的对象包括村"三套班子"成员、工、团、妇、民兵组织负责人及村其他专职干部。

第十条　建立健全有关制度，如村干部学习制度、干部会议制度、廉政勤政制度等。

第十一条　本村划分为 15 个村民小组，各村民小组设组长 1 人，组长由本组村民推荐产生（组长是原来的生产队长，一般应为村民代表）。具体负责本组的各项事务，听取、反映本组村民的意见和建议，教育、组织、带领本组村民完成村委会布置的各项工作。

第五章　公共事务、公益事业管理

第十二条　村民的水费、电费、有线电视费，按季或按月上交，不得拖欠。

自来水管理：新安装需要交（缴）开户费、接水费 390 元，村民损坏自来水设施，必须承担一切损失，情节严重的给予相应的行政经济处罚。

用电管理：任何人用电必须向村申请，并承担规定的费用，新安装生活用电应交（缴）纳表记费。

第十三条　凡居住在本村的年满 18 至 60 岁的男性村民和年满 18 至 55 岁的女性村民都要负担义工和劳动积累工，村民因故不能出工时，可以资代劳，村委会用于公共事务和公益事业的各项集资款的使用，情况和收支账目，向村民公布。

第六章 计划生育管理

第十四条 本村计划生育工作由村党总支书记和村委会主任负总责，由村委会设立计划生育工作委员会，具体组织开展工作，提倡晚婚晚育。

第十五条 凡居住在本村的村民包括外来暂住人口都必须遵守国家计划生育政策，服从本村计划生育各项管理，对违反计划生育条例或不服从管理的，村两委会〔1〕有权上报政府及有关职能部门按条例处罚。

第七章 社会治保调解管理

第十六条 为了维护本村社会秩序的稳定，创造一个良好的生产、生活环境，村委会设立人民调解、治安保卫委员会，成立治安联防队和外来人员管理登记站，负责本村社会治安综合治理工作。

第十七条 大力开展普法教育，利用宣传栏、有线广播、电视等形式进行法制宣传，教育村民遵纪守法，遵守社会公德，开展社会治安"群防群治"加强安全防范，大胆检举、揭发各种违法犯罪和负案在逃的刑事犯罪分子，积极同一切违法行为作斗争。

第十八条 子女应有赡养父母的义务，照顾好老人起居，关心老人的健康，孝敬公婆，尊老爱幼，邻里和睦的一种良好的社会风尚，弘扬家庭美德、职业道德，争做文明人、争创文明户。

第十九条 协助政法机关做好易燃、易爆、剧毒、枪械管制、刀具等危险物品的管理，对私自制造、运输、贮藏、贩卖、使用或其他违反规定的行为，视情节给予批评教育，情节严重的，报司法机关处理。

第二十条 爱护公物，不准损坏水利、交通、通信、供电、供水、电视、生产等公用设施，违者责令其修复承担费用，并视情节给予处罚或送交司法机关处理。

第二十一条 严格用电用水管理，禁止偷电偷水，不得私自铺

---

〔1〕 村两委会是指村党组织、村民委员会。

设用电用水线，村分派的水、电管理员，应按月收取用户的水、电费，并上报结账。

村民应履行村委下达的各项收费规定，各小组长配合协调工作，如发现偷水、偷电，提交镇自来水站、镇供电营业所负责处理。

第二十二条　不得成立非法的社会团体等各种帮会组织，如有发现，责令立即解散，并对为首（者）报司法机关处理。

第二十三条　加强对劳改劳教释放人员、监外执行人员、劣迹人员的管理和帮教工作，村委会指导专人对他们进行监督、教育和帮助。

第二十四条　外来人员在本村居留的，应向村外来人口管理登记站登记，本村村民不得私自留宿不明身份的人员，为外来人员提供违法犯罪条件或庇护场所的，视情节按本章程由村委会给予酌情处理或报送司法机关处理。

第八章　土地管理

第二十五条　本村区或（域）内所有的土地（包括河道），均属集体所有，由村委会统一管理，土地承包者和依法使用者只有使用权没有所有权。

第二十六条　企业单位及个人建房用地都必须遵守如下规定：

1. 必须按照村镇规划许可，村民建房按照土地法为一户一宅；

2. 必须符合村镇建设规划及审批用地所具备条件，由本人向村委会提出申请，经村委会同意后到镇政府土地管理部门办理相关手续；

3. 建房户办齐一切用地手续后，在开建前3天向村委会上报放样，由村委会领导同镇土管员到现场按审批位置、面积放线打桩后方可开建。

4. 凡建房不按照以上规定进行私下交易，未批先建，少批多占，一经发现，一律按《中华人民共和国土地管理法》《村庄集镇管理条例》有关规定严肃处理。

第二十七条　凡企业及时征用土地，各企业单位行业主管部门的项目文件，必须提出申请报告和立项报告，同时村委会按照建设需要提出安排方案和规划许可，申报上级有关部门批复，经城建规划部门批准后，办理好《建设用地许可证》，办好一切有关手续后，由村委会按照村规划统一安排用地。

第二十八条　集体所有的农业用地，由村经济合作社发包给本村村民承包使用，由村民委员会、村民小组负责监督。

第二十九条　承包者自觉交纳国家农业税，履行合同的规定交纳土地承包费，河道、土地在承包前首先要交土地承包款（如在河道养鱼和其他作业，应先向村交纳此款项），否则终止承包合同和协议。

第九章　行政事务管理

第三十条　村委会在办理本村自治事务的同时，应当积极协助镇人民政府工作，完成征兵、民兵训练和上级分配各项工作任务。

第三十一条　村委会要将各项村务定期公开，每年不少于四次接受群众监督。

第十章　公共设施的维护管理

第三十二条　为保护环境卫生、公共设施的管理，自觉遵守和爱护本村的形象工程设施（路灯、花木、道路、出租房、老年活动室、会议室、办公室等日常生活用具和用品），村道上不允许堆放杂物、建筑物，凡村道两侧属公共设施规划区范围内的土地，村民不得任意占用。

第三十三条　全村村民自觉遵守环境卫生人人有责的良好风尚，居民的生活垃圾由村保洁人员负责拉送到村所定垃圾站或放到指定地点，不准向渠沟、河塘乱倒生活垃圾和建筑垃圾，配合村里建好公厕，凡损坏公共设施的行为，一经发现，除按价赔偿外行为人必须作当面检讨和交（缴）纳保证金。

第十一章　财务管理

第三十四条　本村财务工作由村经济合作社统一管理。

第三十五条　村财务工作接受市、镇、农村合作经济管理部门的指导和监督，同时也要接受村民的监督。

第三十六条　严格执行国家财务制度，村向农户、企事业单位（包括外来务工、居住人员）收交（缴）取款项，做到手续完备，使用统一规定收付凭证和发展。

第三十七条　建立建（健）全财务开支审批制度，村财务支出必须经手人签字并注明理由，经分管领导签署意见后，并由村党总支书记一支笔审批，对大额支出须经三套班子成员集体讨论决定，对不符合上述规定开支的，出纳有权拒绝支付，并向主管领导和上级反映，村经济合作社长应及时纠正，接受监督。

第三十八条　加强集体资产管理，所有资产都应登记入册。

第三十九条　实行民主理财制度，村成立由村民代表会议推荐产生的财务监督小组，和社员代表会议产生的社务监督小组，对本村财务管理情况进行监督和检查。

第四十条　建立村财务审计制度，年度审计、专项审计由镇经管站负责，村民主理财小组协助，并定期向村民代表会议和社员代表会议报告。

第四十一条　村级财务管理实行镇会计代理制，村级财务要接受镇会计代理站的监督和管理。

第十二章　附　则

第四十二条　为了加强财务管理工作的透明度，广泛听取村民意见和建议，建立村务公开栏，村务公开栏的内容包括本章程贯彻执行中有关的村民代表会议的决议、决定，民主理财小组发布的财务清查、审计结果以及村民关心的其他事项。

第四十三条　村"三委会"可以根据本章程有关规定制订单项的工作细则，但不得与本章程的规定有抵触。

第四十四条　本章程与国家法律、法规、政策相抵触的，按国家规定执行。

第四十五条　本章程自 2004 年 6 月 21 日通过起实施（。）如有修改变动，需经村民代表会议通过。

三、海村私房出租自治管理规定

（二○○四年二月十四日经村民代表会议通过）〔1〕

为规范出租私房管理、确保社会稳定，根据《中华人民共和国村民委员会组织法》及有关房屋租赁、治安管理法律、法规、办法及本村《村规民约》有关规定，按照自我管理、自我教育、自我服务的原则，结合本村实际，特制定本自治管理规定。

第一条 村民出租私房，首先应向村暂口管理站书面申请，同时将出租间数、面积、四址等基本情况登记造册，报经村暂口管理站〔2〕同意后方可出租。

第二条 出租私房必须具备基本居住条件，危房严禁出租，违章临时建筑但具备条件的，允许临时出租，若以后政府作出拆除决定的，出租人必须无条件服从拆除。

第三条 已准许出租的房屋纳入村暂口管理站管理，出租人须向村暂口管理站领取出租私房标牌，做到每间上牌，并签订《出租私房治安、计生管理责任书》，明确管理义务，并按规定缴纳出租私房税费。

第四条 出租人有以下情形之一的，在自愿原则下，可委托村暂口管理站或亲戚、朋友等他人代管，在签订《出租私房委托代管协议书》后，由代管人代为履行出租私房的出租、管理等义务：

（1）居住地远离出租私房的；

（2）经常或者长期外出的；

（3）年老体弱或无管理能力的；

（4）因其他原因无法履行管理责任的。

第五条 暂住人口来本村承租房屋，出租人应核实其是否持有身份证等有效证件，已婚育龄流动人口承租房屋的，还需出示《结

---

〔1〕 海村档案，目录号4，案卷号4。

〔2〕 "村暂口管理站""村暂口站"为"村暂住人口管理站"的简称。

婚证》《流动人口婚育证明》等有效证件，不能提供有效证件的，出租人不得出租房屋。

第六条 出租人确认承租人身份后，必须进一步了解承租人是否已在本村或周边地区落实工作，并陪同承租人到村暂口管理站办理登记、做证手续，签订《私房租赁协议》。

第七条 承租人虽能提供有效身份证明，但尚未找到工作的，出租人可允许其承租一个月，并在《私房租赁协议》中予以载明；一个月后仍未找到工作的，出租人不得继续出租。如承租人确有生活无着、居无定所等可能流浪街头情形的，可告知承租人前往本市民政救助机构申请救助。

第八条 承租人留宿亲戚、朋友等人员，出租人应核实借宿留宿人员身份及与承租人关系，并核实借宿人员《居民身份证》《暂住证》等有效证件，同时将借宿人员基本情况报村暂口管理站登记，方可同意其借宿留宿。

第九条 承租人租住期满不再续租的，出租人应及时向村暂口站报告并予以注销。

第十条 出租人发现承租人有下列情形之一的，应及时报告村暂口管理站和警备室：

（1）承租人昼伏夜出，有工不做，无正当职业的；

（2）承租人接纳来历不明的借宿人员形迹可疑的；

（3）在出租私房发现有可疑物品、危险物品、管制物品、无牌摩托车的；

（4）疑有不符合法定条件者妊娠、生育的；

（5）承租人经济反常，收支不符的；

（6）承租人交往人员复杂，经常集聚或行踪诡秘的；

（7）有其他可疑情况认为需要报告的。

第十一条 出租人应监督承租人严格遵守用火、用水、用电规定，搞好村庄卫生，保持出租私房和公共厕所整洁卫生，并督促缴纳相应规费。

第十二条 出租人违反本规定第一、二、三条，未经申报，私自出租，经教育拒不补报的，经村民委员会讨论通过，采取停电停水手段勒令停租。

第十三条　出租人违反本规定第五条至第十一条，不履行对承租人的相应管理职责，经教育仍未改正的，村暂口站可给予通报批评，并上墙公布。

第十四条　出租人不履行管理义务，而对违法违规行为的发生负有责任，并累计达两次以上或发生恶性事件的，在有关主管部门给予处罚的同时，经村民委员会讨论通过，可以责令其停租。对拒不停租的，采取停电停水手段勒令停租，且一年内不准再行申报出租，并视情节轻重考虑取消或部分取消老年社员补助费福利待遇。

第十五条　出租人应积极配合有关部门做好出租私房暂住人口管理服务工作。起到模范带头作用的，经村民委员会讨论通过或报有关部门同意，可适当减免其出租私房相关规费。

第十六条　承租人在承租期内提供有效线索从而协助破获刑事、治安案件的，或租住本村三年以上并积极配合村和有关部门开展工作的，经村民委员会讨论通过，授予其"荣誉村民"称号。

第十七条　本规定适用于本村辖区内私有房屋所有权人以营利为目的的、出租给暂住人口居住的房屋。

第十八条　本自治管理规定与国家有关法律法规及有关部门管理办法相抵触的，以国家有关法律法规及有关部门管理办法为准。

第十九条　本自治管理规定自村民代表会议讨论通过之日起实行，并由村民委员会负责解释。

四、海村计划生育村民自治章程

(2004 年 6 月 21 日经村民代表大会讨论通过)〔1〕

第一章　总　则

第一条　为认真贯彻落实《中共中央、国务院关于加强人口与计划生育工作，稳定低生育水平的决定》，强化本村计划生育基础管理，建立计划生育村民自治民主管理工作机制，实现自我管理、自我教育、自我服务，促进本村两个文明建设，按照《村民委员会组织法》和《浙江省计划生育条例》等有关规定，结合本村实际，经村民代表会议讨论通过，特制订《海村计划生育村民自治章程》。

第二条　本章程是原已实行的基础十对村民自治章程在计划生育后面的补充和完善，全体村民必须自觉遵守和履行章程规定的计划生育有关政策。

第三条　本村计划生育自治的最后决策由村民代表大会讨论通过，日常管理在村党总支的领导下由村委会负责实施，村计划生育民主监督小组负责监督，并要充分发挥计划生育协会的作用。

第四条　本章程适用于具有本村户籍的村民和在本村居住的外来长年流动人口，做好登记造册，基本做到底清情明的原则。

第五条　本章程自村民代表大会讨论通过之日起实施。

第二章　生育与节育

第六条　提倡晚婚，推行晚育，结婚应自觉做到依法登记，不准在结婚后登记，严禁未到法定婚龄结婚和生育。

第七条　提倡一对夫妇只生一个孩子，村民合法结婚后，可按自己的生育意愿安排生育第一个子女。怀孕三个月内凭医院诊断书到村计生管理服务站领取《生殖健康服务证》，并及时到镇卫生院建

---

〔1〕　海村档案，目录号 4，案卷号 2。

立围产期保健卡。如夫妇生育一个子女后，要求生育第二孩必须符合《浙江省计划生育条例》的规定条件，并做到本人申请，村委公布，上级审批，不准未审批先怀孕，严禁不符合照顾条件者生育。

第八条　提倡安全长效的节育避孕措施，村内遍布推行避孕方法"知情选择"。但有下列情形除外：（1）已落实长效的节育措施适宜者或采用短效节育措施经常失败的；（2）经常外出的育龄妇女；（3）不自觉履行计划生育义务，发生计划外出生的育龄夫妇。

第九条　村民收养子女，必须符合《中华人民共和国收养法》的有关规定，并按要求及时办理好有关收养手续，严禁非法收养。

第三章　流动人口计划生育管理

第十条　凡拟离开户籍地一个月以上的成人育龄妇女应到村计划生育管理服务站领取《流动人口已婚育证明》，已婚育龄妇女应签订好外出计生合同，并做到与所在片长每半年一次见面或寄回当地所在地镇流口办的孕环检证明。[1]

第十一条　凡本村区域内企业及其他业主，需招用外来人员用工，除办理有关外来人员用工手续外，应查验《计划生育婚育证明》，做到无《计划生育婚育证明》者不予招用。

第十二条　村民如房屋出租，应办理好《出租房屋许可证》，如房屋出租给外来人员，应及时查验有无《计划生育婚育证明》及其他证件，并将有关情况告知所在片长，做到无《计划生育婚育证明》者不出租。

第十三条　村对外来人口的计划生育将采取以片负责，采用外来人口集中管理和分散相结合，进行不定期检查，并做到三个一样：即一样教育、一样管理、一样服务。

第四章　奖励与处罚

第十四条　男女双方任何一方产内结扎者，除结扎费用在镇按规定报销外，村一次性补助绝育营养费60元。

---

〔1〕　"流口办"为"流动人口管理服务办"的简称。

第十五条　自觉放弃生育二孩，自愿申领《终身只生育一个子女光荣证》，除享受市规定的优惠政策外，可参加社会保险，村一次性补助 100 元作为父母养老保险金。对申报独生子女的，享受市、镇、村优惠待遇 100/年。

第十六条　为鼓励全体村民优生、优育、优教，村对在校学生考入慈溪高中的，一次性奖励 200 元。

第十七条　每年开展一次新农村新家庭的星级示范户和"五好"文明户的评比表彰活动，给予一定的精神和物质奖励。

第十八条　对举报计划外怀孕或生育的，收留计划外怀孕者等情况者，经核实后，每例奖励举报人员人民币 100 元（计划生育片长除外）。

第十九条　对无计划生育《婚育证明》的外来人员提供就业、住宿的，或发现外来人员计划外怀孕知情不报的，按《浙江省流动人口计划生育管理办法》有关规定进行处理，取消该村民一年内该享受的所有待遇。

第二十条　对非法同居，未经登记结婚怀孕的，除按镇政府的规定收取计划生育违约金以外，补办结婚登记手续，取消该村民一年内该享受的所有待遇。

第二十一条　对计划外生育、非法领养、弃婴、溺婴以及婴儿出生去向不明的，除按《浙江省计划生育条例》严肃处理外，五年内停止享受村委会的一切福利待遇。

第二十二条　对拒绝、妨害计生工作人员依法执行公务或侵犯计生工作人员人身、财产安全的，视情节轻重，责令其写出检查、通报批评、赔偿损失，触犯刑律的，交司法机关依法处理。

第五章　管理与服务

第二十三条　村成立计划生育管理服务站，负责全村的计划生育管理服务工作，以自然村老生产队为单位，分设 15 个片，由片长负责本片的计划生育管理服务工作。计划生育管理服务工作站长和片长，经村民代表大会选举产生，明确职责，建立制度，并根据工作实绩作出相应报酬。

第二十四条 村每年从可用资金中拨出 5% 作为计划生育费用，专项用于计划生育宣传教育和技术服务等开支。

第二十五条 发挥村计生服务室作用，逐步改善服务条件，不断满足群众计划生育和生殖保健的需求，充分利用村人口学校阵地，经常性地组织开展"五期"教育和生产、生活、生育方面的知识培训教育，开展技术服务和随访访问，并组织一年二次的"三查一治"和优生监测服务。[1]

---

〔1〕 "三查一治"是指为已婚育龄妇女进行 B 超、孕试、妇科等多项检验检查，对"三查"时发现的妇科疾病开展治疗。

五、关于聘用海村治安夜防队员的协议[1]

甲方：海村村民委员会　　　　　　　（以下简称甲方）

乙方：岑建达（签字）　　　　　　　（以下简称甲方）

甲方网络维护稳定社会治安综合治理，落实镇委社会治安综合治理工作会议精神，加强基层基础建设，加强流动人口管理工作，努力减少外口犯罪，[2]切实承担起保一方平安和创建"平安社区"活动，确保我村经济建设和社会稳定，经村三套班子集体讨论决定，聘用乙方为村治安夜防队员，聘用期限为六个月，现经双方协商一致，订立如下聘用协议：

一、工作职责与制度：

1. 乙方必须履行《夜防队员工作职责》，遵守《夜防队员巡逻制度》。（附件）

2. 乙方按照甲方村规民约，负责定期收取外来人口每人每月 5 元环境保洁卫生费，具体由各片清洁工配合收取，收缴全额交甲方。

二、工资待遇：甲方按期发放工资每人每月 560 元，如乙方不履行工作职责、制度，甲方有权扣减乙方的工资待遇。奖励措施按清洁工奖励措施实行。

三、聘用时间：甲方聘用乙方自 2001 年 6 月至 2001 年 12 月 31 日止。

四、本协议一式叁份，甲方、乙方各执一份，报镇组织办备案一份。双方签字生效。

甲方：海村村民委员会（章）　　　乙方：岑建达（签字）

　　　　　　　　　　　　　　　　　2001 年 9 月 11 日

---

〔1〕海村档案，目录号 2，案卷号 1。

〔2〕"外口"指"外来流动人口"。

夜防队员工作职责[1]

一、维护辖区内的治安秩序。

二、预防和制止违反治安管理的行为。

三、预防和制止犯罪行为。

四、发现有违法犯罪行为的人，应扭送至公安机关。

五、维护突发性治安现场秩序。

六、保护犯罪现场，维护现场秩序。

七、参加灾害事故的救助、抢救。

八、协助突发受伤、遇险等处于无助状态的人。

九、协助民警接处警。

十、制止精神病人、醉酒人的肇事行为。

夜防队员巡逻制度[2]

一、按规定统一着装，携带通信（讯）、照明及安全防范工具。

二、严格上下班制度，不迟到不早退，夜巡时间晚 10：00 至凌晨 4：00，以徒步为主。

三、严格请销假制度，不得无故缺席。

四、服从领导，听从指挥。

五、恪尽职守，防止搞形式主义。

六、不得越权或滥用职权。

七、遵守国家的法律和法规。

八、增强自身安全防范意识。

九、文明巡逻，礼貌待人，维护公安机关形象。

十、公安机关规定的其他制度。

---

[1] 海村档案，目录号 2，案卷号 1。
[2] 海村档案，目录号 2，案卷号 1。

聘用协议〔1〕

甲方：海村村民委员会　　　　　　　　（以下简称甲方）

乙方：　　　　　　　　　　　　　　　（以下简称甲方）

为进一步加强村民自治力度，甲方决定聘用乙方为责任片片长，协助甲方处理村级日常事务，经甲乙双方协商一致，达成如下协议：

一、责任片范围（见片级管理责任片情况表）〔2〕

二、乙方职责要求：

1. 依法办事，遵守宪法、法律、法规和国家的方针、政策。

2. 维护集体利益，办事公正，不谋私利，热心为村民服务。

3. 服从村党总支的决定，接受村民委员会的管理，积极协助甲方村级日常事务。

4. 处理好责任片内各项事务，积极完成、贯彻上级的任务和方针政策，调解好村民日常生活中所引起的民事纠纷，维护稳定。

三、工资报酬：甲方给予乙方报酬每月 50 元，两个月支付一次。对工作成绩突出的，甲方给予奖励；对工作不负责任、违反工作职责的，甲方酌情扣除乙方工资直至解除聘用关系。

四、聘用期限：2001 年 9 月至 2002 年 9 月。

五、本协议一式叁份，甲方、乙方各执一份，报镇组织办备案一份。双方签字生效。

甲方：海村村民委员会（章）　　　　乙方：陈飞球（签字）

2001 年 6 月

---

〔1〕　海村档案，目录号 2，案卷号 1。

〔2〕　当时海村成立了 12 个管理责任片，每一管理责任片包括 100 来户。

六、关于成立海村蒋村治安联防应急事务队
倡 议 书[1]

各位村民：

随着我村经济的快速发展，村民走亲访友、商贸往来频繁，为了预防各种矛盾纠纷的发生和社会治安的稳定，仅仅依靠派出所的单一工作很难做得周全，为拓宽联防工作，促进本村的治安稳定，预防本村的偷、盗、抢给本村村民财产带来的损失，及时、有效地处理各类突发事件，增进村民群众的传统友谊和谐共处，使本村经济能够持续、快速、健康的发展，我们倡议成立蒋村治安联防应急事务队。

一是"联防"：就是要建立治安防控网络，在本村所有路口安装监控，晚上实行通宵巡逻，有效遏制偷、盗、抢，切实避免对本村造成的危害，共同打击违法犯罪。

二是"应急"：就是加强配合，依法公正迅速有效的处理突发事件。村民有困难可以直接求助"联防应急队"，以解决燃眉之急。

为此，我们倡议设立蒋村治安联防应急基金，以解决帮助有困难的老百姓，给予人力、财力、物力上的帮助，特别为那些年迈体弱多病的村民来分担他们的困难。为此，倡议我们的村民有钱的出钱，有力的出力，积极响应义务奉献，组织建立夜间巡逻联防应急事务队。

社会的稳定，经济的发展，村民安居乐业是我们追求的目标，我们相信，有了我们共同的努力与真诚的合作，一定会创造一个更加和谐的治安环境，为共同建设社会主义新农村作出应有的贡献。

海村蒋村治安联防应急事务队（筹）

2006 年 6 月 8 日

---

[1] 海村档案，目录号 6，案卷号 5。

关于要求成立"海村蒋村治安联防应急事务队"的
申请报告[1]

村委会、村领导：

　　随着我村经济的快速发展，外来人口的增多，给我村的治安和经济带来了诸多不便。为了预防各种矛盾纠纷的发生和社会治安的稳定，仅仅依靠派出所的单一工作很难做得周全，为拓宽联防工作，促进本村的治安稳定，预防本村的偷、盗、抢给本村村民财产带来的损失，及时、有效地处理各类突发事件，增进村民群众的传统友谊和谐共处，使本村经济能够持续、快速、健康的发展，我们要求成立以"稳定治安、发展经济、和睦共处、团结互助"为宗旨；"保障村民安居乐业、促进经济持续发展"为目标的"海村蒋村治安联防应急事务队"。

　　希望各位领导给予批准！特此报告。

海村蒋村治安联防应急事务队（筹）

2006 年 6 月 25 日

---

　　〔1〕　海村档案，目录号 6，案卷号 5。

七、溪湾镇海村商会暨村企结对理事会章程[1]

第一章　总则

第一条　名称：溪湾镇海村商会（村企结对理事会）。

第二条　性质：由溪湾镇海村的工商企业自愿结成，属非营利性的地方性社会组织。

第三条　宗旨：搭建政企沟通桥梁，构筑企业交流平台，共创和谐发展环境，支援家乡新农村建设，促进海村经济腾飞。

第四条　本会接受业务主管单位海村委会和镇商会的业务指导。

第五条　本会办公地址：海村委会大楼。

第二章　业务范围

第六条：本会为村党总支和村委会联系非公有制经济的桥梁，主要任务是：

（一）维护会员合法权益，反映会员意见、要求和建议，在会员与村委会之间发挥桥梁作用，当好村委会管理非公有经济的助手。

（二）帮助会员企业改善经营管理，提高生产技术和产品质量。

（三）为会员提供必要的证明、协调关系，为会员和企业调解经济纠纷。

（四）增进企业间的联系和友谊，促进相互合作与发展，组织各种形式的联谊活动，增强会员与村级组织、镇政府及有关地国税等职能部门的互相联系。

（五）办好村委会和有关部门委托的事项。

（六）筹建海村老年关爱基金。村企结对款的主要支出用途有老年社员补助费、80岁以上老年社员参加农村合作医疗补助费及其他有关老年关爱等事项。

---

[1]　海村档案，目录号13，案卷号3。

第三章　会员

第七条　申请加入本会的会员，必须具备下列条件：

（一）拥护本会的章程；

（二）自愿申请入会并缴纳会费。

第八条　会员享有以下权利：

（一）本会的选举权、被选举权和表决权；

（二）参加本会组织的各类活动；

（三）享受本会提供的各种服务；

（四）对本会工作提出意见和建议；

（五）入会自愿，退会自由。

第九条　会员履行下列义务：

（一）遵守本会章程，执行本会的决议；

（二）维护本会合法权益和社会声誉；

（三）完成本会交办的工作；

（四）按规定交纳会费；

（五）向本会反映情况，提供有关资料。

第十条　会员退会应书面通知本会。会员如果 1 年不按要求交纳会费或无理由不参加本会活动的，视为自动退会。

第十一条　会员如有严重违反本章程的行为，经理事会或常务理事会表决通过，予以除名。

第四章　组织机构

第十二条　本会的最高权力机构是会员大会，会员大会的职权是：

（一）制定和修改章程；

（二）聘请名誉会长、副会长和顾问，选举和罢免会长（理事长）；

（三）审议和批准本会的工作报告和财务报告；

（四）决定终止本会其他重大事宜。

第十三条　会员大会每年召开一次，须有 2/3 以上的理事出席方能召开，其决议须经到会会员半数以上表决通过方能生效。

第十四条　会员大会每届三年，因特殊情况需提前或延期换届的，须由理事会表决通过。

第十五条　理事会是会员大会的执行机构，在闭会期间，领导本会开展日常工作。对会员大会负责。

第十六条　理事会的职权是：

（一）贯彻执行会员大会的决议；

（二）选举（或推举）、罢免会长、副会长、秘书长；

（三）筹备召开会员大会；

（四）向会员大会报告工作和财务状况；

（五）决定会员吸收或除名。

第十七条　理事会议须有 2/3 以上的理事出席方能召开，其决议须经到会理事半数以上表决通过方能生效。

第十八　本会会长行使下列职权：

（一）召集和主持理事会；

（二）检查会员大会、理事会决议的落实情况；

（三）代表本会签署有关重要文件，并实施财务审批权。

第十九条　本会秘书长行使下列职权：

（一）主持办事机构开展日常工作，组织实施年度工作计划；

（二）处理其他日常事务。

第五章　资产管理

第二十条　本会经费来源：

（一）会费；

（二）捐赠；

（三）利息；

（四）其他合法收入。

第二十一条　本会按照有关规定收取会员会费。

第二十二条　本会经费必须用于本章程规定的业务范围和事业的发展，不得在会员中分配。

第二十三条　本会建立严格的财务管理制度，保证会计资料合法、真实、准确、完整。

第二十四条　会计、出纳人员由村级代理站代理，实行单独记账，专款专用。

第六章　章程的修改程序

第二十五条　对本会章程的修改，须经理事会表决通过后报会员大会审议决定。

第二十六条　本会修改的章程，须在会员大会通过后 15 日内，报经业务主管单位审查同意后生效。

第七章　附　则

第二十七条　本章程经 2013 年 5 月 17 日会员大会表决通过并生效。

第二十八条　本章程的解释权属本会理事会。

八、人口及大队生产队个数调查表 *

填报单位 ＿溪湾＿ 公社 ＿红卫＿ 大队 1969 年

浙江省革命委员会生产指挥组制定

（溪湾人民公社红卫生产大队革命领导小组章） 人年 1 表

农年 6 表

公社、大队、生产队名称	1969 年 12 月 31 日数				1969 年 1 月 1 日至 12 月 31 日数		1969 年度大队、生产队个数			
	总户数（户）	总人口（人）	其中：		出生人口	死亡人口	大队个数	其中：		生产队个数
			城镇人口	非农业人口				以大队为核算单位个数	渔业大队个数	
甲	1	2	3	4	5	6	7	8	9	10
合计	159	751			27	2				5
1	34	155			6					1
2	34	162			5					1
3	29	136			4	1				1
4	29	124			6	1				1
6	33	174			6					1

实际报出日期：1970 年 1 月 24 日；填报单位负责人：岑银根（章）；统计：高加根（高嘉根章）

说明：第 3 栏由胜利镇、红旗镇、光荣镇、前锋镇填写。

本表由大队一式二份，报公社一份，公社过录汇总，报县一份。

---

* 蒋村档案，目录号 1，案卷号 1。

九、溪湾公社红卫大队处理意见

最　高　指　示

我们是马克思主义者，马克思主义叫我们看问题，不要从抽象的定义出发，而要从客观存在的事实出发，从分析这些事实中找出方针、政策、办法来。

备战，备荒，为人民！

溪湾公社红卫大队处理意见

（溪湾人民公社红卫生产大队革命领导小组章）[1]

我们全大队广大贫下中农革命干部高举毛泽东思想伟大红旗，誓把社会主义革命进行到底，要破"私"立"公"，永当批修正风的尖沙兵，敢为革命"当"家"理"财。现把以下几条意见供广大干部群众参考。

一、学习制度

（1）认真看书学习，弄通马克思主义，建立定期学习制度。

（2）基层干部应当服从党的"一元化"领导。

二、工分问题

（1）大队长期工，如山塘、丁坝、学校教师、海洋综合厂等人员，工分山塘、丁坝按本人出勤，厂里、教师按山塘最高出勤，大队拨生产队，超生产队出勤数，各生产队自行安排。

---

〔1〕 2021年1月12日在蒋村调查时，我从档案（蒋村档案，目录号3，案卷号1）中发现了一份由蜡纸刻印的1971年的处理意见，即当时的分配规定。当时，每个生产大队每年都会根据具体情况制定一份有关分配的具体意见。这一意见，无论就形式还是内容都有时代特点，故特全文照录，以为20世纪70年代蒋村经济和社会的映象。

（2）韩风林按四队工分大队加一半，此工分由各生产队负担，应例（列）入分配。

（3）社务工多少现金不找补，转入下年度。

（4）干部开会误工生产队出勤照对象，不出勤大队拔拾分，生产队记 3 分，妇女记 1.8 分。

（5）每亩包定工分取消，按实做工分。

（6）队会计、记工员、保管员等按六百分比例：

记工员千分之 1.7 分，队会计千分之 2.5 分，

保管员千分之 1.2 分，大队会计千分之 1.34 分，

大队保管员共 85 分。

（7）参军人员以徐常章照对象，经济大队公益金支出。

三、价格

（1）豆种 12.50 元，菜籽种 22 元，大小麦种按出售最高价格。麦干（杆）5 厘，豆干（杆）9 厘，夏柴 1.2 分，花干（杆）1.2 分，二柴九厘，花籽 5~6 级 5.50 元，7~9 级 5 元。

（2）花干（杆）每亩占 5 元，二柴各队自行估产。

（3）水泥船租金每天 1.50 元，大队成本冲回。

四、经济及补贴费处理

（1）赤脚医生在学习 6 个月中大队补贴每月 4 元。

（2）综合厂、收花站人员每月补贴费 9 元，（19）72 年暂领每月 3 元。

（3）大队保管船按照船租赁金报酬 8%，除大队自用。

（4）干部开会，如县发工资的，工资全部交大队补贴每天 0.50 元，其余县内 0.20 元，县以外贴 0.50 元和因地制宜。

（5）困难户照顾款，蒋利坦 40 元，马胜利 40 元，徐繁鑫 20 元，王章承 20 元，此款大队公益金支出。

（6）五保护照原来不动，柴草由该本队负担。

（7）保健所药费及四清欠缴款，高若朝 2.50 元，姚长根 16.26 元，钟世健 15 元，罗剑议 30 元，（19）72 年全部还清。

五、分配政策

（1）公积金提存 2%，公益金提存 1%。

（2）粮食积累粮总产量提存 13%。

（3）柴草副产品要实报，按劳 70%，按需 30%。

（4）粮食超产部分，按劳 40%，按需 60%。

六、其他问题

（1）军属柴草等物质，由本队负责负担（对象工分）。

（2）生猪饲养，每头肉猪大队拨精饲料 100 斤，母猪每头拨精饲料 200 斤，母猪生一胎拨精饲料 50 斤。

（3）固定财产要妥善保管，秋收分配后盘点进账。

（4）接（节）育问题，如（自）（19）71 年 1 月 1 日起补贴 5 元，作生产队当年支出，暂借 15 元。近阶段接（节）育的补贴费用为（19）72 年农业支出。

（5）各队要清工清账，在搞好秋收分配后，要向社员做一次口头或书面进行公布和汇报，以便财务公开，人人当家理财。

以上处理意见，望各队干部社员认真进行讨论，提出宝贵意见，以便今后更好地工作。如无其他意见望参照执行。

希望各队在一手搞分配、一手搞好安排今冬明春的社员生活的前提下，大搞冬种及今冬生产，争取（一九）七二年在农业生产打个反（翻）身仗，为中国革命和世界革命作出新贡献。

溪湾公社蒋村大队党支部革命小组成员全体党员

1971 年 1 月 10 日

十、承包到劳包干分配生产责任制合同[1]

甲方：溪湾 乡 蒋村 合作社 9 生产队 乙方：本社（队） 承包户。

一、总则：为了完善社会主义经济制度，发挥集体经济优越性，调动广大社员积极性，推动农业生产的发展，努力实现党的十二大提出的经济建设奋斗目标，本社（队）建立承包到劳、包干分配的生产责任制，根据一坚持、两不变、三兼顾的原则，现经全体社员讨论，特制订本承包合同。

二、甲方责任：

1. 下拨乙方生产成本，根据生产需要和本队资金可能，按承包面积拨给底垫成本每亩____元。调整或收回承包地时，进行结算或收回。

2. 大中型农机具及仓库、晒场等生产设施，由社（队）统一管理，合理按（安）排给承包户使用。使用者应负担租金或折旧费。

3. 国家计划供应的化肥、农药、良种和口粮等物资，按供应规定及时分发给乙方。

4. 合作社企业利润分配，根据上级有关文件规定精神，实行支农、贴农、奖农的办法进行分配，按年分配的具体内容、比例、办法，由社员（代表）大会讨论通过决定。

三、乙方责任：

1. 在甲方的统一管理下，承包耕地 64.97 亩，稻田____亩，棉地 61.25 亩。规定承包期为198__年至198 4 年止。承包的责任地只准按承包的规定种植，不准在承包土地上盖房、葬坟、起土、造砖，不准买卖、出租和荒废，不准影响和破坏水利及交通设施。因故需要将承包的土地转包时，必须办理好转包手续，落实好转包任务。如因转包而完不成各项任务的，仍有（由）乙方负责，

---

〔1〕 蒋村档案，目录号16，案卷号1。

甲方有权按违反合同论处。

2. 保证按国家计划种植，完成农付（副）产品交售任务。（各承包户的计划种植面积、产量和支出任务详见附表）如违反计划种植和完不成交售任务，按上级有关文件精神，本社（队）规定：

_____。

3. 必须完成集体提留（包括公积金、公益金、折旧费、管理费和储备粮）和共同生产费的上交任务，负担的数量标准及其办法，采取按年实行予（预）决算制度，由甲方提出方案，提交社员（代表）大会讨论通过决定，计算到田到户、到人，作为承包者应承担的分季上交任务。落实超支欠款归还计划，例（列）入分季上交任务。

4. 合理负担农田基建用工和各项义务工。负担的数量办法，采取年初按规划需要予（预）算提留负担，年终决算，余缺实行经济找补。

四、附则：在合同期内，按年通过社员（代表）大会讨论通过的各项经济政策和任务决定，是附表的计算标准内容依据，与合同同样有效。

五、本合同有效期自198__4__年1月起至198__4__年10月止。下附分户表三张。

甲方：队长（盖章）

监证单位：（蒋村生产合作社章）

一九八四年三月三十日

乙　方　　（各户社员盖章）

编号	姓名	盖	章	编号	姓名	盖	章	编号	姓名	盖	章
1	周后法	1 盖章	2 盖章	9	俞建宏	9 盖章	10 盖章	17	陈飞球	17 盖章	18 盖章
2	高加昌			10	岑云福			18	俞建根		
3	戚银万	3 盖章	4 盖章	11	岑良福	11 盖章	12 盖章	19	王岳泉	19 盖章	20 盖章
4	岑银章			12	岑尧水			20	王云康		

续表

编号	姓名	盖	章	编号	姓名	盖	章	编号	姓名	盖	章
5	岑尧根	5 盖章	6 盖章	13	高耀其	13 盖章	14 （签字）	21	周绍昌	21 盖章	22 盖章
6	岑银水			14	戚银海			22	高加根		
7	戚银根	7 盖章	8 盖章	15	陈加能	15 盖章	16 盖章	23	龙昌母	23 （周绍昌章）	24
8	戚银强			16	陈龙飞			24			

十一、溪湾乡蒋村治安承包合同[1]

甲方：溪湾乡　__蒋村__　村民委员会

乙方：治保承包人

监证机关：溪湾乡政府

一、乙方有履行治保工作条例和治保承包工作条例的责任。

二、村委会应负担承包人的经济报酬　__实误实记__　。

三、乡政府按考评得分总分的七十分以上者，支付承包人的适当奖励。全村达到无盗窃、无火灾、无赌博、无治安灾害事故、无刑事犯罪采取特别奖。

四、合同期为一年另三个月，期满后，双方愿意可继续签订合同，单方中途不准无故不履行合同。

五、本合同书一式三份，乡政府、村委会、承包人各存一份。

六、本合同于一九八五年　__十__　月　__二十__　日签订生效。

甲方：　__蒋村__　村民委员会（盖章）

乙方：承包人：__高宣华（签名）__

监证机关：溪湾乡人民政府（盖章）

---

〔1〕 2021年1月13日在蒋村调查时，我从档案（蒋村档案，目录号17，案卷号2）中发现了一份铅字打印的"溪湾乡蒋村治安承包合同"及其依据"溪湾乡治保承包工作条例"。"溪湾乡蒋村治安承包合同"为格式化的合同，除了村民委员会、经济报酬、签订时间、承包人等项需要填空确定之外，其他均为铅印的统一内容。这应该是乡政府统一制发的，由各村具体确定承包人并签订合同。这是比较少见的承包合同，极少有治安承包合同这样的社会事务方面特别是涉及社会治安、社会秩序的承包合同。应该说这是时代的产物，具有20世纪80年代的鲜明社会特点。为存历史事实，我将这两份文件全文照录如下，作为对蒋村以往社会规范、社会秩序的一个反映。

溪湾乡治保承包工作条例[1]

治保承包人在村党支部、村委会领导下和乡综合治理领导小组指挥下进行工作，具体负责治保日常工作，努力完成上级所交给的各项治安任务，抓好本村的治安工作，促进经济体制改革顺利进行。

第一条　治保承包人的任务

1. 经常向群众进行法制宣传，帮助教育违法人员，维护生产、生活的正常秩序。

2. 开展经常性安全大检查，发动群众做好安全防范工作。

3. 积极协助公安，查破案件，处理一般的偷窃等违法活动。

4. 抓好禁赌工作。

第二条　治保承包人的纪律作风

1. 承包人必须模范地执行国家的政策、法律、法令，处处为群众作出表率。

2. 承包人必须敢抓善管，不怕打击报复，作风深入，积极工作，实事求是，秉公办事。

3. 承包人要站稳立场，不包庇坏人，不索贿受贿，不隐瞒虚报，不打人骂人，不泄露机密。

4. 承包人要经常向村党支部、村委会报告工作及下步打算。

第三条　承包项目和计分指标

治保承包人的承包项目，分防盗破案、防火及防治安灾害事故、禁毒工作、打击预防流氓活动、进行法制教育和帮教工作五项，以自（百）分比计分，具体计分标准如下：

一、防盗和破案30分。（超过满分作满分算，不计负分，以下均同）

---

[1]　蒋村档案，目录号17，案卷号2。

1. 年内未发生盗窃等各类刑事案件的得 30 分。

2. 发案率例（县立案）控制在万分之四以内的得 10 分，每超出万分之一，从此 10 分钟扣除 2 分．

3. 治安案件（包括花木案）控制在万分之十以内得 5 分，超发案基数每次扣 5 分。

4. 破案率在 70% 以上的得 15 分，每下降 8% 扣 1 分，每上升 10% 奖 1 分。

5. 为外地（外村外乡）破案件数（指现立案）一起另奖 5 分，计入总分，不计入此 30 分之中。

二、防火及防治安灾害事故（10 分）

1. 经常性进行防火、防治治安灾害事故教育，年内未发生火灾和其他治安灾害事故得 10 分。

2. 发生火灾能及时扑灭，发生治安灾害事故能及时解决，未造成损失的不扣分。

3. 发生火灾，损失在 1 万元以下的一次扣 3 分；损失在 1 万以上的一次扣 6 分。

4. 发生自然灾害事故，致人伤残的一次扣 3 分，致人死亡的一次扣 5 分。

三、禁毒工作 30 分

1. 本村在年内没有发现赌博活动的得 30 分。

2. 发现赌博活动，能及时制止或报告乡派出所禁止的不扣分。

3. 群众检举，经乡派出所调查责任范围内区域赌博活动的每次扣 2 分。

4. 承包人知情不报、不禁止的和禁止不力的，一次扣 10 分。

四、打击预防流氓活动 15 分

1. 在年内未发现斗殴、打人、侮辱妇女等流氓活动的得 15 分。

2. 对发生流氓活动能及时制止未造成后果和影响的不扣分。

3. 发生了流氓活动造成一定后果和影响的，但承包人能及时制止和提供线索，报乡派出所的，每发生一次扣 2 分。

4. 对于承包人本人能解决的流氓活动，而回避推却或知情不报造成后果的扣 15 分。

五、进行法制教育和帮教工作 15 分

1. 能积极主动做好法制教育工作，每两个月出一期黑板报得 5 分。

2. 落实违法人员帮教工作 95% 以上，帮教对象停止违法活动 80% 以上，改好率 40% 以上的得 10 分。

3. 不按期出黑板报，缺一次扣 1 分。

4. 落实违法人员包教工作低于 95%，每降低 5% 扣 2 分；帮教对象停止违法活动低于 80%，每降低 5% 扣 2 分；改好率低于 40% 的，每降低 5% 扣 2 分。

第四条　考核评分办法

各村承包人要建立档案登记制度，并采取月报季评、年评分的方法由乡综合治理领导小组具体组织。在考核评分过程中，如发现承包者弄虚作假，一次扣 5 分。

第五条　签订承包合同

1. 治保承包人要与村委会（签订）承包合同，乡政府监证，合同期为一年零两个月，合同期内单方不得任意推翻。

（缺第六条）

第七条

本条例印发到村，由村委会监督执行。

溪湾乡人民政府（盖章）

一九八五年十月

十二、蒋村一九八七年经济、社会发展计划[1]

一九八七年是"七五"计划的第二年，我们要以中央（87）5号文件精神为指针，以县、乡两级农村工作会议精神为动力，把农村改革引向深入，并把发展经济作为工作的立足点和出发点。牢固树立以农业为基础的思想，充分发挥以"生产服务、管理协调、资产积累"的三个职能，稳定粮棉面积，争取在两个文明建设中有新的突破。为了更进一步开拓我村经济，争取工作中干出实效，特制订八七年各项经济指标。

努力奋斗目标：

工农付（副）总产值指标 88 万元，比去年递增 23%，其中村办工业总产值 40 万元（创利 4 万元），比去年递增 13%，村农付（副）业总产值 48 万元，比去年递增 8%，棉花面积稳定在 550 亩，单产争取 160 斤，人均收入达到 550 元。为实现上述指标，主要抓好以下五方面工作。

一、加强领导，落实上级各项文件精神

1. 组织三套班子，对中央（87）5 号文件精神和县、乡两级农村工作会议精神，要认真学习，深入领会理解，共同分析研究，深入人心。

2. 召开党员队长会，要进行学习讨论，贯彻落实文件精神，和县乡两级会议精神，并要利用黑板报、标语等宣传工具，大张旗鼓地宣传，使文件精神家喻户晓、人人皆知。

二、搞好农业生产

1. 抓好当前生产工作，重点做好棉花培育管理、肥料、防病、治虫、农机修理、农技等服务。

2. 稳定棉花种植面积。在延长家庭承包责任制 15 年的前提下，要积极宣传中央（87）5 号文件精神，大力宣传土地法，依法管好

---

[1]　蒋村档案，目录号 19，案卷号 1。

用好集体耕地，稳定粮棉面积，对建房用地加强组织，具体有（由）村主任审批，严格执行土地法，严禁乱滥用耕地，对长期重点户、承包地需要转包的，具体有（由）村合作社社长负责，各生产队长协助配合。原则应上交村，由村转包他人，以本生产队社员承包为主，但必须经村合作社同意，由村与承包者或承包期满者签订合同，控制私自对外转包。今年我村棉花面积稳定要稳定在550亩以上。

3. 落实定购合同，按照政府下达的棉花定购数量和国家的棉花收购政策，4月份以前把棉花面积、定购数量及合同到户。

4. 为农服务

（1）政策鼓励，补贴地膜植棉，积极推广以地膜棉花为中心的增产技术服务，要求落实地膜植棉110亩。

（2）引入品种，技术指导，横向联系，多干实事，多办好事，信息传递，引进优良品种，积极推广，重视农技培训，开展先进技术交流，力争丰产高产。

（3）做好产前产后服务等工作，抓紧做好棉花的培育管理，尽量解决一家一户办不到的事情，做好防涝防旱工作，疏通好涝旱渠道，及时解决好棉农用水难的问题。

5. 增加对农业资金的投入落实好补农贴农措施

（1）用村企业利润中，拨出一部分资金补农贴农，补贴地膜植棉1元一亩。

（2）农田修机耕路、农田水利基本建设，计划资金投入1千元，不够村民负担。

（3）还规定，地受益，地负担，人受益，人负担，解决好土地负担不合理的问题。另外，为了努力发挥务农社员的生产积极性，把农村改革进一步引向深入，鼓励土地逐步向种田能手集中。

三、搞好企业管理，努力完成指标任务

1. 认真贯彻执行党的路线、方针、政策，正确处理好"三者"关系，努力完成区乡下达的各项指标任务，促进农村体制改革的进程。

2. 村办企业在完成区乡指标的前提下，时刻对照我村的奋斗目标，决心递增产值90%、递增利润9%。

四、搞好文明建设

1牢固树立以经济建设为中心切实搞好以农业为基础、企业为重点，深刻领会理解政策、文件精神，搞活农户经营，把农村经济引向深入。

2党支部是成为全心全意为人民服务的模范、改革的模范、实事求是的模范及执行政策和遵纪守法的模范，带头兴办集体企业，积极发展多种形式的经济联合体，带领广大社员群众勤劳致富，走共同富裕的社会主义道路。

3. 在抓好物质文明建设的同时，要抓好精神文明建设，坚持两个文明一起抓，争取评上乡文明先进单位称号。

五、加强党支部建设

1. 坚持四项基本原则，反对资产阶级自由化，积极提倡开展双节活动，保持安定团结，把我们村的党支部真正建设成为坚强的战斗堡垒作用。

2. 加强领导班子团结，纪律严明，思想统一，协调一致，充分发挥各自的知识才能，为我村实现四个现代化服务。

3. 为巩固和发展整党成果、适应农村体制改革和两个文明建设的需要，按照湾委（86）5号文件精神，加强党支部班子建设，坚持以德才兼备标准培养、考察后备干部，使我村的党支部建设得更加坚强，更有朝气和活力。

党支部

蒋村

村委会（章）

一九八七年五月八日

十三、慈溪市一九九四年度棉花定购合同[1]

_____ 棉花加工厂　　_____ 溪湾 _____ 收花站

（以下简称甲方）

_____ 溪湾 _ 乡 _ 蒋村 _ 村 _ 汇总 _ 生产队表列承包户 _ （以下简称乙方）

为进一步促进我市棉花生产的发展，确保一九八四年度棉花定购任务的完成，根据省、市人民政府通知和国家对棉花收购政策的规定，经双方议定，订立本合同。甲、乙双方共同遵守下列条款。

甲方：

第一条：向乙方定购的棉花（分承包户的定购数见下表）和超过定购数的棉花，保证按照国家牌价（即每 50 公斤的标准级皮棉 400 元）全部收购；并按国家标准和检验规程正确检验，不压级压价和抬级抬价。

第二条：每投售 50 公斤皮棉按国务院、省政府规定给予 18 元的价外补贴。本合同一式三份，甲、乙和监证单位各一份。

乙方：

第一条：保证按照国家计划种植棉花 436 亩，完成定购皮棉 26135 公斤。超过定购数的棉花也向甲方交售。不售给任何单位和个人。

第二条：向甲方交售的棉花，做到晒燥干拣净，不掺杂掺假。并按照计划轮流投售的规定，向指定地点投售。

第三条：按照乡（镇）政府对棉花生产的要求，按计划种足棉花面积。

第四条：棉花预购定金做到专款专用，当年归还。

---

〔1〕 蒋村档案，目录号 26，案卷号 1。　该合同为竖版式，打印格式合同。

承包户植棉面积和定购皮棉数量表

编号	姓名	植棉面积	交售任务数	承包户盖章		编号	姓名	植棉面积	交售任务数	承包户盖章	
1	1队	39.36	2360	1	2	13				13	14
2	2队	43.64	2616			14					
3	3队	45.91	2751	3	4	15				15	16
4	4队	52.87	3171			16					
5	5队	48.51	2908	5	6	17				17	18
6	6队	49.20	2949			18					
7	7队	32.40	1949	7	8	19				19	20
8	8队	45.91	2751			20					
9	9队	35.07	2101	9	10	21				21	22
10	10队	43.03	2579			22					
11				11	12	23				23	24
12						24					

甲方　　　　收花站（盖章）　　　乙方代表　　　　　　（盖章）

　　　　监证单位　　　　　　　　村（盖章）

　　　　　　　（慈溪市溪湾镇蒋村经济合作社 章）

　　注：按此合同为准　　　　　一九九四年　七　月　　日

十四、溪湾镇蒋村 2000 年实行合作医疗制度的有关规定[1]

实行合作医疗是农民群众互助共济，共同承担疾病风险的好形式，为了健全合作医疗制度，更好地管好、用好合作医疗经费，特制订有关制度：

一、经费来源：

1. 村民自愿投入（以户为单位）全年每人 10 元。

2. 村集体经济投入按参加人数每人 5 元。

3. 镇政府按参加人数补助每人 2 元。

二、参加合作医疗对象和时间：

1. 户籍在本村亦包括已安居常住在本村的村民，不包括户籍在本村而人已出嫁的，包括在（随）母申报的人口，不常住在本村的村民或临时居住的人口。

2. 参加合作医疗一年一次，以年为限。

3. 2000 年 7 月 1 日至 2001 年 6 月 30 日止参加合作医疗人口"住院费"享受报销，参加合作医疗截止（至）时间 6 月 30 日。

三、医药报销部分：

1. 参加合作医疗的村民（享受公费医疗者、有关企事业单位可报销医疗的人员除外），凭住院证明、住院收款收据，年终一次性结算，可报销住院医药费的30%（包括年度内多次住院的医药费）。个人投入的 1000 元封顶，如个人名义投入的 500 元封顶。

2. 参加合作医疗的村民，个人投入的镇卫生院门诊看病，可补助门诊医药费35%，每季度有汇总上报镇合作医疗管理委员会审批。

四、下列几项不属报销范围：

1. 挂号费、伙食费、营养费、住院费、陪人费、护理费、取暖费、水电费、空调电扇电炉费、敷料费、理疗费、化验、输血费、输氧费、高级仪器检查费（100 元以上的），以上不应报销。

―――――――――

〔1〕 蒋村档案，目录号32，案卷号1。

2. 产妇住院做产。

3. 各种矫形、美容状形手术的住院病人。

4. 就医路费、急救车费、会诊费、交通费。

5. 因打架斗殴、酗酒、自杀、交通肇事、工伤事故等人为原因而造成的住院病人。

五、合作医疗管理制度：

1. 村建立合作医疗管理小组，由周国飞同志任组长，蒋长华、岑松岳同志为组员。

2. 村民医药费报销，统一由村合作医疗管理小组审定，组长负责审批。

3. 合作医疗实行专户储存、专款专用，如有节余留到下年使用，同时年终收支须上墙公布，到二级明细（到户到人）。

实行合作医疗，真是一人得病、多方扶助的好办法，望广大村民积极参加。

蒋村村委会

2000 年 4 月 1 日

十五、湾溪镇海村届末履诺工作报告〔1〕

为了进一步推进我村基层组织建设和民主政治建设，客观、公正地掌握村级班子及村干部的工作业绩，全面考察了解村干部思想政治表现和创业承诺履行情况。现就海村村级班子集体，作任期履诺工作报告。

一、过去近三年工作回顾

近三年来，在镇党委、镇政府的正确领导下，在全村广大党员、群众的大力支持下，使我村经济有了新突破、党的建设有了新进步、村容村貌有了新变化、村民生活水平有了新提高、和谐构建有了新局面。并较好地完成了上级布置的各项工作目标任务，近三年中，先后获得了浙江省巾帼示范村、浙江省妇联基层组织建设示范村、宁波市文明村、宁波市生态村、宁波市绿色家庭创建活动示范点、宁波市春泥计划示范村、慈溪市"五好"党组织、慈溪市党风廉政建设示范村、慈溪市"平安村"等荣誉称号。回眸三年来的工作，具体汇报如下：

（一）大力发展经济、加快推进村二个产业发展。

经过全村上下近三年来的共同努力，2019 年全村工农业总产值达到 11.6 亿元，农民人均收入达到 34 080 元村级集体经济收入达 160 余万元。

1. 在农业经济方面，我村切实做好了土地流转工作，共流转土地 303 亩，所涉农户达 136 户。今年年初，我们还申报了农村公益事业财政奖补项目，将投入 120 余万元对东梅口、五星畈等农田机耕路进行全面硬化。总长度为 3000 米左右，宽 3 米厚度 15 公分，现已进入招投标阶段，全面改善村民去农田劳作的交通安全。

2. 在工业经济方面，组建了村级商会，商会会员达 50 家，商会会员企业积极捐赠善款建言献策，支援家乡新农村建设，在对蒋村

---

〔1〕 2021 年 1 月 13 日，海村村委会提供。

片"惠民楼"建设中，商会会员及相关村民共捐赠善款 51.29 万元，为海村的新农村建设作出了应有的贡献。

3. 在发展三产方面，依托菜场及小商品市场，推进了周边商贸经济的共同发展，特别是菜场进行全面改造提升以来，我们通过拍租的方式对摊位进行了招租，2019 年度摊位费达到了 120 余万元，为发展状大我村的集体经济提供了有力的保障。

（二）扎实推进村庄内基础设施建设，改善村民生产生活条件

大力实施实事工程建设，合理使用资金，把有限资金用在刀刃上。投入 15 余万元对大泉河、西碧江、通直河、潘国栋西、罗嗣前、岑晖前村庄内河道进行了全面挖掘、疏浚。投入 70 余万元对全村村民的自来水管道进行了全面改造，确保村民饮水质量不受污染。投入 400 余万做好蒋村片文化礼堂建设，该工程总用地面积 906 平方米，建筑面积约 1000 平方米。由慈溪市天一建设工程有限公司承建，目前主体工程及乡风文明馆及部分附属工程已完工，本月初刚完成装修的招投标，现工程正在抓紧施工中，争取在年底投入使用。甘村片的惠民楼也正在有条不紊地筹建中，计划总投资 300 万左右，包括全部基建及装修工程。目前为止，立项、公示工作已完成，现正在抓紧办理各类审批工作，预计春节前可以完成招标。今年上半年，我们对村庄内 180 盏路灯全部换成了 LED 节能灯不仅样式更加美观、同时还大大减少了维修成本及用电费用，全面提升了我村的亮化工程。

（三）公共设施配套齐全，社会事业不断进步。

1. 全面推行新型农村合作医疗。三年中共累计参保 5312 人，参保率达 98.8%，积极做好村民的免费健康体检工作，累计参加体检人数达 2967 人，健康档案建档率 100%。

2. 引导村民参加养老保险。到目前止，共参加土保 192 人，社保 1090 人，城乡居民社会养老保险 805 人，使养老保障普惠制涉及每一个老年社员。同时，加大了对困难户、低保户、老弱病残帮助照顾力度，并积极做好助医、助学、助疾工作，不断完善我村福利和慈善事业，基本建立了村级医疗、养老、弱势群体帮扶等社会保障体系，让更多的村民得到福利待遇。

3. 不断丰富活跃农村文化生活，群众生活质量得到明显的提高。以村落文化宫为主阵地，开展了丰富多彩的文化体育活动，受到了全村广大妇女的大力欢迎。

4. 以青年文化建设为载体，促进青年团员的有效凝聚。聚紧紧抓住服务村级发展和青年健康成长这条主线，围绕本村工作重点和本村共青团实际情况大力开展环保志愿活动、义务植树、文明倡导宣传五水共治、垃圾分类等各类特色鲜明的活动，充分发挥共青团组织的优势，不断加强我村团组织建设。

5. 计划生育工作保持良好态势。在全村范围内全面开展了计划生育优质服务，积极倡导新婚夫妇及准备生育二胎的夫妇参加国家免费孕前优生健康检查。做好失独家庭及独生子残疾家庭的关爱工作，并做好年满 60 周岁的独生子家庭的计生奖扶工作，与此同时，每年还对相关人员开展妇科检查，确保广大妇女的身心健康。

6. 建立农村社区服务中心。积极提升"一站式"服务窗口，为村民开展各类公共服务，为村民带来便利和实惠。

7. 关爱老年社员业余生活。积极响应市广电局组织的为金婚老年人拍照的公益活动，我村共有 226 对金婚老年人参与了这一公益活动。

8. 投入 50 余万元对村公厕进行了全面改造。

9. 配合镇政府完成了海熙路北延拓宽、振海路道路提升改造及新城区块的污水纳管工程。

（四）切实加强党的建设，治村能力不断提高

1. 通过"网格化管理、社区化服务"定期开展"三会一课""圆桌夜谈""村民说事"，把群众普遍关心的问题、难题公开透明化，并通过先锋联户认真听取群众的意见和建议，让党员、群众真正地参与到村务工作中来，使村务工作扎实有序开展。以形色多样的"志愿活动"为载体，如义务巡夜、垃圾分类宣导、垃圾桶分发等，为民做事实。积极做好积极分子、后备干部培养，严格程序发展党员。三年来，我村共发展党员 7 名，后备干部 4 名。村党组织班子成员团结有战斗力，能坚决贯彻上级决策部署，出色完成上级党委、政府布置的各项任务；同时班子成员严以律，无违法行为，

党内学习、组织生活制度完善，活动开展正常，扎实推进了我村的党建工作。

2. 全面推进民主建设，不断巩固社会和谐稳定，规范做好一年四次"三务"公开，严格执行《村级财务管理》，并强化村级民主管理，发挥社监委的职能作用，每月组织村社监会成员代表全体村民查阅村里的全部收支情况，对村级财务进行民主监督。同时，做好了触摸屏管理工作，而且设置了财务公开栏。全面公布年度收支计划及执行情况、资产负债及债权债务情况、村干部报酬及与村民利益直接相关、村民普遍关心的财务问题，使我村的财务账目真正"给群众一个明白、还干部一个清白"，与此同时，我村还将根据上级文件精神，借助广电宣传平台，全面实施阳光"三务"公开，使群众的知情权、参与权、管理权、监督权得到真正有效的保障。

3. 重视民兵组织建设，开展村级民兵连规范化创建，认真完成民兵整组、军事训练、兵役登记和年度征兵任务。

（五）强化综治工作，巩固社会和谐稳定

1. 加强村级安全生产管理，组织人员定期对全村范围内的个体工商户、锅炉、土制升降机等重点行业进行地毯式的排查，并签订安全生产责任状，同时，还组织村中小型企业负责人进行了安全基础知识培训，力争不发生职工死亡、重大工伤及火灾、中毒等安全生产事故；杜绝由于劳动管理引起的群体性事件的发生；认真排查和分析辖区内的不稳定因素，并及时采取有针对性的措施切实加以解决，有效控制越级访、集体访，确保我村安全生产工作和社会稳定。

2. 积极开展对辖区内外来人口进行动态跟踪管理。组织私房出租户房东签订治安责任书，确保出租户认真落实外口管理和治安防范工作责任，不断完善物防设施和保安制度，有效遏制了流动人口违法犯罪高发的势头，也使暂住人员的生命财产得到更好的安全保障。积极主动开展矛盾调处，三年来，共调解各类矛盾纠纷152余件，其中有卷宗记录存档的65件，有效地缓解了邻里之间的矛盾为创建和谐社会起到了一个积极的推动作用。与此同时，还做好了吸毒人员和劳教释放人员的安置帮教工作，归正人员无重新犯罪记录。

二、存在问题

在肯定成绩的同时，我们也清醒地看到，与镇党委、政府提出的要求和先进村党组织相比，我村经济社会发展还面临着不少矛盾和困难，工作中还存在一些不足。

1. 对农业增效、农民增收的门路还不宽村级集体经济稳固收入来源还欠多；

2. 村民素质教育，特别是法律意识和文明意识有待进一步提高；

3. 维护社会稳定、构建和谐社会的任务仍较为艰巨；

对此，我们将高度重视，在今后的工作中，采取扎实措施，努力加以克服和解决。

三、今后三年奋斗目标和主要任务

今后三年，我们将深入贯彻落实习近平总书记系列重要讲话精神，以促进我村和谐稳定为重点，围绕村庄建设、增加农民收入、提高村民生活品质的目标，按照上级有关精神和部署，不断加强党组织自身建设，全面推进基础设施建设，实现经济发展新跨越，努力把我村建设成为生产发展、环境优美、人文和谐新农村。具体来讲，主要有以下几个方面：

1. 全面完成蒋村文化礼堂主体工程内装修及附属设施建设。

2. 做好甘村片文化礼堂的审批及筹资，立项、公示工作已完成。

3. 疫情常态化下继续做好村疫情防控工作。

4. 完成村级换届选举工作。

5. 做好第七次全国人口普查工作。

6. 全面完成简易户厕改造工作。

7. 做好农田机耕路的硬化工程。

8. 继续做好新城菜场的秩序管理和环境卫生整治工作。

9. 扎实推进垃圾分类工作。

2020 年 10 月 28 日

十六、会　单

会　单

　　兹有房永明急需资金办事，承蒙各位亲朋好友鼎力支持，万分感激。本次会贴总金额为人民币叁十万元整（300 000 元整）。会期一年分 2 期，每期为 6 个月，上半年为 4 月 1 日，下半年为 10 月 1 日，日期交付款为叁万柒仟伍佰元整（37 500 元整），从 2020 年 10 月 1 日开始，每次领进后每位支付利息肆仟元整（4000 元整）。望众亲朋好友按期付款，谢谢。

首　位：	房永明	2020 年 10 月 01 日
第一位：	向成勇	2021 年 04 月 01 日
第二位：	张　杰	2021 年 10 月 01 日
第三位：	张大元	2022 年 04 月 01 日
第四位：	苏文清	2022 年 10 月 01 日
第五位：	金水岳	2023 年 04 月 01 日
第六位：	谢利佳	2023 年 10 月 01 日
第七位：	包新贤　管同厚	2024 年 04 月 01 日
第八位：	张民强	2024 年 10 月 01 日

农村信用社：6228580299003680×××（房进康）

立会人：房永明

立会日期：2020 年 8 月 29 日〔1〕

---

〔1〕　2021 年 1 月 12 日收集，房永明提供。

索 引
Index

一、规范索引

二、文书索引

三、事例索引

1. （明）姚宗文纂，慈溪市地方志办公室整理：《天启慈溪县志》（影印本），浙江古籍出版社 2017 年版。

2. （清）光绪《慈溪县志》，光绪巳亥修，慈溪市图书馆藏影印本。

3. 徐泉华点校，余姚市史志办公室编：《光绪余姚县志（简明点校本）》，线装书局 2019 年版。

4. 千人俊编纂：《民国慈溪县新志稿》，慈溪县地方志编纂委员会办公室、慈溪县档案馆，1987 年版。

5. 慈溪市地方志编纂委员会编：《慈溪县志》，浙江人民出版社 1992 年版。

6. 慈溪市公安志编纂委员会编：《慈溪市公安志》，方志出版社 1998 年版。

7. 慈溪市民政志编纂委员会编：《慈溪市民政志》，上海辞书出版社 2013 年版。

8. 慈溪市农业志编纂委员会编：《慈溪市农业志（1988—2008）》，上海辞书出版社 2014 年版。

9. 慈溪市地方志编纂委员会编：《慈溪市志（1988-2011）》（上册、下册），浙江人民出版社 2015 年版。

15. 宁波市文化广电新闻出版局编：《甬上风物——宁波市非物质文化遗产田野调查（慈溪市·附海镇）》，宁波出版社 2011 年版。

16. 宁波市文化广电新闻出版局编：《甬上风物——宁波市非物质文化遗产田野调查（慈溪市·横河镇）》，宁波出版社 2011 年版。

17. 章均立编：《慈溪契约文书》，宁波出版社 2018 年版。

18. 陈迪：《杭州湾畔的唐涂宋地——百村调查日记》，江苏人民出版社 2011 年版。

19. 王万盈辑校：《清代宁波契约文书辑校》，天津古籍出版社 2008 年版。

20. 张介人编:《清代浙东契约文书辑选》,浙江大学出版社 2011 年版。

21. 周时奋:《宁波老俗》,宁波出版社 2008 年版。

22. 郑玄注、孔颖达疏:《礼记正义》,北京大学出版社 1999 年版。

23. 王夫之:《读通鉴论》,中华书局 1975 年版。

24. 费孝通:《乡土中国》,生活·读书·新知三联书店 1985 年版。

25. 梁漱溟:《中国文化要义》,学林出版社 1987 年版。

26. 郑也夫:《代价论——一个社会学的新视角》,生活·读书·新知三联书店 1995 年版。

27. 王晓毅、朱成堡:《中国乡村的民营企业与家族经济》,山西经济出版社 1996 年版。

28. 张其仔:《社会资本论:社会资本与经济增长》,社会科学文献出版社 1997 年版。

29. 高丙中主编:《现代化与民族生活方式的变迁》,天津人民出版社 1997 年版。

30. 沙莲香等:《中国社会文化心理》,中国社会科学出版社 1998 年版。

31. 陶富源:《哲学的当代沉思》,南京大学出版社 1999 年版。

32. 黄光国等:《面子——中国人的权力游戏》,中国人民大学出版社 2004 年版。

33. 徐昕:《论私力救济》,中国政法大学出版社 2005 年版。

34. 高其才等:《乡土法杰研究》,中国政法大学出版社 2015 年版。

35. 高其才:《中国习惯法论》(第 3 版),社会科学文献出版社 2018 年版。

36. 高其才:《通过村规民约的乡村社会治理——当代锦屏苗侗地区村规民约功能研究》,湘潭大学出版社 2018 年版。

37. 高其才:《法理学》(第 4 版),清华大学出版社 2021 年版。

38. [美] 克鲁克洪等:《文化与个人》,高佳等译,浙江人民出版社 1986 年版。

39. [英] 哈特:《法律的概念》,张文显等译中国大百科全书出版社 1996 年版。

40. [美] E. 博登海默:《法理学:法律哲学与法律方法》,邓正来译,中国政法大学出版社 1999 年版。

41. [英] 弗里德利希·冯·哈耶克:《法律、立法与自由》(第 1 卷),邓正来等译,中国大百科全书出版社 2000 年版。

42. [美] 詹姆斯·科尔曼:《社会理论的基础》(上),邓方译,社会科学文献出版社 1999 年版。

43. [美] 白凯:《中国的妇女与财产:960-1949 年》,上海书店 2003 年版。

44. [美] 黄宗智:《法典、习俗与司法实践:清代与民国的比较》,上海书店 2003 年版。

45. [美] 唐纳德·布莱克:《正义的纯粹社会学》,徐昕、田璐译,浙江人民出版社 2009 年版。

46. ［美］阿瑟·史密斯:《中国人的性格》,鹤泉译,中国华侨出版社 2014
年版。

　　本书为我继《中国习惯法论》《中国少数民族习惯法研究》《瑶族习惯法》《习惯法的当代传承与弘扬——来自广西金秀的田野考察报告》《村规民约传承习惯法研究——以广西金秀瑶族为对象》《生活中的法——当代中国习惯法素描》之后的第七本习惯法方面的专著。

　　我的习惯法调查和研究得到了学界和社会的一定肯定，如我的《中国习惯法论》（第三版）法文版、英文版分别入选 2020 年和 2021 年国家社会科学基金中华学术外译项目。

　　我对习惯法数十年的关注、调查和思考，主要在于尊重世俗生活，对普通人的生活世界有着浓厚的兴趣，试图通过习惯法感受和理解每个平淡生命的喜怒爱乐，体会和表达缓慢的时光过程中普通人日常生活的规范和秩序，感知和认识民众生活关系中的活法，理解社会结合中的行动逻辑，探讨中国社会的法统和规范承继、文化传承。

　　我们不能无视真实的习惯法世界。个体用各种方式在形成、运用、说明和改变习惯法以实现自己的生命价值。有同情心、懂分寸感、有合作意识、求需要满足、从常识出发而遵循习惯法的人们有其自身的反思能力。

　　习惯法世界给了我多样性的感知。充满烟火味的世界是一个杂乱而正常的理性状态，每个生命在不断的追求自己的自由。每一个人所生活的世界既是独一无二的世界，又为一个生存共同体和精神共同体。我们需要认同多元价值，对单一价值保持警惕和反思。

按照我的基本认识，沿袭我的以往做法，本书立足于田野调查，以一个村落为对象，以事实描述为主要追求，突出对我国经济社会较为发达地区习惯法的全面讨论，揭示习惯法对满足民众生活需要的意义，探析习惯法的当代承继和变迁，理解习惯法在当今社会的文化意义，思考现代法治建设中习惯法的治理价值。

蒋村为浙东的一个村落。我比较熟悉蒋村，至今还有一定的人际资源。这些因素令之成为我的一个合适的习惯法调查点。

从 2008 年 11 月 21 日调查捐会开始，我专门到蒋村进行习惯法的调查已逾 13 年了。具体的田野调查时间为：2008 年 11 月 21 日~28 日、2008 年 12 月 26 日~29 日、2010 年 10 月 19 日~24 日、2010 年 11 月 9 日~14 日、2011 年 3 月 4 日~7 日、2011 年 6 月 20~21 日、2012 年 5 月 4 日~6 日、2015 年 2 月 15 日~26 日、2015 年 5 月 20 日~25 日、2015 年 6 月 20 日~28 日、2015 年 10 月 16 日~19 日、2015 年 11 月 19 日~22 日、2016 年 2 月 1 日~15 日、2016 年 5 月 22 日~25 日、2016 年 6 月 23 日~28 日、2017 年 1 月 15 日~19 日、2017 年 4 月 2 日~6 日、2017 年 11 月 8 日~11 日、2018 年 2 月 4 日~6 日、2018 年 2 月 14 日~21 日、2019 年 2 月 11 日~16 日、2019 年 4 月 3 日~6 日、2019 年 6 月 21 日~25 日、2019 年 11 月 27 日~30 日、2020 年 1 月 24 日~26 日、2021 年 1 月 10 日~14 日、2021 年 4 月 1 日~6 日、2021 年 5 月 30 日~6 月 1 日、2022 年 1 月 20 日~24 日、2022 年 4 月 2 日~5 日。同时，我还通过微信、电话等方式了解有关蒋村习惯法方面的事项。

这些年在蒋村进行的田野调查，我主要进行习惯法事件的参与式观察、针对习惯法观念的深度访谈、相关习惯法文件的广泛搜集，以尽可能全面的了解当今蒋村习惯法现状和变化。

在田野调查过程中，我得到了海村村民委员会的大力支持。许多蒋村村民和其他人士热情支持我的调查，为调查提供各种形式的帮助。特别是孙爱法、高丽萍、陈大裕、王岳云、岑建锋、周卫军、茹优君、项建强、岑松岳、蒋长华、孙才国、董国平、岑尧水、周卫耀、岑建达、王志国、陈趣联、余巨平等配合调查、介绍情况、提供有关材料，我向他们表达我的谢意。本书是我和他们共同努力、合作完成的成果。

本书大致按照公共生活习惯法、民事习惯法、保障和纠纷解决习惯法这样几部分进行呈现。通过对某一领域、某一现象、某一事件等习惯法的讨论，对蒋村的习惯法规范、习惯法行为、习惯法观念等进行全面的描述和探究。同时，为更清楚地了解蒋村习惯法，我将16件文件收入正文后的附录。为便于查阅，附了9件规范的索引、64件文书的索引、81件事例的索引。

需要说明的是，遵循学术惯例，本书中涉及的地名、人名大多做了化名处理；某些事例的内容在不影响基本事实的情况下做了一些变更处理。敬请理解。

本书中的一些篇章曾在刊物和集刊上发表，如《当代中国捐会习惯法与关系》载《现代法学》2010年第1期（合作）、《传承与变异：浙江慈溪蒋村的订婚习惯法》载《法制与社会发展》2012年第3期（合作）、《浙东农村的分家习惯法》载高其才主编的《当代中国分家析产习惯法》（中国政法大学出版社2014年版）、《义务夜防队规约与社会治安维护》载《湘潭大学学报（哲学社会科学版）》2017年第1期、《规随时变的丧葬习惯法》载高其才主编的《变迁中的当代中国习惯法》（中国政法大学出版社2017年版）、《维系中国人有脸面生活的习惯法》载《法治现代化研究》2021年第3期。感谢章育良社长、方乐教授等的肯定和支持。

我的调查和本书的出版得到了清华大学和清华大学法学院的资助。本书为《习惯法论丛》第14辑，为清华大学自主科研计划领军人才支持专项（W04）"变迁中的当代中国习惯法"（课题编号：2019THZWLJ02）的最终成果。

由于田野调查的时间有限，加之本人的观察、分析能力的局限，本书可能存在诸多不足，欢迎交流与批评、指正。

在书稿补充、修改的后期，2022年2月22日俄罗斯和乌克兰发生了战争。我天天关注战局情况，阅看各种资讯，思考法、规则、民众生活、人权、国家主权、战争与和平、中国的发展等，反思自己的判断和观点。我感到文明社会中有良知的人应当尊重每一位人、每一个组织、每一个国家，承认其独立的、平等的、自由的主体地位。在这个意义上，可能更能够理解蒋村习惯法这样由民众创制和遵行的习惯法的价值和功能，更能思考社会生活中的习惯法与人性、人道、人权之间的关系。

而从 2022 年 3 月开始的上海新冠病毒疫情防控在坚持动态清零总方针下，实施了"全域静态管理、全员检测筛查、全面流调排查"以及"应检尽检、应隔尽隔、应收尽收、应治尽治"的措施，呈现出的种种状况令进行书稿修改中的我更关注人的生存意义、需要满足与社会结合、民间互助，思考社会生活中的习惯法与常识、常情、常理之间的关系，思索现代大都市中习惯法的意义和作用，探究当代中国法治建设中国家与社会、政府与市场的关系。

从某种意义上看，本书可谓蒋村习惯法乃至蒋村的一种当代史叙述。而我调查、写作和修改的这一阶段，我想也应该是在见证历史！

1994 年吴念真导演的电影《多桑》中由文夏作词的闽南语插曲《流浪之歌》的歌词，表达了生命的痛感，那种难以言尽、弥漫和笼罩于心头的悲伤给我留下了深刻的印象。我录之于下，与读者诸君同思。

流浪之歌

船也袂倒返来　　日落黄昏时
去处也无定的　　阮要叨位去
拖磨的阮身命　　有时在山野
为何来流目屎　　为何会悲哀
放弃的阮故乡　　总是也无惜
流浪来再流浪　　风雨吹满身
啼哭也不返来　　青春彼当时
目屎若会流落　　叫阮要如何
路若行有东西　　人生有光彩
虽然日头在天　　不时照过来

春天彼紧过去　秋天就要来
可怜的阮青春　悲哀的命运

附记：

在本书的最后编辑定稿阶段，我根据责任编辑的建议，考虑有关因素后，删除了书稿中的迷信规范、"问仙"规范、赌博规范三章。特此说明。

高其才
2022 年 1 月 9 日于京西樗然斋
2022 年 4 月 25 日补充后定稿
2022 年 10 月 14 日最后改定